GRUNDRISSE DES RECHTS

Kett-Straub/Kudlich · Sanktionenrecht

Sanktionenrecht

von

Dr. Gabriele Kett-Straub

apl. Professorin an der Universität Erlangen-Nürnberg

und

Dr. Hans Kudlich

o. Professor an der Universität Erlangen-Nürnberg

1. Auflage 2017

C.H.BECK

www.beck.de

ISBN 978 3 406 71640 9

© 2017 Verlag C.H.Beck oHG
Wilhelmstraße 9, 80801 München
Druck: Nomos Verlagsgesellschaft mbH & Co. KG/Druckhaus Nomos
In den Lissen 12, D-76547 Sinzheim

Satz: Thomas Schäfer, www.schaefer-buchsatz.de
Umschlaggestaltung: Druckerei C.H.Beck Nördlingen

Gedruckt auf säurefreiem, alterungsbeständigem Papier
(hergestellt aus chlorfrei gebleichtem Zellstoff)

Vorwort

Die Verhängung von Sanktionen bleibt in einem Rechtsstaat alternativlos. Um seinen Bürgern ein friedliches Zusammenleben gewährleisten zu können, muss der Staat auf Kriminalität auch mit Strafen und Maßregeln der Besserung und Sicherung reagieren können.

Das Sanktionenrecht baut auf das materielle Strafrecht auf, bei dem man sich mit der Frage befasst, *„ob"* sich jemand strafbar gemacht hat. Jetzt wird der Blick auf die Rechtsfolgen gelenkt: Das Sanktionenrecht untersucht *„wie"* der Täter für die von ihm begangene Tat zu bestrafen ist. Für diesen ist dies oft sogar die wichtigere Entscheidung. Die weiten Strafrahmen des Besonderen Teils geben dem Strafrichter einen großen Spielraum an die Hand. Mit dieser „Machtfülle" hat er besonders sorgfältig umzugehen, denn jede Strafe oder Maßregel stellt einen tiefen Einschnitt in das Leben eines Menschen dar.

Zu Recht wird die Strafzumessung als der schwierigste Teil der Urteilsbildung eingestuft. Dass diese Materie in der juristischen Ausbildung nur eine untergeordnete Rolle spielt, ändert nichts an ihrer Wichtigkeit. Gegenstand dieses Lehrbuchs sind die formellen Sanktionen des StGB, also die echten Kriminalstrafen und die Maßregeln der Besserung und Sicherung. Daneben kann ein Strafverfahren auch informell erledigt werden (also ohne förmliche Sanktion), bspw. durch eine Einstellung gegen Auflage gem. § 153a StPO. Eine Darstellung dieser auf dem Opportunitätsprinzip basierenden Erledigungsmöglichkeiten trotz hinreichenden Tatverdachts findet sich in den Lehrbüchern zum Strafprozessrecht und wird hier deshalb ebenso wenig vertieft behandelt wie außerstrafrechtliche Rechtsfolgen von Verurteilungen (vom Verbot der Bekleidung gesellschaftsrechtlicher Leitungsfunktionen über den Widerruf einer Waffenbesitzkarte bis zum Entzug der Approbation). Ferner wird hier auf einen geschichtlichen Abriss zur Entwicklung unseres Strafensystems weitgehend verzichtet. Eine Ausnahme bildet nur die Historie der Sicherungsverwahrung, da dieses Rechtsinstitut in seiner Gänze nur verstanden werden kann, wenn man sich seine wechselhafte (insbesondere jüngere) Geschichte vor Augen führt. Die Neuregelungen zum Verfall (jetzt: Einziehung von Taterträgen) sind ebenso wie die aktuelle Neuregelung des Fahrverbots bereits umfänglich berücksich-

tigt. Zahlreiche Übungsfälle und Lernkontrollfragen sollen den Lern-
erfolg komplettieren.

Wir wünschen unseren Lesern viel Freude an unserem Lehrbuch
und der spannenden Materie der strafrechtlichen Sanktionen und
möchten uns bei unseren Mitarbeitern *Derya Aksoy, Melanie Diet-
rich, Florian Nicolai, Veronika Kremer* und *Johannes Weichselbaum*
sehr herzlich für ihre tatkräftige Unterstützung bei der Fertigstellung
dieses Buches bedanken.

Erlangen, im Juli 2017   *Gabriele Kett-Straub und Hans Kudlich*

Inhaltsverzeichnis

4. Teil. Maßregeln der Besserung und Sicherung, §§ 61 ff. StGB

Abkürzungs- und Literaturverzeichnis

JVA .... Justizvollzugsanstalt
JZ .... Juristenzeitung (Zeitschrift)

Kett-Straub Lebens-
lange Freiheitsstrafe   Die lebenslange Freiheitsstrafe, 2011
Kett-Straub/Streng
StrafVollzR .... Strafvollzugsrecht, 2016
Kfz .... Kraftfahrzeug
Kindhäuser StrafR
AT .... Strafrecht Allgemeiner Teil, 7. Aufl. 2015
KK-StPO/*Bearbeiter*   Karlsruher Kommentar zur Strafprozessordnung
                        (StPO): StPO mit GVG, EGGVG, EMRK, hrsg.
                        v. Hannich, 7. Aufl. 2013
KMR-StPO/*Bearbei-*
ter .... Kommentar zur Strafprozessordnung, hrsg. v. Heint-
                        schel-Heinegg/Stöckel, Loseblattwerk, 81. Aktuali-
                        sierung 2016
Krey/Esser StrafR
AT .... Strafrecht Allgemeiner Teil, 6. Aufl. 2016
Kudlich/Oğlakcıoğlu
WirtschaftsStrafR ..... Wirtschaftsstrafrecht, 2. Aufl. 2014

Lackner/Kühl .... Strafgesetzbuch: StGB, Kommentar, 28. Aufl. 2014
Lit. .... Literatur
LK-StGB/*Bearbeiter*   Leipziger Kommentar zum Strafgesetzbuch, hrsg.
                        v. Laufhütte/Rissing-van Saan/Tiedemann ua,
                        12. Aufl. 2006 ff.
Löwe/Rosenberg/*Be-*
arbeiter .... Kommentar zur Strafprozessordnung, hrsg. v. Erb/
                        Esser/Franke/Graalmann-Scheerer/Hilger/Ignor ua
                        (begründet von Löwe/Rosenberg), 26. Aufl. 2006 ff.

m. .... mit
mAnm .... mit Anmerkung
MedR .... Medizinrecht (Zeitschrift)
Meier Sanktionen ..... Strafrechtliche Sanktionen, 4. Aufl. 2014
Meier Kriminologie   Kriminologie, 5. Aufl. 2016
Meyer-Goßner/
Schmitt/*Bearbeiter* ... Strafprozessordnung: StPO, Kommentar, 60. Aufl.
                        2017
MSchrKrim .... Monatsschrift für Kriminologie und Strafrechtsreform
                        (Zeitschrift)
MüKoStGB/*Bearbei-*
ter .... Münchener Kommentar zum Strafgesetzbuch, hrsg.
                        v. Joecks/Miebach, 3. Aufl. 2016 f.

1. Teil. Grundlagen

§ 1. Einführung

I. Die Aufgabe des Strafrechts

Um zu verstehen, warum es überhaupt nötig ist, dass ein Staat 1
seine Bürger mit Belastungen wie Geld- oder gar Freiheitsstrafen
überzieht (Strafen) oder aus Anlass einer Straftat präventive Maßnahmen ergreift, die ebenfalls massiv in die Grundrechte eingreifen
(Maßregeln der Besserung und Sicherung), muss man sich noch einmal vergegenwärtigen, welche Funktion das Strafrecht erfüllen soll:
den Schutz von Rechtsgütern im Rahmen eines friedlichen Zusammenlebens der Bürger.

1. Bewahrung von Freiheit und Rechtsfrieden

Um den Menschen in unserer Gesellschaft ein friedliches Zu- 2
sammenleben zu gewährleisten, bedarf es *auch* des Strafrechts. Die
strafrechtliche Sozialkontrolle soll denjenigen Verhaltensweisen vorbeugen, die das gesellschaftliche Zusammenleben in besonders sozialschädlicher Weise beeinträchtigen und an deren Verhinderung deshalb großes Interesse besteht.[1] Das Strafrecht und somit auch die
dort geregelten Sanktionen garantieren dem Einzelnen ein Leben in
Freiheit und Rechtsfrieden, das durch Rücksichtnahme auf das Leben
der Mitmenschen und der Gesellschaft an sich geprägt ist.

2. Die strafrechtliche Rechtsgutslehre

Der **Rechtsgüterschutz** hat hierbei oberste Priorität, damit dieses 3
geordnete Zusammenleben der Menschen in der Gemeinschaft gewährleistet werden kann. Die Rechtsgüter sollen als elementare
Grundwerte des Gemeinschaftslebens gesichert werden, denn erst
dann kann Rechtsfrieden einkehren.[2] **Rechtsgüter** sind diejenigen
Lebensgüter, Sozialwerte und rechtlich anerkannten Interessen des

---

1 BVerfGE 88, 203 (258); 96, 245 (249).
2 NK-StGB/*Hassemer/Neumann* Vor § 1 Rn. 108; BVerfGE 51, 324 (343).

Einzelnen oder der Allgemeinheit, die wegen ihrer besonderen Bedeutung für die Gesellschaft besonderen Rechtsschutz genießen.[3] Mit dieser Materie befasst sich die **strafrechtliche Rechtsgutslehre**.[4]

4   Die Einschätzung, welche Werte diesen besonderen Strafrechtsschutz verdienen, kann sich im Laufe der Zeit durchaus ändern und ist letztlich Sache des Gesetzgebers. Fest steht, dass **bloße Moralwidrigkeiten** nicht Gegenstand von Strafrechtsnormen sein dürfen. Als Beispiel für einen solchen Wandel der Einstellung unserer Gesellschaft kann die frühere Vorschrift des § 175 StGB angeführt werden, die noch bis 1994 unter bestimmten Voraussetzungen gleichgeschlechtliche Beziehungen unter Strafe stellte. 1957 stellte das BVerfG noch fest, dass „homosexuelle Betätigung gegen das Sittengesetz verstößt".[5] Heute kann nach der ganz überwiegenden Auffassung in unserer Gesellschaft in einem solchen Verhalten schon lange kein strafwürdiges Unrecht mehr gesehen werden. In jüngerer Zeit stand die Vorschrift des § 173 StGB (Beischlaf unter Verwandten) zur Diskussion. Das BVerfG[6] musste sich mit der Frage befassen, ob im Fall des Beischlafs zwischen leiblichen Geschwistern (Abs. 2 S. 2) tatsächlich ein anerkennenswertes Rechtsgut verletzt wird. Das BVerfG hat letztlich konstatiert, dass sich der Gesetzgeber mit dieser Norm noch im Rahmen der Vorgaben des Grundgesetzes befindet. Gleichzeitig hat es aber auch Kritik an der strafrechtlichen Rechtsgutslehre dahingehend angemeldet, dass diese nicht in der Lage sei, verbindliche inhaltliche Maßstäbe bereitzustellen, die dann in das Verfassungsrecht übertragen werden könnten.[7]

5   Doch auch die Tatsache, dass das im jeweiligen Tatbestand geschützte Rechtsgut nicht immer eindeutig bestimmbar ist und sich diese Einschätzung auch im Laufe der Zeit wandeln kann, ändert nichts daran, dass eine Strafrechtsnorm nur dann legitimierbar ist, wenn ein Rechtsgut formuliert werden kann. Deshalb spielt die Ermittlung des jeweils geschützten Rechtsguts vor allem nicht nur für die Systematisierung der Delikte und bei der teleologischen Auslegung der Tatbestände des Besonderen Teils eine wichtige Rolle,[8] sondern die Rechtsgutslehre hat auch wichtiges kritisches Potential für

---

3 Zum Rechtsgut in der Fallbearbeitung vgl. *Rönnau* JuS 2009, 209 (210).
4 Kritisch gegenüber der Rechtsgutslehre zB *Frisch* NStZ 2016, 16 (22); *Maas* NStZ 2015, 305. Positiver *Kudlich* ZStW 127 (2015), 635 ff.
5 BVerfG NJW 1957, 865.
6 BVerfGE 120, 224.
7 BVerfGE 120, 124; *Hufen/Jahn* JuS 2008, 550.
8 *Rengier* StrafR AT § 3 Rn. 4.

die Bewertung der Legitimität von Strafnormen. Der bloße Verweis auf die Verfassung würde diese Schwierigkeiten verlagern, sie aber nicht beseitigen. Die Rechtsgutslehre bleibt daher für die strafrechtliche Dogmatik unverzichtbar,[9] auch wenn das BVerfG die Unabdingbarkeit der Rechtsgutslehre in seinem „Inzest-Urteil" wenigstens deutlich in Frage gestellt hat.[10]

II. Fragmentarischer Charakter des Strafrechts

Dass der Staat berechtigt ist, die friedliche Koexistenz seiner Bürger **6** auch durch Strafrecht zu gewährleisten, bedeutet gleichzeitig, dass dieses Mittel als **ultima ratio** zu verstehen ist. Schon festgestellt wurde, dass bspw. bloße Moralwidrigkeiten keine Materie des Strafrechts sein dürfen. Hier kann schon kein legitimierbares Rechtsgut formuliert werden. Doch auch sonst gilt, dass auf das Strafrecht nur dann zurückgegriffen werden darf, wenn die Verhinderung eines bestimmten Verhaltens für unser Zusammenleben besonders dringlich ist und gleichzeitig weniger einschneidende Mittel (zB verwaltungsrechtliche Maßnahmen oder zivilrechtliche Abwehr- und Schadensersatzansprüche) keinen ausreichenden Rechtsgüterschutz zu gewährleisten vermögen[11] – das ist gerade die Konsequenz des einschneidenden Charakters der in diesem Buch beschriebenen Rechtsfolgen, und diesen Umstand muss man daher auch immer im Hinterkopf behalten, wenn es darum geht, die Angemessenheit einer bestimmten strafrechtlichen Sanktion zu beurteilen. Nur wenn das Handeln des Täters die Werteorientierung seiner Mitbürger in unerträglichem Maße in Frage stellt, ist die Antwort mittels Strafrechts legitim und die zentrale Funktion des Strafrechts – die Erhaltung gesellschaftlicher Werte – einschlägig.[12] Dies führt zu einem **fragmentarischen Charakter** des Strafrechts.[13] Nicht jede vermeintliche „Lücke" im Gesetz ist tatsächlich eine solche und muss gefüllt werden. Auch der rein symbolische Charakter mancher Strafrechtsnormen, die kaum je zur Anwendung kommen, muss daher kritisiert werden.

---

9 Plädoyer für dieselbe in jüngerer Zeit bei *Kudlich* ZStW 127 (2015), 635 ff.
10 BVerfGE 120, 224.
11 BVerfGE 96, 245 (249): Strafrecht als ultima ratio.
12 *Streng* Sanktionen Rn. 8; *Hamm* NJW 2016, 1537 (1540 f.).
13 *Kertai* JuS 2012, 976 (980).

Merke:

7   – Die Verhängung von Kriminalstrafe ist das intensivste Machtinstrument
      des Staates, das mit seinen Eingriffsmöglichkeiten weit in die grundrecht-
      lich geschützte Freiheitssphäre des Menschen eingreift (zB durch lebens-
      lange Freiheitsstrafe). Strafrecht (und somit die Strafe) ist das „schärfste
      Schwert der Rechtsordnung".
     – Der Vorrang milderer Mittel ist im Verhältnismäßigkeitsgrundsatz veran-
      kert, der im Rechtsstaatsprinzip wurzelt (Art. 20 III GG). Der Schutz mit-
      tels Strafrechts tritt dort zurück, wo andere Maßnahmen, wie zB zivil-, po-
      lizei- oder verwaltungsrechtliche, bereits ausreichenden Rechtsgüterschutz
      gewährleisten.[14]

8   **Beispiel:** Der bloße Entzug einer fremden Sache ist grundsätzlich nicht
     strafbar.[15] Dies gilt auch für eine fahrlässige Sachbeschädigung, die vom Straf-
     recht nicht pönalisiert wird, sondern der im Rahmen des Zivilrechts begegnet
     wird (zB im Rahmen des § 823 I BGB).[16]

Empfehlungen zur vertiefenden Lektüre:
Literatur: *Hefendehl,* Der fragmentarische Charakter des Strafrechts, JA
2011, 401 ff.; *Kudlich,* Die Relevanz der Rechtsgutstheorie im modernen Ver-
fassungsstaat ZStW 127 (2015), 635 ff.

§ 2. Die strafrechtlichen Rechtsfolgen im Überblick

I. Die Zweispurigkeit des Sanktionensystems

Fall 1: Auf dem Gang vor den Sitzungssälen des Amtsgerichts treffen sich
die Freunde A, B und C, die zusammen in einer Fußballmannschaft spielen.
    a) A druckst etwas herum und berichtet dann, er sei nachts ins Vereinslo-
kal eingestiegen, habe dort „in die Kasse gegriffen" und sei nun wegen Diebstahls angeklagt. Er frage sich, welche Folgen sein Verhalten theoretisch
denn haben könnte.
    b) B erwidert schmunzelnd, er sei mittelbar auch wegen des Vereinslokals
hier – denn nach seinem letzten Besuch dort, sei er „stockbesoffen Fahrrad
gefahren" und von der Polizei angehalten worden. Er mache sich aber keine
Sorgen, denn angesichts seines Rausches habe er wahrscheinlich schuldunfähig gehandelt, da könne ihm ohnehin nichts passieren.
    c) C erklärt, er habe auch etwas geklaut, aber er sei ja noch 17 und habe
heute seine Verhandlung beim Jugendrichter. Für ihn werde wahrscheinlich
etwas Ähnliches rauskommen wie für A, aber halt aufgrund seiner Jugend
etwas milder.
    → Rn. 6 ff.

---

14 *Rengier* StrafR AT § 3 Rn. 5.
15 Ausnahmen: zB §§ 248b, 274 I Nr. 1 StGB.
16 *Rengier* StrafR AT § 3 Rn. 8.

Das deutsche Strafrecht unterscheidet zwischen zwei Sanktionsar- 1
ten als Reaktion auf rechtswidrige Taten:
– **Kriminalstrafen** (§§ 38 ff. StGB)
– **Maßregeln der Besserung und Sicherung** (§§ 61 ff. StGB).

Das Nebeneinander dieser beiden Sanktionsformen wird als **Zwei-** 2
spurigkeit des Sanktionensystems bezeichnet.[1] Während die Strafen
von der Schuld des Täters abhängen (erst dann ist von Straftaten zu
sprechen), die schuldhafte Begehung also eine Bedingung für ihre
Verhängung ist, knüpfen Maßregeln der Besserung und Sicherung
nicht an die Schuld des Täters an, sondern dienen allein der Prävention. Dabei schließen sich Strafen und Maßregeln nicht gegenseitig
aus, sondern können auch nebeneinander verhängt werden. Diese
Zweispurigkeit kennen viele ausländische Rechtsordnungen nicht;
sie ist gewissermaßen eine „Spezialität" unseres Rechtssystems.

Merke:
– **Kriminalstrafen** setzen stets die Schuld des Täters voraus (Schuldprinzip).[2] 3
  Die Schwere der Strafe hat sich an der Schuld zu orientieren. Zudem
  kann eine Tat nur dann bestraft werden, wenn die Strafbarkeit bereits vor
  Begehung der Tat gesetzlich bestimmt war („nulla poena sine lege",
  Art. 103 II GG, § 1 StGB).[3] Es wird geschehenes Unrecht abgeurteilt. Der
  Blick des Richters ist dabei rückwärts- (repressiver Zweck der Strafe), aber
  auch vorwärtsgerichtet (präventiver Zweck der Strafe).
– Die **Maßregeln der Besserung und Sicherung** knüpfen an die **Gefährlich-**
  keit des Täters an und dienen, wenngleich aus Anlass einer begangenen
  rechtswidrigen Tat verhängt, ausschließlich dem Schutz der Allgemeinheit
  vor zukünftigen Taten. Sie können daher auch bei Schuldunfähigkeit verhängt werden. Geschehenes Unrecht ist nur der Anlass zur Verhängung einer Maßregel, die in Zukunft die Sicherheit der Gesellschaft garantieren
  will (rein präventiver Zweck einer Maßregel). Der Blick des Richters ist
  folglich *nur* vorwärtsgerichtet.

Maßregeln der Besserung und Sicherung können in freiheitsent- 4
ziehende (Unterbringung in einem psychiatrischen Krankenhaus,
Unterbringung in einer Entziehungsanstalt, Unterbringung in der
Sicherungsverwahrung, vgl. § 61 Nr. 1–3 StGB) und in nichtfreiheits-
entziehende (Führungsaufsicht, Entziehung der Fahrerlaubnis, Berufsverbot, vgl. § 61 Nr. 4–6 StGB) eingeteilt werden. Bei der Anord-

---

1 MüKoStGB/*Joecks* Einl. Rn. 1 ff.; *Kaspar* ZStW 127 (2015), 654.
2 BVerfGE 20, 323 (331); 95, 96 (140); 96, 245 (249); Schönke/Schröder/*Eisele* Vor
  §§ 13 ff. Rn. 103 f.
3 *Schröder* NJW 1999, 89.

nung ist jedoch stets der Grundsatz der Verhältnismäßigkeit (§ 62 StGB) zu wahren: Eine Maßregel darf nicht verhängt werden, wenn sie außer Verhältnis zur Bedeutung der vom Täter begangenen und zu erwartenden Taten sowie zu dem Grad der von ihm ausgehenden Gefahr steht (genauer → § 15 Rn. 8).[4]

5   **Beispiel:** T wird mit einer Blutalkoholkonzentration (BAK) von 1,4‰ am Steuer festgenommen und wegen Trunkenheit im Verkehr (§ 316 I StGB) angeklagt. Sodann wird er für schuldig befunden und zu einer Geldstrafe verurteilt (echte Kriminalstrafe). Zudem wird die Maßregel der Entziehung der Fahrerlaubnis (Maßregel gem. § 69 StGB) angeordnet, da sich aus der Tat ergeben hat, dass T auch künftig zum Führen von Kraftfahrzeugen ungeeignet ist. Diese Maßregel könnte selbst dann angeordnet werden, wenn T zum Zeitpunkt der Tat bspw. aufgrund eines noch höheren Alkoholkonsums schuldunfähig gewesen wäre.

II. Eine Kurzübersicht der Rechtsfolgen

1. Kriminalstrafen

6   – **Hauptstrafen**
        – Geldstrafe, §§ 40 ff. StGB
        – Freiheitsstrafe, §§ 38 f. StGB; zeitig oder lebenslang
     – **Nebenstrafe:** Fahrverbot, § 44 StGB als einzige Nebenstrafe des allgemeinen Strafrechts
     – **Nebenfolgen**
        – Statusfolgen, §§ 45 ff. StGB: Verlust der Amtsfähigkeit, der Wählbarkeit und des Stimmrechts
        – Bekanntgabe der Verurteilung, zB §§ 165, 200 StGB
     – **Einziehung von Taterträgen** (§§ 73 ff. StGB) und **Einziehung** (§ 75 ff. StGB): Rechtsnatur umstritten.

Das **Wehrstrafrecht** kennt als weitere Hauptstrafe den **Strafarrest** (§ 9 WStG), der auch mit der Freiheitsstrafe kombiniert werden kann (§ 13 II 2, III WStG). Auf diese Sanktion wird hier nicht vertieft eingegangen.

---

4 Hierzu auch *Müller/Christmann* JuS 1990, 801; BVerfGE 128, 326 (377).

2. Maßregeln der Besserung und Sicherung (Katalog des § 61 StGB)

Unter Maßregeln der Besserung und Sicherung sind präventive 7
Maßnahmen zu verstehen, die dem Täter schuldunabhängig auferlegt
werden (→ Rn. 2). Umfasst sind:
- Die Unterbringung in einem psychiatrischen Krankenhaus, § 63 StGB
- Die Unterbringung in einer Entziehungsanstalt, § 64 StGB
- Die Unterbringung in der Sicherungsverwahrung, §§ 66, 66a, 66b, 66c StGB
- Die Führungsaufsicht, §§ 68 ff. StGB
- Die Entziehung der Fahrerlaubnis, § 69 StGB
- Das Berufsverbot, § 70 StGB.

3. Das Sanktionensystem des Jugendstrafrechts

Die Sanktionen für Jugendliche und Heranwachsende werden nicht 8
nach allgemeinem Strafrecht verhängt, sondern richten sich nach besonderen jugendstrafrechtlichen Regelungen, die im Jugendgerichts-
gesetz (JGG) aufgeführt sind.[5] Das JGG gilt, wenn ein Jugendlicher
oder Heranwachsender eine Verfehlung begeht, die nach den allgemeinen Vorschriften mit Strafe bedroht ist (vgl. § 1 I JGG). Ziel ist
es, erneuten Straftaten entgegen zu wirken, wobei die Sanktion in erster Linie an dem wichtigsten Prinzip des Jugendstrafrechts, dem **Er-
ziehungsgedanken,** auszurichten ist (vgl. § 2 I StGB). Sanktionen für
jugendliche Straftäter sollen demnach dem jungen Menschen in erster
Linie helfen, diese sensible und schwierige Entwicklungsstufe zu
meistern und nicht strafen. Daher gibt es im Jugendstrafrecht auch
im besonderen Maße die Möglichkeit, ein Verfahren durch eine informelle Sanktion zu beenden (vgl. §§ 45, 47 JGG – sog **Diversion),** um
formelle Sanktionen zu vermeiden.
Formelle jugendstrafrechtliche Rechtsfolgen sind: 9
- **Erziehungsmaßregeln** (§§ 9 ff. JGG) stellen eine Reaktion des Gesetzgebers auf Straftaten des Jugendlichen oder Heranwachsenden
dar, die aber keinen Strafcharakter haben sollen. Sie können die Erteilung von Weisungen oder die Anordnung, Hilfe zur Erziehung
in Anspruch zu nehmen, nach sich ziehen (vgl. § 9 JGG). **Weisungen** (§ 10 JGG) werden dem Jugendlichen oder Heranwachsenden

---

5 Ausführlich und weiterführend hierzu *Streng* JugendStrafR S. 173 ff.

durch Urteil auferlegt und sollen eine Regelung seiner Lebensführung oder Förderung und Sicherung seiner Erziehung bewirken. Dieser kann bspw. verpflichtet werden, bei einer Familie oder im Heim zu wohnen (§ 10 I 3 Nr. 2 JGG), Arbeitsleistungen („Sozialstunden") zu erbringen (§ 10 I 3 Nr. 4 JGG) oder an einem sozialen Trainingskurs teilzunehmen („Anti-Aggressionstraining"; § 10 I 3 Nr. 6 JGG). Weitere Weisungen sind in § 10 JGG katalogisiert. Wird angeordnet, eine Hilfe zur Erziehung in Anspruch zu nehmen, ist dies gem. § 12 JGG in Form von Erziehungsbeistandschaft iSd § 30 SGB VIII oder der Heimerziehung bzw. einer sonstigen betreuten Wohnform iSd § 34 SGB VIII möglich.

– **Zuchtmittel** (§§ 13 ff. JGG) finden dann Anwendung, wenn eine Jugendstrafe nicht für geboten erachtet wird, dem Jugendlichen oder Heranwachsenden jedoch „eindringlich zu Bewusstsein gebracht werden muss, dass er für das von ihm begangene Unrecht einzustehen hat" (§ 13 I JGG). Dabei haben Zuchtmittel nicht die Rechtswirkungen einer Strafe (vgl. § 13 III JGG), sondern bilden eine strafähnliche Sanktion („Erziehung statt Strafe") durch Verwarnungen, Erteilung von Auflagen (Schadenswiedergutmachung, Entschuldigung, Arbeitsleistungen, Zahlung eines Geldbetrages) und durch Jugendarrest (Freizeitarrest, Kurzarrest, Dauerarrest).[6]

– **Jugendstrafe** (§§ 17 ff. JGG) ist gem. Abs. 1 der „Freiheitsentzug in einer für ihren Vollzug vorgesehenen Einrichtung". Sie ist die einzige im Jugendstrafrecht vorgesehene Kriminalstrafe und wird dann wegen „schädlicher Neigungen" verhängt, wenn Erziehungsmaßnahmen oder Zuchtmittel zur Erziehung nicht ausreichen oder wenn wegen der Schwere der Schuld eine Strafe erforderlich ist (vgl. § 17 II JGG). Das Maß der Jugendstrafe ist auf mindestens sechs Monate und höchstens fünf Jahre festgesetzt (vgl. § 18 JGG). In Fällen, in denen nach dem allgemeinen Strafrecht die Höchststrafe für ein Verbrechen zehn Jahre übersteigt, beträgt das Höchstmaß zehn Jahre. Handelt es sich bei der Tat um Mord und reicht das Höchstmaß wegen der besonderen Schwere der Schuld nicht aus, so beträgt das Höchstmaß im Fall eines Heranwachsenden 15 Jahre (§ 18 I 2 und § 105 III JGG). **Die Strafrahmen des allgemeinen Strafrechts gelten nicht** (§ 18 I 3 JGG). Im Übrigen wird im Jugendstrafrecht immer eine Einheitsstrafe gem. § 31 I JGG gebildet.

---

6 *Streng* Sanktionen Rn. 118.

§ 3. Sinn und Zweck von Strafe

I. Überblick

> **Fall 1:**[1] A ist wegen Mordes (§ 211 StGB) angeklagt, weil er als junger
> Mann als Angehöriger der nationalsozialistischen Schutzstaffel (SS) 1944 an
> der Ermordung von Juden durch die NS-Diktatur beteiligt gewesen sein
> soll. A legt ein Geständnis ab und zeigt ehrliche Reue. A, der schon 90 Jahre
> alt ist, hat nach dem Krieg ein unbescholtenes Leben geführt und wegen sei-
> ner Schuldgefühle immer wieder anonym Spenden an die Jüdische Gemeinde
> seines Wohnortes getätigt. Da er zudem wegen einer unheilbaren Erkran-
> kung nur noch kurze Zeit zu leben hat, beantragt sein Verteidiger in seinem
> Abschlussplädoyer, den A zwar wegen Mordes schuldig zu sprechen, aber
> von seiner Bestrafung abzusehen. Für eine lebenslange Freiheitsstrafe gebe
> es im vorliegenden Fall angesichts der Entwicklung der letzten Jahrzehnte,
> des hohen Alters und der nur noch kurzen Lebenserwartung des Angeklag-
> ten keinen rationalen Zweck mehr. Was ist hiervon zu halten? → Rn. 8, 19

Will Strafe begangenes Unrecht vergelten oder künftig Kriminalität **1**
verhindern? Was der Sinn und Zweck staatlicher Bestrafung ist, gibt
seit der Antike Anlass für Diskussion. Die Straftheorien wollen eine
Antwort auf die Frage geben, warum der Rechtsgüterschutz gerade
durch Strafen erreicht werden kann. Die Legitimation der Strafe an
sich folgt daher nicht in erster Linie aus der Aufgabe des Rechtsgüterschutzes. Die Lehre von den Strafzwecken (Straftheorien) widmet
sich der Frage, weshalb gerade das Instrumentarium *der Strafe* geeignet und notwendig ist, die Aufgabe des Strafrechts zu erfüllen und
welchen Zweck und damit Wirkungsweise der Bestrafungsakt gegenüber dem Täter und der Allgemeinheit hat.

Es stehen sich im Wesentlichen zwei Grundrichtungen von Straf- **2**
theorien gegenüber (Überblick):
– **Absolute Straftheorien:** Der Sinn der Strafe wird, losgelöst (lat.:
  absolutus) von jeder sozialen Wirkung, allein in der Wiederherstellung der Gerechtigkeit gesehen.
– **Relative Straftheorien:** Der Zweck der Strafe ist die Verhütung
  künftiger Straftaten. Diese steht folglich in Beziehung (lat.: relatus)
  zu einem solchen Zweck.

---

1 Ähnlich etwa bei *Krey/Esser* StrafR AT § 5 Rn. 131; *Kudlich,* StrafR AT PdW, 5. Aufl.
2016, Fall 10. Vgl. auch BGH NStZ 2017, 158 mAnm *Rommel.*

3   An diese beiden Grundströmungen knüpft an:
– **Vereinigungstheorie** (von einem großen Teil der Lehre und der Rspr. vertreten): Elemente der absoluten sowie der relativen Straftheorien werden kombiniert und auf einzelne Aspekte der Strafe bezogen.

II. Absolute Straftheorien

4   Der Sinn und Rechtsgrund der Strafe liegt nach den absoluten Straftheorien allein in der Vergeltung des durch die Tat begangenen Unrechts und wirkt repressiv in die Vergangenheit gerichtet. Strafe dient damit dem gerechten Schuldausgleich und der Wiederherstellung der Gerechtigkeit und verfolgt nicht etwa einen diesseitigen, dh im realen Leben in die Zukunft gerichteten Zweck. Einem solchem ausgleichenden Denken entspricht das sog **Talionsprinzip**, das „Gleiches mit Gleichem" oder „Auge um Auge, Zahn um Zahn" bestraft. Bestraft wird demnach allein deshalb, weil ein Unrecht begangen wurde (*„punitur, quia peccatum est"*); mehr soll Strafe nicht erreichen. Sie ist demnach losgelöst von gesellschaftlichen Wirkungen. Die Vertreter der absoluten Theorien sind sogar der Ansicht, dass an eine Strafe geknüpfte Nützlichkeitserwägungen einen rechtswidrigen Grundrechtseingriff darstellen, da der Täter zum bloßen Objekt degradiert werden würde.[2]

5   Absolute Theorien gibt es in verschiedenen Ausprägungen, als wichtigste seien die **Vergeltungstheorie** und die **Sühnetheorie** genannt. Letztgenannte basiert auf der Vorstellung, dass sich der Täter durch die Strafe wieder mit der Gesellschaft versöhnt. Teilweise werden die Begriffe der Vergeltung und der Sühne auch als Synonyme gebraucht, was aber insoweit falsch ist, als Sühne sich als eine persönliche – letztlich freiwillige – Leistung des Täters darstellt, die der Staat ihm nicht auferlegen kann.[3]

6   Die wichtigsten Vertreter der absoluten Straftheorien (insbesondere der Vergeltungstheorie) sind:
– *Immanuel Kant* (1724–1804), dessen rechtsphilosophischer Standpunkt besagt, dass Strafe immer nur gegen den Täter verhängt werden dürfe, weil er verbrochen hat. Würde Strafe um die Erreichung

---

2 *Roxin* StrafR AT I § 3 Rn. 3.
3 *Wessels/Beulke/Satzger* StrafR AT § 1 Rn. 12. Eingehend zum Sühnegedanken im Strafrecht *Grommes*, Der Sühnebegriff in der Rechtsprechung, 2006, S. 180 ff.

bestimmter Nützlichkeitszwecke verhängt werden, wäre dies mit der Würde des Menschen nicht vereinbar und der Täter würde durch seine Strafe als Mittel zum Zweck gebraucht werden. Auch sei die Verwirklichung von Gerechtigkeit ein kategorischer Imperativ („Handle nur nach derjenigen Maxime, durch die du zugleich wollen kannst, dass sie ein allgemeines Gesetz werde.") und habe deshalb höchste Priorität. Kant hat in seinem Werk „Metaphysik der Sitten" (1797) das berühmte „Inselbeispiel" ersonnen, um den Sinn der Strafe als reine Vergeltung zu verdeutlichen: *Selbst, wenn sich die bürgerliche Gesellschaft mit aller Glieder Einstimmung auflöste (zB das eine Insel bewohnende Volk beschlösse, auseinanderzugehen und sich in alle Welt zu zerstreuen), müßte der letzte im Gefängnis befindliche Mörder vorher hingerichtet werden, damit jedermann das widerfahre, was seine Taten wert sind …".

– *Wilhelm Friedrich Hegel* (1770–1831) nimmt ausgehend von seiner Lehre vom „dialektischen Prinzip" in seinem Werk „Grundlinien der Philosophie des Rechts" (1821) an, dass eine Straftat eine Verletzung des Rechts iS einer Negation des Rechts sei. Die Strafe sei nunmehr die Negation der Negation und damit die „Aufhebung des Verbrechens, das sonst gelten würde, und die Wiederherstellung des Rechts". Auf das Unrecht müsse somit eine dem Wert nach gleiche Strafe folgen, um die Gerechtigkeit wiederherzustellen.

Kritiker der absoluten Theorien verweisen darauf, dass es ein Verstoß gegen die Menschenwürde sei, wenn eine Strafe nur des Strafens willen verhängt werden würde. Die Menschenwürde gebiete zwingend Nützlichkeitserwägungen bei der Verhängung von Strafen. Zudem können die absoluten Straftheorien auch nicht begründen, warum es zur Verwirklichung der Gerechtigkeit gerade der Strafe bedürfe und nicht anderer Maßnahmen. Strafe wird nach den absoluten Theorien auch gefordert, wenn sie für den Rechtsgüterschutz nicht nötig ist (vgl. Inselbeispiel). Damit diene Strafe nicht mehr dem Rechtsgüterschutz als einer Aufgabe des Strafrechts und verliere somit in großem Maße ihre Legitimation. **7**

Gleichwohl kann keine Rede davon sein, dass in unserer modernen Gesellschaft der Strafzweck der Vergeltung keinen Platz mehr hat. Mag der Begriff Vergeltung auch nach Rache klingen und archaische Assoziationen wecken, so bedeutet dies dennoch nicht, dass wir aufgeklärt genug sind, darauf zu verzichten. Vielmehr ist eher davon **8** auszugehen, dass es sich hierbei um ein tiefes Bedürfnis der Menschen handelt, das auch ein Staat nicht ignorieren darf. **Gerechte Vergeltung wird immer ein legitimer Strafzweck bleiben.**[4] Anstatt einer Privatrache durch den Betroffenen oder seiner Angehörigen wird eine Tat durch den Staat geahndet.[5] Dies entspricht unserem Gerechtigkeitsempfinden.[6] Derzeit ist gar von einer „Renaissance der Vergeltung" die Rede;[7] dies ist insofern nicht ganz richtig, als dieser Strafzweck nie seine Bedeutung verloren hatte.

9   Als Argument für die absoluten Theorien kann zudem die Tatsache in die Waagschale geworfen werden, dass empirische Befunde eher nicht für die präventive Wirksamkeit von Strafe sprechen (hierzu später mehr). Würde man zudem eine Strafe allein an ihrer präventiven Wirkung ausrichten, käme man oft zu ungerechten Ergebnissen. Für vergleichsweise harmlose Vergehen müssten harte Strafen verhängt werden, wenn bei dem Täter eine Rückfallgefahr (oder auch nur bei anderen potentiellen Tätern eine Nachahmungsgefahr) bestünde. So würde etwa bei dem NS-Täter aus dem oben genannten Beispiel trotz der unfraglich großen Schuld, die er auf sich geladen hat, eine nur geringe Strafe ausreichen, wenn bei ihm ersichtlich keine Wiederholungsgefahr bestünde. Nur unter Berücksichtigung der absoluten Theorien, die allein die Schuld des Täters in den Fokus stellen, kommt man daher zu letztlich gerechten Strafen.

III. Relative Straftheorien

1. Grundsätzliches

10   Die relativen Theorien sehen den Sinn und Zweck der Strafe in der Verhinderung künftiger Straftaten (Prävention). Demnach ist die Strafe auf die Verbrechensverhütung bezogen (lat.: relatus). Bestraft wird also, damit kein Unrecht begangen wird (*„punitur, ne peccetur"*). Die Legitimation der Strafe folgt aus der staatlichen Aufgabe des Rechtsgüterschutzes und damit der Verhinderung von Straftaten.

11   Die **Unterteilung** der relativen Strafzwecktheorien erfolgt der Wirkrichtung nach in die **Generalprävention** und in die **Spezialprä-**

---

4 *Walter* ZIS 2011, 636 (646), online verfügbar unter: http://www.zis-online.com/dat/artikel/2011_7_599.pdf.
5 *Weber,* Zum Genugtuungsinteresse des Verletzten als Strafzweck, S. 165 ff. (Thesen 8–11, 16).
6 *Krey/Esser* StrafR AT § 5 Rn. 134.
7 *Fischer* StGB Vor § 13 Rn. 2; *Klocke/Müller* StV 2014, 370 ff.

vention. Beide werden wiederum jeweils noch hinsichtlich einer positiven und negativen Variante unterschieden.

2. Generalprävention (Einwirkung auf die Allgemeinheit)

a) Positive Generalprävention (Normbestätigung). Der Sinn der Strafe ist die Stärkung der Rechtstreue und des Vertrauens der Allgemeinheit in die Bestands- und Durchsetzungskraft der Rechtsordnung. „Zweck der Androhung und der Verhängung von Strafe (ist) die Sicherung der Geltung elementarer Normen freiheitlicher sozialer Integration".[8] Die „wechselseitige Einhaltung der sanktionierten Verhaltensnormen" soll jedem Bürger garantiert werden.[9] Hält er sich selbst nicht an diese, wird ihm iS einer Normbestätigung vor Augen geführt, dass sich seine Entscheidung, sich gegen die Rechtsordnung zu wenden, nicht ausgezahlt hat und ihm dieses Verhalten *„verübelt"* wird, *„weil er die in ihn gesetzten Erwartungen an Loyalität gegenüber dem Recht enttäuscht hat".*[10] Die Wichtigkeit der Norm spiegelt sich in der Höhe der angedrohten Strafe wider. Durch die auf diese Weise vorgenommene Demonstrierung der „Unverbrüchlichkeit des Rechts" werden das Vertrauen und das Selbstbewusstsein der Allgemeinheit in die Rechtsordnung gestärkt und aufrechterhalten sowie hierdurch künftigen ähnlichen Rechtsverletzungen potentieller Täter vorgebeugt.

b) Negative Generalprävention (Abschreckungsgedanke). Durch die Androhung, Verhängung und Vollstreckung der Strafe soll aber auch die Allgemeinheit vor der Begehung weiterer Straftaten abgeschreckt werden. Die Strafe ist dabei das Mittel der Abschreckung, durch deren Vollstreckung im Einzelfall der Ernst der Strafandrohung gegenüber der Allgemeinheit vor Augen geführt werden soll. So wird gewissermaßen auf psychologischem Wege eine Beeinflussung der Gesellschaft vorgenommen, die im besten Falle darauf gerichtet ist, dass sich alle Bürger vor den Konsequenzen einer Verletzung der Rechtsordnung fürchten und deshalb von dieser absehen. Als wichtigster Vertreter der negativen Generalprävention gilt *Paul Johann Anselm Ritter von Feuerbach* (1775–1833). Seine „Theorie des psychologischen Zwangs" spiegelt eben diesen Gedanken der negativen Generalprävention wider: *„Der Zweck der Androhung der*

12

13

14

---

8 *Kindhäuser* StrafR AT § 2 Rn. 14.
9 *Kindhäuser* StrafR AT § 2 Rn. 14.
10 *Kindhäuser* StrafR AT § 2 Rn. 15.

Strafe im Gesetz ist Abschreckung Aller von Rechtsverletzungen. Der Zweck der Zufügung derselben ist die Begründung der Wirksamkeit der gesetzlichen Drohung, inwiefern ohne sie diese Drohung leer sein würde".[11]

15 **c) Kritik.** Der Idee von Generalprävention muss entgegengehalten werden, dass diese Ansätze (jedenfalls isoliert betrachtet) letztlich über keinen Maßstab zur Begrenzung des Strafmaßes verfügen. So werden unverhältnismäßige Sanktionen nicht zu verhindern sein, denn auch eine harte Strafe für eine indes nur geringfügige Tat wirkt generalpräventiv. Auf diese Weise besteht das Risiko einer Gefährdung des Prinzips des schuldangemessenen Strafens. Wird nur wegen des Zwecks der Normstabilisierung und Verhinderung künftiger Straftaten bestraft, droht der Täter zudem zum Objekt staatlichen Handelns und für die Erreichung gesellschaftlicher Bedürfnisse instrumentalisiert zu werden.[12] Diese Degradierung zum bloßen Mittel zum Zweck könnte zu einer Verletzung der Menschenwürde führen (sog „Objektformel"). Schließlich ist die abschreckende Wirkung der Strafe auf die Allgemeinheit als eher gering einzuschätzen.[13]

3. Spezialprävention (Einwirkung auf den Täter)

16 **a) Positive Spezialprävention.** Im Vordergrund des Modells der positiven Spezialprävention steht die Besserung des Täters durch die Strafe in Form einer erzieherischen Gestaltung, insbesondere des Strafvollzugs, so dass er die Befähigung erlangt, künftig ein Leben ohne Straftaten zu führen. Durch Verbüßung der Strafe soll der Täter resozialisiert werden, um anschließend als besserer Mensch seinen Platz in der Gesellschaft wieder einnehmen zu können (zur Resozialisierung vgl. auch § 2 S. 1 StVollzG). Der BGH betont zudem, es gehe bei den zulässigen präventiven Strafzwecken nicht nur um Resozialisierung von „schon entsozialisierten Tätern", sondern auch darum, unerwünschte Nebenfolgen von Verurteilung und Vollzug bei „einem bisher sozial ausreichend eingepassten Täter" möglichst zu vermeiden.[14]

---

11 *Feuerbach,* Lehrbuch des gemeinen in Deutschland gültigen peinlichen Rechts, 11. Aufl. 1832, §§ 13 ff.
12 So auch *Neubacher* NJW 2006, 966 (969).
13 Für eine differenzierte Betrachtung der Wirkungsweise *Bock* JuS 1994, 89 (95 f.).
14 BGHSt 24, 40 (42 f.); so auch BVerfGE 116, 69: „...negative Auswirkungen des Strafübels auf die Lebenstüchtigkeit des Gefangenen [sind] weitestmöglich zu mindern ...".

b) Negative Spezialprävention. Zum anderen kann Spezialprä- 17
vention auch dadurch bewirkt werden, dass auf den Einzelnen in
der Weise eingewirkt wird, dass der Täter vor der Begehung weiterer
Straftaten abgeschreckt wird. Insbesondere wird aber auch der Ge-
danke des Schutzes der Gesellschaft durch ein Absondern des Täters
betont (vgl. § 2 S. 2 StVollzG). Ein Fernhalten des Straftäters von der
Sozialgemeinschaft kann durch Strafvollzug oder Sicherungsverwahrung erreicht werden.

Als einflussreichster Vorkämpfer der spezialpräventiven Straf- 18
zwecklehre gilt *Franz von Liszt* (1851–1919). Er lehnte in seinem
„Marburger Programm" (1822) und auch später in seiner berühmten
Schrift „Der Zweckgedanke im Strafrecht" (1882) die Vergeltung als
Strafzweck ab. Seiner Ansicht nach ist nur eine notwendige Strafe
auch eine gerechte Strafe. Er unterschied drei Erscheinungsformen
der spezialpräventiven Einwirkung auf Straftäter:
- Abschreckung des nicht besserungsbedürftigen Gelegenheitstäters
  („Appellfunktion", „positive Spezialprävention")
- Besserung des besserungsfähigen „Gewohnheitsverbrechers"
  („Appellfunktion", „positive Spezialprävention")
- „Unschädlichmachung" des nicht besserungsfähigen „Gewohnheitsverbrechers" („negative Spezialprävention"). Unschädlichmachung meint ein Wegsperren auf Lebenszeit bzw. auf unbestimmte
  Zeit.[15] Das zeigt eindrucksvoll, dass entgegen verbreiteten vor-
  schnellen Einschätzungen die relativen Straftheorien für den Straftäter keinesfalls immer zu „milderen" Reaktionen führen müssen
  als absolute Theorien.

c) Kritik. Auch die spezialpräventiven Theorien leiden an dem 19
Mangel, dass sie über keinen Maßstab zur Begrenzung der Strafe verfügen, schließlich vermag auch eine harte Strafe für eine geringfügige
Tat spezialpräventiv zu wirken. Doch damit ist der Grundsatz
schuldangemessenen Strafens in Gefahr.[16] So müsste bspw. ein Täter,
der wiederholt schwarz fährt, mit einer unverhältnismäßig hohen
Strafe belangt werden, wenn er als nicht besserungsfähig eingestuft
würde. Dagegen müssten bei konsequenter Anwendung der Theorie
Straftäter, bei denen keine Wiederholungsgefahr besteht (zB bei sozial
angepassten NS-Gewaltverbrechern oder sozial gut integrierten Kon-
flikttätern), letzten Endes straffrei bleiben. Darüber hinaus verstößt

---

15 Vgl. hierzu *Gropp* StrafR AT § 1 Rn. 112 Fn. 141.
16 *Momsen/Rackow* JA 2004, 336 (338).

die Freiheitsentziehung eines erwachsenen Täters nur zum Zweck der zwangsweisen Besserung, solange keine Gefahr für den Täter selbst oder die Allgemeinheit besteht, gegen die Menschenwürde.

IV. Vereinigungslehren

20   Eine überzeugende und vor allem kritikarme Erklärung des „Wozu" von Strafe vermögen weder die generalpräventiven noch die spezialpräventiven Theorien zu liefern. Vor diesem Hintergrund entstanden sog Vereinigungstheorien, die die verschiedenen Strafzwecke verbinden. Dies ist wohl der richtige Ansatz und entspricht der herrschenden Meinung in Lit. und Rspr.

1. Vereinigung von Vergeltung und Prävention (vergeltende Vereinigungstheorie)

21   Dieser Theorie zufolge schließen sich Vergeltung als Schuldausgleich und Verbrechensprävention nicht aus, sondern können als eine sachgerechte Verbindung unterschiedlicher Strafzwecke sinnvoll nebeneinander stehen. Dabei stützt sich die Strafe sowohl auf den präventiven Teil (Spezial- und Generalprävention), wird aber durch den aus der absoluten Theorie abgeleiteten Aspekt beschränkt, dass sie das Maß der Schuld nicht überschreiten darf. **Folglich bildet das Maß der individuellen Schuld den Rahmen für die Strafzumessung, innerhalb dessen dann Raum für Präventionszwecke verbleibt.** Diese Theorie zu Sinn und Zweck der Strafe dominiert in der Rspr., wie auch in der Rechtswissenschaft.

22   Auch im geltenden Strafgesetzbuch lässt sich keine Bindung an ein bestimmtes Konzept zur Bestimmung des Sinns der Strafe erkennen. Vielmehr werden Elemente verschiedener Ansätze aufgegriffen:[17]
  – In § 46 I 1 StGB sind Aspekte der absoluten Theorie enthalten (Schuld als Grundlage der Strafzumessung; vergeltender Schuldausgleich).
  – § 46 I 2 StGB offenbart einen spezialpräventiven Ansatz, wonach die Wirkungen für das künftige Leben des Straftäters, die von der Strafe zu erwarten sind, berücksichtigt werden müssen.

---

17 *Lesch* JA 1994, 590 (595 f.); *Momsen/Rackow* JA 2004, 336 (339).

– Auch generalpräventive Gesichtspunkte, die die „Verteidigung der Rechtsordnung" vorsehen, sind im StGB enthalten, bspw. in §§ 47 I, 56 III StGB.

2. Präventive Vereinigungstheorie

Nach anderer Auffassung ist die Strafe nur durch den Zweck des   23 präventiven Rechtsgüterschutzes gerechtfertigt, die Vergeltungsfunktion der Strafe wird nicht anerkannt. Diese Theorie verbindet also nur die verschiedenen präventiven Deutungen der Strafzwecke. Eine Bekämpfung sozialschädlichen Verhaltens und ein dem Rechtsgüterschutz verpflichtetes Strafrecht dürfe keine von sozialen Zwecken losgelöste Strafe verhängen,[18] so die Begründung der im Schrifttum verbreiteten Verfechter dieser Theorie.

Empfehlungen zur vertiefenden Lektüre:
Rechtsprechung: BVerfGE 45, 187 ff. (Verfassungsmäßigkeit der lebenslangen Freiheitsstrafe – u. a. Strafzwecke dieser Strafe).
Literatur: *Hefendehl*, Der fragmentarische Charakter des Strafrechts, JA 2011, 401 ff.; *Momsen/Rackow*, Die Straftheorien, JA 2004, 336 ff.; *Walter*, Vergeltung als Strafzweck – Prävention und Resozialisierung als Pflichten der Kriminalpolitik, ZIS 2011, 636 ff.

§ 4. Empirische Befunde zur präventiven Wirksamkeit des Strafrechts

Die kriminologische Sanktionsforschung untersucht, ob die prä-   1 ventive Wirksamkeit strafrechtlicher Sanktionen – wie von den relativen Straftheorien vorausgesetzt – empirisch nachgewiesen werden kann.

I. Befunde zur Generalprävention

Wie effizient die Generalprävention tatsächlich ist, lässt sich nur   2 schwierig erforschen. Zur empirischen Untersuchung werden vor allem Befragungsstudien durchgeführt, bei denen die Probanden zu ihrem eigenen kriminellen Verhalten und ihrer Tatgeneigtheit befragt

---

18 *Roxin* StrafR AT I § 3 Rn. 8 ff., 37 ff.

werden. Dabei erwies sich die erwartete Schwere der Strafe für bestimmte Taten als bedeutungslos.

3 – Das vom Täter wahrgenommene Entdeckungsrisiko spielte nur bei leichteren Delikten eine Rolle.

– Wesentlich bedeutsamer für Normkonformität war für die Probanden dagegen die wahrgenommene moralische Verbindlichkeit der Strafnorm bzw. die Strafnormakzeptanz.

– Aus diesen Ergebnissen kann abgeleitet werden, dass im Hinblick auf die Präventionsdosierung dem negativen generalpräventiven Ansatz (Abschreckungseffekt) ein geringerer Wert beizumessen ist als der positiven Generalprävention, da die Untersuchung eine unverkennbare Relevanz verinnerlichter Normbindung der Probanden ergab.[1] Jedoch darf dieses Ergebnis nicht überinterpretiert werden, da solch eine Befragungssituation nicht dafür beweiskräftig sein kann, wofür sich jemand in einer konkreten Versuchungssituation entscheidet und was ihn möglicherweise an der Tat hindert.

II. Befunde zur Spezialprävention

1. Rückfallstatistik

4   Zur Ermittlung der Effizienz der spezialpräventiven Wirksamkeit von strafrechtlichen Zugriffen wird vor allem auf Rückfallstudien nach einer Strafverbüßung abgestellt. In diesem Zusammenhang sei aber darauf verwiesen, dass man verschiedene Rückfallstudien nur sehr eingeschränkt gegenüberstellen kann. Vielmehr muss immer berücksichtigt werden, dass man je nach Beobachtungszeitraum (in der Regel 3 bis 5 Jahre nach der Straftat oder der Haftentlassung) zu sehr unterschiedlichen Ergebnissen kommen kann. Zudem ist eine Überprüfung der Wirksamkeit von Spezialprävention anhand von Rückfallstatistiken großen methodischen Problemen ausgesetzt. So wird zwar richtigerweise auf die Legalbewährung abgestellt; es können aber keine Taten berücksichtigt werden, die im Dunkelfeld verblieben sind, obwohl auch dies natürlich Rückfälle sind. Zudem ist es nahezu unmöglich, die Wirksamkeit einer bestimmten Sanktion zu messen. Wenn festgestellt wird, dass bspw. die Jugendstrafe ohne Bewährung die höchste Rückfallquote hat, so ist daraus dennoch nicht zwingend der Schluss zu ziehen, dass diese die uneffektivste Strafe ist.

---

1 *Streng* Sanktionen Rn. 59.

Der US-Wissenschaftler *Robert Martinson* hatte 1974 die Ergeb-   5
nisse seiner Meta-Evaluation zur rückfallhemmenden Wirkung von
Strafen unter dem Titel „*What works?*" zusammengefasst.[2] Die sich
hieran anschließende Diskussion kam zum Fazit „*Nothing works!*".
Dieses Fazit ist zwar gewiss zu negativ; doch die spezialpräventive
Wirksamkeit von Strafen wird gerne überschätzt (hierzu sogleich).

2. Rückfallstudie des Bundesjustizministeriums

Eine recht aktuelle **Rückfallstudie des Bundesministeriums für**   6
Justiz (Legalbewährung nach strafrechtlichen Sanktionen) ermittelte
eine allgemeine Rückfallquote von 35 %.[3] Die Erhebung erfasste
Straftäter, die 2007 sanktioniert oder aus der Haft entlassen wurden.
Das waren insgesamt 1.049.816 Personen (Erwachsene und Jugendliche). Der Studie war ein dreijähriger Beobachtungszeitraum (= Risi-
kozeitraum) zugrunde gelegt.

Tabelle: Rückfallquote nach Sanktionsart   7

Sanktionsart	Rückfallquote
Freiheitsstrafe ohne Bewährung	47 %
Freiheitsstrafe mit Bewährung	39 %
Jugendstrafe ohne Bewährung	69 %
Jugendstrafe mit Bewährung	61 %
Jugendarrest	65 %
Geldstrafe	29 %

Dabei sind folgende **Auffälligkeiten** erwähnenswert: 8
- **Hohe Alters- und Geschlechtsabhängigkeit**
  - Jugendliche werden zu 40 % rückfällig, über 60-jährige dagegen
    nur zu 14 %.
  - Bei Frauen ist die Quote 15 % niedriger als bei Männern.
- **Große Abhängigkeit vom Sanktionstyp** (nach Verbüßung von
  Jugendstrafe ohne Bewährung beträgt die Rückfallquote immerhin
  69 %): Diesbezüglich kann eine klare **„Rückfallrangfolge"** zwi-
  schen den verschiedenen Sanktionsarten festgestellt werden. Dies
  ist aber in erster Linie eine bloße Feststellung und erlaubt noch

---

2 *Martinson,* What works?, 1974.
3 BJM, Legalbewährung nach strafrechtlichen Sanktionen – Eine bundesweite Rückfall-
  untersuchung, 2014, online verfügbar unter: http://www.bmjv.de/SharedDocs/Down
  loads/DE/Broschueren/DE/Legalbewaehrung-nach-strafrechtlichen-Sanktionen.pdf?
  __blob=publicationFile.

nicht den Schluss, dass eine Strafe der anderen hinsichtlich ihrer Effektivität überlegen wäre (hierzu nochmals sogleich).

- **Abhängigkeit von der Straftat:** Die niedrigsten Rückfallquoten gibt es bei Straßenverkehrs- und Tötungsdelikten; die höchsten Quoten bei Diebstahl und Raub.

9   Diese Ergebnisse stellen den stationären Sanktionen unter spezialpräventivem Aspekt ein schlechtes Zeugnis aus. Allerdings ist eine **zurückhaltende Interpretation angebracht:** Die vollstreckbare Freiheitsstrafe hat wegen der häufigen Anwendung auf Täter mit schlechter Prognose von vornherein die größten Chancen eine hohe Rückfallquote aufzuweisen; es beeinflussen also **Selektionseffekte** aus der Sanktionsauswahl die Rückfallquoten. Zudem ist zu berücksichtigen, dass auch entsprechende, zunächst „nicht-kriminelle" Bevölkerungsgruppen innerhalb eines Zeitraumes von zB fünf Jahren mit einer nennenswerten Verurteilungsquote belastet werden.[4]

3. Fazit zur Spezialprävention

10   - Es wurde festgestellt, dass eine abschreckende Wirkung strafrechtlicher Sanktionen nur bei bisher wenig auffälligen Tätern vorhanden war, im Regelfall jedoch nicht oder nur in geringem Umfang zu erwarten war.

- Darüber hinaus wurde eine tendenziell verstärkte Bejahung krimineller Handlungsweisen bzw. Schwächung der Normbindung durch das Erlebnis einer bereits erfolgten Strafverfolgung und Bestrafung ermittelt.

- Interessant sind in diesem Zusammenhang Kohortenstudien, die ergaben, dass die Rückfallwahrscheinlichkeit verurteilter jugendlicher Straftäter größer als diejenige von Jugendlichen ist, die einer Verurteilung entgangen sind.[5]

- Zudem wird teilweise auch eine „**Austauschbarkeit der Sanktionen**" konstatiert. Dies bedeutet, dass bspw. die beiden Hauptstrafen Geld- und Freiheitsstrafe unter spezialpräventiven Gesichtspunkten in gewisser Weise austauschbar sind. Ein solcher Befund ist zwar nicht völlig belegbar; fest steht aber wohl, dass eine härtere Sanktion nicht automatisch mehr bewirkt. Dies hat zur Folge, dass Strafrichter, sofern ihnen der Strafrahmen die entsprechende

4 *Streng* Sanktionen Rn. 326.
5 Vgl. *West/Farrington*, The Delinquent Way of Life, 1977, S. 126 ff. (insbes. S. 132 ff.).

Möglichkeit bietet, im Regelfall die weniger einschneidende Sanktionsart, also Geld- statt Freiheitsstrafe, wählen sollten.[6]

Allerdings ist eine kritische Hinterfragung der gewonnenen Ergebnisse angebracht, da jede empirische Methode Schwächen aufweist, wie zB fehlende geeignete Vergleichsgruppen, Verzerrungen durch Auswahl der Untersuchungsgruppe oder die Unmöglichkeit der Rekonstruktion alternativer Kausalverläufe. **11**

So bleibt Rückfallbekämpfung eine der dringendsten, aber auch schwierigsten Herausforderungen des Strafrechts. Fraglich ist indes, ob sie mit Mitteln des Strafrechts überhaupt zu meistern ist. **12**

Empfehlungen zur vertiefenden Lektüre:
Literatur: *Antholz*, Evidenzbasierte Kriminalstatistik, ZRP 2016, 118 ff.

§ 5. Die Kriminalprognose und ihre Methoden

I. Aussage über künftiges Legalverhalten

Prognoseentscheidungen sind im Strafverfahren an vielfältiger Stelle zu treffen (zB Lockerungs- und Entlassungsprognosen bei Entscheidungen im Strafvollzug). Für das Sanktionenrecht spielen insbesondere **Urteilsprognosen** für die Frage, ob die Vollstreckung einer Freiheitsstrafe zur Bewährung ausgesetzt werden kann, und **Gefährlichkeitsprognosen** (etwa bei der Frage nach der Notwendigkeit von Maßregeln) eine große Rolle. Es geht aber immer darum, eine Aussage zu dem künftigen Legalverhalten des Straftäters zu treffen (Individualprognose).[1] Die Beurteilung erfolgt jeweils nach der gewählten Prognosemethode, aber unter Zugrundelegung verschiedener Vorgaben, die sich aus dem Gesetz ergeben (zB in §§ 56 I, 66 I, 57 I 1, 57a I Nr. 2 StGB). Hierauf wird dann jeweils im Einzelnen im Verlauf des Lehrbuchs eingegangen werden. Am Rande sei darauf hingewiesen, dass der Begriff der Kriminalprognose sowohl im Rahmen der echten Kriminalstrafen als auch der Maßregeln der Besserung und Sicherung verwendet wird. **1**

Die **Hinzuziehung eines Gutachters** ist für die Entscheidungsfindung nur dann zwingend erforderlich, wenn das Gesetz dies vorschreibt. So verlangt zB § 246a StPO die Vernehmung eines Sachver- **2**

---

6 *Streng* Sanktionen Rn. 331.
7 *Meier* Kriminologie § 7 Rn. 1 ff.

ständigen in der Hauptverhandlung, wenn Entscheidungen über die Anordnung der Sicherungsverwahrung oder der Unterbringung in einem psychiatrischen Krankenhaus im Raum stehen. § 275a IV StPO schreibt für Entscheidungen über vorbehaltene oder nachträgliche Anordnung der Sicherungsverwahrung zwingend die Einholung eines Sachverständigengutachtens vor. Gem. § 454 II StPO hat das Gericht dann ein Gutachten eines Sachverständigen einzuholen, wenn es erwägt, die Vollstreckung des Restes einer lebenslangen Freiheitsstrafe auszusetzen.[2] Dasselbe gilt für zeitige Freiheitsstrafen von mehr als zwei Jahren wegen einer Straftat der in § 66 III 1 StGB aufgezählten Art, wenn zudem nicht auszuschließen ist, dass Gründe der öffentlichen Sicherheit einer vorzeitigen Entlassung des Verurteilten entgegenstehen. Die meisten Prognoseentscheidungen werden indes ohne Zuhilfenahme von Sachverständigen getroffen.

II. Zuverlässigkeit der Prognose

3   Unabhängig von der Art der gewählten Methode muss aber konstatiert werden, dass die Vorhersagbarkeit menschlichen Verhaltens immer schwierig ist. Prognosen sind nur **Wahrscheinlichkeitsaussagen** und damit immer mit dem Risiko der Fehleinschätzung verbunden.[3] „Prognoseentscheidungen bergen stets das Risiko der Fehlprognose, sind im Recht aber gleichwohl unverzichtbar" stellt auch das BVerfG fest.[4] Die Unwägbarkeiten steigen mit der Länge des Vorhersagezeitraums. Gleichwohl sind auf dem Gebiet der Kriminalprognose in jüngerer Zeit große Fortschritte gemacht worden, und auch die Richter können inzwischen beurteilen, ob Gutachten die Mindestanforderungen an Qualität einhalten. Fehlerhafte Kriminalprognosen können sich auf zwei sehr unterschiedliche Weisen auswirken. Zum einen kann eine irrtümlich günstige Prognose (**„false negative"**) dazu führen, dass ein Täter noch im Bewährungszeitraum wieder rückfällig wird. Auf der anderen Seite kann eine irrtümlich ungünstige Prognose (**„false positive"**) dazu führen, dass die Vollstreckung der Freiheitsstrafe gerade nicht zur Bewährung ausgesetzt wird, obwohl der Täter tatsächlich nicht rückfallgefährdet ist. Ein Täter, der von einer solchen Entscheidung betroffen ist, hat im Straf- oder Maßregelvollzug auch nicht die Chance, das Gegenteil zu beweisen.

---

2 *Neubacher* NStZ 2001, 449.
3 NK-StGB/*Dünkel* § 57 Rn. 107 ff.
4 BVerfG NJW 2004, 739 (742).

Es gilt aber immer wieder festzuhalten, dass es absolute Sicherheit 4
nicht geben kann. Überzogene Sicherheitserwartungen iS einer Rückfallwahrscheinlichkeit von Null dürfen nicht gestellt werden. Mit jeder Prognoseentscheidung ist zwangsläufig ein gewisses Risiko verbunden, das aber eingegangen werden muss. Es geht letztlich um
eine angemessene Risikoverteilung zwischen Täter und Gesellschaft.[5]
So würde es jedenfalls nicht gegen den Verhältnismäßigkeitsgrundsatz verstoßen, wenn bei einem weiterhin akut rückfallgefährdeten
Täter die lebenslange Freiheitsstrafe tatsächlich in ihrem eigentlichen
Wortsinn vollstreckt werden würde.[6] Steht nämlich die Gefahr eines
weiteren Tötungsdeliktes im Raum, würde sich die eben angesprochene Risikoverteilung klar zulasten des Täters verschieben.

III. Prognosemethoden

Man unterscheidet gemeinhin zwischen der **intuitiven,** der **statis-** 5
tischen und der **klinischen Prognosemethode.**

– Mittels der **intuitiven Methode** trifft der Richter die Prognoseent- 6
  scheidung (insbesondere Bewährungsentscheidungen) aus dem
  Gefühl (Menschenkenntnis) und der Berufserfahrung heraus. Das
  ist die im Strafverfahren am häufigsten angewandte Methode. Ihre
  Vorteile liegen auf der Hand, denn sie ist kostengünstig und
  schnell. Als Nachteil der Methode muss angeführt werden, dass
  sie nicht objektivierbar ist, sie keine wissenschaftliche Grundlage
  hat und dem Strafrichter letztlich die entsprechende Ausbildung
  fehlt, derartige Prognoseentscheidungen zu fällen.

– Im Wege der **statistischen Methode** werden empirische Rückfall- 7
  studien ausgewertet, um möglichst konkrete Merkmale (Prädikto-
  ren) herauszufinden, die die Rückfallgefahr vergrößern. Daraus
  kann man dann Wahrscheinlichkeitsaussagen bilden, die aufgrund
  der Häufigkeit bestimmter beim Täter vorliegender Merkmale getroffen werden. Im Mittelpunkt steht demnach nicht der konkrete
  Straftäter, sondern abgestellt wird auf einen typischen Fall („Der
  Proband gehört zu einer Gruppe, deren Rückfallwahrscheinlichkeit 58 % beträgt").[7] Hierzu wurden insbesondere in den 1950er
  und 1960er Jahren **Prognosetafeln** entwickelt, wie zB das einfache

---

5 *Streng* Sanktionen Rn. 775.
6 BVerfGE 117, 71 ff.
7 *Schöch,* Kriminalprognose, in: Internationales Handbuch der Kriminologie (hrsg.
  v. Schneider), 2007, S. 359 (372).

Schlechtpunktverfahren von *Meyer*.[8] Demnach wären typische Kriminalitätsindikatoren zB die Kriminalität bei mindestens einem Elternteil, die Alkoholabhängigkeit bei mindestens einem Elternteil, ein häufiger Arbeitsplatzwechsel, eine „Ausreißerkarriere", der Beginn der Kriminalität vor dem 15. Lebensjahr oder wenigstens teilweise verbüßte Straftaten. Kritisiert wird, dass bei einem solchen Verfahren die Gewichtigkeit der einzelnen Risikofaktoren nicht berücksichtigt wird und auch „Gutpunkte" nicht erzielt werden können. Eine Fortentwicklung stellten demgegenüber daher sog **Punktwertverfahren** dar, bei denen Faktoren nicht gleichwertig behandelt, sondern je nach Validität gewichtet werden (zB Punktwertprognosetafel von *Glueck/Glueck*, wonach bei mehr als 200 Punkten die Wahrscheinlichkeit späterer Delinquenz bei über 60 % liegen soll).[9] Die verschiedenen Punktwertverfahren berücksichtigen jeweils andere Faktoren (Alkohol, Arbeitsplatzwechsel etc.). Viele Prognoseinstrumente sind inzwischen auf eine bestimmte Art von Straftäter zugeschnitten (Violence Risk Appraisal Guide usw.). Vorteil der statistischen Methode ist ein relativ hoher Grad an Zuverlässigkeit, da das regelgeleitete Vorgehen einen Schutz vor menschlichen Urteilsfehlern verspricht. Indes ist eine echte Objektivität auch hier nicht gewährleistet, denn ein vergleichbarer Sachverhalt kann von unterschiedlichen Prüfern durchaus unterschiedlich behandelt werden. Zudem ist der Blick nur auf die Vergangenheit und nicht auf die Zukunft gerichtet. Positive Entwicklungen im Leben des Betroffenen können daher nur schwer berücksichtigt werden. Es fehlt demnach die einzelfallorientierte Einschätzung der Situation. Zudem führt eine niedrige **Basisrate** – etwa im Fall der seltenen schweren Gewalttaten – zu verzerrten Ergebnissen. Je geringer die Basisrate des vorherzusagenden Ereignisses (konkret: Rückfall), desto größer ist der Anteil der Vorhersagen, der den Eintritt dieses Ereignisses zu Unrecht prognostiziert.[10] Zur Kennzeichnung der Häufigkeit eines vorherzusagenden Ereignisses (hier die Rückfälligkeit) in einer Population (zB wegen Totschlags verurteilte Straftäter), auf welche die Prognose angewendet werden soll, arbeitet man mit diesem Instrument. Die Basisrate lässt sich aber schon von vornherein nie exakt

---

8 *Meyer* MschrKrim 48 (1965), 225 ff.
9 *Glueck/Glueck*, Unraveling Juvenile Delinqence, 4. Aufl. 1964.
10 Genauer hierzu *Meier* Kriminologie § 7 Rn. 16.

bestimmen. Schließlich gelangen einerseits manche Taten nie ins Hellfeld und können daher nicht berücksichtigt werden. Andererseits werden manche Straftäter nicht aus dem Strafvollzug entlassen, obwohl sie nicht mehr rückfällig werden würden und können daher nicht positiv auf die Basisrate zu Gute schlagen.[11] Ferner gibt es ein gewisses **Mittelfeldproblem,** das heißt, dass in vielen Fällen eben keine eindeutige Prognose möglich ist. Nicht anwendbar wäre in diesem Fall aber der In-dubio-pro-reo-Grundsatz, denn dieser erfasst nur die einer Prognose vorgelagerten Tatsachen. Letztlich stagniert aber die Entwicklung rein statistischer Prognosen schon seit längerem; allerdings gibt es viele Ansätze die klinische mit der statistischen Methode zu verbinden (hier sogleich).

– Im Zuge der **klinischen Methode** wird die Prognoseentscheidung 8 von Psychologen mit kriminologischer Erfahrung bzw. Psychiatern (Ärzten) getroffen.[12] Dies ist die aufwendigste Prognosemethode, da ihr eine umfassende Persönlichkeitsforschung des Täters zugrunde liegt. Dies umfasst eine **Anamnese** (Entwicklungsund Vorgeschichte des Probanden) und eine umfangreiche **Exploration** (iS eines qualifizierten Gesprächs mit dem Probanden). Es folgen zudem verschiedene **Testreihen** und eventuell klinische Untersuchungen. Der Vorteil dieser Methode ist, dass es sich hierbei um eine auf wissenschaftliche Erkenntnisse gestützte Entscheidung eines Fachmanns handelt, der auch die aktuelle oder künftige Lebensphase in seine Entscheidung miteinbeziehen kann. Der Nachteil ist, dass diese Methode deutlich höhere Kosten verursacht, sie zeitaufwendig ist und letztlich ebenfalls keine vollständige Objektivität garantieren kann. Gutachter arbeiten im Übrigen häufig mit Hilfe von Kriterienlisten („Items"), die eine Kombination aus klinischer Individualprognose und statistischer Prognose darstellen. Die prognostische Einzelfallbeurteilung wird anhand solcher Kriterienlisten vorgenommen, die relevante Risikofaktoren benennen und gewichten. Solche Listen dienen als Arbeitsinstrument für die fachpsychiatrische Individualbeurteilung und erlauben aber außerdem dem Laien (in diesem Fall dem Richter), das Prognosegutachten auf seine Plausibilität hin zu überprüfen. Zu den bekanntesten

---

11 Genauer hierzu *Schöch,* Kriminalprognose, in: Internationales Handbuch der Kriminologie (hrsg. v. Schneider), 2007, S. 359 (367).
12 Eine Sonderform der klinischen Prognose stellt die sog Methode der idealtypisch-vergleichenden Einzelfallanalyse dar, die von *Göppinger* entwickelt wurde; vgl. *Göppinger,* Kriminologie, 6. Aufl. 2008, § 15 ff.

Kriterienlisten zählt das in Kanada zur Prognose von Gewaltdelikten bei psychisch auffälligen Personen entwickelte Instrumentarium HCR-20 (Historical Clinical Risk), das auf 54 Merkmalen beruhende Instrumentarium LSI-R (Level of Service Inventory Revised)[13] oder das Instrumentarium PCL-R (Psychopathy Checklist Revised) von *Hare*.[14]

Empfehlungen zur vertiefenden Lektüre:
Rechtsprechung: BVerfG NJW 2006, 211 ff. = BeckRS 2005, 22561 (Anforderungen an die Prognoseerstellung im Fall der Unterbringung in der Sicherungsverwahrung).
Literatur: *Bock,* Das Elend der klinischen Kriminalprognose, StV 2007, 269 ff.; *Boetticher/Dittmann/Nedopil/Nowara/Wolf,* Zum richtigen Umgang mit Prognoseinstrumenten durch psychiatrische und psychologische Sachverständige und Gerichte, NStZ 2009, 478 ff.; *Boetticher/Kröber/Müller-Isberner/Müller-Metz/Wolf,* Mindestanforderungen für Prognosegutachten, NStZ 2006, 537 ff.; *Nedopil,* Prognosebegutachtungen bei zeitlich begrenzten Freiheitsstrafen – Eine sinnvolle Lösung für problematische Fragestellungen, NStZ 2002, 344 ff.

§ 6. Die Kriminalstrafen

I. Grundlagen und Begriffe

1   Der **Begriff der Strafe** erfasst einen Ausgleich einer erheblichen Rechtsverletzung durch die Auferlegung eines der Schwere von Unrecht und Schuld angemessenen Übels, das eine öffentliche Missbilligung der Tat ausdrückt und dadurch Rechtsbewährung schafft.

2   **Merke:** Die Strafe setzt sich folglich aus einem **zwangsweise auferlegten Übel,** bspw. der Entziehung der Fortbewegungsfreiheit oder der Abschöpfung von Einkünften, und einem **sozialethischen Unwerturteil über die Tat sowie den Täter** zusammen.

3   Bezüglich einer Abgrenzung zu **zivilrechtlichen Rechtsfolgen** ist anzumerken, dass bspw. Schadensersatzansprüche nicht der Bestrafung des Schädigers, sondern der Naturalrestitution, § 249 I BGB, dienen. Eine Vertragsstrafe (§§ 339 ff. BGB) kann überdies vertraglich vereinbart werden und dient dem Schutz und der Durchsetzung von

---

13 Die ermittelten „Gesamtscorewerte" liefern Angaben über die Rückfallwahrscheinlichkeit für erneute Straftaten innerhalb des ersten Jahres nach Haftentlassung.
14 *Boetticher/Dittmann/Nedopil/Nowara/Wolf* NStZ 2009, 478 ff.; *Müller* NStZ 2011, 665.

Privatrechten. Darüber hinaus ist der **Unterschied zwischen der Geldstrafe und der Geldbuße** (des Ordnungswidrigkeitenrechts) zu verdeutlichen: Während die Geldstrafe (§§ 40 ff. StGB) als Kriminalstrafe nur bei **Vorliegen einer Straftat** verhängt werden darf, dient die Geldbuße (§§ 17 f. OWiG) der Ahndung von Ordnungswidrigkeiten, § 1 OWiG. Der Aspekt des sozialethischen Unwerturteils ist bei der Geldbuße weniger stark ausgeprägt; es wurde kein kriminelles Unrecht verwirklicht (auch wenn die Vorschriften des OWiG dem StGB nachgebildet sind und man gelegentlich vom Ordnungswidrigkeitenrecht als „kleinem Strafrecht" spricht). Deshalb ist etwa nach § 30 OWiG eine Vermögensgeldbuße auch zulasten eines Unternehmens zugelassen, während *de lege lata* in Deutschland keine Unternehmens*strafbarkeit* besteht und nach verbreiteter Auffassung auch *de lege ferenda* nicht eingeführt werden sollte.[1]

II. Aktuelle Befunde zu Freiheits- und Geldstrafe

Die folgende Übersicht zeigt das Verhältnis von Freiheits- zu Geldstrafe. Im Jahr 1890 lag der Anteil der Geldstrafen an den Hauptstrafen noch bei nur 29,4 %.[2] Inzwischen hat die Geldstrafe die Freiheitsstrafe in ihrer Funktion als klassische Strafe abgelöst. **4**

Tabelle: Verurteilte im Jahr 2015 mit einer Hauptstrafe nach allgemeinem Strafrecht[3]

Strafe	Gesamt	%
Freiheitsstrafe	107.089	15,8
(davon mit Bewährung	75.310	11,2)
Geldstrafe	567.054	84,1
Strafarrest (nach WStG)	2	0,1
Verurteilte	674.145	100

1 Vgl. zur Diskussion der letzten Jahre (etwa in Folge des sog NRW-Entwurfs) statt vieler nur *Hoven/Wimmer/Schwarz/Schumann* NZWiSt 2014, 161 ff.; *Kubiciel* ZRP 2014, 133 ff.; *Engelhardt* NZWiSt 2015, 201 ff.; instruktiv die Sammlung von Beiträgen zu den verschiedensten Facetten in *Kempf/Lüderssen/Volk* (Hrsg.), Unternehmensstrafrecht, 2012.

2 *Kaiser*, Kriminologie, 1996, § 92 (Tabelle 40); vgl. auch *Streng* Sanktionen Rn. 116 zu den Gründen.

3 Nach JGG Verurteilte wurden nicht berücksichtigt. Vgl. Statistisches Bundesamt, Strafverfolgung 2015, online verfügbar unter: https://www.destatis.de/DE/Publikationen/Thematisch/Rechtspflege/StrafverfolgungVollzug/Strafverfolgung2100300157004.pdf?__blob=publicationFile.

III. Das Trichtermodell der Strafverfolgung

6   Das Trichtermodell der Strafverfolgung zeigt, dass letztlich nur ein kleiner Bruchteil aller Verfahren in einer formellen Strafe oder gar in einer Freiheitsstrafe, deren Vollstreckung nicht zur Bewährung ausgesetzt wurde, endet.[4] Die Zahlen sind der Polizeilichen Kriminalstatistik (PKS) und der Strafverfolgungsstatistik (jeweils des Jahres 2015) entnommen.

alle Straftaten
– einschließlich der unbekannten (**Dunkelfeld**)

in der PKS registrierte Straftaten (**Hellfeld**) = 6.330.649
(ohne Staatsschutzdelikte und Straßenverkehrsdelikte [mit
Ausnahme der Verstöße gegen §§ 315, 315b StGB und § 22a StVG])

aufgeklärte Straftaten = 3.564.811
(allgemeine Aufklärungsquote: 56,3 %; diese ist aber je
nach Deliktsart sehr unterschiedlich)

Tatverdächtige = 2.369.036
strafmündige Tatverdächtige =
2.311.324*

Abgeurteilte = 910.681**

Verurteilte = 739.487***

zu **Freiheitsstrafe** oder
Jugendstrafe verurteilt =
117.639

zu **Freiheitsstrafe**
oder Jugendstrafe
ohne Bewährung
verurteilt =
35.946

* Die Anzahl der **Tatverdächtigen** entspricht nicht den aufgeklärten Straftaten, denn ein Tatverdächtiger hat oft mehrere Delikte begangen. Zudem werden hier tatverdächtige Kinder ausgeschieden,

---

4 Zu den verschiedenen Verzerrfaktoren s. *Streng* Sanktionen Rn. 112.

die zum Tatzeitpunkt jünger als 14 Jahre und somit strafunmündig waren.

** **Abgeurteilte** sind Angeklagte, gegen die Strafbefehle erlassen bzw. deren Strafverfahren nach Eröffnung des Hauptverfahrens durch Urteil oder Einstellungsbeschluss rechtskräftig abgeschlossen wurde. Ihre Zahl setzt sich zusammen aus den Verurteilten und aus Personen gegen die andere Entscheidungen getroffen wurden (ua Einstellung oder Freispruch).

*** **Verurteilte** sind Angeklagte, gegen die nach allgemeinem Strafrecht Freiheitsstrafe, Strafarrest nach WStG oder Geldstrafe (auch durch einen rechtskräftigen Strafbefehl) verhängt worden ist oder deren Straftat nach Jugendstrafrecht mit Jugendstrafe, Zuchtmitteln oder Erziehungsmaßregeln geahndet wurde.

2. Teil. Die Strafen und ihre Bemessung

§ 7. Die Freiheitsstrafe, §§ 38 ff. StGB

Fall 1: Der mittellose B muss sich wegen betrügerischer Haustürgeschäfte vor Gericht verantworten. Der Staatsanwalt fordert eine Freiheitsstrafe von 1 Jahr und eine Geldstrafe von 90 Tagessätzen in Höhe von je 30 EUR. Ist eine Kombination der beiden Hauptstrafen zulässig? Sollte bei der Entscheidung die aktuelle finanzielle Lage des Angeklagten eine Rolle spielen? → Rn. 3

Fall 2: Der RAF-Terrorist Christian Klar wird 1985 wegen mehrfachen Mordes ua zu fünfmal lebenslänglich verurteilt. Dem Terroristen war wegen der Beteiligung an neun Morden und mehreren Mordversuchen der Prozess gemacht worden. Klar verbüßte seine Strafe in der baden-württembergischen Justizvollzugsanstalt Bruchsal. Ende 1997 – nach der Verbüßung von knapp 15 Jahren Strafe – ließ er beim zuständigen OLG Stuttgart durch seinen Verteidiger vortragen, dass der Rest seiner lebenslangen Freiheitsstrafe sofort zur Bewährung auszusetzen sei. Dieses Bestreben begründete er damit, dass seine verschärften Haftbedingungen eine mehrfache Anrechnung der Haftzeit rechtfertigen würden. Dem Verurteilten wurde per Beschluss mitgeteilt, dass die besondere Schwere der Schuld eine Vollstreckung der Strafe bis zur Verbüßung von 26 Jahren gebietet und dass eine Verkürzung dieser Mindestverbüßungszeit nicht in Frage kommt. 2003 stellte Klar außerdem ein Gnadengesuch, das erst 2008 vom damaligen Bundespräsidenten Köhler ohne Begründung abgelehnt wurde. Vor seiner regulären Entlassung Ende 2008 baten die Angehörigen seiner Opfer außerdem darum, ihm die Bewährungsauflage zu erteilen, künftig öffentliche Auftritte zu vermeiden.

Wie würde eine Verurteilung zu „fünfmal lebenslänglich" heute lauten? → § 10 Rn. 43

Wäre eine mehrfache Anrechnung der Haftzeit grundsätzlich möglich gewesen? → Rn. 19

Muss ein Gnadengesuch zeitnah behandelt und eine Ablehnung begründet werden? → Rn. 92

Wie kam es zu einer Mindestverbüßungszeit von 26 Jahren? → Rn. 87

Wäre eine entsprechende Bewährungsauflage zulässig gewesen? → Rn. 61

I. Anwendungsbereich, Dauer und Bemessung der Freiheitsstrafe

1. Überblick

Die Freiheitsstrafe ist neben der Geldstrafe die zweite Hauptstrafe 1 unserer Rechtsordnung und die härteste Strafsanktion des StGB. Es gibt keine Strafnorm, die die Freiheitsstrafe nicht (zumindest als Möglichkeit neben der Geldstrafe) androht. Seit dem 1. Strafrechtsreformgesetz vom 25.6.1969 existiert nur noch eine einzige Form der Freiheitsstrafe, die sog Einheitsfreiheitsstrafe. Davor wurde zwischen „Zuchthaus" (schwerste und ehrentziehende Freiheitsstrafe von mindestens einem Jahr und maximal 20 Jahren mit Arbeitspflicht), „Gefängnis" (ehrentziehende Freiheitsstrafe von mindestens einem Tag und höchstens fünf Jahren), „Einschließung" (kein Entzug der bürgerlichen Ehrenrechte) und „Haft" (ebenfalls nicht entehrend, Freiheitsentzug von maximal sechs Wochen) unterschieden.[1]

In der heutigen Rspr. gewinnt jedoch die Geldstrafe gegenüber der 2 Freiheitsstrafe immer größere Bedeutung, da man bestrebt ist, kurze Freiheitsstrafen durch ambulante Sanktionen zu ersetzen (→ § 6 Rn. 5 [Tabelle]). Bei kurzen Freiheitsstrafen würde die Zeit für ernsthafte Resozialisierungsmaßnahmen nicht ausreichen, und das Herausreißen aus dem sozialen Umfeld des Täters würde dessen soziale Bindungen und soziale Existenz gefährden.[2]

2. Kombination von Freiheits- und Geldstrafe

Freiheits- und Geldstrafe schließen einander nicht immer zwin- 3 gend aus. Vielmehr erlaubt § 41 StGB **ausnahmsweise** die Verhängung einer Geldstrafe neben der Freiheitsstrafe, wenn es sich um einen Täter handelt, der sich durch die Tat bereichert oder dies wenigstens versucht hat. Sinn einer solchen **Kumulation der Hauptstrafen** ist nicht die Abschöpfung von Vermögenswerten beim Täter, sondern die kombinierte Übelszufügung hat vielmehr eine spezialpräventive Zielsetzung. Dieser spezielle Täter soll durch diese Strafe noch gezielter beeindruckt werden. Allerdings ist die Geldstrafe keine Zusatzstrafe, sondern auch die Mischung beider Strafen muss

1 *Mitsch* JA 1993, 225; *Streng* Sanktionen Rn. 156.
2 *Streng* Sanktionen Rn. 158.

sich im Rahmen der tatsächlichen Tatschuld bewegen. § 41 StGB enthält nach ganz hM keine Strafrahmenerweiterung[3] (→ § 8 Rn. 15). Zudem muss die kumulative Geldstrafe auch hinsichtlich der wirtschaftlichen Verhältnisse des Straftäters **angebracht sein.** Verfügt ein Täter demnach über keine finanziellen Mittel macht es keinen Sinn, ihn auch am Vermögen zu bestrafen. Für den **Fall 1** bedeutet dies, dass im Fall eines mittellosen Täters es nicht angebracht wäre, ihn nicht nur an der Freiheit, sondern auch am Vermögen zu strafen. Eine solche Strafe würde vielmehr wegen ihrer zu der Freiheitsentziehung hinzutretenden Wirkung dessen Resozialisierung gefährden.

4   **Beachte:** Ganz praktisch bzw. auch „verfahrenstaktisch" kann ein Interesse insbesondere der Verteidigung darin liegen, die Kombination einer Freiheitsstrafe mit einer Geldstrafe zu erreichen, wenn dadurch eine niedrigere und dann insbesondere bewährungsfähige (= unter zwei Jahren) Freiheitsstrafe ermöglicht wird. Also plakativ: Lieber zwei Jahre zur Bewährung plus Geldstrafe von 90 Tagessätzen als Freiheitsstrafe von zwei Jahren und drei Monaten, die nach § 56 II StGB schlechterdings nicht bewährungsfähig ist. Allerdings muss dazu dargetan werden, dass die Voraussetzungen des § 41 StGB auch vorliegen.

3. Ziel der Freiheitsstrafe

5   Der Strafvollzug verfolgt vordergründig das Ziel der Resozialisierung des Täters. Bei genauerer Betrachtung deckt die Freiheitsstrafe aber nicht nur diesen Zweck, sondern das gesamte Spektrum der Strafzwecke ab:
– Die Strafe dient als Vergeltung für die Tat.
– Die Strafe eröffnet dem Täter die Möglichkeit, im Strafvollzug die Befähigung zu erlangen, künftig ein Leben ohne Straftaten zu führen.
– Die Strafe soll den Täter und die Allgemeinheit abschrecken.
– Die Gesellschaft wird während der Zeit des Vollzugs der Freiheitsstrafe durch die sichere Unterbringung des Verurteilten geschützt.
– Das durch die Tat erschütterte Vertrauen der Allgemeinheit in die Bestands- und Durchsetzungskraft des Rechts soll auf diese Weise wiederhergestellt werden.

---

3 *Fischer* StGB § 41 Rn. 7 mwN.

4. Ambivalente Wirkung der Freiheitsstrafe

Das Strafübel bei der vollstreckten Freiheitsstrafe besteht in der 6
Entziehung der Fortbewegungsfreiheit als einem wesentlichen Bedürfnis des Menschen. Strafe als ein Instrumentarium des Gesetzgebers unterliegt aufgrund des im Ganzen öffentlichen Recht geltenden
Verhältnismäßigkeitsgrundsatzes dem **ultima ratio-Prinzip**;[4] für die
Freiheitsstrafe als schärfstes Mittel im Katalog der Kriminalstrafen
gilt dies natürlich umso mehr.

Gerade die unbedingte Freiheitsstrafe ist daher tunlichst zu vermei- 7
den. Wird sie verhängt, wird der Verurteilte aus seinem bisherigen
Umfeld herausgenommen und in eine geschlossene Einrichtung in-
haftiert. Dies hat eine ambivalente Wirkung für den Gefangenen:

Zum einen bringt der Strafantritt eine desintegrierende Wirkung 8
mit sich: Die Herausnahme aus dem sozialen Umfeld bedeutet einen
tiefen Einschnitt in die bisherige Lebenskontinuität und führt oft zu
einer Aufhebung von Bindungen (Familie, Freunde, Arbeitsplatz).
Diese Desintegration kann dem Gefangenen zwar auch dazu verhel-
fen, von seinem bisher möglicherweise kriminalitätsfördernden Umfeld Abstand zu nehmen. Die Gefahr, dass nach der Strafverbüßung
die Resozialisierung misslingen könnte und der Entlassene die Bindung zu seinen ursprünglichen Bindungspersonen verliert, ist jedoch
nicht zu vernachlässigen.

Zum anderen wird der Gefangene mit dem Strafantritt wiederum 9
in eine geschlossene Institution integriert und erfährt dadurch eine
Resozialisierung, wenn auch „nur" in einer eigenständigen „Gefängnisgesellschaft" mit eigenen Umgangsformen und Wertvorstellungen.
Der Gefangene erhält so die Möglichkeit, Erfahrungen im Zusammenhang mit seiner Rolle und dem angepassten Verhalten in einer
funktionierenden Gesellschaft zu machen und so iSd Vollzugsziels
auf eine reibungslose Wiedereingliederung nach seiner Entlassung
hinzuarbeiten. Dies passiert aber nur im Idealfall, also dann, wenn
die Gefängnisgesellschaft von der Idee der Resozialisierung getragen
ist und sich nicht zu einer Gefangenensubkultur entwickelt, in der die
Wertvorstellungen in hohem Maße von denen in „Freiheit" abwei-
chen. Ist der Gefangene entlassen worden, ist er zudem meist Stigma-
tisierung ausgesetzt, was die Resozialisierung erschwert.[5]

---

4 BVerfGE 39, 92.
5 *Meier* Sanktionen S. 87 f.

5. Primäre und sekundäre Freiheitsstrafe

10   Die Freiheitsstrafe kann in eine primäre und sekundäre unterteilt werden:

– Die primäre Freiheitsstrafe wird vom erkennenden Gericht im Urteil ausgesprochen, wenn es heißt: *„Der Angeklagte wird wegen … zu einer Freiheitsstrafe von … Monaten/Jahren verurteilt."* Die Freiheitsstrafe ist folglich die vom Gericht primär gewählte Sanktionsform.

– Eine sekundäre Freiheitsstrafe liegt vor, wenn das erkennende Gericht zunächst eine Geldstrafe ausspricht, deren Vollstreckung jedoch nicht in der vorgesehenen Weise möglich ist (sprich der Betroffene zahlt die Geldstrafe nicht). Das Urteil wird dann durch Vollstreckung einer **Ersatzfreiheitsstrafe** durchgesetzt (§ 43 StGB). Es gilt folgender Umrechnungsmodus: **Einem Tagessatz der Geldstrafe entspricht ein Tag Freiheitsstrafe.** Einen sachlichen Unterschied zwischen primärer und sekundärer Freiheitsstrafe gibt es nicht, beide Formen folgen denselben Regeln und sind echte Kriminalstrafen.[6] Allerdings passen die Strafgefangenen, die eine Ersatzfreiheitsstrafe verbüßen, letztlich nicht in den Vollzug. Ihre Strafen sind regelmäßig zu kurz, um ihnen eine sinnvolle Teilnahme an Resozialisierungsprogrammen zu ermöglichen. Denn es handelt sich um Täter, für die ja anfangs gerade keine Freiheitsstrafe vorgesehen war. Arbeitsangebote im Vollzug sind sowieso zu knapp; sie werden daher in erster Linie der eigentlichen Vollzugsklientel angeboten. Spricht man mit Praktikern im Vollzug, empfinden diese die Gefangenen, die Ersatzfreiheitsstrafen verbüßen, nur als zusätzliche, unnötige Belastung des ohnehin schon schwierigen Vollzugsalltags. Zudem kostet ihre Unterbringung die Steuerzahler viel Geld. Daher versucht man mit verschiedenen Programmen („Schwitzen statt Sitzen") eine Vollstreckung der Ersatzfreiheitsstrafe tunlichst zu vermeiden (→ § 8 Rn. 55).

6. Lebenslange und zeitige Freiheitsstrafe

11   Eine Freiheitsstrafe kann nur dann verhängt werden, wenn diese in der Strafnorm, nach der verurteilt wird, angedroht wird. Allerdings beinhaltet das deutsche Strafrecht keine Strafnorm, die auf die An-

---

6 *Meier* Sanktionen S. 90.

drohung der Freiheitsstrafe verzichtet. Die primäre Freiheitsstrafe kann zeitig oder lebenslang sein. Ist die lebenslange Freiheitsstrafe nicht ausdrücklich vorgesehen, ist die jeweilige Freiheitstrafe immer zeitig gem. § 38 I StGB. Ist Lebenslang die einzig vorgesehene Sanktion spricht man von ihr als einer absoluten Rechtsfolge (vgl. § 211 I StGB oder § 212 II StGB). Lebenslang als eine mögliche Rechtsfolge am Ende eines weiten Strafrahmens („fakultatives Lebenslang") wird aber noch in einer Reihe von weiteren Tatbeständen angedroht (vgl. zB die Erfolgsqualifikationen § 178 StGB, § 251 StGB oder § 306c StGB), kommt aber kaum zur Anwendung (→ Rn. 35 f.).

7. Mindest- und Höchstmaß einer Freiheitsstrafe

Das Mindest- und Höchstmaß bestimmt sich primär nach der Regelung im Tatbestand (zB § 226 I StGB: „Die Freiheitsstrafe beträgt ein Jahr bis zehn Jahre.") bzw. wenn eine Strafmilderung vorgeschrieben oder zugelassen ist, nach dieser Regelung iVm den „Verschiebungsvorschriften" des § 49 I StGB (lesen!). Nach § 49 II StGB darf ein Gericht, wenn diesem ein Ermessen in der vom Täter verwirklichten Strafnorm zugebilligt wird, die Freiheitsstrafe sogar durch Geldstrafe ersetzen. **12**

Wenn eine speziellere Regelung fehlt oder nicht eingreift, gilt sekundär § 38 II StGB: Das Mindestmaß beträgt einen Monat und das Höchstmaß 15 Jahre. Das Mindestmaß von einem Monat darf keinesfalls unterschritten werden (es sei denn es handelt sich um eine Ersatzfreiheitsstrafe → Rn. 10, → § 8 Rn. 53). Eine Unterschreitung darf auch nicht im Wege einer Milderung erfolgen. **13**

Beispiel: Täter T wird wegen Beihilfe zum Diebstahl in einem besonders schweren Fall verurteilt (§§ 242 I, 243 I, 27 I StGB). Seine Strafe muss gem. § 27 II 2 StGB („Sie **ist** … zu mildern.") nach § 49 I StGB gemildert werden. Das niedrigste Strafmaß bei § 243 I 1 StGB beträgt drei Monate. Würde dieses Strafmaß nun nach § 49 I Nr. 2 StGB gemildert, würde die Untergrenze auf unter einen Monat sinken. Die Verhängung einer Freiheitsstrafe von unter einem Monat ist gem. § 38 II 2 StGB jedoch unzulässig, weshalb die Strafe mindestens auf einen Monat lauten müsste.[7] Im Übrigen wäre hier dann § 47 StGB (kurze Freiheitsstrafe nur in Ausnahmefällen) zu beachten und eine Geldstrafe regelmäßig vorzuziehen. **14**

---

7 *Meier* Sanktionen S. 90.

15   Das gesetzliche Höchstmaß darf nur in zwei Ausnahmefällen überschritten werden:
– Wenn eine Gesamtstrafe aus mehreren Gesamtstrafen (nicht aus
mehreren Einzelstrafen, wie aus § 54 II 2 StGB hervorgeht) zu bilden ist. Ein solcher Fall ist äußerst selten.[8]
– Wenn mehrere Freiheitsstrafen nacheinander zu vollstrecken sind
und die Voraussetzungen (§ 53 I StGB) der nachträglichen Gesamtstrafenbildung nicht vorliegen (insbesondere, weil die Strafe
aus dem Urteil für die frühere Straftat bereits vollstreckt wurde).

16   **Beispiel:** Täter T begeht 2014 ein Tötungsdelikt und wird zu einer Freiheitsstrafe von zwölf Jahren verurteilt. Im Vollzug verletzt er einen Mitgefangenen schwer und wird wegen dieser Tat 2016 zu acht Jahren Freiheitsstrafe
verurteilt. Somit kann es sein, dass T am Stück 20 Jahre Freiheitsstrafe verbüßen muss, denn in Anbetracht der Tatsache, dass die schwere Körperverletzung **nach** der früheren Verurteilung begangen wurde, kann keine nachträgliche Gesamtstrafe gebildet werden. Die darin liegende Härte wird aber
bei der Strafzumessung zu berücksichtigen sein (→ § 10 Rn. 54).

8. Anrechnung, § 51 StGB

17   Im Übrigen ist **Untersuchungshaft** auf die Strafhaft **anzurechnen**
(§ 51 I StGB). Dies muss nicht ausdrücklich im Urteil festgestellt
werden. § 51 I 1 StGB richtet sich vielmehr direkt an die Vollstreckungsbehörde, die die Strafzeitberechnung vornimmt.[9]

18   Für eine **im Ausland erlittene Freiheitsentziehung** kann dabei
auch ein anderer Maßstab gelten, sofern die Bedingungen der Strafhaft nicht den einer deutschen Justizvollzugsanstalt entsprechen und
die Belastung für den Gefangenen daher größer ist. Das (Tat-)Gericht
bestimmt den Maßstab dann nach seinem Ermessen (§ 51 IV 2
StGB).[10] Üblich ist es, dass es sich bei der deutschen Vertretung des
jeweiligen Landes unter Zuhilfenahme des Auswärtigen Amtes nach
den aktuellen Bedingungen in der konkreten Haftanstalt erkundigt.
**Der Anrechnungsmaßstab für ausländische Haft ist Teil des Ur-
teilstenors** und muss begründet werden (dasselbe gilt, wenn einem
Antrag auf Anrechnung nicht nachgekommen wird). Nach aktueller
Rspr. kommt bspw. bei einer Freiheitsentziehung in Italien (und allen
anderen EU-Ländern) grundsätzlich immer nur ein Anrechnungsmaßstab von 1:1 in Betracht,[11] da der Gefängnisstandard in Europa

---

8 BGHSt 43, 216 mAnm *Fahl* JR 1998, 430.
9 *Fischer* StGB § 51 Rn. 22.
10 NK-StGB/*Kett-Straub* § 51 Rn. 30 ff.; *Bock* ZIS 2010, 482 ff.
11 BGH Beschl. v. 12.7.2016 – 2 StR 440/15 = BeckRS 2016, 13941.

inzwischen angeglichen ist. Bei einem Gefangenen, der in einem thailändischen Gefängnis mit völlig unzureichenden hygienischen Bedingungen auf seine Auslieferung nach Deutschland warten musste, wurde dagegen zB ein Härteausgleich vorgenommen und ein Maßstab von 1:3 angewandt (also ein Tag in thailändischer Haft zählt wie drei Tage in einer Haftanstalt hierzulande).[12]

Da die Vorschrift von vornherein auf im Inland verbüßte Haftzeiten nicht anwendbar ist, scheidet ihre Anwendung im **Fall 2** aus. In Deutschland verbüßte zeitweilige Einzelhaft kann nicht gesondert berücksichtigt werden.   19

9. Zeiteinheiten, § 39 StGB

Die Freiheitsstrafe unter einem Jahr wird nach vollen Wochen und   20
Monaten bemessen.

Beispiel: Acht Monate und zwei Wochen.

Eine Freiheitsstrafe von längerer Dauer als einem Jahr wird nach   21
vollen Monaten und Jahren bemessen.

Beispiel: Zwei Jahre und vier Monate. Grundsätzlich unzulässig ist jedoch eine Strafe von zB zwei Jahren und drei Wochen.

Eine Abweichung von dieser Regelung ist jedoch dann möglich,   22
wenn sich eine Gesamtstrafenbildung mit den in § 39 StGB genannten Zeiteinheiten nicht vereinbaren lässt.

Beispiel: Bei Täter T ist eine Gesamtstrafe aus einer Einzelstrafe von zwei Jahren und einer weiteren Einzelstrafe von einem Monat Freiheitsstrafe zu bilden. Der Strafrahmen beträgt somit (vgl. § 54 I 2, II 1 StGB): Zwei Jahre eine Woche bis zwei Jahre drei Wochen Freiheitsstrafe.

10. Die kurze Freiheitsstrafe, § 47 I StGB

a) Regelungszweck der Vorschrift. Als kurze Freiheitsstrafe be-   23
zeichnet das Gesetz in § 47 I StGB eine Freiheitsstrafe unter sechs Monaten Dauer. Der Regelungszweck, den diese Norm verfolgt, ist die Vermeidung kurzer Freiheitsstrafen durch eine Präferenzregel zugunsten der Geldstrafe. Eine kurze Freiheitsstrafe kann danach nur dann verhängt werden, wenn bestimmte Voraussetzungen vorliegen,

---

12 BGH Urt. v. 5.11.2014 – 1 StR 299/14 = BeckRS 2014, 23680 mwN. Die höchste ersichtliche Anrechnung einer ausländischen Haft bislang kam im Übrigen auf ein Verhältnis von 1:4 (irakische Auslieferungshaft mit Schlägen, Todesdrohungen und Elektroschocks), vgl. LG Stuttgart StV 2013, 34; *Morgenstern* StV 2016, 395 (396).

anderenfalls ist auf eine Geldstrafe auszuweichen. Dieser Wille des Gesetzgebers, eine kurze Haft zu vermeiden, beruht auf der Erkenntnis, dass im Falle einer kurzen Freiheitsstrafe die Nachteile des Strafvollzugs die Vorteile eines solchen überwiegen. In weniger als sechs Monaten ist ein Ausgleich der desintegrierenden Wirkung der Freiheitsstrafe kaum möglich, da zu wenig Zeit für Resozialisierungsmaßnahmen verbleibt. Zudem könnte der Aufenthalt in einer Strafanstalt schon im Hinblick auf die „kriminelle Ansteckung" schädliche Wirkung haben.[13]

24   **b) Voraussetzungen.** § 47 I StGB bestimmt daher bereits in der amtlichen Überschrift, dass der kurze Strafvollzug nur in Ausnahmefällen gerechtfertigt erscheint, und zwar dann, wenn **besondere Umstände in der Tat oder in der Persönlichkeit des Täters** eine derartige Einwirkung auf diesen oder die Verteidigung der Rechtsordnung unerlässlich machen. Dass eine Freiheitsstrafe „geboten" (dh angebracht, sinnvoll, präventiv Erfolg versprechend usw.) ist, reicht jedoch nicht aus.[14]

25   **c) Besondere Umstände in Tat oder Persönlichkeit des Täters.** Besondere Umstände liegen etwa dann vor, wenn entweder bestimmte Tatsachen die konkrete Tat in einer bestimmten Beziehung aus dem Durchschnitt der praktisch vorkommenden Taten der betreffenden Art herausheben oder wenn bestimmte Eigenschaften oder Verhältnisse beim Täter diesen von durchschnittlichen Tätern solcher Taten unterscheiden. Indizien für besondere Umstände in der Tat können sich bspw. aus einer langen Zeitspanne eines Dauerdelikts, der Bedeutung des verletzten Rechtsguts, dem Umfang des Schadens und dem Maß der Pflichtverletzung ergeben.[15]

26   **Beispiel:** Menge des erworbenen Rauschgifts.

27   Anhaltspunkte, die auf besondere, in der Persönlichkeit des Täters liegende Umstände schließen lassen können, sind bspw. die Zahl und Rückfallgeschwindigkeit von Wiederholungstaten, eine Vorstrafenbelastung, Bewährungsversagen oder eine Überzeugungstat.[16]

---

13 Vgl. Sonderausschuss für die Strafrechtsreform, BT-Drs. 5/4094, 5.
14 BGH Beschl. v. 8.9.2010 – 2 StR 407/10; OLG Stuttgart StraFo 2009, 118 f.; *Fischer* StGB § 47 Rn. 7.
15 HK-StrafR/*Rössner/Kempfer* StGB § 47 Rn. 8; LK-StGB/*Gribbohm* § 47 Rn. 9.
16 OLG Frankfurt a. M. StV 1995, 27 (28); SSW-StGB/*Eschelbach* § 47 Rn. 13.

d) Zur Einwirkung auf den Täter unerlässlich. Die Verhängung **28**
ist zur Einwirkung auf den Täter dann **unerlässlich,** wenn die kurze
Freiheitsstrafe bei einer Gesamtwürdigung aller die Tat und den Täter
kennzeichnenden Umstände unverzichtbar ist, um den Täter dazu zu
bringen, künftig keine Straftaten mehr zu begehen. Die Wirkung ist
folglich spezialpräventiv. Hierzu ist eine **Sanktionsprognose** erforderlich: Es muss sich anhand bestimmter Tatsachen darlegen lassen,
dass sich von einer Freiheitsstrafe hinsichtlich des Rückfallrisikos zumindest deutlich bessere Erfolge erwarten lassen als von anderen
Sanktionen.

e) Zur Verteidigung der Rechtsordnung unerlässlich. Des Weite- **29**
ren spricht das Gesetz dann von einer Unerlässlichkeit der Verhängung einer kurzen Freiheitsstrafe, wenn diese bei Gesamtwürdigung
aller die Tat und den Täter kennzeichnenden Umstände unverzichtbar ist, um das durch die Tat erschütterte Vertrauen der Allgemeinheit in die Durchsetzung des Rechts wiederherzustellen und das allgemeine Rechtsbewusstsein zu beruhigen. Der Strafzweck ist hier
also generalpräventiver Art. Auch dabei ist eine Prognose erforderlich, inwieweit die voraussichtliche Akzeptanz einer Geldstrafe, ver-
glichen mit der einer Freiheitsstrafe, reicht.

Beispiele: Fahrlässige Tötung im Zusammenhang mit Trunkenheit im Ver- **30**
kehr oder Körperverletzung im Amt durch Polizisten bzw. eine Körperverletzung zulasten eines Polizeibeamten.

11. Die lebenslange Freiheitsstrafe

a) Historie und Praxis. Die lebenslange Freiheitsstrafe stellt in un- **31**
serem Sanktionensystem seit der ausnahmslosen Abschaffung der Todesstrafe (vgl. Art. 102 GG) im Jahr 1949 die schwerste Strafe dar.
Die leidvollen Erfahrungen in der Zeit des Nationalsozialismus
waren der Grund für diese wichtige Entscheidung,[17] die zudem abge-
sichert durch Art. 79 III iVm Art. 1 I GG ist, da jede Hinrichtung zugleich eine massive Verletzung, ja sogar Auslöschung der Menschenwürde bedeutet. Auch die übrigen Mitgliedstaaten der Europäischen
Union bekennen sich nicht zuletzt durch Art. 2 II ihrer Grundrechts-
charta zu einem Verbot der Todesstrafe („Niemand darf zur Todesstrafe verurteilt oder hingerichtet werden.").

---

17 1987 wurde die Todesstrafe in der damaligen DDR abgeschafft, vgl. *Ebel/Kunig*
JURA 1998, 617; *Koch* JZ 2007, 719.

32   Zum Stichtag 31.3.2016 befanden sich in Deutschland 1.863 Personen (darunter 113 Frauen) im Vollzug einer lebenslangen Freiheitsstrafe (vgl. Strafvollzugsstatistik des Statistischen Bundesamtes).

33   **b) Anwendungsbereich.** § 38 I StGB bestimmt, dass eine Freiheitsstrafe immer zeitig ist, es sei denn, das Gesetz sieht **ausdrücklich** eine
lebenslange Freiheitsstrafe vor – wie dies zumeist bei todeserfolgsqualifizierten Delikten der Fall ist. Das heißt, der Täter begeht ein
Vorsatzdelikt und nimmt dabei den Tod des Opfers wenigstens
leichtfertig in Kauf. Optional neben der zeitigen Freiheitsstrafe
kommt daher eine lebenslange Freiheitsstrafe als Höchststrafe bei einem sexuellen Missbrauch von Kindern mit Todesfolge (§ 176b
StGB), bei einer Vergewaltigung mit Todesfolge (§ 178 StGB) oder
beim Raub mit Todesfolge (§ 251 StGB) in Betracht.

34   Es gibt aber noch eine Reihe von weiteren Delikten im Strafgesetzbuch, die „lebenslang" grundsätzlich vorsehen. In der Praxis erfolgt
dieser Strafausspruch aber eigentlich *nur*, wenn die lebenslange Freiheitsstrafe vom Gesetzgeber als absolute Strafe vorgesehen ist. Das bedeutet, dass der Richter keine Wahl zwischen einer zeitigen und einer
lebenslangen Freiheitsstrafe mehr hat. Sein Spielraum ist ihm genommen: Liegt tatbestandlich ein Mord vor, muss die schärfste Sanktion
verhängt werden. Diese Rechtslage ist immer wieder Anlass heftiger
Diskussionen, zuletzt in den Bemühungen um eine Reform der Tötungsdelikte.[18] Bislang versucht die Rspr. in extrem gelagerten Grenzfällen, etwa unter Zuhilfenahme der sog Rechtsfolgenlösung eine Verurteilung zu einer lebenslangen Freiheitsstrafe zu vermeiden.[19]

35   Die lebenslange Freiheitsstrafe als absolute Strafe ist nur noch bei
Mord gem. § 211 StGB und bei einem Totschlag in einem besonders
schweren Fall (§ 212 II StGB) vorgesehen. Der ebenfalls mit zwingend lebenslanger Freiheitsstrafe bewährte Völkermord (früher
§ 220a StGB) wurde aus dem Strafgesetzbuch „ausgelagert" und
wird jetzt in § 6 I Völkerstrafgesetzbuch (VStGB) mit dieser absoluten Sanktion geahndet, ebenso bestimmte Verbrechen gegen die
Menschlichkeit (vgl. § 7 I Nr. 1 und 2 VStGB) und sog Kriegsverbrechen gegen Personen (vgl. § 8 I Nr. 1 VStGB).

---

18 Vgl. Abschlussbericht einer vom Bundesjustizministerium beauftragten Expertengruppe aus dem Jahr 2015, online verfügbar unter: https://www.bmjv.de/Shared
Docs/Downloads/DE/Artikel/Abschlussbericht_Experten_Toetungsdelikte.pdf;jses
sionid=E727347745DB95484EF3A01DBCB3D71E.1_cid324?__blob=publicationFi
le&v=2.
19 BGHSt 30, 105.

c) **Verfassungsmäßigkeit.** Ob die lebenslange Freiheitsstrafe ver- 36
fassungsgemäß ist, ist Streitpunkt vieler Diskussionen.[20] Fest steht jedoch, dass sie vom BVerfG für mit dem Grundgesetz als vereinbar
befunden wird. In seinem 1977 ergangenen Urteil zu dieser Thematik
hebt das BVerfG hervor, dass nicht festgestellt werden kann, dass der
Vollzug der lebenslangen Freiheitsstrafe zwangsläufig zu irreparablen
Schäden psychischer oder physischer Art und damit zu einer Verletzung der Würde des Menschen führt.[21] Allerdings wird betont, dass
zu den Voraussetzungen eines menschenwürdigen Strafvollzugs gehört, dass auch dem zu lebenslanger Freiheitsstrafe Verurteilten
grundsätzlich eine Chance verbleibt, je wieder in Freiheit zu gelangen
und im Vollzug eine Resozialisierung erfahren zu dürfen, anstatt bis
zum Tode eingesperrt zu werden. Hierfür ist die Möglichkeit der Be-
gnadigung alleine nicht ausreichend, vielmehr ist eine gesetzliche Regelung der vorzeitigen Entlassung aus dem Vollzug erforderlich. Der
Gesetzgeber hat daraufhin die Vorschrift des § 57a StGB (in Anlehnung an § 57 StGB) geschaffen, der ein Recht des Gefangenen auf
Aussetzung des Strafrestes bei Vorliegen bestimmter Voraussetzungen beinhaltet.[22]

II. Vollstreckung und Vollzug der Freiheitsstrafe

Hat eine Verurteilung wegen Verletzung einer strafrechtlichen 37
Norm stattgefunden, muss die auferlegte Sanktionsform vollstreckt
und vollzogen werden.

1. Abgrenzung Strafvollstreckung und Strafvollzug

Die **Strafvollstreckung** ist Teil der Strafprozessordnung und rich- 38
tet sich nach den §§ 449 ff. StPO. Sie ist der letzte Teil eines Strafverfahrens und betrifft das „Ob" der Durchführung des auf Freiheitsstrafe lautenden richterlichen Urteils, ggf. durch Zwang staatlicher
Organe. Die Regelungen umfassen alle Maßnahmen, mit denen die
angeordnete und rechtskräftige Sanktion durchgesetzt werden soll,
wie zB die Ladung zum Strafantritt, aber auch später die Entscheidung über eine Strafrestaussetzung. Dagegen ist das **Strafvollzugs-**

---

20 Ausführlich hierzu *Kett-Straub* Lebenslange Freiheitsstrafe S. 46 ff.
21 BVerfGE 45, 187 ff.; *Walther* JA 1996, 755.
22 *Kett-Straub* Lebenslange Freiheitsstrafe S. 93 ff.

recht eine eigenständige Rechtsmaterie, die alle Maßnahmen umfasst, die sich auf die konkrete Durchführung der Sanktion beziehen, zB die Unterbringung des Gefangenen. Sie betrifft folglich das „Wie" der Durchführung des auf Freiheitsstrafe lautenden Urteils. Vollzogen wird eine Freiheitsstrafe in Justizvollzugsanstalten (vgl. zB Art. 164 BayStVollzG).

2. Vollstreckung der Freiheitsstrafe

39 – Die Vollstreckung der Freiheitsstrafe ist gem. § 451 StPO Aufgabe der Staatsanwaltschaft als Vollstreckungsbehörde. Gerichtliche Entscheidungen (zB die über die Aussetzung des Strafrestes) trifft die Strafvollstreckungskammer beim LG, soweit nicht das Gericht des ersten Rechtszugs zuständig ist.

– Soweit das Urteil rechtskräftig ist und ein geeigneter Haftplatz zur Verfügung steht, wird der Verurteilte von der Staatsanwaltschaft als Herrin des Vollstreckungsverfahrens zum Haftantritt geladen. Ein Aufschub der Strafe ist dann gemäß §§ 455 ff. StPO möglich, wenn der Gefangene zB in Geisteskrankheit verfällt oder die Vollstreckung für ihn eine nahe Lebensgefahr aufgrund einer Krankheit bedeuten würde. Dasselbe gilt für eine Unterbrechung der Vollstreckung einer Freiheitsstrafe. Diese kann unter Ausschluss einer Gefahr für die öffentliche Sicherheit und Ordnung ferner angeordnet werden, wenn keine Möglichkeit besteht, den Erkrankten in der Vollzugsanstalt zu therapieren und zu erwarten ist, dass die Krankheit für erhebliche Zeit fortbestehen wird.

3. Vollzug der Freiheitsstrafe

40   Die Strafvollzugsgesetzgebung ist seit der Föderalismusreform im Jahre 2006 Ländersache. Inzwischen haben nahezu alle Bundesländer eigene Landesstrafvollzugsgesetze (zB das BayStVollzG) erlassen. Das aus dem Jahr 1977 datierende Bundesstrafvollzugsgesetz hat aber weiterhin im Bereich des gerichtlichen Rechtsschutzes einen eigenen Anwendungsbereich (§§ 109 ff. StVollzG). Das Vollzugsziel ist die Resozialisierung des Verurteilten; er soll im Strafvollzug dazu befähigt werden, in sozialer Verantwortung künftig ein Leben ohne Straftaten zu führen (vgl. zB Art. 2 BayStVollzG, § 1 StVollzG NRW; etwas weniger optimistisch dagegen § 2 BWJVollzGB: „Straf-

vollzug und Jugendstrafvollzug leisten einen Beitrag für die Eingliederung der Gefangenen in die Gesellschaft …").[23]

III. Die Strafaussetzung zur Bewährung, §§ 56 ff. StGB

1. Grundsätzliches

Seit 1953 gibt es die Möglichkeit der Strafaussetzung zur Bewährung (korrekter: der Aussetzung der Vollstreckung der Strafe zur Bewährung).[24] Grundsätzlich besteht diese Option nur bei einer Freiheitsstrafe von bis zu zwei Jahren, § 56 II StGB. **41**

Beträgt die Strafe nicht mehr als ein Jahr, ist die Aussetzung unter Berücksichtigung aller den Täter und die Tat betreffenden Umstände grundsätzlich der **Regelfall,** wenn erwartet werden kann, dass dem Verurteilten allein die Verurteilung bereits eine Warnung war, er in Zukunft keine Straftaten mehr begehen wird und er den Auflagen und Weisungen (§§ 56b, 56c StGB) nachkommen wird, die aus dem Bewährungsbeschluss hervorgehen. Der Wunsch, in Freiheit zu bleiben, führt oft zu einem „Kampf um die zwei Jahre", da eine Freiheitsstrafe, die nicht über diese Zeitangabe hinausgeht, vom Gericht zwingend auf die Möglichkeit der Strafaussetzung zu prüfen ist. **42**

Beachte: Nicht die Strafe, sondern die Vollstreckung der Strafe wird zur Bewährung ausgesetzt. **43**

2. Zielsetzung

Die Strafaussetzung verfolgt das kriminalpolitische **Ziel,** den Strafzweck der Spezialprävention zu fördern. Dahinter verbirgt sich die Erkenntnis, dass eine ambulante Sanktionierung (also ohne Freiheitsentzug) oftmals wirksamer ist als eine stationäre, da die mit dem Strafvollzug einhergehende Desintegration hier vollständig vermieden werden kann. Trotzdem kann dem Täter Hilfe und Unterstützung in Problemsituationen gewährt werden, und er wird durch den Druck des drohenden Widerrufs gezwungen, sich an die Anforderungen der Gesellschaft zu halten. **44**

23 Ausführlich hierzu *Kett-Straub/Streng* StrafVollzR S. 20 ff.
24 Vorher gab es schon im JGG eine entsprechende Regelung. 1986 wurde das Institut der Strafaussetzung zudem etwas erweitert, indem die Anforderungen an die besonderen Umstände in Abs. 2 modifiziert wurden.

3. Strafurteil und Bewährungsbeschluss

45   Die Vollstreckung der Freiheitsstrafe kann im Urteil nur entweder ganz zur Bewährung ausgesetzt werden oder nicht. Die Aussetzung nur eines Teils ist unzulässig, § 56 IV 1 StGB. Das „Ob" der Bewährung wird im Urteil ausgesprochen, das „Wie" (Bewährungszeit, Auflagen, Weisungen, etc) im sog Bewährungsbeschluss.

4. Voraussetzungen der Strafaussetzung zur Bewährung

46   Die Voraussetzungen, die vorliegen müssen, damit eine Strafaussetzung in Frage kommt, nehmen mit steigender Dauer der zu verbüßenden Freiheitsstrafe zu.

47   **a) Systematik des § 56 StGB.** § 56 StGB unterscheidet zwischen:
- **Freiheitsstrafe unter sechs Monaten:** „nur" positive Sozialprognose erforderlich
- **Freiheitsstrafe von sechs Monaten bis zu einem Jahr:** positive Sozialprognose erforderlich und Verteidigung der Rechtsordnung darf nicht entgegenstehen
- **Freiheitsstrafe über ein Jahr bis zu zwei Jahren:** positive Sozialprognose erforderlich, Verteidigung der Rechtsordnung darf nicht entgegenstehen und besondere Umstände iSv § 56 II StGB müssen vorliegen.

48   **b) Prognose.** Für die Entscheidung, ob eine Strafaussetzung in Betracht kommt, muss also stets eine **Prognose** über das künftige Verhalten des Täters im strafrechtlich geschützten Normbereich angestellt werden. Diese wird als Sozial-, Kriminal- oder Legal(bewährungs)prognose bezeichnet. Beträgt die Freiheitsstrafe weniger als sechs Monate, ist grundsätzlich über eine Aussetzung zu entscheiden, zumal eine positive Sozialprognose in diesem Zeitrahmen die einzige Voraussetzung für eine Bewährungsaussetzung darstellt. Im Übrigen werden diesbezüglich in der Praxis keine aufwändigen Prognosegutachten von Sachverständigen eingeholt, sondern die Strafrichter entscheiden aufgrund ihrer Berufserfahrung („intuitive Prognose" im Unterschied zur klinischen bzw. statistischen Prognose, → § 5 Rn. 5).

49   Nach § 56 I StGB ist Inhalt dieser Prognose, dass zu erwarten sei, dass sich „der Verurteilte ... schon die Verurteilung zur Warnung dienen lassen und künftig auch ohne die Einwirkung des Strafvollzugs keine Straftaten mehr begehen wird". Es wird demnach keine sichere Gewähr verlangt, sondern es geht um eine durch Tatsachen begründete Wahrscheinlichkeit. Eine bloße Hoffnung reicht aber jedenfalls nicht aus.[25] Das Gericht muss vielmehr aufgrund der vorliegenden Tatsachen überzeugt sein, dass die Wahrscheinlichkeit künftigen straffreien Verhaltens größer ist als diejenige der Begehung neuer Straftaten.

Die **Prognosegesichtspunkte** sind nicht abschließend in § 56 I 2 50
StGB aufgezählt; das Gericht nimmt jeweils eine **Gesamtwürdigung der Gesichtspunkte** vor. Namentlich aufgeführt sind:
– die Persönlichkeit des Verurteilten
– das Vorleben (insbes. Vorstrafen)
– die Umstände seiner Tat
– sein Verhalten nach der Tat (zB Reue und Schuldeinsicht)
– seine Lebensverhältnisse (Familie, Beruf, sozialer Status)
– die Wirkungen, die von der Aussetzung für ihn zu erwarten sind (zB Erhalt des Arbeitsplatzes).

   c) **Freiheitsstrafe unter sechs Monaten.** Bei kurzen Freiheitsstra- 51
fen hat eine günstige Prognose zwingend die Aussetzung zur Folge.

   d) **Freiheitsstrafe von mehr als sechs Monaten und weniger als** 52
einem Jahr. Beträgt die zu vollstreckende Freiheitsstrafe mehr als sechs Monate und weniger als ein Jahr, ist auf eine Strafaussetzung zu verzichten, wenn trotz positiver Sozialprognose die **Verteidigung der Rechtsordnung** dies gebietet:
– Die Aussetzung zur Bewährung darf für das allgemeine Rechts-empfinden nicht unverständlich sein und das Vertrauen der Bevöl-kerung in die Verteidigung des Rechts hierdurch nicht erschüttert werden. Durch dieses Zusatzerfordernis wird ein Aspekt der Ge-neralprävention miteinbezogen.
– Die Gesamtwürdigung aller die Tat und den Täter kennzeichnen-den Umstände ist auch hier unerlässlich.

   e) **Freiheitsstrafe von mehr als einem Jahr.** Eine höhere Freiheits- 53
strafe als ein Jahr (jedoch unter zwei Jahren) muss grundsätzlich voll-streckt werden. Es gelten jedoch dann Ausnahmen, wenn neben den bereits genannten Voraussetzungen für eine Aussetzung bei einer Ge-samtwürdigung von Tat und Persönlichkeit des Verurteilten **beson-dere Umstände** iSv § 56 II StGB hinzukommen:

---

25 BayObLGSt 2000, 74 (77).

54 Besondere Umstände sind Milderungsgründe von besonderem Gewicht, die eine Strafaussetzung trotz des sich in der Strafhöhe wider-
spiegelnden Unrechts- und Schuldgehalts nicht unangebracht erscheinen lassen und den vom Strafrecht geschützten Interessen nicht
zuwiderlaufen.[26] Die besonderen Milderungsgründe müssen sich in
ihrem Gewicht nicht deutlich von Tatsachen abgrenzen, die bspw. bereits bei der Festsetzung der Freiheitsstrafe oder der Legalprognose
berücksichtigt wurden.[27] Nichtsdestotrotz müssen sie durch ihre Bedeutung im Einzelfall oder ihr Zusammentreffen so ins Gewicht fallen, dass die Aussetzung einer Freiheitsstrafe von über einem Jahr als
nicht unangebracht erscheint. Je höher dabei die zu verhängende
Strafe ist, desto mehr kommt es auf die „Besonderheit" eines Um-
standes in seiner konkreten Betrachtung an.

55 **Beispiele:** Keine Vorstrafen; Umfang der durch Anrechnung als verbüßt geltenden Untersuchungshaft; Änderung und Stabilisierung der Lebensverhältnisse; umfassendes Geständnis; langer Zeitablauf zwischen Tat und Urteil, etc.

5. Bewährungsbeschluss, § 268a I StPO

56 Der Bewährungsbeschluss wird gem. § 268a I StPO zusammen mit
dem Urteil, in dem die Vollstreckung der Strafe oder der Maßregel
der Besserung und Sicherung zur Bewährung ausgesetzt wurde, ver-
kündet. Er enthält die in den §§ 56a–56d und 59a StGB bezeichneten
Entscheidungen. Namentlich entscheidet er über die Dauer der Bewährungszeit, die ggf. zu erteilenden Auflagen und Weisungen und
ob der Verurteilte einem Bewährungshelfer zu unterstellen ist. Der
Bewährungsbeschluss erwächst nicht in Rechtskraft, das bedeutet,
dass die darin enthaltenen Entscheidungen auch nach Rechtskraft
des Urteils noch verändert werden können.

57 **a) Bewährungszeit, § 56a StGB.** Die Bewährungszeit beginnt mit
der Rechtskraft des Urteils, in dem die Aussetzungsentscheidung enthalten ist, und beträgt mindestens zwei Jahre und höchstens fünf
Jahre. Sie kann nachträglich (auch noch nach Ablauf) bis auf das gesetzliche Höchstmaß verlängert oder bis auf das gesetzliche Mindestmaß verkürzt werden (§ 56a II 2 StGB). Bei einer Verlängerung ist
jedoch gem. § 56f II 2 StGB darauf zu achten, dass die Verlänge-
rungsdauer nicht mehr als die Hälfte der zunächst bestimmten Bewährungszeit betragen darf.

---

26 BGHSt 29, 370 (371).
27 BGH NStZ 1984, 361.

b) Auflagen, § 56b StGB. Dem Verurteilten können Auflagen er-   58
teilt werden, die der **Genugtuung für das begangene Unrecht** dienen sollen, jedoch nicht über ein für den Verurteilten zumutbares
Maß hinausgehen. Auflagen sind strafähnliche Maßnahmen als Ersatz
für das Übel des Freiheitsentzugs und dienen der Schuldausgleichs-
funktion. Ein Täter, gegen den eine Freiheitsstrafe auf Bewährung
verhängt wurde, soll nicht besser stehen als der zu einer Geldstrafe
Verurteilte. Ob Auflagen erteilt werden, steht grundsätzlich im **Ermessen des Gerichts.** Eine Ausnahme bildet § 56b III StGB: Erklärt
sich der Verurteilte zu angemessenen Leistungen bereit, ist von Auflagen bis zu dem Zeitpunkt abzusehen, zu welchem eine Erfüllung
des Erbietens zu erwarten ist.

Die Auflagen sind in einem **abschließenden Katalog** in § 56b II   59
StGB gelistet, eine Kombination mehrerer Auflagen ist möglich. Die
Auflagen können sein:
- **Nr. 1: Schadenswiedergutmachung** (zB Schadensersatz, Schmerzensgeld, Naturalrestitution). Der Verurteilte darf jedoch nicht
  über seine wirtschaftliche Leistungsfähigkeit hinaus in Anspruch
  genommen werden (§ 56b I 2 StGB).
- **Nr. 2: Geldbetrag zugunsten einer gemeinnützigen Einrichtung**
  (zB an das Rote Kreuz, Frauenhäuser, Tierheime etc).
- **Nr. 3: sonst gemeinnützige Leistungen.** Diese sind dann abzuver-
  langen, wenn der Verurteilte bspw. zu einer Geldleistung außer
  Stande ist. Dann kommen zB Hilfsdienste in gemeinnützigen Einrichtungen wie Krankenhäusern, Altenheimen in Betracht.
- **Nr. 4: Geldbetrag zugunsten der Staatskasse.** Diese Auflage
  gleicht der in Nr. 2 genannten Auflage, ist zu dieser jedoch subsi-
  diär.

c) Weisungen, § 56c StGB. Im Gegensatz zu Auflagen dienen Wei-   60
sungen **allein einem spezialpräventiven Zweck.** Durch Gebote und
Verbote, die in die Lebensführung des Verurteilten eingreifen, soll
der Täter nicht bestraft, sondern dabei unterstützt werden, künftig
keine Straftaten mehr zu begehen. Dabei werden die Weisungen auf
die individuellen, für das Gericht erkennbaren Ursachen der Straffälligkeit abgestimmt.[28] Das Gesetz setzt dort eine Grenze, wo die Anforderungen an die Lebensführung des Verurteilten unzumutbar werden. Zudem dürfen Weisungen nicht gegen Grundrechte verstoßen
(zB Weisung regelmäßig den Gottesdienst zu besuchen).

---

28 *Meier* Sanktionen S. 126.

61   Für den **Fall 2** bedeutet dies, dass die Weisung öffentliche Auftritte während der Bewährungszeit zu meiden, rechtswidrig wäre, denn sie hat nicht zum Ziel, den Verurteilten dabei zu unterstützen, sich künftig legal zu verhalten.

62   Der Katalog des § 56c II StGB ist (im Gegensatz zu dem des § 56b II StGB) nicht abschließend („namentlich"). Zugelassen sind bspw. Weisungen bezüglich des Aufenthalts, der Ausbildung, der Arbeit, der Freizeit oder der Ordnung der wirtschaftlichen Verhältnisse (Nr. 1), die Meldepflicht bei Gericht oder einer anderen Stelle (Nr. 2) oder die Verpflichtung, bestimmte Personen (wie zB solche aus einem bestimmten „Milieu" oder die Opfer oder potentielle Opfer) zu meiden (Nr. 3). Denkbar sind auch Weisungen, die den Verurteilten verpflichten, mit bestimmten Gegenständen nicht in Berührung zu kommen (Nr. 4) oder seiner Unterhaltspflicht nachzukommen (Nr. 5).

63   Weisungen nach § 56c III StGB sind nur mit Einwilligung des Verurteilten möglich. Dies sind zB solche, die einen Eingriff in die körperliche Integrität des Verurteilten durch eine Heilbehandlung oder eine Entziehungskur verordnen. Weiterhin bedarf es auch einer Einwilligung, wenn die Weisung lautet, in einem geeigneten Heim oder einer geeigneten Anstalt Aufenthalt zu nehmen.

64   Weisungen stehen nicht im Ermessen des Gerichts, sondern **müssen erteilt werden,** wenn das Gericht feststellt, dass der Verurteilte dieser Hilfe bedarf, um keine Straftaten mehr zu begehen.

65   **d) Bewährungshilfe, § 56d StGB.** Die Bewährungshilfe ist ein weiteres Werkzeug, die spezialpräventive Zielsetzung zu erreichen.[29] Dem verurteilten Straftäter wird ein **Bewährungshelfer „helfend und betreuend zur Seite"** gestellt (vgl. § 56d III 1 StGB), sofern dies angezeigt ist, um Straftaten zu verhindern. Dabei muss das Gericht von einer Regelvermutung ausgehen: Ist eine Freiheitsstrafe von mehr als neun Monaten ausgesetzt worden und ist der Verurteilte jünger als 27 Jahre, steht die Unterstellung des Betroffenen unter die Aufsicht eines Bewährungshelfers nicht im freien Ermessen des Gerichts, sondern hat in der Regel zu erfolgen.

66   Das Gericht bestellt einen weisungsgebundenen Bewährungshelfer, der haupt- oder ehrenamtlich tätig wird. Die Funktion der Bewährungshilfe ist Hilfe, Unterstützung und Kontrolle des Verurteilten, der sich bewähren muss.[30]

---

29 Zur Entwicklung der Bewährungshilfe *Schöch* NStZ 1992, 364.
30 *Meier* Sanktionen S. 127; *Schipholt* NStZ 1993, 470.

Die Unterstellung unter die Aufsicht eines Bewährungshelfers er- 67
folgt für die Dauer oder einen Teil der Bewährungszeit. Die Be-
treuungstätigkeit umfasst zB die Hilfe bei einer Wohnungssuche
oder bei der Vermittlung von Therapiestellen. Daneben hat der Bewährungshelfer auch eine Überwachungsfunktion hinsichtlich der
Auflagen und Weisungen sowie der gemachten Anerbieten (= Ange-
bot oder Vorschlag, etwas zu geben oder zu leisten) und Zusagen. Insoweit folgt ein regelmäßiger Bericht über die Lebensführung des
Verurteilten an das Gericht. Hierbei sind insbesondere gröbliche
oder beharrliche Verstöße gegen Auflagen, Weisungen, das Anerbieten oder Zusagen mitzuteilen.

Entscheidungen über Auflagen, Weisungen oder die Bewährungs- 68
hilfe nach §§ 56b–56d StGB können auch nachträglich getroffen, geändert oder aufgehoben werden, vgl. § 56e StGB.

6. Beendigung der Bewährung

Eine Beendigung der Bewährung ist als Folge eines Widerrufs der 69
Strafaussetzung (§ 56f StGB) möglich oder resultiert aus einem Straferlass (§ 56g StGB).

a) Widerruf der Strafaussetzung, § 56f StGB. Die Strafausset- 70
zung kann aus unterschiedlichen Gründen widerrufen werden. Die
Widerrufsgründe in § 56f I StGB sind abschließend aufgezählt. Begeht der Verurteilte während der Bewährungszeit eine neue Straftat
und zeigt dadurch, dass sich die Erwartung, er werde keine neuen
Straftaten mehr begehen, nicht erfüllt hat, wird die Bewährung widerrufen (Nr. 1). Dabei ist ein innerer Zusammenhang zur früheren
Tat erforderlich („und dadurch zeigt …"). Das bedeutet, dass nicht
bereits jede neue Tat einen Widerruf ermöglicht, sondern nur eine
solche, die nach ihrer Art eine Fortführung der Verhaltensmuster,
die sich bereits bei früheren, zur Bewährung ausgesetzten Straftaten
gezeigt haben, darstellt.

Beispiel: Ist die Vollstreckung der Strafe wegen eines vorsätzlichen Eigen- 71
tums- oder Vermögensdelikts zur Bewährung ausgesetzt worden und begeht
der Verurteilte in der Bewährungszeit ein fahrlässiges Straßenverkehrsdelikt,
wird ein Widerruf regelmäßig nicht in Betracht kommen.[31]

Berechtigt ist ein Widerruf dagegen dann, wenn der Verurteilte 72
gröblich oder beharrlich gegen Weisungen verstößt oder sich der

---

31 *Meier* Sanktionen S. 132.

Aufsicht und Leitung seines Bewährungshelfers beharrlich entzieht (Nr. 2) und hierdurch Anlass zur Besorgnis gibt, er könnte neue Straftaten begehen. Ebenso verhält es sich, wenn ein gröblicher oder beharrlicher Verstoß gegen Auflagen festgestellt wird (Nr. 3). „Gröblich und beharrlich" ist ein Verstoß iSd Gesetzes dann, wenn der Verurteilte, von erneuter krimineller Energie geleitet, trotz Ermahnungen die Maßnahmen des Gerichtes erheblich missachtet.

73   Gem. § 56 f II StGB ist ein Widerruf jedoch nur dann gerechtfertigt, wenn andere Maßnahmen, wie andere Auflagen oder Weisungen, nicht ausreichen oder eine Verlängerung der Bewährungs- oder Unterstellungszeit keinen Erfolg verspricht. Entscheidet sich das Gericht für eine Verlängerung der Bewährungszeit, darf diese nicht mehr als die Hälfte der zunächst festgesetzten Bewährungszeit betragen. **Die Folge des Widerrufs ist die Vollstreckung der im Urteil erkannten Freiheitsstrafe.**

74   **b) Straferlass, § 56g StGB.** Zum Straferlass gem. § 56g StGB kommt es dann, wenn die Bewährungszeit verstreicht, ohne dass es zum Widerruf gekommen ist.

75   Auch der Straferlass kann unter den Voraussetzungen des § 56g II StGB widerrufen werden. Dies ist etwa dann der Fall, wenn der Verurteilte wegen einer in der Bewährungszeit begangenen vorsätzlichen Straftat (aber erst nach ihrem Ablauf) zu einer Freiheitsstrafe von mindestens sechs Monaten verurteilt wird. Die neue Tat war demnach bei Erlass der Strafe noch unbekannt. Der Widerruf des Straferlasses ist jedoch nur innerhalb eines Jahres nach Ablauf der Bewährungszeit und innerhalb von sechs Monaten nach Rechtskraft der späteren Verurteilung zulässig.

IV. Die Aussetzung des Strafrestes zur Bewährung, § 57 und § 57a StGB

1. Überblick

76   Eine Strafrestaussetzung (korrekter: Aussetzung der Vollstreckung des Restes einer Freiheitsstrafe) kommt dann in Betracht, wenn der Verurteilte bereits eine gewisse Zeit der ihm auferlegten Freiheitsstrafe verbüßt hat, sei es von einer zeitigen, sei es von einer lebenslangen Freiheitsstrafe. Ebenso wie beim Institut der Strafaussetzung will man auch mit der Strafrestaussetzung das kriminalpolitische Ziel der

Umsetzung des Strafzwecks der Spezialprävention erreichen. Liegen die Voraussetzungen für eine Strafrestaussetzung vor, so steht diese nicht im Ermessen des Gerichts, sondern hat zwingend zu erfolgen.

Insbesondere folgende Umstände sind ausschlaggebend dafür, dass 77 eine Freiheitsstrafe nicht bis zu ihrem Ende verbüßt werden soll:

– Mit zunehmender Vollzugsdauer und einer damit voranschreitenden Desintegration aus dem bisherigen Umfeld des Verurteilten werden die Schwierigkeiten bei einer Wiedereingliederung größer.

– Die Chance der vorzeitigen Entlassung dient dem Gefangenen als Ansporn, an der Behandlung im Vollzug mitzuwirken, um die Voraussetzungen für die positive Prognose zu erfüllen.

– Die Bewährungssituation nach der vorzeitigen Entlassung bringt zusätzlichen Druck mit sich, ein Leben ohne Straftaten zu führen und damit gerade die schwierige und ungewohnte Zeit nach der Entlassung aus dem Strafvollzug „zu überstehen".

2. Strafrestaussetzung bei zeitiger Freiheitsstrafe, § 57 StGB

§ 57 StGB bestimmt die Voraussetzungen für eine Strafrestausset 78 zung bei einer zeitigen Freiheitsstrafe. Liegen diese vor, so ist – wie bereits erwähnt – die Aussetzung grundsätzlich obligatorisch. Eine Ausnahme regelt § 57 VI StGB: Macht der Verurteilte unzureichende oder falsche Angaben über den Verbleib der Beute oder des Lösegelds, kann von einer Aussetzung abgesehen werden.

Grundsätzlich gilt, dass jede Strafrestaussetzung „unter Berück 79 sichtigung des Sicherheitsinteresses der Allgemeinheit" verantwortet werden muss. Es ist eine **Gesamtwürdigung aller entscheidungserheblichen Umstände** vorzunehmen (zB das Verhalten im Vollzug, die Persönlichkeit, das Vorleben der Person etc).

a) Zweidrittelaussetzung, § 57 I StGB. Die Zweidrittelaussetzung 80 entspricht dem Regelfall. Sind bereits zwei Drittel, mindestens jedoch zwei Monate der verhängten Strafzeit verbüßt (Nr. 1), kann der Rest zur Bewährung ausgesetzt werden, wenn dies unter Berücksichtigung des Sicherheitsinteresses der Allgemeinheit verantwortet werden kann (Nr. 2). Hierbei genügt, wenn die begründete Aussicht künftigen straffreien Verhaltens besteht und das Risiko eingegangen werden kann, den Verurteilten in Kontakt mit der Allgemeinheit treten zu lassen.[32] Als verbüßt gilt die Strafe auch dann, wenn sie durch An-

---

32 *Meier* Sanktionen S. 141.

rechnung erledigt ist (§ 57 IV StGB), wie insbesondere im Fall der Untersuchungshaft.

81   Eine weitere Voraussetzung ist die Einwilligung des Verurteilten in die Strafaussetzung (Nr. 3). Eine solche Einwilligung ist weniger selbstverständlich als es auf den ersten Blick erscheint. Immerhin wird eine Strafaussetzung zur Bewährung auch nicht von der Zustimmung des Betroffenen abhängig gemacht. Insofern spricht manches dafür, dieses „Vetorecht" aus dem Gesetz zu streichen. Zweifel an der Motivation des Betroffenen könnte man im Rahmen der Prognose berücksichtigen.

82   **b) Halbstrafenaussetzung, § 57 II StGB.** Schon nach Verbüßen der Hälfte einer Strafe, mindestens aber von sechs Monaten **kann** das Gericht die restliche zu verbüßende Zeit aussetzen, wenn die besonderen Voraussetzungen der Zweidrittelaussetzung erfüllt sind. Hier muss einem Verurteilten entweder erstmalig eine Freiheitsstrafe, die nicht mehr als zwei Jahre beträgt, auferlegt worden sein, oder es müssen **besondere Umstände** iSv § 57 II Nr. 2 StGB vorliegen, die sich aus der Tat, der Persönlichkeit und der Entwicklung während des Strafvollzugs ergeben und besonderes Gewicht besitzen. Die Möglichkeit der Strafaussetzung besteht aber nur, wenn gleichzeitig eine günstige Kriminalprognose gegeben ist, Abs. 2 S. 1.

83   Der Rspr. zufolge sind solche Umstände Milderungsgründe von besonderem Gewicht, die eine Strafaussetzung trotz des Unrechts- und Schuldgehalts, der sich in der Schuldhöhe widerspiegelt, als nicht unangebracht erscheinen lassen.[33] Dies können durchaus auch Umstände sein, die schon für die Prognose nach Abs. 1, bei der Findung des Strafrahmens oder der Festsetzung der konkreten Strafhöhe eine Rolle gespielt haben, bzw. erst nach der Tat eingetreten sind.

84   **Beispiele für besondere Umstände des Abs. 2:** Die Tatsache, dass der Täter nicht vorbestraft ist;[34] die Dauer der Untersuchungshaft (auch wenn diese auf die Strafdauer angerechnet wird);[35] die Stabilisierung der Lebensverhältnisse; vom Täter geleistete Aufklärungshilfe (auch wenn diese schon durch einen gemilderten Strafrahmen berücksichtigt wurde);[36] eine erfolgreich absolvierte Entziehungskur oder eine Therapie;[37] ein umfassendes Geständnis; das hohe Alter oder eine schwere Erkrankung des Angeklagten.

---

33 BGHSt 29, 371.
34 BGH StV 2003, 670.
35 BGH NStZ 2010, 147.
36 BGH NStZ-RR 2014, 138.
37 BGH NStZ-RR 2015, 107.

Eine Verneinung solcher Umstände darf aber nicht darauf gestützt werden, 85
dass der Angeklagte die Tat beharrlich bestritten hat.[38]

3. Strafrestaussetzung bei lebenslanger Freiheitsstrafe, § 57a StGB

§ 57a StGB gebietet (ebenfalls zwingend) eine Aussetzung des 86
Strafrestes einer lebenslangen Freiheitsstrafe, wenn folgende Voraus-
setzungen erfüllt sind (§ 57a I StGB):
– Eine **Mindestverbüßungszeit** von 15 Jahren ist erfolgt (Nr. 1).
– Im Taturteil wurde nicht die **„besondere Schwere der Schuld"**
  festgestellt. Diese gebietet regelmäßig (aber nicht zwingend) eine
  Vollstreckung der lebenslangen Freiheitsstrafe über die Mindest-
  verbüßungszeit von 15 Jahren hinaus (Nr. 2). Das heißt, bei jedem
  Ausspruch einer lebenslangen Freiheitsstrafe muss das Gericht entsprechende Überlegungen anstellen. Wann von einer besonderen
  Schuldschwere auszugehen ist, wird vom Gesetz nicht vorgegeben,
  sondern es müssen der Rspr. zufolge **„Umstände von Gewicht"**[39]
  vorliegen. Der Tatrichter habe „seine Entscheidung aufgrund einer
  Gesamtwürdigung von Tat und Täterpersönlichkeit zu treffen".
  Solche Umstände können beispielsweise eine besondere Verwerf-
  lichkeit der Tatausführung oder der Motive, mehrere Opfer bei einer Tat, die Begehung mehrerer Mordtaten oder die Begehung
  weiterer schwerer Straftaten sein. Diese Schuldschwerefeststellung
  ermöglicht auf der Ebene der Strafrestaussetzung dann doch eine
  Differenzierung innerhalb einer lebenslangen Freiheitsstrafe. § 57a
  StGB versucht demnach dem Umstand Rechnung zu tragen, dass
  die individuelle Schuld bei einer absoluten Strafe wenig Berücksichtigung finden kann. Die lebenslange Freiheitsstrafe lässt keinen
  Spielraum; sie schiebt vielmehr einer Differenzierung bei der Strafzumessung von vornherein einen Riegel vor. Doch Mord ist nicht
  gleich Mord, sondern es gibt ganz erhebliche Schuldunterschiede
  zwischen den Taten. Mörder ist der NS-Verbrecher, der viele tau-
  send Menschen in den Tod geschickt hat, der skrupellose Auftrags-
  killer, der aus Habgier handelt, genauso wie die frustrierte Ehefrau,
  die ihren untreuen Mann hinterrücks und damit heimtückisch er-
  sticht. Eine gerechte Bestrafung soll über die Feststellung einer besonderen Schuldschwere erreicht werden, die wie schon kurz dargestellt das Schwurgericht schon im Taturteil trifft. § 57a I 1 Nr. 2

---

38 BGH StraFo 2010, 207.
39 BGHSt 40, 360 ff.

StGB unterteilt die Täter danach, ob sie diese schwere Schuld auf
sich geladen haben. Ist dies der Fall, ist eine Entlassung nach Ablauf der regulären Mindestverbüßungszeit (nahezu) ausgeschlossen. Diese Kategorisierung der Mörder hat nun dazu geführt, dass
in den Medien nur von einem „echten" Lebenslang gesprochen
wird, wenn im Tenor die besondere Schwere der Schuld festgestellt
worden ist. Das Tatgericht hat mit der Feststellung der Schuldschwere aber eigentlich eine Vollzugsentscheidung vorweggenommen, obwohl ihm die Aufgabe konkret nicht durch das Gesetz
zugeschrieben wird. Dies ist vielmehr das Ergebnis einer verfas-
sungskonformen Auslegung des § 57a StGB.

– Eine **positive Legalbewährungsprognose** (Nr. 3 iVm § 57 I 1
Nr. 2 StGB) kann abgegeben werden, die im Fall einer lebenslangen Freiheitsstrafe zwingend durch die Einholung eines Gutach-
tens eines Sachverständigen abzusichern ist (§ 454 II StPO).

– Die verurteilte Person (Nr. 3 iVm § 57 I 1 Nr. 3 StGB) hat **einge-
willigt.**

87   **Exkurs: Schwurgerichtslösung.** Richtigerweise befand das BVerfG das tat-
nähere Schwurgericht für geeigneter als das Vollstreckungsgericht, um sich
auch mit der Schwere der Schuld zu befassen (sog Schwurgerichtslösung).
Diese verfassungskonforme Auslegung, die das *BVerfG* in einem Beschluss
aus dem Jahre 1992[40] vornahm, ist indes bis heute umstritten. Doch seitdem
wird in Fällen lebenslanger Freiheitsstrafe die Feststellung besonders schwerer
Schuld schon im Urteilstenor ausgesprochen, weil hier die sog Schwurgerichte
entscheiden, also eine bestimmte Strafkammer am Landgericht. Bislang war
dies eine zum Urteil erheblich zeitverzögerte Aufgabe der Vollstreckungsge-
richte gewesen. Wenn sich das Vollstreckungsgericht viele Jahre später mit
der Möglichkeit einer Strafrestaussetzung nach der Mindestverbüßungszeit
von 15 Jahren zu beschäftigen hat, ist es an diese frühere Feststellung der
Schuldschwere gebunden. Hatte demnach das Tatgericht in seinem Urteil die
besondere Schuldschwere attestiert, so scheidet regelmäßig die Strafrestaussetzung nach 15 Jahren aus (Ausnahmen sind theoretisch möglich, kommen aber
in der Praxis so gut wie niemals vor). Vielmehr bestimmt das Vollstreckungsgericht eine verlängerte schuldangemessene Mindestverbüßungszeit, vor deren
Ablauf eine Strafrestaussetzung nicht in Frage kommt (im Fall des wegen
mehrfachen Mordes verurteilten Terroristen der Roten Armee Fraktion
[RAF] Christian Klar waren dies zB 26 Jahre **(Fall 2)**, häufiger sind indes Zei-
ten von etwa 18 bis 20 Jahren. Ein Strafgefangener erfährt nun also erstmals,
wie lange seine Schuld eine weitere Vollstreckung seiner Strafe gebietet.

---

40 BVerfGE 86, 288.

Bei der Gefahr schwerer Gewalttaten gehen Zweifel an einer günstigen Prognose zulasten des Verurteilten. Im Übrigen gewinnt der Freiheitsanspruch gegenüber den Sicherheitsinteressen der Allgemeinheit mit der Dauer der Inhaftierung an Gewicht.[41] Erfordert nun die Schwere der Schuld keine weitere Vollstreckung der lebenslangen Freiheitsstrafe mehr, kann aber gleichzeitig keine günstige Sozialprognose gestellt werden, da die Gefahr der Begehung schwerer Gewalttaten weiterhin akut ist, so kann die Strafe allein aus diesen Gefährlichkeitsaspekten weiter vollstreckt werden. Weder die Menschenwürde noch das Freiheitsrecht stehen dem entgegen.[42] Das kann dazu führen, dass ein therapieunwilliger Straftäter, von dem weiterhin zu erwarten ist, dass er schwere Gewaltdelikte nach seiner Entlassung begehen würde, im Extremfall bis zu seinem Lebensende im Vollzug verbleiben muss. Neben der lebenslangen Freiheitsstrafe bedarf es daher keiner Anordnung einer Sicherungsverwahrung (obwohl dies gesetzlich zulässig ist), da die lebenslange Freiheitsstrafe diese Funktion erfüllt[43] (→ § 16 Rn. 53).   88

Exkurs: Gnade. Nach Inkrafttreten des § 57a StGB bleibt dennoch Raum für Gnadenentscheidungen, wenngleich das Gnadenrecht im Bereich der lebenslangen Freiheitsstrafe[44] seither ganz erheblich an praktischer Bedeutung verloren hat. Das Institut der Gnade besteht als außerrechtliche Begrenzung des strafrechtlichen Zugriffs auf die Bürger. Gnade kann einem Betroffenen theoretisch natürlich nicht nur bei einer Verurteilung zu einer lebenslangen Freiheitsstrafe gewährt werden, sondern bei Strafen jeder Art.   89

Das Gnadenrecht wurde zwischenzeitlich einer Verrechtlichung unterworfen. Die Gnade wurde im Grundgesetz (Art. 60 II und III GG), sowie in den Landesverfassungen in Grundzügen und in den Gnadenordnungen der Länder geregelt. Dem *BVerfG* zufolge geht es bei der Gnade darum „*Härten des Gesetzes, etwaige Irrtümer der Urteilsfindung sowie Unbilligkeiten bei nachträglich veränderten allgemeinen oder persönlichen Verhältnissen auszugleichen.*"[45] Es kann eben auch nach anderen als rechtlichen Maßstäben entschieden werden. Ein Gnadenerweis gründet in erster Linie auf dem *Wohlwollen* desjenigen, der ihn gewährt. Das Wohlverhalten desjenigen, dem er zuteilwird, ist jedenfalls nicht eine Voraussetzung. Gnade muss man sich also entgegen der landläufigen Meinung nicht verdienen.   90

---

41 BVerfGE 64, 261 (272).
42 BVerfG NJW 2007, 1933.
43 Ausführlich hierzu *Kett-Straub* Lebenslange Freiheitsstrafe S. 313 ff.
44 Eingehend *Schulz-Merkel,* Gnadenrecht: Die Bedeutung und das Wesen des Gnadenrechts bei zu lebenslanger Freiheitsstrafe verurteilten Mördern, 2011.
45 BVerfGE 25, 352.

91   Der Bundespräsident kommt als Entscheidungsträger bei Gnadenbegehren weit weniger oft zum Zuge, als gemeinhin angenommen wird. Dem Bund steht das Begnadigungsrecht nur in Fällen zu, in denen ein Strafverfahren in allen Instanzen vor Bundesgerichten durchgeführt worden ist. Dies ist nur bei Staatsschutzangelegenheiten der Fall. Normalerweise begnadigen die Ministerpräsidenten eines Landes. Verbindliche Vorgaben für die Ausgestaltung dieses Rechts gibt es nicht. Die Entscheidung bedarf keiner Begründung und ist nach hM auch nicht gerichtlich anfechtbar.

92   Für den **Fall 2** bedeutet dies, dass im Falle eines Gnadengesuchs keine Fristen einzuhalten sind und eine Ablehnung auch nicht begründet werden muss, bzw. noch nicht einmal formal abgelehnt werden muss.

Empfehlungen zur vertiefenden Lektüre:
Rechtsprechung: BVerfGE 45, 187 (Verfassungsmäßigkeit der lebenslangen Freiheitsstrafe); BGH NStZ-RR 2016, 9 (Strafaussetzung zur Bewährung – besondere Umstände).
Literatur: *Hillenbrand,* Die kurze Freiheitsstrafe – eine zu häufige Ausnahme, STRR (StrafRechtsReport) 2015, 168 ff.; *Kropp,* Das Rechtsinstitut der Bewährung, JA 1999, 500 ff.; *Wölfl,* Assessorexamensklausur – Strafrecht: Widerruf der Strafaussetzung zur Bewährung, JuS 2005, 633.

§ 8. Die Geldstrafe, §§ 40 ff. StGB

Fall 1: S wird wegen Diebstahls zu einer Geldstrafe mit 100 Tagessätzen verurteilt. Da S ohne Einkommen ist und von Transferleistungen des Staates lebt, bestimmte das Gericht ausgehend vom Nettoeinkommen des S die Tagessatzhöhe auf 3 EUR. S trägt vor, dass er auch diese Summe nicht zahlen kann, da er einen Teil seiner Sozialhilfe in Sachleistungen bekommt. Ist die Tagessatzhöhe zu senken? → Rn. 29
Fall 2: Würde sich F, die Freundin des S, strafbar machen, wenn sie die Geldstrafe für ihn bezahlt, um ihm aus der finanziellen Klemme zu helfen? → Rn. 57

I. Anwendungsbereich

1. Zielsetzung

1   Das Strafübel der Geldstrafe besteht im Entzug der Geldmittel und dem daraus folgenden zeitweiligen Verzicht auf Konsum und Bedürfnisbefriedigung. Durch ein Tagessatzsystem soll dabei möglichst eine gleiche Belastung und damit Sanktionswirkung für Verurteilte aus unterschiedlichen wirtschaftlichen Verhältnissen, insbesondere Einkommens-Verhältnissen hergestellt werden.[1] In der Anzahl der Tagessätze drückt sich der Unrechts- und Schuldgehalt einer Tat aus. Die Höhe des Tagessatzes bemisst sich allein nach der wirtschaftlichen Leistungsfähigkeit des Verurteilten.

Der Verurteilte soll eine aus der Geldstrafe resultierende Einbuße **2** auf materielle Güter zu spüren bekommen und diese als Strafe empfinden. Nichtsdestotrotz müssen dem Verurteilten in jedem Fall bestimmte Ausgaben für seinen Lebensunterhalt verbleiben (weshalb bei der Bestimmung der Tagessatzhöhe auch bestimmte Abzüge gemacht werden → Rn. 30 f., 33). Die Geldstrafe soll ihn lediglich daran hindern, seine Lebensführung wie gewohnt fortzusetzen. Dabei wirkt sie in erster Linie als Denkzettel: Sie soll als Warnung und Abschreckung durch Entzug finanzieller Mittel dienen. Was sie aber nicht mit sich bringt, sind Maßnahmen zur Resozialisierung, wie dies etwa im Strafvollzug der Fall ist. Die Geldstrafe ist mit derzeit mehr als 80 % die am häufigsten verhängte Hauptstrafe (→ § 6 Rn. 4, 5 [Tabelle]). Das „eingenommene" Geld kommt der Staatskasse zu Gute; ein immer wieder gebrachter Vorschlag, dass pauschal 10 % an Opferschutzvereinigungen abzuführen sind, wurde nie umgesetzt (eine neue Vorschrift § 40a StGB hätte eine solche Abtretung regeln sollen).[2]

2. Vorteile und Nachteile

Die Vorteile dieser Sanktionsform liegen auf der Hand: Die Geld- **3** strafe
– ist einfach zu handhaben,
– hat im Gegensatz zur Freiheitsstrafe keine desintegrierende Wirkung zur Folge, da der Betroffene nicht aus der Gesellschaft vorübergehend ausgegliedert wird und

---

1 Dadurch, dass im Grundsatz auf das Einkommen (→ Rn. 20) und jedenfalls nicht streng auf das Vermögen der Verurteilten abgestellt wird (→ Rn. 34), kann nicht exakt abgebildet werden, dass einen Verurteilten mit großen finanziellen Reserven eine Geldstrafe in gleicher Höhe nicht so hart trifft wie einen solchen, der zwar das gleiche monatliche Einkommen hat, aber über keine Reserven verfügt.
2 Referentenentwurf des Bundesjustizministeriums v. 8.12.2000 zu einer Reform des Sanktionenrechts, (NJ) 2001, 134.

– ist kostengünstig, da für den Verurteilten selbst keine Ausgaben anfallen, sondern dem Staat sogar Einnahmen verschafft werden.

Kritisiert wird an der Geldstrafe, dass sie im Unterschied zur Freiheitsstrafe keine höchstpersönliche Wirkung gewährleisten kann. Ob die Strafe tatsächlich der Verurteilte selbst oder ein Dritter zahlt, kann nicht kontrolliert werden. Konsequenterweise wurde auch die frühere Rspr. aufgegeben, in der Zahlung einer Geldstrafe für einen Verurteilten eine Strafvereitelung gem. § 258 II StGB zu sehen[3] (→ Rn. 57).

3. Voraussetzungen

4   Die Voraussetzung für die Zulässigkeit der Geldstrafe ist, dass der Straftatbestand, nach dem verurteilt wird, Geldstrafe androht. Sie wird bspw. bei allen Vergehen aufgeführt, die nicht mit einer im Mindestmaß erhöhten Freiheitsstrafe sanktioniert werden, so etwa bei allen einfachen Eigentums- und Vermögensdelikten (nicht bei § 243 I 1 StGB – Diebstahl in einem besonders schweren Fall).

5   **Beispiel:** Beleidigung gem. § 185 StGB
Die Beleidigung wird mit Freiheitsstrafe bis zu einem Jahr oder mit Geldstrafe und, wenn die Beleidigung mittels einer Tätlichkeit begangen wird, mit Freiheitsstrafe bis zu zwei Jahren oder mit Geldstrafe bestraft.
6   Auch zB bei: §§ 164, 223, 222, 242, 246, 263 StGB.

7   Die Geldstrafe ist immer als Alternative zur Freiheitsstrafe vorgeschlagen, jedoch nie alleine. Sie ist aber auch ohne Androhung durch ein Gesetz zulässig: Ist im Gesetz zwar keine Geldstrafe angedroht, kommt aber eine Freiheitsstrafe von sechs Monaten oder darüber nicht in Betracht, so ist das Gericht nach § 47 II StGB gehalten, eine Geldstrafe zu verhängen, wenn es nicht eine kurze Freiheitsstrafe für unerlässlich zur Einwirkung auf den Täter oder zur Verteidigung der Rechtsordnung hält (vgl. auch § 47 I StGB und hierzu → § 7 Rn. 25 f.). Aus § 47 II StGB ist folglich eine Präferenzregel zugunsten der Geldstrafe herauszulesen.

8   Wird eine im Mindestmaß erhöhte Freiheitsstrafe durch das Gesetz angedroht, so wird das Mindestmaß der Freiheitsstrafe in das Mindestmaß der zu verhängenden Geldstrafe dergestalt umgerechnet,

---

3 BGHSt 37, 227.

dass ein Monat Freiheitsstrafe dreißig Tagessätzen entspricht (§ 47 II 2 StGB).

Beispiel: Die Aussetzung nach § 221 StGB droht eine erhöhte Mindestfrei-   9
heitsstrafe von drei Monaten an. Drei Monate Freiheitsstrafe entsprechen gem.
§ 47 II 2 StGB dann 90 Tagessätzen. 90 Tagessätze sind also das Mindestmaß
der zu verhängenden Geldstrafe.

Ein weiterer Fall, der die Verhängung einer Geldstrafe ermöglicht,   10
auch wenn sie nicht im Gesetz vorgesehen ist, ist derjenige der unbe-
grenzten Milderung nach § 49 II StGB. Danach kann auf Geldstrafe
statt Freiheitsstrafe erkannt werden, wenn die Strafrechtsnorm, gegen
die verstoßen wurde, explizit auf § 49 II StGB verweist. § 49 II StGB
hat jedoch nur Bedeutung bei Freiheitsstrafen von sechs Monaten
und mehr, da bei niedrigeren Freiheitsstrafen die Präferenzregel des
§ 47 II StGB vorgeht.

Beispiel: Aussagenotstand gem. § 157 StGB   11
(1) Hat ein Zeuge oder Sachverständiger sich eines Meineids oder einer falschen uneidlichen Aussage schuldig gemacht, so kann das Gericht die Strafe
nach seinem Ermessen mildern (**§ 49 Abs. 2 StGB**) [...] wenn der Täter die
Unwahrheit gesagt hat, um von einem Angehörigen oder von sich selbst die
Gefahr abzuwenden, bestraft oder einer freiheitsentziehenden Maßregel der
Besserung und Sicherung unterworfen zu werden.

Auf § 41 StGB, der einen weiteren Fall der Zulässigkeit von Geld-   12
strafe auch ohne explizite Androhung regelt, wird sogleich noch gesondert eingegangen.

4. Das Verhältnis von Geld- zur Freiheitsstrafe

Im Strafbereich unter einem Monat ist die Freiheitsstrafe von vorn-   13
herein ausgeschlossen (§ 38 II StGB); hier gibt es nur die Möglichkeit,
Geldstrafe zu verhängen. In § 47 StGB bringt der Gesetzgeber außerdem zum Ausdruck, dass kurze Freiheitsstrafen (also solche unter
drei Monaten) tunlichst vermieden werden sollten, da die stigmatisierende Wirkung dieser Strafe im Regelfall größer ist als ihre Vorteile
(→ § 7 Rn. 25 f.). Das heißt, im Normalfall hat der Richter auch in
diesem Strafspektrum die Geldstrafe zu wählen. Im Strafbereich von
sechs Monaten bis einem Jahr konkurrieren Geld- und Freiheitsstrafe
und dem Gesetz lässt sich auch kein irgendwie geartetes Rangverhält-
nis entnehmen.

14   Folgende (weitgehend von *König* übernommene) Übersicht soll das Verhältnis der beiden Strafen verdeutlichen:[4]

Verhältnis der Geld- zur Freiheitsstrafe			
unter 1 Monat	1 Monat bis 5 Mon. u. 3 Wochen	6 Monate bis 1 Jahr	über 1 Jahr
Nur Geldstrafe (§ 38 II StGB)	Vorrang der Geldstrafe (§ 47 StGB)	Kein gesetzliches Rangverhältnis Hinweis: Geldstrafen mit mehr als 180 Tagessätzen sind in der Praxis selten	nur Freiheitsstrafe Ausnahme: § 54 II 2 StGB

5. Geld- neben Freiheitsstrafe, § 41 StGB

15   Freiheits- und Geldstrafe stehen grundsätzlich in einem Alternativ- und Ausschlussverhältnis, da jedes Gesetz, das beide Strafen in Erwägung zieht, durch ein „oder" zwischen beiden Sanktionsformen klarstellt, dass eine Kumulation nicht möglich ist, da die Verhängung einer Sanktionsform zur Erreichung der Strafzwecke regelmäßig genügt. Es bestünde die Gefahr, dass eine Kumulation zu einer nicht mehr schuldangemessenen Bestrafung des Verurteilten führen würde. Eine Ausnahme von diesem Verbot ist in § 41 StGB geregelt. Diese Vorschrift ist zugleich eine weitere Möglichkeit der Verhängung einer Geldstrafe ohne Androhung im gesetzlichen Tatbestand. Danach kann eine Freiheitsstrafe neben einer Geldstrafe verhängt werden, wenn sich der **Täter durch die Tat bereichert oder zu bereichern versucht hat** und die Kumulation von Freiheits- und Geldstrafe auch unter Berücksichtigung der persönlichen und wirtschaftlichen Verhältnisse des Täters angebracht ist. Der Sinn des § 41 StGB ist, den Täter, der die Tat vor allem wegen Vermögensvorteilen begangen

---

4 JA 2009, 809 (810).

hat, besonders wirksam zu treffen und dem Gericht eine auf den Einzelfall abgestimmte Sanktion zu ermöglichen.[5] Dadurch wird auch die Möglichkeit eröffnet, eine an sich verwirkte Freiheitsstrafe über zwei Jahren im Hinblick auf eine kumulativ verhängte Geldstrafe zu mildern und so zur Aussetzung der Vollstreckung zur Bewährung zu kommen (→ § 7 Rn. 4).

II. Tagessatzsystem

1. Überblick

Die Geldstrafe wird nach dem Tagessatzsystem bemessen, um Gerechtigkeit zwischen verschieden solventen Verurteilten herzustellen. Eine Aussage über den Unrechts- und Schuldgehalt einer Tat erlaubt daher nur die Anzahl der verhängten Tagessätze. Bezüglich der Festsetzung der Höhe des einzelnen Tagessatzes richtet sich das Gericht allein nach der wirtschaftlichen Leistungsfähigkeit des Verurteilten. Will man Strafen vergleichen, muss man folglich den Blick allein auf die Anzahl der Tagessätze richten und darf nicht absolute Summen gegenüberstellen.   16

Die **Ermittlung der Höhe der Geldstrafe** erfolgt in drei Schritten: 17
1. Schritt: Festlegung der Anzahl der Tagessätze
(**Schuldausgleich** – ein Tagessatz entspricht einem Tag Freiheitsstrafe)
2. Schritt: Bestimmung der Höhe des Tagessatzes am Maßstab des Nettoeinkommens
(so wird **Strafgerechtigkeit** zwischen verschieden solventen Tätern erzielt)
3. Schritt: Zahlungserleichterungen, § 42 StGB.

2. Festlegung der Anzahl der Tagessätze (1. Schritt)

Die Anzahl der Tagessätze wird nach den allgemeinen Grundsätzen der Strafzumessung (§ 46 StGB) bestimmt, wobei die Tagessatzanzahl den Unrechts- und Schuldgehalt der Tat widerspiegelt. **Der Strafrahmen reicht von mindestens fünf und, wenn das Gesetz nichts anderes bestimmt, bis zu höchstens 360 vollen Tagessätzen, § 40 I 2 StGB.**   18

Wird eine Gesamtstrafe gebildet, so reicht der Strafrahmen hierfür gem. § 54 II 2 StGB bis höchstens 720 Tagessätze.   19

---

5 BGHSt 26, 325 (328).

3. Bestimmung der Höhe des Tagessatzes (2. Schritt)

20   a) **Nettoeinkommensprinzip.** Gem. § 40 II StGB bestimmt das Gericht die Höhe des Tagessatzes unter Berücksichtigung der persönlichen und wirtschaftlichen Verhältnisse des Täters. Dabei geht es in der Regel von dem Nettoeinkommen aus (**Nettoeinkommensprinzip**), das der Täter durchschnittlich an einem Tag hat oder haben könnte. Ein Tagessatz beträgt ein Dreißigstel des monatlichen Nettoeinkommens. Abgestellt wird auf die wirtschaftlichen Verhältnisse des Täters zum **Zeitpunkt der Entscheidung.** Da aber ein **durchschnittliches** Nettoeinkommen ermittelt werden soll, kann es nötig sein, frühere Monate in die Entscheidung miteinzubeziehen bzw. künftiges Einkommen oder einen Wegfall der Einkommensquelle bereits zu berücksichtigen (z.B. bei Saisongeschäften oder schon erfolgter Kündigung). Da jeder Mensch von irgendetwas lebt, gilt der Grundsatz, dass jeder irgendein Einkommen hat. Auch Sozialhilfeleistungen dienen als Berechnungsgrundlage. Einem Täter muss nur ein gewisser Anteil bleiben, der für seinen unerlässlichen Lebensbedarf vonnöten ist (etwa 75 % des Sozialhilferegelsatzes).[6]

21   Ein anderes Prinzip, das der Bestimmung der Tagessatzhöhe dient, gilt zB in Österreich. Nach dem **Einbußeprinzip** wird dort die Höhe danach ausgerichtet, was der Täter pro Tag über sein Existenzminimum hinaus entbehren kann.

22   Das Einkommen enthält alle Einkünfte des Täters, ganz gleich welcher steuerrechtlichen Einordnung sie unterliegen[7] (→ Rn. 28). Ein „Einkommen" einer nicht berufstätigen Ehefrau wäre demnach ihr Taschengeld (→ Rn. 35).

23   Im Hinblick auf das Prinzip der **„Opfergleichheit"** sollen zusätzliche verpflichtende Leistungen des Täters, wie insbesondere für Kinder tatsächlich erbrachte geldwerte **Unterhaltsleistungen** Berücksichtigung in der Höhe des Tagessatzes finden (hierzu später mehr).

24   **Hinweis: Das Prinzip der Verhältnismäßigkeit und Gerechtigkeit dient bei der Bemessung stets als Korrektiv.**

25   Gemäß § 40 II 3 StGB muss ein Tagessatz mindestens einen und höchstens 30.000 EUR betragen. Daraus ergibt sich im Einzelfall eine sehr **hohe Diskrepanz** zwischen der absoluten Höhe der Geld-

---

6 OLG Celle NStZ-RR 1998, 272.
7 *Streng* Sanktionen Rn. 129.

strafe bei gleich schweren Delikten, da sich die Bemessung nicht nach Deliktsart, sondern nach den persönlichen und wirtschaftlichen Verhältnissen jedes einzelnen Täters richtet. Die niedrigste zu verhängende Geldstrafe beträgt 5 EUR (5 Tagessätze × 1 EUR), die höchste Geldstrafe beträgt bei einer Einzelstrafe 10.800.000 EUR (360 Tagessätze × 30.000 EUR) und bei einer Gesamtstrafe 21.600.000 EUR (720 Tagessätze × 30.000 EUR). Diese extremen Unterschiede können im Einzelfall dem Rechtsgefühl durchaus Schwierigkeiten bereiten.

Beispiel: Eine Bagatelltat, die mit 10 Tagessätzen bestraft wird, könnte einen **26** sehr wohlhabenden Täter 300.000 EUR, einen mittellosen Täter dagegen nur 10 EUR „kosten".

b) Ermittlung des Nettoeinkommens. Die Ermittlung des Netto- **27** einkommens eines Verurteilten erfolgt nicht nach steuerrechtlichen, sondern nach **wirtschaftlichen Kriterien,** wobei die strafrechtliche Zielsetzung Berücksichtigung finden muss. Das heißt, § 40 II StGB entfaltet keine starre Bindung. Es darf vom Nettoeinkommen sowohl nach oben als auch nach unten abgewichen werden, wenn dies die besonderen persönlichen Verhältnisse des Täters erforderlich machen. Die Gründe hierfür sind im Urteil dazulegen.

(1) Zu berücksichtigende Einnahmen sind:
- alle Einkünfte aus selbstständiger und nichtselbstständiger Arbeit **28** sowie aus sonstigen Einkunftsarten
- auch Naturalbezüge, zB freie Kost und Wohnung
- auch zB Arbeitslosengeld und Sozialhilfe (wobei den anzurechnenden Einkünften die Gesamtheit der Leistungen inklusive etwaiger Sachbezüge zugrunde zu legen sind – vgl. aber auch sogleich den nachfolgenden Hinweis)
- im Einzelfall auch potentiell verfügbares Einkommen, um zu verhindern, dass Täter im Hinblick auf die drohende Geldstrafe ihre wirtschaftliche Leistungsfähigkeit bewusst herabsetzen; von fiktivem Einkommen darf aber nur ausgegangen werden, wenn der Täter zumutbare Erwerbstätigkeiten ohne billigenswerten Grund nicht wahrnimmt.

Absenkung der Tagessatzhöhe bei einkommensschwachen Personen (zB 29 Asylbewerber). Bei der Berechnung der Tagessatzhöhe gerade von einkommensschwachen Personen kann sich aber im Einzelfall die Notwendigkeit ergeben, die Höhe des sich bei strikter Anwendung des Nettoeinkommensprinzips unter **Einrechnung etwaiger Sachbezüge** ergebenden Tagessatzes zu korrigieren. Der Empfänger von Sachleistungen ist nämlich gehindert, diese zu kapitalisieren und daran Einsparungen vorzunehmen, um nach Beschränkung der persönlichen Bedürfnisse davon Geldzahlungen zu leisten. So wurde entschieden, dass bei einem vermögenslosen Asylbewerber für die Bestimmung der Tagessatzhöhe einer gegen ihn verhängten Geldstrafe die ihm von staatlichen Stellen gewährten Sachbezüge außer Acht zu lassen sind. Letztlich wurde die Höhe des Tagessatzes allein nach dem dem Asylbewerber zur Verfügung gestellten Bargeldbetrag bemessen. Unter Zugrundelegung eines monatlichen Taschengeldes von 40 EUR ergab sich danach eine Tagessatzhöhe von 1,20 EUR.[8]

Im **Fall 1** müsste demnach bei der Ermittlung der Tagessatzhöhe berücksichtigt werden, dass S teilweise von Sachleistungen lebt und diese wenigstens nicht vollständig berücksichtigt werden können. Insofern weicht man im Fall von staatlichen Transferleistungen von dem Grundsatz ab, dass auch Sachleistungen für die Ermittlung des Nettoeinkommens heranzuziehen sind. Die Tagessatzhöhe ist entsprechend anzupassen.

(2) Zu berücksichtigende Ausgaben sind:

30 – Steuern
 – Sozialversicherungsbeiträge
 – Werbungskosten/Betriebsausgaben
 – tatsächlich erbrachte Unterhaltsleistungen (in angemessenem Umfang), da die Geldstrafe schließlich nicht den Unterhaltsberechtigten treffen soll.

In der Praxis wird insbesondere bezüglich der Unterhaltsleistungen sehr schablonenhaft vorgegangen und gerne auf die Möglichkeit der Schätzung nach § 40 III StGB zurückgegriffen: So ist es üblich, für Unterhaltspflichten gegenüber der Ehefrau 25 % und gegenüber Kindern je 15 % pauschal vom Nettoeinkommen abzuziehen, aber insgesamt nicht mehr als 50 %. Berücksichtigenswert ist außerdem auch Unterhalt, der aus Naturalleistungen besteht.[9]

31   Probleme bei der Bemessung ergeben sich etwa bei den Fragen, ob auch weitere **Verbindlichkeiten** des Verurteilten abgezogen werden sollen, ob Vermögen zu berücksichtigen ist oder wie Verheiratete ohne eigenes Einkommen zu stellen sind (s. sogleich).

32   Eine weitere neuralgische Personengruppe stellen auch die **Selbstständigen** dar.[10] Die Tatrichter verlassen sich hier meist ohne gründliche Ausforschung des Sachverhalts (etwa durch die Vorlage von Steuererklärungen) auf die vom Angeklagten gemachten Angaben,

---

8 LG Karlsruhe, Beschl. v. 23.2.2006 – 2 Qs 17/06 = BeckRS 2011, 11038; OLG Dresden Urt. v. 7.8.2000 – 1 Ss 323/00; OLG Oldenburg NStZ-RR 2008, 6.
9 OLG Dresden NStZ-RR 2016, 167.
10 *König* JA 2009, 809 (813).

wenn diese wenigstens plausibel sind. Weigert sich der Betroffene, Angaben zu machen – was sein Recht ist –, bleibt die Möglichkeit der Schätzung gem. § 40 III StGB (hierzu sogleich mehr).

Ein für die Höhe des Tagessatzes einkommensmindernder Abzug 33 sonstiger **Verbindlichkeiten** findet bei Verpflichtungen, die der Deckung von Grundbedürfnissen dienen (zB Wohnung, Verpflegung) **nicht** statt. Dies folgt aus der gesetzgeberischen Entscheidung für das Nettoeinkommensprinzip, wonach das gesamte Nettoeinkommen für die Beurteilung der Geldstrafe herangezogen werden muss, zumal Aufwendungen solcher Art bei allen Tätern vergleichbar sind. In der Praxis ist regelmäßig eine **Angemessenheitsprüfung** durchzuführen, bei der auf die Dienlichkeit der Aufwendungen für eine angemessene Lebensführung abzustellen ist. Um solche handelt es sich bspw. bei Ausbildungskosten oder der Altersversorgung.

(3) Vermögen. Ob das **Vermögen** berücksichtigt werden kann, ist 34 strittig:
- Eine Berücksichtigung ist jedenfalls grundsätzlich möglich: Nach dem Wortlaut des § 40 II 2 StGB („in der Regel") werden Abweichungen vom Nettoprinzip zugelassen. Zudem ist das Vermögen ausdrücklich in § 40 III StGB genannt.
- Allerdings soll die Geldstrafe lediglich einen zeitweisen Konsumverzicht bewirken. Ein solcher lässt sich aber nur dann erreichen, wenn die Geldstrafe nur an das Einkommen gebunden wird und nicht an das Vermögen (dies hätte schließlich längerfristige Folgen).[11]
- Eine Berücksichtigung findet daher nur dann statt, wenn ansonsten ein erheblicher Verstoß gegen das Prinzip der Opfergleichheit vorläge. Kleine und mittlere Vermögen bleiben dabei stets unberücksichtigt (bspw. kleine Sparrücklagen, Familienwertgegenstände).[12] Auch bleibt Vermögen unberücksichtigt, das zur Erzielung von (dann ihrerseits natürlich berücksichtigten) Einnahmen dient, zB ein landwirtschaftlich genutztes Grundstück.[13]

(4) Personen ohne eigenes Einkommen. Fraglich ist auch, wie die 35 Bestimmung der Tagessatzhöhe bei verheirateten Personen ohne eigenes Einkommen **(Hausfrauen bzw. -männer)** erfolgen soll. Ein An-

---

11 *V. Selle,* Gerechte Geldstrafe, 1997, S. 168 ff.
12 BayObLGSt 1975, 74 (76); *König* JA 2009, 809 (812).
13 OLG Köln StV 2001, 347.

satz ist es, die Hälfte des Einkommens des verdienenden Ehegatten dem nicht oder wenig verdienenden Ehepartner zuzuweisen. Die Bestimmung der Tagessatzhöhe würde sich dann nach dieser Hälfte richten. Dieser Lösungsweg ist jedoch abzulehnen, da er einen drohenden Verstoß gegen das Prinzip der Höchstpersönlichkeit der Strafwirkung darstellt. Man orientiert sich bei solchen Konstellationen an der Teilhabe am Familieneinkommen, stellt also auf den tatsächlich gewährten Naturalunterhalt und etwaiges Taschengeld ab.

36   Bei **Studenten, Schülern, Azubis** ist der tatsächliche Lebenszuschnitt zugrunde zu legen, also das, was sie an regelmäßigen Bezügen erhalten. Für Empfänger von Transferleistungen, die auch aus Sachbezügen bestehen, vgl. → Rn. 29.

4. Zahlungserleichterungen, § 42 StGB (3. Schritt)

37   **a) Akt der Strafvollstreckung.** Im letzten Schritt der Geldstrafenbemessung wird ein Akt der Strafvollstreckung vorweggenommen. Zwar muss der Sanktionierungscharakter der Geldstrafe erhalten werden und diese als ernstes Übel fühlbar bleiben.[14] Nichtsdestotrotz prüft das erkennende Gericht **von Amts wegen**, ob dem Verurteilten Zahlungserleichterungen nach § 42 StGB zu gewähren sind. Liegen die Voraussetzungen einer persönlichen oder wirtschaftlichen Unzumutbarkeit vor, so **muss** das Gericht Zahlungserleichterungen bewilligen.[15] Dies kann auch noch nach Rechtskraft des Urteils durch die Vollstreckungsbehörde – also die Staatsanwaltschaft – erfolgen (§ 459a StPO).

38   Es wird danach gefragt, ob der Täter den in den ersten beiden Schritten bestimmten Gesamtbetrag gemäß dem Grundsatz der sofortigen Zahlung bei Fälligkeit, die mit Rechtskraft des Urteils entsteht, sofort bezahlen kann oder ob ihm eine auf einmal geforderte Zahlung nach seinen persönlichen oder wirtschaftlichen Verhältnissen nicht zuzumuten ist. Zu den persönlichen Verhältnissen zählen insbesondere die familiären Belange des Verurteilten. So sind bspw. eine große Familie sowie in Ausbildung befindliche oder kranke Angehörige zu berücksichtigen. Auch eigene krankheits- oder altersbedingte Belastungen sind nicht außer Acht zu lassen.[16] Wirtschaftlich unzumutbar ist eine sofort zu zahlende Geldstrafe etwa dann, wenn die

---

14 BGHSt 13, 357; *Fischer* StGB § 42 Rn. 3.
15 SSW-StGB/*Mosbacher* § 42 Rn. 9.
16 Schönke/Schröder/*Stree/Kinzig* StGB § 42 Rn. 2.

Einkünfte bzw. die liquiden Rücklagen des Verurteilten nicht für die Tilgung ausreichen bzw. nicht in dem Maße vorhanden sind, dass der Verurteilte nicht in Bedrängnis gerät.[17] Auf die Verwertung unentbehrlicher Vermögensgegenstände, sowie derer, die zu einer angemessenen Lebensführung benötigt werden, ist ebenfalls zu verzichten.[18] Der Täter darf nicht entgegen seiner Zumutbarkeit nachdrücklich zur Zahlung bewegt werden, obwohl die sofortige Zahlung grundsätzlich im Interesse der Strafrechtspflege steht. Insbesondere muss die Drittwirkung auf die Familienangehörigen des Verurteilten nach Möglichkeit abgefedert werden.

Nach § 42 S. 3 StGB soll eine Zahlungserleichterung auch dann **39** gewährt werden, wenn ohne ihre Bewilligung die Wiedergutmachung des durch die Straftat verursachten Schadens durch den Verurteilten erheblich gefährdet wäre.[19] Unterlässt der Täter aber die erleichterte Zahlung, hat die Vollstreckungsbehörde darüber zu befinden, ob sie die Zahlungserleichterung (auch nachträglich) wieder aufhebt (§ 459a II 1 StPO).

b) Arten der Zahlungserleichterung. Das Gesetz stellt zwei Mög- **40** lichkeiten einer Zahlungserleichterung zur Verfügung:
– Zahlungsfrist
– Ratenzahlung.

Die Festsetzung der Zahlungsfrist und der Raten steht im pflichtgemäßen Ermessen des Gerichts. Es gibt weder eine zeitliche Begrenzung, weshalb eine Vollstreckungsverjährung nicht befürchtet werden muss, noch existiert ein Mindestmaß für die Höhe der Teilbeträge. Das Gericht ist darum bemüht, einen gerechten Ausgleich zwischen spürbarer finanzieller Einbuße und angemessener Belastung für den Verurteilten herzustellen.

Die Verfallklausel, § 42 S. 2 StGB, ordnet in dem Fall, dass ein Teil- **41** betrag nicht beglichen wird, im Übrigen ein Entfallen der Vergünstigung an.

5. Zusammenfassung

Folgende weitgehend von *König* übernommene Grafik fasst die **42** wichtigsten Aspekte des Tagessatzsystems noch einmal zusammen:[20]

---

17 Schönke/Schröder/*Stree/Kinzig* StGB § 42 Rn. 2.
18 MüKoStGB/*Radtke* § 42 Rn. 11.
19 BT-Drs. 16/3038, 25 (58).
20 *König* JA 2009, 809 (810).

Tagessatzsystem				
1. Schritt **Tagessatzanzahl** „Schuldausgleich" 1 Tagessatz = 1 Tag Freiheitsstrafe		**2. Schritt** **Tagessatzhöhe** „Opfergerechtigkeit" Maßstab: Nettoeinkommen		**3. Schritt** **wirtschaftliche** **Belastbarkeit**
Mindestmaß 5 TS	Höchstmaß 360 TS Gesamtstrafe 720 TS	Mindestmaß 1 EUR	Höchstmaß 30.000 EUR	Ratenzahlung, Zahlungsfrist

III. Verfahrensfragen

1. Ermittlung der persönlichen und wirtschaftlichen Verhältnisse des Täters

43　　Grundsätzlich müssen die Bemessungsgrundlagen (Einkünfte, Unterhaltspflichten, Verbindlichkeiten etc) von Amts wegen aufgeklärt (§ 244 II StPO) und im Wege des Strengbeweises, bspw. durch eine Vernehmung des Angeklagten oder etwaiger Zeugen oder durch Verlesung der Gehaltsbescheinigung in die Hauptverhandlung eingeführt werden. Das Gericht muss vom Vorliegen der entsprechenden Tatsachen überzeugt sein (§ 261 StPO).

44　　Da der Angeklagte wegen seiner Aussagefreiheit nicht verpflichtet ist, an der Aufklärung mitzuwirken, entstehen praktische Schwierigkeiten und ein hoher Aufwand bei der Ermittlung der Bemessungsgrundlagen. Zur Überwindung dieser Schwierigkeiten und nach Würdigung aller Beweismittel, die letztlich als unzureichend befunden wurden, eröffnet sich dem Gericht die schon erwähnte **Möglichkeit der Schätzung** der Einkünfte des Täters, seines Vermögens und anderer Grundlagen als subsidiäre Vornahme für die Bemessung eines Tagessatzes (§ 40 III StGB). Von der Praxis wird hiervon insbesondere, wenn es um die Festsetzung der Höhe von abzugsfähigen Unterhaltsverpflichtungen geht, sehr rege Gebrauch gemacht (die üblichen „Faustformeln" wurden schon dargestellt). Ansonsten verweisen Tatrichter dann auf die Möglichkeit einer Schätzung des Nettoeinkommens, wenn der Angeklagte nicht von sich aus bereit ist,

Angaben hierzu zu machen. Diese Praxis ist deshalb kritisch zu sehen, da allen Beteiligten bewusst ist, dass das über die Schätzung ermittelte Einkommen eher im oberen theoretisch möglichen Bereich liegen wird und der Verweis auf diese Variante daher einen gewissen Druck auf den Angeklagten ausüben soll, seine Einkommensverhältnisse zu offenbaren.

Eine Schätzung „ins Blaue hinein" wäre willkürlich;[21] vielmehr **45** muss eine nachvollziehbare Basis geschaffen werden. Bspw. darf der Richter bei einem Chirurgen, der keine Angaben machen will, nicht pauschal von der Anzahl der Belegbetten auf dessen Einkommen schließen, sondern es müssen wesentlich gründlichere Erhebungen zur Ausstattung und Umfang seiner Privatpraxis erfolgen.[22] Diese Schätzungsgrundlagen muss das Gericht in seinem Urteil darlegen. Bei Selbstständigen darf sich die Schätzung an dem Einkommen orientieren, dass Arbeitnehmer in einer vergleichbaren Position erhalten.[23]

Unstreitig ist, dass eine Schätzung dann zulässig ist, wenn die Be- **46** messungsgrundlagen nicht oder nur mit erheblichen Schwierigkeiten aufgeklärt werden können. Die Schätzung stellt demnach eine Ausnahme von der Aufklärungspflicht nach § 244 II StPO dar. Umstritten ist allerdings, ob die Schätzung auch zulässig ist, wenn trotz einer Möglichkeit der Aufklärung der damit verknüpfte Aufwand im Hinblick auf die Schwere der Tat und die Anzahl der zu erwarteten Tagessätze nicht angemessen erscheint. In der Praxis wird **aus prozessökonomischen Gründen** auch dann eine Schätzung zugelassen, da die Aufklärung der persönlichen und wirtschaftlichen Verhältnisse ansonsten stigmatisierende Auswirkungen haben könnte. Ein begrenzter Ermittlungsumfang erscheint deshalb insbesondere bei leichten Delikten als verhältnismäßig.

2. Urteilstenor

Die Anzahl und die Höhe der Tagessätze sowie eine bewilligte **47** Zahlungserleichterung müssen im Tenor des Urteils aufgenommen werden. Auch eine Zahlungsfrist oder die zu zahlenden Teilbeträge sind im Falle einer Bewilligung von Zahlungserleichterungen in die Urteilsformel aufzunehmen.

---

21 BVerfG NStZ-RR 2015, 335.
22 OLG Koblenz MedR 1983, 228.
23 OLG Brandenburg, Beschl. v. 23.11.2009 – 1 Ss 104/09 = BeckRS 2010, 20224.

48   Urteilstenor: „Der Angeklagte ist schuldig des Betrugs. Er wird deshalb zu
einer Geldstrafe von 50 Tagessätzen zu jeweils 100 EUR verurteilt. Ihm wird
gestattet, die Geldstrafe in monatlichen Teilbeträgen von 150 EUR, fällig jeweils am 1. eines Monats, erstmals fällig am 1. des auf die Rechtskraft des Urteils folgenden Monats, zu bezahlen. Zahlt er einen Teilbeitrag nicht rechtzeitig, so entfällt die Teilzahlungsbefugnis."

3. Rechtsmittel

49   Die Entscheidung über die Höhe des Tagessatzes ist im **Rechts-
mittelverfahren** isoliert anfechtbar, nicht aber die Entscheidung
über die Anzahl der Tagessätze.

IV. Vollstreckung der Geldstrafe

1. Einforderung und Beitreibung

50   Ein auf Geldstrafe ergangenes Urteil begründet die öffentlich-
rechtliche Pflicht zur Zahlung des festgesetzten Geldbetrags an die
Staatskasse. Rechtsgrundlagen für die Vollstreckung sind va §§ 459 ff.
StPO und die JBeitrO (Justizbeitreibungsordnung), die durch die
Vorschriften der StrVollstrO (Strafvollstreckungsordnung) und die
EBAO (Einforderungs- und Beitreibungsanordnung) ergänzt werden
können. Die Staatsanwaltschaft ist das zuständige Vollstreckungsor-
gan, § 451 StPO.

51   Ist das Urteil rechtskräftig, wird die Einforderung angeordnet, und
der Verurteilte erhält eine Kostenrechnung (§ 4 EBAO). Zahlt der
Verurteilte daraufhin nicht und bringt auch eine Mahnung (§ 7
EBAO) keinen Erfolg, können Vollstreckungsmaßnahmen, zB Pfän-
dung, ergriffen werden (§ 8 EBAO). Die Zwangsvollstreckung unterscheidet sich dabei von der eines privaten Gläubigers, der eine Geld-
forderung vollstrecken möchte.

52   Zahlungserleichterungen sind auch noch nach Rechtskraft des Urteils möglich.

2. Ersatzfreiheitsstrafe, § 43 StGB

53   Bei Uneinbringlichkeit der Geldstrafe tritt an ihre Stelle Freiheitsstrafe in Form der Ersatzfreiheitsstrafe gem. § 43 StGB. Diese ist
nicht lediglich ein Zwangsmittel zur Durchsetzung der Geldstrafe,
sondern eine **echte Strafe,** die die Geldstrafe ersetzt. Dementspre-

chend sind auf sie alle für die Vollstreckung und den Vollzug der Freiheitsstrafe einschlägigen Vorschriften anzuwenden. Eine Wahlmöglichkeit zwischen Zahlung der Geldstrafe oder Ersatzfreiheitsstrafe bleibt dem Täter nicht. Hat er bereits Teilbeträge entrichtet, werden diese auf die Ersatzfreiheitsstrafe angerechnet. Ein Tagessatz entspricht einem Tag Ersatzfreiheitsstrafe (Satz 2). Teilweise wird diese allerdings zwingende gesetzliche Vorgabe mit dem Argument kritisiert, dass Ersatzfreiheitsstrafe im Vergleich zur Geldstrafe ein Mehr an Übelszufügung bewirke und daher ein anderer Umrechnungsmaßstab vorgeschlagen (zB 2:1).[24] Das Mindestmaß der Ersatzfreiheitsstrafe ist ein Tag (Satz 3).

Nach dem Wortlaut des § 56 StGB scheint die Aussetzung der Er-   **54**
satzfreiheitsstrafe zur Bewährung nicht möglich, da hier von einer „Verurteilung zu Freiheitsstrafe" die Rede ist. Dagegen spricht allerdings, dass der leichter Bestrafte in solch einem Fall härter bestraft werden würde als jemand, der schwerer bestraft worden ist, nämlich mit Freiheitsstrafe auf Bewährung.[25] Eine Anwendbarkeit des § 57 StGB auf Ersatzfreiheitsstrafe ist ebenfalls umstritten.[26] Die hL bejaht eine Aussetzung des Strafrests mit Hinblick auf die Situation des auf Ersatzfreiheitsstrafe Verurteilten, die sich von der jedes anderen Gefangenen nicht unterscheidet.[27] Auch führt sie das Argument ins Feld, dass so eine Schlechterstellung des eigentlich milder Bestraften ausgeschlossen wäre. Die Rspr. hält eine Strafrestaussetzung der Ersatzfreiheitsstrafe hingegen für unzulässig.[28] Auch hier wird mit dem Wortlaut der Vorschrift („zeitige Freiheitsstrafe"), aber auch mit der Fülle der Systemwidrigkeiten argumentiert, die die Gegenansicht zur Folge hätte. So würde wegen der Mindestverbüßungsfristen des § 57 StGB nur eine Aussetzung von mehr als 60 Tagessätzen in Betracht kommen und daher Täter mit höheren Strafen privilegiert werden.

3. Gemeinnützige Arbeit, Art. 293 EGStGB („Schwitzen statt Sitzen")

Die Vollstreckung der Ersatzfreiheitsstrafe kann durch gemeinnüt-   **55**
zige Arbeit abgewendet werden. Das StGB enthält hierzu keine Re-

---

24 *Fischer* StGB § 43 Rn. 4a mwN.
25 *Lackner/Kühl* StGB § 43 Rn. 4.
26 Hierzu ausführlich *Schatz* ZRP 2002, 438.
27 Für eine Aussetzung zur Bewährung bspw. *Dölling* NStZ 1981, 86; *Zipf* JR 1977, 122; *Doller* NJW 1977, 288.
28 Vgl. zB OLG Oldenburg NStZ-RR 2007, 253 mwN.

gelung. Art. 293 EGStGB ermächtigt die Landesregierungen jedoch dazu, durch Rechtsverordnung die Möglichkeit zu schaffen, die Vollstreckung der Ersatzfreiheitsstrafe durch freie Arbeit (also Arbeit außerhalb des geschlossenen Vollzugs) abzuwenden. Dabei entsprechen sechs unentgeltliche Stunden Arbeit einem Tag Ersatzfreiheitsstrafe. Entsprechende Verordnungen sind mittlerweile in allen Bundesländern erfolgt (Bayern beschreitet insoweit einen Sonderweg und trifft diesbezüglich eine Regelung in § 31 der Bayerischen Gnadenordnung). Beispiele für gemeinnützige Beschäftigungsstellen sind Hilfsarbeiten in sozialen Einrichtungen oder die Pflege von Außenanlagen.

V. Kritik an der Geldstrafe

1. Höchstpersönlichkeit der Strafwirkung

56   Die Geldstrafe ist nicht unberechtigter Kritik ausgesetzt. Da Geld als solches kein von einem Menschen höchstpersönlich zu erbringendes Gut darstellt, wie etwa die Freiheit bei der Freiheitsstrafe, kann bei der Geldstrafe der Grundsatz der Höchstpersönlichkeit der Strafwirkung nicht gewährleistet werden. Dass ein Dritter die Geldstrafe bezahlen kann und so die Strafwirkung auf sich nimmt, liegt deshalb außerhalb staatlicher Überwachung.

57   In einer Entscheidung des BGH[29] wurde auch die Annahme einer Vollstreckungsvereitelung gemäß § 258 II StGB durch die Bezahlung einer fremden Geldstrafe aus folgenden Gründen abgelehnt:

- Das „Vereiteln der Vollstreckung" iSv § 258 II StGB kann nur die Störung der äußeren Verläufe der Vollstreckung meinen, nicht aber die Garantie „persönlicher Betroffenheit" des Verurteilten iSd Strafzwecke. Deshalb steht der Bestimmtheitsgrundsatz des Art. 103 II GG einer Strafbarkeit entgegen.
- Wäre die Tilgung der Geldstrafe durch andere Personen als den Täter eine tatbestandliche Vollstreckungsvereitelung, wäre eine klare Trennung zwischen tatbestandlichen Handlungen und sonstigen finanziellen Zuwendungen durch Dritte an den Täter nicht möglich.
- Zudem sind keine Kontroll- und Überführungsmöglichkeiten denkbar.

---

29 BGHSt 37, 226 ff.

Im **Fall 2** wäre demnach F nicht wegen Strafvereitelung strafbar, wenn sie die Geldstrafe für S bezahlen würde. § 258 II StGB erfasst nur die Störung der äußeren Abläufe der Vollstreckung und soll nicht etwa garantieren, dass der Verurteilte auch tatsächlich höchstpersönlich von der Strafe betroffen ist.

2. Mitbelastung Unschuldiger, zB Familienangehöriger

Die Auferlegung einer Geldstrafe trifft oft nicht nur den Straftäter. 58 Ist dieser bspw. der Alleinverdiener in einer Familie, so werden durch die finanzielle Belastung, die mit der Geldstrafe einhergeht, auch unschuldige Dritte, wie insbesondere Familienangehörige in ihrer gewohnten Lebensführung erheblich beeinträchtigt. Zwar berücksichtigt das Gericht bei der Ermittlung der Höhe der Geldstrafe, zB im Rahmen etwaiger Zahlungserleichterungen die familiäre Situation, dennoch ist eine in finanzieller Hinsicht veränderte Lebensführung unschuldiger Dritter vorprogrammiert. Eine ähnliche Problematik ergibt sich indes auch bei der Freiheitsstrafe, wenn bspw. der Strafgefangene als Hauptverdiener einer Familie zeitweise ausfällt.

3. Privilegierung der Inhaber von Vermögen

Ob bei der Ermittlung der Höhe der Geldstrafe eine Berücksichti- 59 gung des Vermögens des Verurteilten stattfindet, ist strittig (→ Rn. 34). Da die Geldstrafe zeitweisen Konsumverzicht bezwecken soll, der sich in sinnvoller Weise nur dann erreichen lässt, wenn die Geldstrafe nur an das Einkommen gebunden wird, nicht an das Vermögen, bleibt Letzteres regelmäßig unberücksichtigt. Dadurch findet eine Privilegierung von Vermögensinhabern statt.

4. Diskrepanz der absoluten Strafhöhe

Die große Diskrepanz bei gleich schweren Delikten zwischen ein- 60 kommensschwachen und sehr vermögenden Tätern gibt ebenfalls immer wieder Anlass für Kritik. Die an den persönlichen und wirtschaftlichen Verhältnissen des Täters ausgerichtete Ermittlung der Höhe der Geldstrafe führt unausweichlich zu einer ungleichen finanziellen Belastung von einkommensschwachen und einkommensstarken Tätern. Freilich ist zu beachten, dass dies bis zu einem gewissen Grad gerade der Zweck des Tagessatzsystems ist (und dass darüber hinaus der finanziell deutlich besser gestellte Verurteilte diese höhere Geldstrafe möglicherweise trotz allem noch leichter „stemmen" kann als der Bezieher geringer Einkommen eine niedrigere Strafe).

VI. Verwarnung mit Strafvorbehalt, §§ 59 ff. StGB

1. Rechtsnatur

61   Die Verwarnung mit Strafvorbehalt gem. § 59 StGB ist keine Strafe, sondern ein strafrechtliches Reaktionsmittel eigener Art.

62   Das Verfahren endet mit dem Schuldspruch, einer Verwarnung und der Bestimmung einer Geldstrafe, deren Verhängung für eine Bewährungszeit ausgesetzt wird. Die Verwarnung mit Strafvorbehalt kann als eine Art **„Geldstrafe zur Bewährung"** angesehen werden, sie ist allerdings **keine Strafe,** da diese gerade vorbehalten wird. Sie gilt als mildeste Sanktion im Erwachsenenstrafrecht, die in der Praxis indes wenig zur Anwendung kommt. Einer breiteren Öffentlichkeit wurde das Rechtsinstitut durch den *„Fall Daschner"* bekannt, der mit einem solchen Strafvorbehalt endete.[30] Das Ziel ist es, dem Täter im unteren Bereich der Kriminalität die Bestrafung zu ersparen, aber dennoch den Ernst der Lage durch einen Schuldspruch und die vorbehaltene Verurteilung zur Geldstrafe zu verdeutlichen. Im Jahr 2015 kam dieses Reaktionsmittel rund 7.000 Mal zum Einsatz (vgl. Strafverfolgungsstatistik des Statistischen Bundesamtes).

2. Voraussetzungen, § 59 StGB

63   Um mit Strafvorbehalt verwarnt werden zu können,
- muss der Täter eine **Geldstrafe bis zu 180 Tagessätze verwirkt** haben (§ 59 I 1 StGB),
- muss eine zu seinen Gunsten **positive Legalbewährungsprognose** vorliegen (§ 59 I 1 Nr. 1 StGB),
- müssen nach einer **Gesamtwürdigung von Tat und Persönlichkeit des Täters** besondere Umstände gegeben sein, die eine Verhängung von Strafe entbehrlich machen (§ 59 I 1 Nr. 2 StGB) und
- darf die **Verteidigung der Rechtsordnung eine Verurteilung zu einer Strafe nicht gebieten** (§ 59 I 1 Nr. 3 StGB).

---

30 *Keiser* GA 2009, 344; *Kropp* ZRP 2004, 241. Weitere Fälle bspw.: OLG Hamm NStZ-RR 2007, 170; BayObLGSt 1989, 88; OLG Nürnberg NJW 2007, 526. Eine Verbindung der Verwarnung mit Strafvorbehalt und eines Fahrverbots ist rechtsfehlerhaft: OLG Frankfurt a. M. NZV 2014, 136.

3. Rechtsfolgen

Nach dem Wortlaut der Vorschrift („kann"), steht die Verwarnung **64** mit Strafvorbehalt im Ermessen des Richters. Sind jedoch die Voraussetzungen für eine solche erfüllt, wird lediglich in äußerst seltenen Fallkonstellationen die Ablehnung einer solchen Möglichkeit ermessensfehlerfrei sein können.

Die Vorbehaltung der Verurteilung, die in § 59a I StGB als Bewäh- **65** rungszeit bezeichnet wird, beträgt gem. § 59a I StGB zwischen einem und zwei Jahren. Dem Verwarnten können außerdem durch das Gericht bestimmte Auflagen oder Weisungen verhängt werden, die in einem abschließenden Katalog in § 59a II 1 StGB aufgezählt sind. Diese wären bspw. eine Schadenswiedergutmachung, Zahlung eines Geldbetrages für gemeinnützige Einrichtungen, eine ambulante Heilbehandlung oder eine Entziehungskur.

Bewährt sich der Verwarnte in der Bewährungszeit, hat es bei der **66** Verwarnung sein Bewenden, die vorbehaltene Strafe wird endgültig nicht gegen ihn verhängt, § 59b II StGB. Bewährt er sich nicht, wird die im Urteil bestimmte Strafe verhängt, § 59b I StGB iVm § 56 f StGB.

Empfehlungen zur vertiefenden Lektüre:
Rechtsprechung: BGH NStZ-RR 2014, 338 (Strafzumessung bei der Verhängung von Geld- und Freiheitsstrafe); BGH NJW 2015, 1769 (Wahlweise Androhung von Geld- neben Freiheitsstrafe); BGH StV 2016, 556 (Frage der Geldstrafe neben der Freiheitsstrafe im Wirtschaftsstrafrecht); BVerfG NStZ-RR 2015, 335 (Schätzung der Tagessatzhöhe „ins Blaue hinein" ist willkürlich); BGHSt 37, 226 (Keine Strafvereitelung durch Bezahlung der Geldstrafe durch Dritte).
Literatur: *Hillenbrand,* Bemessung der Tagessatzhöhe bei Geldstrafen, ZAP 2017, 651 ff.; *König,* Grundwissen zur Zumessung der Geldstrafe, JA 2009, 809 ff.; *Füglein/Lagardère,* „Geld habe ich keines, aber arbeiten kann ich" – Die Verwarnung mit Strafvorbehalt, ZRP 2013, 48 ff.; *Keiser,* Die verwerfliche Tat eines würdigen Täters. Der Fall Daschner und die Verwarnung mit Strafvorbehalt als custodia honesta, GA 2009, 344 ff.; *Kranz,* Bezahlung von Geldstrafen durch das Unternehmen – § 258 StGB oder § 266 StGB?, ZJS 2008, 471 ff.; *Kropp,* Ist die Verwarnung mit Strafvorbehalt noch zeitgemäß?, ZRP 2004, 241 ff.

§ 9. Der Strafzumessungsvorgang (bei einer Tat)

Fall 1: A ist in seiner oberbayerischen Heimat in einer Diskothek beim Dealen erwischt worden und wartet auf seinen in wenigen Wochen stattfindenden Prozess. Als er einen Freund B in Berlin besucht, der ein vergleichbares Drogendelikt begangen und seinen Prozess schon hinter sich hat, meinte er angesichts der moderaten gegenüber B verhängten Geldstrafe, dass es ja zum Glück doch nicht so schlimm werde. Als B Zweifel hegt, ob A auch so glimpflich davonkommt, meinte der, bei einer so gravierenden Sache wie der Strafe könne der Staat doch nicht regional mit unterschiedlichem Maß messen – schließlich sei das Strafrecht Bundessache. → Rn. 4

Fall 2: A wird wegen Fahrerflucht angeklagt. Im Vorfeld erkundigt er sich bei dem mit ihm befreundeten Richter R, „was wohl hinauskommen werde", und schildert den Fall detailliert. R meint, es werde wohl eine Freiheitsstrafe zwischen 9 und 12 Monaten zur Bewährung geben. A ist erstaunt, dass die Juristerei offenbar keine exakte Wissenschaft sei, wenn selbst ein erfahrener Richter einen so alltäglichen Fall nur grob einschätzen kann, und fühlt sich in dieser Auffassung bestätigt, als er zu einer Strafe von einem Jahr und zwei Monaten zur Bewährung verurteilt wird. → Rn. 10 ff.

Fall 3: A hat einen Raub begangen, bei dem allerdings die Gewaltanwendung nur marginal und die Beute ganz geringfügig war. Bei der Lektüre von § 249 I StGB stellt er resigniert fest, dass er trotzdem wohl keine Chance haben werde, eine Strafe unter einem Jahr zu bekommen, was ihm angesichts des fast bagatellhaften Charakters seiner Tat ungerecht vorkommt. → Rn. 26 f.

Fall 4: A hat einen Habgiermord begangen, B hat ihm dazu Beihilfe geleistet, ohne selbst habgierig gehandelt zu haben. Aus welchen Strafrahmen sind A und B zu bestrafen? → Rn. 36

Fall 5: A hat einen versuchten schweren Raub begangen, B hat ihm dazu Beihilfe geleistet. Aus welchen Strafrahmen sind A und B zu bestrafen? → Rn. 37

Fall 6: A hat einen versuchten schweren Raub begangen. Das Gericht hält – nicht zuletzt aufgrund der Tatsache, dass die Tat im Versuchsstadium stecken geblieben ist – einen minder schweren Fall für vorstellbar. Aus welchem Strafrahmen ist A zu bestrafen? → Rn. 38 f.

Fall 7: Im Strafverfahren gegen A kommt es zunächst aufgrund eines Fehlers der Geschäftsstelle, in dessen Folge die Akten verschwinden, und später aufgrund von mehreren Elternzeiten in der Kammer zu einer mehr als einjährigen Verzögerung zwischen Anklageerhebung und Zulassung der Anklage. A fühlt sich „durch diese jahrelange Schwebelage" schon genug bestraft und fragt sich, wie dieser Umstand berücksichtigt werden kann. → Rn. 64 f.

Fall 8: A wird wegen räuberischer Erpressung verurteilt. Das Gericht führt zur Begründung einer hohen Strafe u. a. aus, dass A sich trotz Kenntnis von der hohen Straferwartung nicht von der Begehung der Tat abhalten lassen hatte und auch Zweifel, die bei ihm unmittelbar vor Tatbegehung aufgekommen waren, schließlich beiseite gewischt habe, um dann mit der Tatbeute nicht einmal Verbindlichkeiten zu erfüllen, sondern sie für eine Urlaubsreise zu verwenden. → Rn. 71 f.

I. Grundlagen

1. Begriff der Strafzumessung

Die Strafzumessung ist der Vorgang, bei dem das Gericht aus den in 1 Frage kommenden Strafen und Strafhöhen diejenige Strafe auswählt, die für den **konkreten Einzelfall** angemessen ist.[1] In einem weit verstandenen Sinne gehören dazu auch all die Schritte, die erforderlich sind, um den richtigen Strafrahmen festzustellen; hierbei handelt es sich letztlich um Rechtsanwendung, die sich von der Arbeitstechnik (Auslegung, Subsumtion etc) bei der Bestimmung der Strafbarkeit nicht grundlegend unterscheidet. Die Strafzumessung in einem engeren Sinne dagegen beschreibt dann den eigentlichen Auswahlakt, bei dem als Ergebnis einer umfassenden Abwägung eine konkrete Strafe aus dem Strafrahmen ausgewählt wird; dies ist eine wertende Entscheidung, die qualitativ durchaus etwas anderes ist als die üblichen Subsumtionsvorgänge. Diese Unterscheidung ist wichtig, etwa wenn es um die Frage geht, in welchem Umfang „die" Strafzumessung revisionsgerichtlich überprüft werden kann (→ § 11 Rn. 7).

Durch die Strafzumessung wird das vom Täter verschuldete Un- 2 recht in ein vollstreckbares Strafmaß umgewertet, das abhängig von der Bewertung der Schwere der von ihm begangenen Tat ist. Zwei Täter können demnach Mittäter derselben Tat gewesen sein und dennoch unterschiedliche Strafen bekommen, da ihre individuelle Schuld nicht gleich anzusetzen ist. Zwar lassen sich die Art und die Höhe der zu verhängenden Strafe durch Gesetzeslektüre der verwirklichten Norm ermitteln, eine Orientierung am gesetzlichen Strafrahmen stößt jedoch dann an ihre Grenzen, wenn der Strafrahmen weit gespannt ist (was regelmäßig der Fall ist). So reicht der Strafrahmen von einem Mindestmaß von einem Jahr für den minder schweren

---

1 *Kropp* JA 2000, 700 ff.

Fall des Totschlags (§ 213 StGB) bis zu einem Höchstmaß von lebenslanger Freiheitsstrafe in besonders schweren Fällen (§ 212 II StGB).[2] Aber auch im Bereich der alltäglichen Vergehen ist es ein wesentlicher Unterschied, ob für einen einfachen Diebstahl (§ 242 StGB) eine Geldstrafe oder eine Freiheitsstrafe von 5 Jahren verhängt wird. Um in solchen Fällen zu einer konkreten Strafhöhe zu gelangen und die richtige Art der Strafe zu bestimmen, ist eine Strafzumessung gem. §§ 46 ff. StGB erforderlich.

3   Teilweise wird im Übrigen zwischen **Strafzumessung im weiteren Sinne,** die auch die Wahl der Sanktion umfasst und die **Strafzumessung im engeren Sinne,** welche nur auf die konkrete Höhe der Strafe abstellt, unterschieden.

2. Ungleichmäßigkeit der Strafzumessung

4   Nicht die Augen verschließen darf man vor der Tatsache, dass Strafzumessung oftmals eine ungerechte oder wenigstens keine gleichmäßige Angelegenheit ist bzw. zu sein scheint. Gerade die weiten Strafrahmen, die das StGB zur Verfügung stellt, eröffnen auch ein Einfallstor für unerwünschte Individualisierungen des Strafzumessungsaktes. Die Existenz regionaler und örtlicher Unterschiede in der Strafzumessung wird in einigen – inzwischen allerdings älteren – Studien klar bestätigt.[3] Plakativ könnte man sagen, dass man als Drogendealer sicher lieber in Berlin als in Bayern (aber vielleicht wegen einer Trunkenheitsfahrt lieber in Bayern als in Berlin, auch wenn dies empirisch nicht nachgewiesen ist) verurteilt werden möchte. Des Weiteren gibt es natürlich auch richterspezifische Unterschiede dahingehend, wie hoch das Unrecht einer Tat einzuschätzen ist. Solche unterschiedlichen Bewertungen erklären sich mit der Einstellung, dem Alter, dem Geschlecht, der Konfessionszugehörigkeit etc eines Strafrichters.[4] Nicht zu vernachlässigen sind auch Vorurteile und Diskriminierung von Seiten der Richter hinsichtlich bestimmter Angeklagter.

5   Als Fazit bleibt festzustellen, dass auch die Richterindividualität bewirkt, dass Strafzumessung im Einzelfall ein ungleichmäßiger Akt ist. Dies ist aber per se noch kein problematischer Befund, schließlich erlauben auf der anderen Seite die weiten Strafrahmen eine tat- und täterangepasste Strafe. Allerdings sollte man sich als Richter immer

---

2 *Meier* Sanktionen S. 141.
3 *Streng* Sanktionen Rn. 482 mwN.
4 *Streng* Sanktionen Rn. 486 f. mwN.; vgl. auch *Heussen* NJW 2015, 1927.

kritisch hinterfragen und besonders sorgfältig mit dem vom Gesetz zugestandenen Spielraum umgehen. Lässt man sich also von Verfahrensbeteiligten oder der Medienberichterstattung beeinflussen? Richter müssen diese Faktoren, deren Einfluss sie sich nie gänzlich entziehen können, wenigstens ständig reflektieren. Keine zufriedenstellende Lösung wäre es, per se die Strafrahmen enger zu gestalten. Dann nähme man sich von vornherein die Chance, eine möglichst schuldangemessene Strafe zu verhängen.

3. Antinomie der Strafzwecke

Eine Zielsetzung des Strafens ist es, weiteren Straftaten des Täters 6
entgegenzuwirken, wobei die Strafe stets schuldangemessen ausfallen muss. Diese in § 46 I StGB verankerte, als präventive Vereinigungstheorie bekannte Auffassung führt jedoch zu einem Konflikt zwischen den Strafzwecken der Prävention und des Schuldausgleichs, wenn diese zu gegensätzlichen Strafzumessungserwägungen führen. Die Rede ist von der **Antinomie der Strafzwecke** („Vergeltung versus Resozialisierung"), da dieser Konflikt letztlich nicht vereinbar ist.

Beispiel: Der geistig leicht zurückgebliebene Angeklagte, der bereits wie- 7
derholt wegen Diebstahls von Autos auffällig geworden ist, gibt vor Gericht an, dies auch weiterhin tun zu wollen.

Ist das Schuldmaß eher gering, spricht das für eine leichtere Sank- 8
tion, während Präventionsgesichtspunkte für eine längere Unterbringung im Strafvollzug sprechen können, wenn dadurch besser auf den Täter mit dem Ziel der Resozialisierung eingewirkt werden kann. Auch Fälle, in denen der Verurteilte unter Schuldgesichtspunkten eine eher hohe Strafe zu erwarten hat, die den Unrechtsgehalt der Tat angemessen zum Ausdruck bringt, können in präventiver Hinsicht eher für eine geringere Strafe sprechen, weil von dem Täter keine Wiederholungsgefahr ausgeht (zB verzweifelte Ehefrau tötet den „Familientyrannen").

4. Strafzumessungstheorien

Die sich in solchen Fällen zeigende Antinomie der Strafzwecke 9
wird durch Strafzumessungstheorien aufzulösen versucht.

a) Spielraumtheorie. Die Spielraumtheorie, auch Schuldrahmen- 10
theorie genannt, ist die derzeitig hA in Literatur und Rspr. und ent-

spricht der Gesetzeslage. Sie geht mit der Vereinigungslehre einher (→ § 3 Rn. 20 ff.), indem sie Schuldausgleich und Verbrechensprävention zu einen versucht.[5] Eine exakte Bestimmung einer schuldangemessenen Strafe ist demnach nicht möglich, sondern es verbleibt immer ein Spielraum. Zunächst wird innerhalb des gesetzlichen Strafrahmens für die konkrete Tat ein Schuldrahmen bestimmt, dessen **Untergrenze die schon schuldangemessene und dessen Obergrenze die noch schuldangemessene Strafe** bildet. Eine Schuldüber- oder –unterschreitung soll dabei vermieden werden. Innerhalb dieses Schuldrahmens besteht ein Spielraum für die konkrete Strafe, in dem die präventiven Strafzwecke berücksichtigt werden (**Prävention innerhalb der Repression**). Auch ist es zulässig, zunächst zu konkretisieren, welche Präventionsaspekte in Betracht kämen und diese anschließend durch den Schuldrahmen zu begrenzen. Die Spielraumtheorie lässt jedoch keine Unterordnung eines der beiden Faktoren unter den jeweils anderen zu. Wird die Strafhöhe also schuldunangemessen niedrig gehalten, weil eine aus präventiver Sicht vorteilhafte Aussetzung der Strafe gewünscht ist oder eine schuldunangemessen hohe Strafe mit der Begründung verhängt, dass die Freiheitsstrafe doch sowieso auf Bewährung ausgesetzt wird,[6] widerspricht dies der Spielraumtheorie.

11 Der festzulegende Strafrahmen, innerhalb dessen die präventiven Strafzwecke Berücksichtigung finden, macht die Strafe iS der Spielraumtheorie nie zu einer Punktstrafe (hierzu sogleich), sondern behält dem Richter auch hier einen Beurteilungsspielraum vor (eine Ausnahme hiervon macht die lebenslange Freiheitsstrafe). In der Diskussion steht allerdings, ob eine Unterschreitung des schuldangemessenen Strafrahmens unter strengen Voraussetzungen nicht doch zulässig sein sollte. Etwa dann, wenn sich die Strafe aus spezialpräventiver Sicht nicht begründen lässt.[7]

12 **Beispiel:** Ehefrau E tötet ihren Mann, der sich seit Jahren an ihr und den Kindern körperlich vergriffen hat (sog „Haus- oder Familientyrannenfälle").

13 In solch einem Fall könnte eine Schuldunterschreitung aus allgemeinem Rechtsbewusstsein für zulässig befunden werden, da sie aufgrund einer nur schwach ausgeprägten spezialpräventiven Bestrafungsnotwendigkeit angemessen erscheint. Auch wenn eine solche

---

5 *Schreiber* NStZ 1981, 338.
6 OLG Karlsruhe NStZ-RR 1997, 2.
7 Schönke/Schröder/*Stree/Kinzig* StGB § 46 Rn. 5.

Unterschreitung des Schuldrahmens wirklich nur in sehr seltenen Fällen zum Tragen kommen könnte, ist schon von der theoretischen Möglichkeit doch abzuraten. Die Schuld sollte das Maß aller Dinge bleiben.

Grundsätzlich ist eine **exakte Richtigkeitskontrolle** einer Strafe   14 ausgeschlossen, denn es verbleibt jedem Tatrichter ein Ermessensspielraum bei der konkreten Strafmaßbestimmung. Nach der Rspr. des BGH *„ist es grundsätzlich Sache des Tatrichters, auf der Grundlage des umfassenden Eindrucks, den er in der Hauptverhandlung von der Tat und der Täterpersönlichkeit gewonnen hat, die wesentlichen entlastenden und belastenden Umstände festzustellen, sie zu bewerten und gegeneinander abzuwägen. Ein Eingriff des Revisionsgerichts ist in der Regel nur möglich, wenn die Strafzumessungserwägungen in sich fehlerhaft sind, wenn das Tatgericht rechtlich anerkannte Strafzwecke außer Betracht läßt oder wenn sich die Strafe so weit nach oben oder unten von ihrer Bestimmung löst, gerechter Schuldausgleich zu sein, daß sie nicht mehr innerhalb des Spielraums liegt, der dem Tatrichter bei der Strafzumessung eingeräumt ist; in Zweifelsfällen muß die Strafzumessung des Tatrichters hingenommen werden“.*[8] Im Sinn der oben genannten Unterscheidung (→ Rn. 3) zielen diese Ausführungen ersichtlich nur auf den eigentlichen Auswahlakt ab.

Kritik an der Spielraumtheorie besteht dahingehend, als dass sie   15 keine Begrenzungen hinsichtlich der Bestimmung des Schuldstrafrahmens enthält, so dass es gänzlich von dem Ermessen der jeweils beteiligten Richter abhinge, wie hoch die Strafe letztlich ausfällt. Dies wiederum verstieße gegen den Grundsatz nulla poena sine lege, der sich auch auf die Höhe der Strafe bezieht. Der BGH bringt dagegen an, dass die Zumessung einer schuldangemessenen Strafe anders als durch den Richter nicht möglich sei. Da dieser aber an die grundsätzlichen Wertungen des Gesetzgebers gebunden sei, müsse Willkür nicht befürchtet werden.

b) Punktstraftheorie. Die Vertreter der Punktstraftheorie gehen   16 davon aus, dass es für eine bestimmte Tat nur **eine richtige Strafe** geben kann.[9] Dies bedeutet, dass der Richter letztlich keinen Ermessensspielraum hat. Wenn auch der Punkt auch nicht exakt errechenbar ist, so ist er jedenfalls als Annäherungswert zu begreifen. Wird

---

8 BGHSt 29, 319 (320).
9 *Streng* Sanktionen Rn. 656.

diese exakte Strafe verfehlt, so hat dies vor allem damit zu tun, dass die Strafzumessung maßgeblich von den persönlichen Wertungen des Tatrichters abhängig ist und diese im konkreten Fall aber nicht richtig waren. Die Punktstraftheorie vermag an diesem Umstand nichts zu ändern; insbesondere wird dem Richter auch kein Werkzeug zur Ermittlung der exakten Strafe an die Hand gegeben. Diese Theorie bereitet aber die rechtliche Grundlage für eine volle Nachprüfbarkeit der Strafzumessung in der Revisionsinstanz. Dies steht im Gegensatz zur ganz hM und der aktuellen Gesetzeslage.

17   c) **Stellenwerttheorie.** Die Stellenwerttheorie stellt dagegen auf eine noch striktere Trennung zwischen Schuld und Prävention ab und setzt die Sanktion daher in zwei Stufen fest:[10] **Die Höhe der Strafe wird allein anhand des verschuldeten Unrechts bestimmt, während bei der Bestimmung der Art der Strafe allein präventive Überlegungen eine Rolle spielen.** Das Gericht hat vor allem auf der 1. Stufe einen gewissen Spielraum, insofern besteht eine Übereinstimmung zur Spielraumtheorie. Es ist jedoch dazu angehalten, die Strafhöhe möglichst so zu wählen, dass eine Wiedereingliederung des Straftäters stattfinden kann („passive Spezialprävention").[11] Die anschließende Bestimmung der Strafart wird ausschließlich aus general- und spezialpräventiver Sicht vorgenommen. Ernstzunehmende Kritik an dieser Theorie ist, dass sie nur im Bereich mittlerer Kriminalität Anwendung finden kann, also bei Freiheitsstrafen bis zu zwei Jahren. Oberhalb dieser Grenze ist schließlich die Art der Strafe bereits kraft Gesetzes festgelegt, so etwa bei der Freiheitsstrafe ohne Bewährung. Des Weiteren ist fraglich, ob die Höhe einer Strafe festgelegt werden kann, ohne dabei zu wissen, welche Art der Strafe mit den mit ihr verbundenen Wirkungen verhängt werden soll. Ein solches Vorgehen ignoriert die sog Sozialklausel des § 46 I 2 StGB, wonach *„die Wirkungen, die von der Strafe für das künftige Leben des Täters in der Gesellschaft zu erwarten sind"*, zwingend schon auf 1. Stufe zu berücksichtigen sind. Auch die Sanktionshöhenwahl hat im Lichte der Sozialklausel zu erfolgen.[12]

18   d) **Lehre von der Tatproportionalität.** Die Lehre von der Tatproportionalität legt den Fokus nicht auf den Täter, sondern auf die

---

10 NK-StGB/*Streng* § 46 Rn. 106 ff.
11 *Meier* Sanktionen S. 169.
12 *Streng* Sanktionen Rn. 635.

Schwere der Tat.[13] Die in der Persönlichkeit des Täters liegenden Umstände, wie bspw. Vorstrafen, seine kriminelle Energie oder die Beweggründe der Tat, sollen genauso wie präventive Überlegungen nahezu gänzlich außer Acht gelassen werden, soweit sie sich nicht auf Unrecht und Schuld beziehen. Diese Loslösung von den Präventionserfordernissen hat zwar den Vorteil, dass sie das Problem der Antinomie der Strafzwecke aufhebt. Sie entzieht dem Täter jedoch das Recht auf eine individuell auf ihn abgestimmte Behandlungsmaßnahme, die, empirisch nachgewiesen, zu einer schnelleren und effektiveren Resozialisierung beiträgt.

e) **Fazit.** Die Spielraumtheorie vermag trotz des Vorwurfs der Be- **19** liebigkeit zu überzeugen. Die Punktstraftheorie verkennt, dass dem Tatrichter ein Ermessensspielraum zu verbleiben hat. Es gibt eben nicht die exakt richtige Strafe für eine Tat. Obwohl die Stellenwerttheorie und die Theorie von der Tatproportionalität den Konflikt zwischen den Strafzwecken der Prävention und des Schuldausgleichs – zum einen durch klare Trennung beider, zum anderen durch Ausblendung der präventiven Gesichtspunkte – zu lösen versuchen, würdigen sie nicht die Komplexität der Strafzumessung unter Anerkennung aller Strafzwecke. Dies vermag allein die Spielraumtheorie zu leisten, da sie diese Verbindung beider unabdingbarer Bestandteile enthält. Nur die Spielraumtheorie entspricht somit den Vorgaben des § 46 StGB.

II. Die Stufen der Strafzumessung

Die Strafzumessung nach der herrschenden Spielraumtheorie er- **20** folgt in drei Schritten:
1. Schritt: Bestimmung des Strafrahmens, der für die konkrete Tat zur Verfügung steht.
2. Schritt: Einordnung der Tat in diesen Strafrahmen. Hierzu erfolgt eine Bestimmung und Gesamtbewertung aller **strafzumessungsrelevanten Umstände.** Ergebnis dieses Schrittes ist der innerhalb des weiten gesetzlichen (beim ersten Schritt gefundenen) Strafrahmens liegende Spielraum.

---

13 NK-StGB/*Streng* § 46 Rn. 109 ff.

3. Schritt: Festsetzung der **konkreten Strafe** innerhalb des im zweiten Schritt ermittelten Spielraums nach Art und Höhe, wobei vor allem auch präventive Erwägungen relevant sind.

III. Strafrahmenbestimmung (1. Schritt)

1. Der Regelstrafrahmen

21   Die Verwendung von Strafrahmen ermöglicht es dem Tatrichter – wie bereits dargestellt – für jede denkbare Tat eine angemessene Sanktion zu verhängen. Das System der Strafrahmen stellt einen Kompromiss zwischen der Bindung des Richters an das Gesetz und dem gleichfalls notwendigen Spielraum für echte Einzelfallgerechtigkeit dar.[14]

22   Sog Regelstrafrahmen ist dabei der gesetzliche Strafrahmen, der dem verwirklichten **Grund- oder Qualifikationstatbestand** entnommen wird. Er untersagt dem Gericht kraft Verfassung (Art. 97 I GG) ein Unterlaufen des vom Gesetzgeber festgesetzten Mindest- und/oder Höchstmaßes.

23   Ist in dem Straftatbestand, aus dem verurteilt wird, keine Mindest- oder Höchstgrenze angegeben, gelten die §§ 38 II, 40 I 2 StGB. Der Strafrahmen einer **Geldstrafe** beträgt demnach mindestens fünf und höchstens 360 Tagessätze (§ 40 I 2 StGB), der einer **Freiheitsstrafe** mindestens einen Monat und höchstens 15 Jahre (§ 38 II StGB).

2. Der Sonderstrafrahmen

24   Dieser für den Regelfall gesetzlich vorgegebene Strafrahmen kann in Sonderfällen verkürzt oder verlängert werden, je nachdem ob die für das Grunddelikt vorgesehene Rechtsfolge für **minder schwere Fälle** zu mildern ist oder für **besonders schwere Fälle** verschärft werden muss. Durch die Normierung solcher Fälle im Besonderen Teil des StGB will der Gesetzgeber dem Ziel einer Einzelfallgerechtigkeit durch flexible Strafzumessung noch stärker Ausdruck verleihen.

25   Dieser Sonderstrafrahmen tritt bei Vorliegen mildernder oder verschärfender Umstände an die Stelle des Regelstrafrahmens. Voraussetzung ist dabei stets, dass sich bei einer Gesamtwürdigung aller Umstände der konkrete Fall vom Durchschnitt vorkommender Fälle so abhebt, dass die Anwendung des Ausnahmestrafrahmens geboten

---

14 *Gerhold* ZJS 2009, 260.

ist. Dies bedeutet aber zwangsläufig, dass die Strafzumessung noch weiter hinein in den Bereich der richterlichen Ermessensausübung verschoben wird.[15]

a) Der minder schwere Fall. Neben privilegierenden *tatbestandlichen* Abwandlungen des Grunddelikts, wie bspw. § 216 I StGB (Tötung auf Verlangen) gegenüber § 212 I StGB, existieren im StGB für bestimmte Delikte auch „minder schwere Fälle", die „nur" zu einer Herabsenkung des Regel*strafrahmens* führen. Meist sind diese als **unbenannte minder schwere Fälle** ausgestaltet, zB § 249 II StGB („sechs Monate bis fünf Jahre") gegenüber § 249 I StGB („nicht unter einem Jahr"). Der einzige benannte – dh das Gesetz gibt die Voraussetzungen konkret vor – minder schwere Fall des StGB ist § 213 StGB („Minder schwerer Fall des Totschlags" – mit zwei benannten und einer unbenannten Alternative). **26**

Bei der Beurteilung des Tatrichters dahingehend, ob ein minder schwerer Fall vorliegt, ist eine Gesamtbetrachtung aller Umstände erforderlich, die für die Wertung der Tat und des Täters in Betracht kommen, unabhängig davon, ob sie der Tat innewohnen, sie begleiten, ihr vorausgehen oder nachfolgen.[16] Im Gegensatz zu privilegierenden Abwandlungen eines Grunddelikts sind die Voraussetzungen, die einen unbenannten minder schweren Fall begründen, im Gesetz nicht vorgegeben. Damit wird den Gerichten ein Beurteilungsspielraum eingeräumt, der Zweifel im Hinblick auf den Bestimmtheitsgrundsatz (Art. 103 II GG) aufwirft. Das BVerfG sieht den gewährten – großen – Beurteilungsspielraum jedoch als unbedenklich an, da mit Hilfe der gängigen Auslegungsmethoden, der Betrachtung anderer Vorschriften desselben Gesetzes, vergleichbarer Rspr. oder der Berücksichtigung des Normzusammenhangs eine zuverlässige Auslegung und Anwendung der Norm möglich sei.[17] **27**

b) Der besonders schwere Fall. Strafschärfende Regeln, die den Strafrahmen „nach oben" verschieben sind neben qualifizierenden Abwandlungen eines Grunddelikts, wie bspw. § 244 I StGB (Diebstahl mit Waffen; Bandendiebstahl; Wohnungseinbruchsdiebstahl) gegenüber § 242 I StGB, die im Gesetz verorteten besonders schweren Fälle (wie etwa § 243 StGB gegenüber § 242 StGB). **28**

---

15 *Gerhold* ZJS 2009, 260.
16 BGHSt 26, 97; *Fischer* StGB § 46 Rn. 85.
17 BVerfGE 45, 363 (371 f.).

29   Diese sind im StGB häufig so ausgestaltet, dass nicht nur ein unbenannter besonders schwerer Fall, sondern – viel bedeutsamer – auch
sog **Regelbeispiele** für besonders schwere Fälle enthalten sind. Diese
weisen tatbestandlich vertypte Strafzumessungsmerkmale (keine Tatbestandsmerkmale ieS!) auf. Sind die Voraussetzungen des Regelbeispiels (wie zB § 243 StGB) erfüllt, besteht eine widerlegbare Vermutung für das Vorliegen eines besonders schweren Falls. Diese
Indizwirkung kann durch besondere strafmildernde Umstände ent-
kräftet werden. Regelbeispielen kommt eine Analogiewirkung zu.
Ähnelt der konkrete Fall einem Regelbeispiel und weicht nur in einigen Merkmalen ab, die das Unrecht und die Schuld nicht deutlich
mindern, kann ein unbenannter besonders schwerer Fall angenommen werden.[18]

30   Zusammengefasst kann man zu den **Regelbeispielen im Unterschied zu
Merkmalen eines Qualifikationstatbestandes** sagen: Sie sind **in doppelter
Hinsicht nicht abschließend.** Einerseits kann es auch (unbenannte) besonders
schwere Fälle geben, obwohl kein Regelbeispiel verwirklicht wurde; andererseits führt das Vorliegen eines Regelbeispiels (gerade nur „in der Regel", aber)
nicht notwendig zu einem besonders schweren Fall.

31   Bei den (reinen) **unbenannten besonders schweren Fällen** (wie
auch bei den unbenannten minder schweren Fällen → Rn. 26) sind
im Gesetz – im Gegensatz zu den Regelbeispielen – keine Voraussetzungen dargelegt, wann ein solcher Fall anzunehmen ist (s. zB § 212
II StGB gegenüber § 212 I StGB). Auch hier ist durch den Tatrichter
eine Gesamtbetrachtung aller strafzumessungsrelevanten Umstände
vorzunehmen und bspw. aufgrund der Höhe des Schadens oder der
Schwere sonstiger Tatfolgen ein besonders schwerer Fall anzunehmen. Weitere Indizien, die die Annahme eines besonders schweren
Falls rechtfertigen können, sind Wiederholungstaten, eine besonders
schwerwiegende Begehungsweise, Besonderheiten in der Persönlichkeit des Täters, der Missbrauch der Amtsgewalt oder der Amtsträger-
eigenschaft des Täters und natürlich ggf. die oben erwähnte Nähe zu
einem Regelbeispiel.

3. Strafrahmenverschiebung nach § 49 StGB

32   **a) Systematik.** Die Strafrahmenverschiebung nach § 49 StGB enthält keine deliktsspezifischen Minderungsgründe. Vielmehr verweisen *allgemeine* gesetzlich vertypte (also im Allgemeinen Teil gere-

---

18 *Fischer* StGB § 46 Rn. 93.

gelte) Milderungsgründe auf § 49 StGB. Es erfolgt sodann entweder eine **obligatorische** (zB § 27 II 2 StGB: Strafe *ist* zu mindern) Strafmilderung bei Verweis auf § 49 I StGB oder (meistens, vgl. nur §§ 13 II, 17 S. 2, 21, 23 II StGB) eine **fakultative Strafmilderung** bei Verweis auf § 49 I oder II StGB.

– Bei § 49 I StGB verringern sich Höchst- und Mindestmaß der Strafe nach dem in der Vorschrift näher beschriebenen Muster. **33**
– Bei § 49 II StGB kann das Gericht die Strafe bis auf das gesetzliche Mindestmaß mildern oder statt Freiheitsstrafe Geldstrafe verhängen.

Bei dem Vorliegen mehrerer Milderungsgründe – also zB für den Gehilfen (§ 27 II 2 StGB) am Versuch (§ 23 II StGB) eines Unterlassungsdelikts (§ 13 II StGB) – ist auch mehrfache Milderung möglich. Bei der Ermessensentscheidung hinsichtlich der fakultativen Strafmilderung ist vor allem auf den Milderungsgrund selbst abzustellen, aber auch eine umfassende Abwägung aller sonstigen wesentlichen Strafzumessungsgesichtspunkte vorzunehmen.

b) Obligatorische vertypte Milderungsgründe.
– Beihilfe, § 27 II 2 StGB **34**
– Fehlen besonderer persönlicher Merkmale beim Teilnehmer, § 28 I StGB
– Versuch der Beteiligung, § 30 I 2 StGB
– Vermeidbare irrige Annahme eines entschuldigenden Notstands, § 35 II 2 StGB.

c) Fakultative vertypte Milderungsgründe.
– Unterlassen, § 13 II StGB **35**
– Vermeidbarer Verbotsirrtum, § 17 S. 2 StGB
– Erheblich verminderte Schuldfähigkeit, § 21 StGB[19]
– (Untauglicher) Versuch, § 23 II (Verweis auf § 49 I), III (Verweis auf § 49 II) StGB

---

19 Zwischen den Strafsenaten des BGH herrscht Uneinigkeit, wie mit selbstverschuldeter Trunkenheit umzugehen ist (als praktisch wichtigster Fall des „Vorverschuldens" im Rahmen des § 21 StGB – vgl. *Fischer* StGB § 21 Rn. 24 ff.). Die Rspr. versagt den Milderungsgrund des § 21 StGB regelmäßig, wenn der Täter aufgrund früherer Erfahrungen weiß, dass er nach dem Genuss von Alkohol zur Begehung von Straftaten neigt. Der 3. Senat hatte in einem obiter dictum mitgeteilt, er wolle nicht an dieser Rspr. festhalten, da sie im Widerspruch zur gesetzlichen Wertung des § 323a StGB stehe (NStZ 2003, 480; NJW 2016, 203 und NStZ-RR 2017, 135 [Beschluss der Vorlage an den Großen Senat]). Vielmehr wäre unabhängig von den Erfahrungen des Täters in Fällen selbstverschuldeter Trunkenheit eine Strafmilderung regelmäßig zu verneinen.

- Entschuldigender Notstand etwa im Fall der Gefahrverursachung, § 35 I 2 StGB
- Täter-Opfer-Ausgleich, § 46a StGB
- Kronzeugenregelung, § 46b StGB.

36   **d) Beispiele.** (1) Hat der Täter T einen Habgiermord begangen, der grundsätzlich mit lebenslanger Freiheitsstrafe zu ahnden ist, sein Gehilfe G aber zu dem Mord Beihilfe geleistet, ohne selbst habgierig gehandelt zu haben oder ein sonstiges subjektives Mordmerkmal verwirklicht zu haben, so ist für die Zumessung seiner Strafe § 49 I StGB wie folgt zu berücksichtigen:

- Die erste Milderung erfolgt nach der in der Rspr. vertretenen Auffassung, welche die subjektiven Mordmerkmale als strafbarkeitsbegründend iSd § 28 I StGB (und nicht als strafmodifizierend nach § 28 II StGB)[20] behandelt. Liegt beim Teilnehmer keine Habgier vor (und hat er auch kein anderes subjektives Mordmerkmal verwirklicht),[21] so führt dies nach § 28 I iVm § 49 I Nr. 1 StGB zu einer Reduzierung der lebenslangen Freiheitsstrafe auf eine Freiheitsstrafe nicht unter drei Jahren, mithin also nach § 38 II StGB zu einer Freiheitsstrafe von drei bis fünfzehn Jahren.
- Die zweite Milderung erfolgt – und zwar ebenfalls obligatorisch – nach § 27 II 2 StGB, weil G „nur" Gehilfe ist. Bei zwei voneinander unabhängigen Milderungsgründen ist insoweit auch eine doppelte Anwendung von § 49 I StGB möglich,[22] so dass sich der Strafrahmen erneut verschiebt: Die Obergrenze wird nach § 49 I Nr. 2 StGB von fünfzehn Jahren auf elf Jahre und drei Monate (drei Viertel von fünfzehn Jahren)[23] reduziert; an die Stelle der Un-

---

20 Vgl. zum Streit um die Behandlung der täterbezogenen Mordmerkmale zwischen Rspr. und Lit. (in Abhängigkeit davon, ob der Mord als Qualifikation zu § 212 StGB [dann § 28 II StGB] oder als eigenständiger Tatbestand [dann § 28 I StGB] verstanden wird) statt vieler nur wenige Lehrbuchnachweise, zB *Wessels/Hettinger* StrafR BT I Rn. 141 ff. und *Rengier* StrafR BT II § 5 Rn. 3 ff.; eingehend *Engländer* JA 2004, 410 ff. Auf der Grundlage der hL würde der Teilnehmer, der selbst kein subjektives Mordmerkmal verwirklicht, gar nicht wegen Mordes, sondern von vornherein wegen Totschlags und damit aus dem Strafrahmen des § 212 StGB (fünf bis fünfzehn Jahre, vgl. § 38 II StGB, soweit keine weiteren Milderungsgründe vorliegen) bestraft.
21 Bei sog „gekreuzten Mordmerkmalen", dh wenn dem Teilnehmer zwar das subjektive Merkmal des Täters fehlt, er aber ein anderes verwirklicht, wendet die Rspr. (trotz der zwingenden Formulierung in § 28 I StGB und damit dogmatisch zweifelhaft) die Strafmilderung nach § 28 I iVm § 49 I StGB nicht an.
22 Vgl. NK-StGB/*Kett-Straub* § 49 Rn. 19.
23 Wem das leichter zu rechnen fällt: 15 Jahre entsprechen 180 Monaten; drei Viertel davon sind 135 Monate, dies wiederum sind 11 Jahre (132 Monate) und drei Monate.

tergrenze von drei Jahren treten nach § 49 I Nr. 3 StGB sechs Monate.

Die Strafe für G ist also nicht lebenslange Freiheitsstrafe, sondern ist einem Strafrahmen zwischen sechs Monaten und 11 Jahren drei Monaten zu entnehmen.

(2) Im einleitend genannten **Fall 5** eines versuchten schweren Raubes nach § 250 II StGB, ist die Strafe für den Täter A Freiheitstrafe nicht unter fünf Jahren, dh nach § 38 II StGB zwischen fünf und fünfzehn Jahren. Sollte das Gericht von der (fakultativen!) Strafmilderung nach § 23 II StGB Gebrauch machen, würde das für A nach § 49 I Nr. 2 und 3 StGB zu einer Strafe zwischen zwei (statt fünf) Jahren und 11 Jahren drei Monaten (statt fünfzehn Jahren)[24] führen. Hat Gehilfe B zu diesem versuchten Raub Beihilfe geleistet, kommen wieder bis zu zwei Strafmilderungen in Betracht: **37**

– Ihm kommt zunächst jedenfalls die obligatorische Strafmilderung nach § 27 II 2 StGB iVm § 49 I StGB zugute, was auch zu zwei Jahren bis zu 11 Jahren drei Monate führt.
– Wenn seine Strafe auch wegen des Versuchscharakters der Haupttat gemildert wird (was grundsätzlich für jeden Beteiligten separat zu bestimmen ist,[25] auch wenn sich häufig die haupttatspezifischen Kriterien für den Gehilfen in ähnlicher Weise auswirken werden), kommt es wieder zu einer zweiten Strafrahmenverschiebung: die Untergrenze von zwei Jahren wird nach § 49 I Nr. 3 StGB auf sechs Monate reduziert; die Obergrenze von 11 Jahren und drei Monaten nach § 49 I Nr. 2 StGB auf acht Jahre und fünf Monate (drei Viertel von 11 Jahren und drei Monaten).[26]

4. Das Doppelverwertungsverbot des § 50 StGB

Das Doppelverwertungsverbot des § 50 StGB **verbietet,** einen strafmildernden Umstand (also zB das Vorliegen nur eines Unterlassens oder eines bloßen Versuchs) zur Begründung eines minder schweren Falles und zugleich zur Strafrahmenverschiebung nach **38**

---

24 Zur Berechnung vgl. soeben Beispiel 1.
25 Vgl. BGH NStZ 2013, 546 (549); NJW 2004, 2840 (2841); Schönke/Schröder/*Eser/ Bosch* StGB § 23 Rn. 10.
26 Exakt gerechnet wäre es eine Obergrenze von 8 Jahren und 5,25 Monaten, was man als 8 Jahre, 5 Monate und 1 Woche beziffern könnte. Allerdings dürfte es vertretbar sein, bei den mehr oder weniger „krummen" Werten bei mehrfacher Minderung zugunsten des Verurteilten abzurunden, wenn die Reste nicht mehr stark ins Gewicht fallen, vgl. auch *Fischer* StGB § 49 Rn. 4.

§ 49 StGB heranzuziehen. Sonst würde ein und derselbe Umstand doppelt verwertet werden.[27]

39   Wenn ein minder schwerer Fall *nur* unter Heranziehung eines gesetzlich vertypten Milderungsgrundes begründet werden konnte, ist dieser Milderungsgrund „verbraucht" und eine Milderung nach § 49 StGB darf nicht mehr stattfinden.

40   **Beispiele:** Nach Annahme eines minder schweren Falls eines Raubes (§ 249 II StGB), der maßgeblich darauf gestützt wurde, dass die Tat lediglich ins Versuchsstadium gelangte, darf keine weitere Milderung nach § 49 I iVm § 23 II StGB erfolgen. Die Strafe ist dann also dem Strafrahmen des § 249 II StGB zu entnehmen (sechs Monate bis fünf Jahre), der nicht noch einmal nach § 49 I StGB auf Geldstrafe (Untergrenze) und Freiheitsstrafe bis zu drei Jahren und neun Monaten (Obergrenze) zu mildern ist.

41   Einer Doppelmilderung steht § 50 StGB bei einem provozierten Totschlag (§ 213 StGB) im Zustand erheblich verminderter Schuldfähigkeit nicht entgegen, da der minder schwere Fall allein durch die Provokation begründet wird, so dass die verminderte Schuldfähigkeit (§ 21 iVm § 49 I StGB) noch nicht „verbraucht" ist.[28]

42   Um solch eine unzulässige doppelte Milderung zu verhindern, ist zunächst zu prüfen, ob der minder schwere Fall auch ohne den vertypten Milderungsgrund begründet werden kann.[29] Ist dies möglich, kann nochmals nach § 49 StGB gemildert werden.

43   *Könnte im soeben genannten Raubbeispiel schon allein aufgrund „versuchsunabhängiger" Umstände (geringfügige Gewalt; angestrebte niedrige Beute; Nachtatverhalten etc) ein minder schwerer Fall bejaht werden, käme eine zusätzliche Milderung auf den oben genannten Strafrahmen von Geldstrafe und Freiheitsstrafe bis drei Jahre und neun Monate in Betracht.*

44   Ist dies nicht möglich, ist im Rahmen einer Gesamtabwägung zu prüfen, ob der Strafrahmen des minder schweren Falles oder der aus § 49 I StGB zu errechnende anzuwenden ist. Je nach dem Schwergewicht der Milderung ist der für den Angeklagten günstigere Strafrahmen zu wählen.

45   Im oben genannten Raubbeispiel würde ein Verzicht auf die Annahme eines minder schweren Falles unter gleichzeitiger Milderung des Strafrahmens des § 249 I iVm § 38 II StGB (1 Jahr bis 15 Jahre) nach § 49 I iVm § 23 II StGB zu einer Strafe von drei Monaten bis elf Jahre und drei Monate führen. Dies wäre für den Verurteilten wohl ungünstiger, da hier die zu erwartende kon-

---

27 *El-Ghazi* JZ 2014, 180 ff.
28 BGH NStZ 1986, 115.
29 Vgl. *Fischer* StGB § 50 Rn. 3.

krete Strafe trotz der etwas geringeren Mindeststrafe wegen der deutlich höheren Strafobergrenze für den Verurteilten höher ausfallen dürfte. Sprechen freilich alle Gesichtspunkte dafür, dass das Gericht an den untersten Rand der zulässigen Strafe gehen wird, wäre die nach § 49 I StGB reduzierte Strafe wegen der Untergrenze von nur drei Monaten günstiger; freilich dürfte in einem solchen Fall regelmäßig auch ohne den Versuch ein minder schwerer Fall begründbar sein, so dass man hier doch zu der „doppelten Milderung", dh zum minderschweren Fall mit zusätzlicher Strafrahmenverschiebung auf Geldstrafe und Freiheitsstrafe bis zu drei Jahren und neun Monaten kommen könnte.

IV. Abwägung (2. Schritt)

1. Grundlagenformel, § 46 I 1 StGB

In einem zweiten Schritt des Strafzumessungsvorgangs erfolgt eine **46** Abwägung aller strafzumessungsrelevanten Gesichtspunkte. Aus allen den konkreten Fall betreffenden Tatsachen über Tat und Täter sind diejenigen herauszufiltern, die für die Strafzumessung im konkreten Fall Bedeutung haben. Anlehnend an die Strafzwecke, zusammengefasst von der herrschenden Vereinigungstheorie, sind dies vor allem diejenigen Gesichtspunkte, die eine Aussage über die Schuld des Täters treffen. Zentrale Norm für die Strafzumessung ist § 46 StGB. Insbesondere § 46 I 1 StGB trifft die Kernaussage: „Die Schuld des Täters ist Grundlage für die Zumessung der Strafe" (sog **Grundlagenformel**). Dies bedeutet, dass grundsätzlich weder Schuldüberschreitungen noch Schuldunterschreitungen (etwa um in den Bereich einer Bewährungsstrafe zu gelangen) zulässig sind.[30]

Im Rahmen des **Schuldbegriffs** ist zu differenzieren: Unter der **47** Strafbegründungsschuld ist die persönliche Zurechnung der rechtswidrigen Tat zum Täter zu verstehen; sie beantwortet das „Ob" des Vorliegens der Schuld. Dieses ist dann zu bejahen, wenn der Täter schuldfähig (§§ 19, 20 StGB) und unrechtbewusst (§ 17 StGB) gehandelt hat, ihm keine Entschuldigungsgründe (zB § 35 StGB) zur Seite standen und auch keine tatbestandlich vertypten speziellen Schuldmerkmale (zB „rücksichtslos" bei § 315c StGB)[31] vorlagen. Die Strafzumessungsschuld befasst sich dagegen mit der Gewichtung der Vorwerfbarkeit und gibt ein Maß dafür, wie schwer die Schuld des Täters ist. Anhaltspunkte dafür, ob die Schuld gesteigert oder gesenkt wird, finden sich in § 46 II 2 StGB.

---

30 BGHSt 24, 132; 34, 345 (349).
31 Beachte aber: Die Lehre von den speziellen Schuldmerkmalen ist nicht unumstritten.

48   Die Betrachtung der Strafbegründungs- und Strafzumessungsschuld liefert also eine Aussage über das individuelle Maß des Vorwurfs, der dem Täter für das von ihm verwirklichte Unrecht gemacht
wird. In erster Linie sind dabei die Tat und die durch sie bewirkte
Rechtsverletzung für die richterliche Bewertung gegenständlich.
Zweiter zu berücksichtigender Faktor ist der Täter und dessen Persönlichkeit, an welcher Art und Umfang der strafrechtlichen Reaktion auszurichten sind. Zusammenfassend erfolgt in diesem Schritt
der Strafzumessung eine ganzheitliche Betrachtung von Tatgeschehen
und Täterpersönlichkeit.

49   Gem. § 46 I 2 StGB sind zudem schon an dieser Stelle „die Wirkungen, die von der Strafe für das künftige Leben des Täters in der
Gesellschaft zu erwarten sind, zu berücksichtigen" (sog **Sozialklausel**).

2. Relevante Gesichtspunkte, § 46 II 1 StGB

50   **a) Katalog des § 46 II 2 StGB.** § 46 II 1 StGB bestimmt eine Abwägung aller für und gegen den Angeklagten sprechenden Umstände.
Benannte strafzumessungsrelevante Umstände, die beispielhaft aufgezählt sind, finden sich im (nicht abschließenden) Katalog des § 46 II 2
StGB.
Eine Aufteilung ist möglich in Umstände, die der Tat innewohnen,
ihr vorausgehen und ihr nachfolgen:

51   **(1) Die Beweggründe und die Ziele des Täters.** Die Motive und
ggf. die Überzeugung des Täters sind zu betrachten.[32] Strafschärfend
sind etwa Motive wie Gewinnsucht, grober Eigennutz oder Eifer-
sucht. Strafmildernd wirkt dagegen zB eine notstandsähnliche Lage,
Mitleid oder Angst. Besonders erwähnt werden nunmehr auch **rassis-
tische, fremdenfeindliche oder sonstige menschenverachtende Motive.** Trotz des anders lautenden Wortlauts gibt es aber keine „Rang-
folge" des Gewichts dieser Motive für die Strafzumessung.[33]

52   **(2) Die Gesinnung, die aus der Tat spricht, und der bei der Tat
aufgewendete Wille. Gesinnung** ist die „geistliche und sittliche
Grundhaltung und Denkweise eines Menschen".[34] Die Gesinnung
ist nur iVm der Einzeltat und nicht losgelöst von dieser zu betrach-

---

32 *Brögelmann* JuS 2002, 903 (907) und JuS 2002, 1005 ff.
33 *Fischer* StGB § 46 Rn. 26b.
34 *Brögelmann* JuS 2002, 903 (908) und JuS 2002, 1005 ff.

ten. Adjektive, die eine solche beschreiben, sind zB roh, böswillig, rücksichtslos oder gewissenlos.

Der bei der Tat aufgewendete **Wille** ist die kriminelle Intensität, die 53 bei der Tat zu Tage getreten ist (die Begriffe Wille und Vorsatz sind im Übrigen nicht ganz deckungsgleich).[35] Diese ist bspw. bei einer besonders langen Planung, bei häufiger Durchführung der Tat oder bei der Beseitigung von Spuren besonders hoch.[36] Strafmildernd kommt dem Täter dagegen zugute, wenn bei ihm eine Willensschwäche (Alkohol, Drogen) nachgewiesen werden kann, er spontan handelte oder einem gruppendynamischen Zwang unterlag.[37]

(3) Das Maß der Pflichtwidrigkeit. Das Maß der Pflichtwidrigkeit 54 ist insbesondere bei Fahrlässigkeitstaten von Bedeutung. Handelte der Täter schlicht unachtsam, kann ihm das (bei der Festsetzung der konkreten Strafe) schwerlich zum Nachteil ausgelegt werden. Ließ er jedoch jegliche Sicherheitsvorkehrungen außer Acht und handelte so grob pflichtwidrig, kommt eine Strafschärfung infrage.[38] Eine gesteigerte Pflichtwidrigkeit kann sich auch aus der beruflichen Stellung des Straftäters ergeben. Doch strafverschärfend wirkt nicht allein die Tatsache, dass ein Straftäter zur Tatzeit zB Polizist war, sondern aus seiner beruflichen Stellung müssen besondere Pflichten resultieren, die gerade für das verletzte Rechtsgut der abzuurteilenden Straftat von Bedeutung sind. Bspw. kann einem Arzt, der ein Brandstiftungsdelikt im Laufe einer Nachbarschaftsstreitigkeit begangen hat, nicht pauschal straferschwerend zur Last gelegt werden, dass er für seinen Beruf einen Eid geleistet habe, die Gesundheit anderer zu schützen.[39]

(4) Die Art der Ausführung und die verschuldeten Auswirkungen der Tat. Zu berücksichtigen sind die Tatmodalitäten, so zB, ob 55 eine tateinheitliche Verwirklichung mehrerer Straftatbestände vorliegt oder die Tatausführung als besonders gefährlich eingestuft werden kann. So spielen auch die Auswirkungen der Tat auf das Opfer (zB psychische Folgen), aber auch auf den Täter selbst bei der Strafzumessung eine Rolle. Zu berücksichtigen ist zB die Höhe des verursachten Schadens, die Schwere der Verletzungen oder **außertatbestandliche, aber kausale Folgen,** wie zB der Zusammenbruch des

---

35 MüKoStGB/*Miebach/Maier* § 46 Rn. 194.
36 *Eisenhuth* JURA 2004, 81 (84).
37 Schönke/Schröder/*Stree/Kinzig* StGB § 46 Rn. 16.
38 Schönke/Schröder/*Stree/Kinzig* StGB § 46 Rn. 17.
39 BGH NJW 1996, 3089; BGH, Beschl. v. 20.6.2017 – 4 StR 575/16 = BeckRS 2017, 117698.

durch den Betrug geschädigten Betriebs.[40] Soweit es sich um Auswirkungen auf Dritte handelt, dürfen aber Folgen, die nicht vom **Schutzbereich der Norm** mitumfasst sind, nicht berücksichtigt werden. Legitim wäre es daher bei einem Tötungsdelikt zu berücksichtigen, dass der Täter den noch kleinen Kindern die Mutter genommen hat.[41] Nicht straferschwerend darf dagegen gewertet werden, dass die angeklagten Asylbewerber durch ihre Straftaten (hier: Bandendiebstahl) dazu beigetragen haben, die Gruppe der Asylbewerber in der Öffentlichkeit zu diskreditieren.[42] Dieser Punkt kann aber möglicherweise dann berücksichtigt werden, wenn es um die Verteidigung der Rechtsordnung geht (etwa bei der Frage nach einer Strafaussetzung oder der Zulässigkeit einer kurzen Freiheitsstrafe).

56   **(5) Vorleben des Täters, seine persönlichen und wirtschaftlichen Verhältnisse.** Das Vorleben des Täters interessiert dahingehend, ob **einschlägige Vorstrafen** vorhanden sind und wie lange diese zurückliegen. Getilgte oder tilgungsreife Vorstrafen dürfen nach § 51 BZRG nicht verwertet werden. Handelt der Täter erstmalig, wirkt sich dies strafmildernd aus; ist er jedoch ein Wiederholungstäter oder gar Bewährungsversager, kommt eine Strafschärfung in Betracht. Eine Ausländereigenschaft als solche darf schon wegen Art. 3 III GG nicht berücksichtigt werden. Zu den persönlichen Verhältnissen gehört auch das Alter eines Täters. Hohes Alter und Krankheit (bspw. HIV oder Krebs) können regelmäßig strafmildernd berücksichtigt werden, weil die Belastungen für den Angeklagten, dem aufgrund dieser Umstände möglicherweise eine kürzere Zeit in Freiheit verbleibt, höher sind. Besteht ein innerer Zusammenhang zwischen der Tat und der wirtschaftlichen Situation des Angeklagten, können auch die wirtschaftlichen Verhältnisse zum Anlass einer Strafmilderung herangezogen werden. Dies ist dann der Fall, wenn der Täter die Tat in einer ihn finanziell bedrückenden Lage beging und diese als „Ausweg" sah.

57   **(6) Verhalten nach der Tat.** Wegen des Grundsatzes der Selbstbelastungsfreiheit darf dem Täter der Versuch, sich der Strafverfolgung zu entziehen, ebenso wie ein zulässiges Verteidigungsverhalten nicht angelastet werden. Dies beinhaltet auch unwahre Notwehrbehauptungen, soweit die Grenze einer (darüber hinausgehenden) Verleum-

---

40 *Schäfer/Sander/van Gemmeren* Strafzumessung Rn. 594 ff. m. weit. Beispielen.
41 *Fischer* StGB § 46 Rn. 34c.
42 BGHR StGB § 46 Abs. 2 Tatauswirkungen 6.

dung nicht überschritten wird. Unzulässig wäre es ferner, ein fehlendes Geständnis strafschärfend zu berücksichtigen („nemo-tenetur"-Grundsatz). Ein abgegebenes Geständnis wirkt sich hingegen strafmildernd aus.

Auch nach Beendigung der Tat, kann der Täter das Schuldmaß erheblich beeinflussen, wenn nicht sogar ganz in Straffreiheit gelangen. Dies ist insbesondere auf zwei Wegen möglich: Zum einen durch einen **Täter-Opfer-Ausgleich** bzw. eine **Schadenswiedergutmachung** (vgl. auch § 46a StGB), zum anderen durch die **Hilfe zur Aufklärung oder Verhinderung schwerer Straftaten** (vgl. auch § 46b StGB), → § 12 Rn. 1 ff. Auch tätige Reue (zB in § 306e I, § 314a, § 320 StGB) kann Strafmilderung oder -aufhebung bewirken. **58**

b) Unbenannte strafzumessungsrelevante Umstände. Außer den bereits dargestellten kommen weitere, nicht im Gesetz benannte, jedoch von der hM anerkannte strafzumessungsrelevante Umstände in Betracht. Wichtig (wenn auch keinesfalls abschließend aufgezählt) sind dabei die Folgenden: **59**

(1) Unzulässige staatliche Tatprovokation durch Lockspitzel. Vor allem im Bereich der Rauschgiftkriminalität werden sog Lockspitzel (agent provocateur) eingesetzt, die zur Aufdeckung von Straftaten beitragen sollen.[43] Der Lockspitzel ist eine Vertrauensperson (und nur selten ein verdeckter Ermittler der Polizei, vgl. § 110a StPO), die einen anderen zur Begehung einer Straftat provoziert, um ihn dann dieser Tat zu überführen. Der BGH befindet einen Lockspitzeleinsatz als zulässig, wenn die vom Rechtsstaatsprinzip gesetzten Grenzen beachtet werden, insbesondere kein Unverdächtiger nachhaltig zur Tat gedrängt wird und der Verdächtige im Verfahren auch sonst nicht zum bloßen Objekt des Handelns der Strafverfolgungsbehörden gestempelt wird.[44] Besonders in der Betäubungsmittelkriminalität wird davon häufig Gebrauch gemacht. **60**

Nach bestimmten Kriterien wird beurteilt, ob ein zulässiger Lockspitzeleinsatz vorliegt: Welcher Form war die Grundlage und das Ausmaß des gegen den Provozierten bestehenden Verdachts? Welcher Art und Intensität war die Einflussnahme durch den Lockspitzel? Waren eine Tatbereitschaft und eine eigene, also nicht fremd-gesteuerte Aktivität des Provozierten vorhanden? Werden diese Fragen zum Nachteil des Tatverdächtigen beantwortet und beschränkt sich **61**

---

43 Ausführlich hierzu *Bruns* NStZ 1983, 49 ff.; *Herzog* NStZ 1985, 153 ff.
44 *Rönnau* JuS 2015, 19 (21).

der Lockspitzeleinsatz nur darauf, den Tatentschluss eines bereits
verdächtigen Täters zu konkretisieren und diesen dann in der Folge
in flagranti zu überführen, stehen einem solchen tatprovozierenden
Verhalten keine Bedenken entgegen.[45] Dies wird (unter Voraussetzung eines bestehenden Anfangsverdachts) durch die gesetzliche
Wertung in § 110a I Nr. 1 StPO untermauert.

62   Gleicht der Einsatz eines Lockspitzels einem Überreden zur Deliktsbegehung und wird der Täter, der zuvor nicht durch ähnlich ge-
lagerte Taten aufgefallen ist, in die konkrete Tat erst durch diesen hi-
neinmanövriert, ist (zumindest) eine Strafmilderung unabdingbar:
Die Rspr. hat hier (mit Billigung des BVerfG bis in die jüngste Zeit
hinein)[46] regelmäßig eine Strafzumessungslösung gewählt und eine
schuldunabhängige Strafmilderung zugebilligt, durch die die schuldangemessene Strafe vermindert wird, der Täter aber nicht von seiner
Strafe befreit wird. Insbesondere der zweite Strafsenat des BGH hat
in jüngerer Zeit auch eine Freistellung von Strafe in „außergewöhn-
lichen Einzelfällen" für möglich gehalten und sich so der Rspr. des
EGMR angenähert,[47] der im unzulässigen Lockspitzeleinsatz einen
Verstoß gegen den Grundsatz des fairen Verfahrens gem. Art. 6 I 1
EMRK sieht. Die konventionswidrige Tatprovokation und das Maß
der Kompensation müssen im Rahmen der Rechtsfolgen in den Urteilsgründen ausdrücklich festgestellt werden.[48]

63   Die Literatur zieht daraus teilweise die Konsequenz, die durch den
Lockspitzel gewonnenen Erkenntnisse seien bei massiven Eingriffen
des Ermittlers in das Tatgeschehen wegen möglicher Grundrechtsver-
letzungen beweisuntauglich. Eine andere Meinung hält den staatlichen Strafanspruch als gar nicht erst entstanden, weshalb eine Bestrafung von vornherein nicht erfolgen kann.

64   **(2) Rechtsstaatswidrige Verfahrensverzögerung.** Grundsätzlich
fließt die Dauer des Verfahrens in keinerlei Art und Weise in die
Strafzumessung ein. Art. 19 IV, Art. 20 III GG und Art. 2 I GG iVm
Art. 6 I EMRK geben aber einen Anspruch auf ein angemessen be-
schleunigtes Verfahren. Ein Verstoß gegen den Beschleunigungsgrundsatz liegt dann vor, wenn nach den Umständen des Einzelfalls
die Gesamtdauer des Verfahrens, dh der Zeitraum zwischen der Be-

---

45 Schönke/Schröder/*Heine/Weißer* StGB § 26 Rn. 21; *Lüderssen* JURA 1985, 113 ff.
46 Vgl. auch in jüngerer Zeit insb. BVerfG NJW 2015, 1083 mAnm *Jahn* JuS 2015, 659.
47 BGH NStZ 2015, 412.
48 Zusammenfassend zu den Entwicklungen in der Rspr. der unterschiedlichen Gerichte
in jüngerer Zeit *Jahn/Kudlich* JR 2016, 54.

kanntgabe des Verfahrens und des rechtskräftigen Abschlusses, nicht mehr angemessen ist und die Verfahrensverzögerung auch von den Strafverfolgungsbehörden ausgeht. Kommt es daher zu einem zeitlich ungewöhnlich großen Auseinanderklaffen von Tat und Urteil, ist dies im Hinblick auf die dadurch entstehende Belastung für den Angeklagten in der Regel strafmildernd zu berücksichtigen.[49] Dies gilt vor allem dann, wenn der Täter seither in die Legalität zurückgefunden, ein sozialgerechtes Verhalten an den Tag gelegt hat und eine dem Maß der Vorwerfbarkeit entsprechende Strafe eine Entsozialisierung des Täters mit sich brächte.

Eine überlange Verfahrensdauer erfordert einen unvertretbar lan- 65
gen Zeitraum. Hier ist es schwer, einen solchen Zeitraum abstrakt zu beziffern, da dies sehr stark vom Einzelfall abhängig ist. Regelmäßig wird ein solcher aber jedenfalls ab ca. 7,5 Jahren vorliegen.

Der BGH hat hinsichtlich der Berücksichtigung der (rechtsstaats- 66
widrigen) Verfahrensverzögerung lange Jahre die sog **Strafzumessungslösung (oder Strafabschlagslösung)** vertreten. Danach war die Verfahrensverzögerung durch Strafmilderung auszugleichen, was entweder durch Herabsenkung des Strafmaßes oder aber durch Annahme eines minder schweren Falles oder Ablehnung eines besonders schweren Falles erfolgen konnte. Problematisch ist diese Lösung in Fällen der lebenslangen Freiheitsstrafe, bei der keine Strafzumessung stattfindet und die demzufolge nicht gemildert werden kann. Auch führt sie in Fällen zu Schwierigkeiten, in denen es durch Strafmilderung zu einer Unterschreitung der gesetzlichen Strafrahmenuntergrenze kommen würde.

In einer richtungsweisenden Entscheidung im Jahr 2008 hat sich der 67
BGH deshalb zur **Vollstreckungslösung** bekannt.[50] Statt der bisher gewährten Strafminderung soll in der Urteilsformel ausgesprochen werden, dass ein bezifferter Teil der Strafe als Entschädigung für die überlange Verfahrensdauer bereits als vollstreckt gilt. Damit findet der Rechtsgedanke des § 51 I 1 StGB Anwendung.[51] Diese Vollstreckungslösung gilt aber nur für **rechtsstaatswidrige Verfahrensverzögerungen.** Nach wie vor ist es aber möglich für eine überlange Verfahrensdauer, die nicht gleichzeitig rechtsstaatswidrig ist, einen moderaten Strafrabatt schon auf Ebene der Strafzumessung zu gewähren.

---

49 BVerfGE 63, 45 (69).
50 BGHSt 52, 124.
51 NK-StGB/*Kett-Straub* § 51 Rn. 48 ff.

68   **Beispiel zur Vollstreckungslösung:**[52] Im Fall einer besonders schweren
Brandstiftung nach § 306b II StGB hat zwischen dem Eingang der Anklage-
schrift am 5.10.2004 und dem Erlass des Eröffnungsbeschlusses am 24.5.2006
ein unvertretbar langer Zeitraum gelegen. Der Strafrahmen beträgt in Fällen
des § 306b II StGB Freiheitsstrafe nicht unter fünf Jahren (dh fünf bis 15 Jahre).
§ 306b StGB sieht jedoch keinen Sonderstrafrahmen für minder schwere Fälle
vor. Deshalb ist ein Ausgleich für diese rechtsstaatswidrige Verfahrensverzögerung innerhalb des gesetzlich eröffneten Strafrahmens jedenfalls nicht
möglich, wenn unter Berücksichtigung einer strafmildernden Verfahrensverzögerung eine Strafe von zB „nur" noch drei Jahren angemessen erscheinen
würde. Um dem zu begegnen, kann über die Vollstreckungslösung die Mindeststrafe in entsprechender Anwendung des § 51 I 1 StGB als angemessene
Strafe ausgesprochen und zugleich festgestellt werden, dass bereits zwei Jahre
als vollstreckt gelten.

69   Im Unterschied zur Strafzumessungslösung wird bei der Vollstreckungslösung nur die noch tatsächlich zu verbüßende Strafe, nicht
aber der Rechtsfolgenausspruch an sich beeinflusst. Das ist von Bedeutung für die Bewährungsfähigkeit einer Freiheitsstrafe, weil die
Zwei-Jahres-Grenze des § 56 II StGB sich am Strafausspruch orientiert: Würde also nach der Strafzumessungslösung wegen einer
rechtsstaatswidrigen Verfahrensverzögerung statt auf zwei Jahre
sechs Monate nur auf eine Strafe von zwei Jahren erkannt, könnte
diese unter den im Gesetz genannten Voraussetzungen zur Bewährung ausgesetzt werden. Lautet nach der Vollstreckungslösung das
Urteil dagegen auf zwei Jahre sechs Monate, von denen sechs Monate
bereits als vollstreckt gelten, ist keine Bewährung möglich. Dass dieser Umstand – je nach Sichtweise – unterschiedlich als Gewinn oder
Problem der Vollstreckungslösung bewertet wird (und gerade von
Verteidigern bedauert wird), liegt auf der Hand. Den Kritikern dieser
Konsequenz ist zuzugeben, dass auch nach der Strafzumessungslösung ja kein Automatismus der Aussetzung zur Bewährung gedroht
hat, wenn diese Tat und Täter nicht angemessen erschienen sind.

70   **Hinweis:** Genau umgekehrt stellt sich die Situation für die Frage der Zwei-
Drittel-Reststrafenaussetzung (vgl. § 57 I StGB) dar: Würde der Angeklagte
aufgrund einer rechtsstaatswidrigen Verfahrensverzögerung statt zu zwei Jahren und sechs Monaten nur noch zu zwei Jahren (ohne Bewährung) verurteilt,
so käme der Zwei-Drittel-Zeitpunkt nach 16 Monaten Strafverbüßung. Wird
er dagegen zu zwei Jahren und sechs Monaten verurteilt, von denen sechs Monate schon als verbüßt gelten, so käme der Zwei-Drittel-Zeitpunkt nach

---

52 Vgl. auch BGHSt 52, 124.

20 Monaten; da davon aber schon sechs Monate als vollstreckt gelten, erfolgt er hier bereits 14 Monate nach Strafantritt.

3. Das Doppelverwertungsverbot des § 46 III StGB

Die Vorschrift des § 46 III StGB enthält ein allgemeines Verbot der 71
Doppelverwertung (auf § 50 StGB, der ein spezielles Doppelverwertungsverbot für Strafmilderungen regelt, wurde schon hingewiesen → Rn. 38). Die Vorschrift besagt, dass *Umstände, die schon Merkmale des gesetzlichen Tatbestandes sind*", nicht für die konkrete Strafzumessungsentscheidung erneut berücksichtigt werden dürfen. Diese Merkmale sind für die Bestimmung des Strafrahmens „verbraucht". Sie dürfen weder für eine Reduzierung noch für eine Erhöhung der konkreten Strafe herangezogen werden. Grund dafür ist, dass sich der Gesetzgeber bei der Aufstellung des abstrakten Strafrahmens bereits von diesen Umständen hat leiten lassen und sie auf der ganzen Breite dieses Rahmens berücksichtigt hat. Kurz und bündig ausgedrückt könnte man sagen: Die Tatbestandserfüllung ist kein straferhöhender Umstand. Da das StGB – naturgemäß – wesentlich mehr Merkmale kennt, welche die Strafbarkeit begründen, als solche, die zu einer Strafmilderung führen, wirkt sich das Doppelverwertungsverbot des § 46 III StGB dabei in der Praxis überwiegend zugunsten des Verurteilten aus.

Das Doppelverwertungsverbot des § 46 III StGB erstreckt sich da- 72
bei **nicht nur auf Tatbestandsmerkmale, sondern auch auf Merkmale, die einen Sonderstrafrahmen nach sich ziehen,** etwa verminderte Schuldfähigkeit (§ 21 StGB) und Versuch (§ 23 II StGB) sowie auch auf Merkmale von Regelbeispielen und auch auf die sonstigen Umstände, die etwa der Bestimmung des Strafrahmens zugrunde liegen. Auch das Fehlen eines Strafmilderungsgrundes ist kein Umstand, der im Rahmen der Strafzumessung berücksichtigt werden darf. Das wäre so ähnlich, wie wenn man das Fehlen eines Geständnisses oder die Tatsache, dass ein Täter *keine* schwere Kindheit hatte, strafschärfend berücksichtigen würde. Der Verstoß gegen das Doppelverwertungsverbot liegt nun darin begründet, dass ein **Umstand, der schon zum normalen Erscheinungsbild einer Tat** gehört oder der ein mit der Tat typischerweise einhergehender Begleitfaktor ist, ein weiteres Mal berücksichtigt wird.

Allerdings muss genau darauf geachtet werden, ob eine bestimmte 73
Modalität der Tatausführung im konkreten Fall nicht doch hinreichendes Gewicht und hinreichende Unterscheidungskraft zu anderen

Spielarten der Tatbestandsvollendung hat. Ist dies der Fall so kann sie eben doch strafschärfend oder strafmildernd bei der Zumessung der Strafe ins Gewicht fallen und es würde kein Verstoß gegen das Doppelverwertungsverbot vorliegen. Zu fragen ist also, ob die **Umstände** (insbesondere solche der Art und Weise der Tatausführung) hinsichtlich ihrer Qualität und Quantität eine **Steigerung zu den „normalen" Vorgaben** des jeweiligen Tatbestandsmerkmals darstellen. In diesem Falle stünde das Doppelverwertungsverbot ihrer Berücksichtigung im Rahmen der Strafzumessung nicht entgegen. Die Berücksichtigung solcher Umstände ist sogar dringend notwendig, denn nur dann ist eine individuell schuldangemessene Strafe gewährleistet. So spielt selbstverständlich auch das Maß der Sorgfaltswidrigkeit bei einer Fahrlässigkeitstat im Rahmen der Strafzumessung ebenso eine große Rolle wie die Frage, wie nah eine Versuchstat an der Vollendung war.

74   Umgekehrt wäre aber das Fehlen solcher über das normale Tatbild hinausgehender Umstände kein Strafmilderungsgrund! Als Faustregel gilt also, dass ausgehend vom **Regeltatbild** des jeweiligen Tatbestandes argumentiert werden sollte (auch wenn der BGH diese Figur letztlich ablehnt).[53]

75   **Beispiele:** Ein Verstoß gegen § 46 III StGB besteht, wenn bei der Verurteilung nach § 224 I Nr. 2 StGB der Umstand, dass der Täter ein Messer benutzte, oder wenn im Fall der gemeinschaftlichen Begehung nach § 224 I Nr. 4 StGB das Zusammenwirken mehrerer Täter strafschärfend berücksichtigt wird.[54]

76   Kein Verstoß gegen § 46 III StGB ist es aber, wenn bei einer Verurteilung nach § 250 I Nr. 1a StGB strafschärfend berücksichtigt wird, dass der Täter eine scharfe Handgranate und damit ein **besonders** gefährliches Tatmittel bei sich geführt hat oder wenn bei einer Verurteilung wegen Körperverletzung die Schwere der zugefügten Verletzungen in die Strafzumessung einfließt.

77   Ein Verstoß gegen § 46 III StGB ist gegeben, wenn beim Diebstahl, § 242 StGB, die Missachtung fremden Eigentums strafschärfend berücksichtigt wird.

78   Ebenso wird ein Verstoß gegen § 46 III StGB angenommen, wenn dem Täter eine konsequente Durchhaltung des Tatplans vorgeworfen wird, soweit damit im Ergebnis die fehlende Rücktritt strafschärfend bewertet wird. Man kann also keinem Straftäter strafverschärfend vorwerfen, dass er die Tat auch nicht hätte begehen können, von ihr nicht strafbefreiend zurückgetreten ist[55]

---

53 Vgl. BGHSt 37, 153 zur Frage des Samenergusses bei einer Vergewaltigung als Strafschärfungsgrund; BGHSt 34, 345.
54 BGH NStZ 2017, 277 mAnm *Kett-Straub*.
55 BGH NStZ 2015, 517; NStZ-RR 2012, 169.

oder etwa im Fall eines Totschlages den Eintritt des Todes nicht zu verhindern versucht hat.[56]

Ein Verstoß gegen § 46 III StGB ist auch gegeben, wenn bei einer Verurtei-   79
lung wegen Totschlags strafschärfend berücksichtigt wird, dass der Täter mit direktem Vorsatz gehandelt hat. Zwar ist der Tatbestand bereits mit dem Vorliegen von Eventualvorsatz eröffnet, dennoch ist der Regelfall aber die Tötung mit direktem Vorsatz.[57]

Ebenso entspricht es dem Regeltatbild eines schweren Raubes mit Waffen   80
gem. § 250 I StGB, dass dem Opfer durch das Vorhalten der Waffe Angst eingeflößt wird. Dieser Umstand darf nicht strafschärfend berücksichtigt werden.

V. Konkrete Strafe (3. Schritt)

Nach Abschluss einer Abwägung aller strafzumessungsrelevanten   81
Gesichtspunkte folgt die Festsetzung einer konkreten Strafe. Maßgeblich sind in diesem Schritt vor allem **präventive Gesichtspunkte.**

Es geht nunmehr also um die Frage nach der konkreten Strafart   82
(Freiheitsstrafe oder Geldstrafe), nach der konkreten Höhe der gewählten Strafart bzw. im Fall einer Freiheitstrafe um die Frage, ob diese zur Bewährung ausgesetzt werden kann. So ist etwa bei der Prüfung im Rahmen des § 56 II StGB, ob Bewährung gewährt werden kann, auf Tatsachen zurückzugreifen, die bereits bei der Strafrahmenwahl oder bei der Strafzumessung eine Rolle gespielt haben (zB Vorstrafen, Schadenswiedergutmachung, Lösung aus dem kriminellen Milieu, Stabilisierung der Lebensverhältnisse etc). Diese erneute Berücksichtigung der Umstände ist notwendig und insbesondere kein Verstoß gegen ein Doppelverwertungsverbot.[58]

1. Präventive Aspekte

– generalpräventive Aspekte sind dabei zB   83
    – die gemeinschaftsgefährliche Zunahme solcher Taten, wie sie zur Aburteilung steht
    – die begründete Gefahr der Nachahmung, welcher entgegengewirkt werden soll
– spezialpräventive Aspekte sind dabei zB
    – die (strafmildernde) Vermeidung der Entsozialisierung des Angeklagten

---

56 BGH NStZ-RR 2003, 41.
57 BGH NStZ 2008, 624.
58 BGH NStZ 1985, 261.

– das (strafschärfende) Ziel, auf einen Wiederholungstäter nachhaltig einzuwirken

2. Art der Strafe

84 – Geld- oder Freiheitsstrafe
– § 47 StGB: Freiheitsstrafe unter sechs Monaten nur in Ausnahmefällen

3. Höhe der Strafe

85 – Bei einer Geldstrafe ist zuerst die Anzahl der Tagessätze festzulegen und die Tagessatzhöhe nach dem Nettoprinzip zu bestimmen.
– Bei Freiheitsstrafe bis zu zwei Jahren ist immer zu prüfen, ob eine Strafaussetzung zur Bewährung in Betracht kommt.

Erneut spielt die **Sozialklausel** des § 46 I 2 StGB eine Rolle, wonach „die Wirkungen, die von der Strafe für das künftige Leben des Täters in der Gesellschaft zu erwarten sind, zu berücksichtigen" sind.

Empfehlungen zur vertiefenden Lektüre:
Rechtsprechung: BGH NStZ 2014, 41 (Strafbemessung bei minder schwerem Fall); BGH NStZ-RR 2016, 8 (Tötungsdelikte – Verstoß gegen das Doppelverwertungsverbot); BGHSt 49, 239 (Voraussetzungen einer Strafmilderung bei Gewalttaten unter Alkoholeinfluss); BGH NStZ-RR 2016, 107 (Verstoß gegen das Doppelverwertungsverbot als Rechtsfehler zu Gunsten des Angeklagten); BGH NJW 2017, 1491 (Fehlerhafte Strafzumessung aufgrund Asylbewerbereigenschaft); BGH NStZ 2017, 84 (Versagung der Strafrahmenverschiebung bei Trunkenheit); BGH NStZ-RR 2017, 147 (Strafzumessung – Verstoß gegen das Doppelverwertungsverbot); BGH StV 2017, 83 (Strafzumessung: Berücksichtigung berufsrechtlicher Folgen).
Literatur: *Brögelmann*, Methodik der Strafzumessung, JuS 2002, 903; *Eisenhuth*, Grundlagen der Strafzumessung, JURA 2004, 81; *Eisele*, Die Regelbeispielsmethode: Tatbestands- oder Strafzumessungslösung?, JA 2006, 309; *El-Ghazi*, Der Anwendungsbereich des Doppelverwertungsverbotes, JZ 2014, 180; *Gerhold*, Der unbenannte minder schwere Fall im Strafrecht und seine Bedeutung für die Strafzumessung, ZJS 2009, 260; *Jahn/Kudlich*, Rechtsstaatswidrige Tatprovokation als Verfahrenshindernis: Spaltprozesse in Strafsachen beim Bundesgerichtshof, JR 2016, 54; *Kropp*, Grundsätze der Strafzumessung, JA 2000, 700; *Meier*, Licht ins Dunkel: Die richterliche Strafzumessung, JuS 2005, 769.

§ 10. Die Strafzumessung bei Tateinheit und Tatmehrheit

Fall 1: A schießt (ohne Mordmerkmal) mit Tötungsabsicht auf O und trifft ihn auch, allerdings ohne bleibende Folgen für O. Aus welchem Strafrahmen ist A zu bestrafen? Wie wirkt es sich dabei aus, dass A sowohl einen versuchten Totschlag als auch eine vollendete Körperverletzung begangen hat? → Rn. 32
Fall 2: A hat am 1.1. einen Diebstahl und am 1.3. eine Körperverletzung begangen. Am 1.9. wird er wegen der Körperverletzung zu einer Geldstrafe von 180 Tagessätzen verurteilt. Noch bevor die Strafe bezahlt worden ist, wird A am 1.10. vor einem anderen Gericht wegen des Diebstahls verurteilt. Der Richter hält eine Geldstrafe von 120 Tagessätzen für angemessen. Was hat er zu beachten? → Rn. 46 f.

I. Problemstellung

Stehen mehrere Taten zur Aburteilung, so ist für die Strafzumessung eine wesentliche Vorentscheidung, in welchem Konkurrenzverhältnis diese Taten zueinanderstehen. Die Konkurrenzen bilden somit die Schnittstelle zwischen der (aus dem Pflichtbereich der universitären Ausbildung bekannten) Lehre von der Straftat und der Strafzumessung.[1] Umfassender wird die Konkurrenzlehre in den Lehrbüchern des Allgemeinen Teils des Strafrechts dargestellt.[2] Dennoch sollen hier für einen raschen Einstieg in die Thematik einige wesentliche Grundsätze der Konkurrenzlehre noch einmal zusammengefasst werden. Die Scheu vieler Studenten vor dieser Materie ist unbegründet. 1

Ausgangspunkt ist dabei folgende Überlegung: Würde man beim Zusammentreffen mehrerer Gesetzesverletzungen eine schlichte Addition der in Betracht kommenden Strafen vornehmen, würde dies das Maß der Schuld übersteigen. Grundsätzlich richtet sich bei mehreren Gesetzesverletzungen die Strafzumessung daher nach den §§ 52, 53 f. StGB (Tateinheit und Tatmehrheit). 2

---

1 *Wessels/Beulke/Satzger* StrafR AT Rn. 751.
2 Übersichtlich hierzu auch *Rückert* JA 2014, 826 ff.; *Steinberg/Bergmann* JURA 2009, 905 ff.; in der Klausurpraxis *Seher* JuS 2007, 132 ff.

Im Fall von tatmehrheitlich vorliegenden Gesetzesverletzungen
(*Beispiel:* Täter T begeht einen Raub und unabhängig davon Tage
später eine Körperverletzung) geht man von einer größeren Schuld
des Täters aus als bei der Verwirklichung von mehreren Deliktstatbe-
ständen, die in Tateinheit zueinanderstehen (*Beispiel:* Täter T begeht
im Rahmen seines Raubes durch die Gewaltanwendung eine Körperverletzung).

3   – Bei der Tateinheit wird daher gem. § 52 StGB auf eine Strafe er-
      kannt, die sich nach dem Gesetz bestimmt, welches die schwerste
      Strafe androht; für die übrigen Tatbestände gibt es keine eigene
      Strafe (sie werden gleichsam „absorbiert", **Absorptionsprinzip**),
      sondern sie werden nur auf den Stufen 2 bzw. 3 des Strafzumes-
      sungsvorganges berücksichtigt.
    – Bei der Tatmehrheit hingegen werden zunächst für alle Taten (hy-
      pothetische) Einzelstrafen gebildet. Sodann wird gem. §§ 53, 54
      StGB eine Gesamtstrafe durch die Erhöhung der schwersten Strafe
      gebildet, wobei die Summe der einzelnen Strafen nicht erreicht
      werden darf (**Asperationsprinzip**). Letztlich handelt es sich also
      um eine stark modifizierte Addition der Einzelstrafen.

Der Gesetzgeber privilegiert so in gewisser Weise Mehrfachtäter;
die Frage nach dem Warum ist daher kurz zu stellen. Bei **Tateinheit**
ist dies leichter zu beantworten, denn erfüllt eine Handlung eines Täters mehrere Tatbestände, so wiegt das von ihm erfüllte Unrecht prinzipiell weniger als wenn er mehrere Handlungen begangen hätte.

4   Etwas schwieriger wird die Begründung bei **Tatmehrheit,** wenn
also vor Gericht mehrere Taten eines Täters abgeurteilt werden, die
in keinem Zusammenhang zueinanderstehen und er dennoch letztlich
eine etwas mildere Strafe bekommt als derjenige Täter, bei dem solche
Taten nacheinander abgeurteilt werden (auf die Möglichkeit der nachträglichen Bildung einer Gesamtstrafe sei hier schon verwiesen). Der
(kleine) Strafrabatt im Rahmen der Gesamtstrafe erklärt sich durch
die **progressive Strafwirkung:** Je länger etwa eine Freiheitsstrafe
dauert, desto belastender wird sie für den Verurteilten.[3] Bei mehreren
Taten wäre es also erlaubt, hinzukommende Taten etwas milder zu
bestrafen. An dieser These mag man durchaus Zweifel hegen; denn
die Strafwirkung ist etwas sehr Individuelles. Schließlich könnte man
auch argumentieren, dass mit längerer Strafdauer Gewöhnungseffekte

---

3 *Streng* Sanktionen Rn. 670.

einhergehen und die Strafe als weniger belastend als in der Anfangs-
zeit empfunden wird.

Der Milderungseffekt einer Gesamtstrafe steht im Übrigen im Wi- 5
derspruch zu dem Strafzumessungsumstand, dass Rückfälle strafverschärfend zu bewerten sind. Dieser Strafzumessungsfaktor wird aber
im Rahmen einer Gesamtschau der Taten bei einer weiteren Abwägung noch berücksichtigt (→ Rn. 44); außerdem wirkt der Rückfall
weniger schwer, wenn ihm nicht bereits eine staatliche Reaktion auf
die erste Straftat vorausgegangen ist.

II. Konkurrenzlehre

1. Prüfungsreihenfolge

Folgende Überlegungen sind anzustellen, wenn festgestellt worden 6
ist, dass der Täter durch eine oder mehrere Handlungen verschiedene
Straftatbestände oder denselben Straftatbestand mehrmals verwirklicht hat:

1. Schritt: Liegen eine oder mehrere Handlungen vor? Kommt 7
man zu dem Ergebnis einer **Handlungseinheit,** ist das die Voraussetzung dafür, bei Schritt 3 Tateinheit annehmen zu können. Zuvor
müssen aber eventuell noch Tatbestände im Wege der unechten Gesetzeskonkurrenz (auch unechte Tateinheit genannt) ausgeschieden
werden (s. Schritt 2). Kommt man dagegen zu dem Zwischenergeb-
nis, dass mehrere Handlungen vorliegen **(Handlungsmehrheit),**
dann führt dieses Ergebnis letztlich zu Tatmehrheit, sofern nach Beachtung des Schritts 2 noch mehrere Gesetzesverletzungen übrigblei-
ben. Man darf also nicht den Fehler machen, Handlungseinheit und
Tateinheit bzw. Handlungsmehrheit und Tatmehrheit als Synonyme
zu betrachten. **Richtig ist vielmehr die Aussage, dass Handlungseinheit Tateinheit (Idealkonkurrenz) und Handlungsmehrheit
Tatmehrheit (Realkonkurrenz) begründen können.**

2. Schritt: Welche Delikte treten schon im Wege der (unechten) 8
Gesetzeskonkurrenz zurück? Diese Gesetzesverletzungen bleiben
im Schuldspruch unberücksichtigt, denn ihre Schuld geht völlig in
anderen Straftatbeständen auf und bedarf keiner gesonderten Ahndung.

3. Schritt: Erst an dieser Stelle beschäftigt man sich mit der „ech- 9
ten" Konkurrenz. Von „echt" spricht man deshalb, weil diese Geset-

zesverletzungen nun tatsächlich miteinander konkurrieren. Sie sind nebeneinander ahndbar. Jetzt muss man sich mit der Frage beschäftigen, wie sich ggf. bestehen gebliebene echte Konkurrenzen als Tateinheit bzw. als Tatmehrheit auswirken. Dies macht hinsichtlich der tatsächlich zu verhängenden Strafe einen großen Unterschied aus.

2. Handlungseinheit

10   **a) Fälle der Handlungseinheit. (1) Eine Handlung im natürlichen Sinn.** Eine Handlung im natürlichen Sinn ist der einfachste Fall der Handlungseinheit: Sie liegt vor, wenn sich **ein Handlungsentschluss des Täters in einer einzigen Willensbetätigung verwirklicht,** aber dadurch sogleich mehrere Straftatbestände erfüllt werden. Auch die Höchstpersönlichkeit der verletzten Rechtsgüter kann in diesem Fall nichts am Vorliegen von Handlungseinheit ändern.[4]

11   **Beispiel:** Täter T wirft eine Bombe und tötet so mehrere Menschen. Durch eine Handlung (Wurf der Bombe) hat T mehrmals den Tatbestand des §§ 212, 211 StGB erfüllt (daneben sind noch weitere Tatbestände wie bspw. § 308 III StGB – Herbeiführen einer Sprengstoffexplosion – erfüllt). Da folglich Handlungseinheit anzunehmen ist, stehen die Taten letztlich in Tateinheit (3. Schritt) zueinander.

12   **(2) Eine Handlung im rechtlichen Sinn.** Daneben können aber auch **mehrere Willensbetätigungen** des Täters zu **einer** Handlung im rechtlichen (oder juristischen) Sinne verbunden werden. Es liegt dann im Rechtssinne eine Handlung vor, die erneut die Grundlage dafür bildet, dass letztlich Tateinheit angenommen werden kann. Dies nimmt man in folgenden Varianten an (wobei die Übergänge fließend sind):[5]

13   **(a) Natürliche Handlungseinheit.** Der Begriff der natürlichen Handlungseinheit ist etwas irreführend. Es liegt keine Handlung im natürlichen Sinne vor (also nicht *ein* Handlungsentschluss, der zu *einer* Willensbetätigung und somit zu *einer* Handlung geführt hat), sondern mehrere solcher Handlungen. Diese stehen aber in engem räumlich-zeitlichen Zusammenhang zueinander und beruhen auf einer einheitlichen Motivlage,[6] so dass trotz mehrerer natürlicher Handlungen Handlungseinheit angenommen werden kann. Bloße Gleichzei-

---

4 Aktuell hierzu BGH NStZ-RR 2016, 274 f.
5 *Wessels/Beulke/Satzger* StrafR AT Rn. 759.
6 *Kindhäuser* StrafR AT § 45 Rn. 6.

tigkeit alleine wäre nicht ausreichend, sondern wichtig ist die erwähnte gewisse Einheitlichkeit im rechtlichen Sinn (zB ein Tatplan).

Merke – Grundprinzip der natürlichen Handlungseinheit: Bei natürli-   14
cher Betrachtungsweise erscheint ein Geschehen als einheitliches zusammen-
gehöriges Tun (aus der Sicht eines Beobachters).[7]

Beispiele für natürliche Handlungseinheit:
– Weil seine Fußballmannschaft verloren hat, bricht Täter T in blinder Zer-   15
störungswut auf seinem Heimweg bei mehreren Autos nacheinander die
Autospiegel ab.[8]
– Täter T bricht in einer Nacht nacheinander auf einem Parkplatz mehrere
Autos auf, um Navigationsgeräte zu stehlen.[9]

Es handelt sich jeweils nicht um klassische iterative Begehungswei-   16
sen einer Tat, da verschiedene Rechtsgutsträger betroffen sind. Es
sind jeweils mehrere Sachbeschädigungen bzw. Diebstähle erfüllt.
Da gleichwohl natürliche Handlungseinheit anzunehmen ist, stehen
die Delikte letztlich in Tateinheit (3. Schritt) zueinander.

Es gilt aber zu bedenken, dass man ein Geschehen (= mehrere na-   17
türliche Handlungen) dann nicht zu einer natürlichen Handlungseinheit zusammenziehen kann, wenn es um **höchstpersönliche Rechtsgüter** verschiedener Personen (zB Leib oder Leben) geht.[10] Erschießt
ein Täter aufgrund eines Willensentschlusses wahllos Menschen (also
mehrere Schüsse), kann demnach keine Handlungseinheit angenommen werden, obwohl auch hier von einem unmittelbaren räumlichen
und zeitlichen Zusammenhang auszugehen ist. Letztlich muss man
hier Handlungsmehrheit annehmen mit der Konsequenz, dass die einzelnen Tötungsdelikte zueinander in Tatmehrheit stehen (3. Schritt).
Nur ganz ausnahmsweise könnte man doch Handlungseinheit annehmen. Hierzu müsste man einen außergewöhnlich engen zeitlich-
räumlichen Zusammenhang haben *(Beispiel:* innerhalb von wenigen
Sekunden werden Schüsse mittels einer automatischen Waffe auf eine
Menschenmenge abgegeben).

Zudem müssen jeweils **Zäsuren** beachtet werden, die ein einheitli-   18
ches Geschehen doch wieder in mehrere Handlungen unterteilen. Die
Rspr. nimmt typischerweise in Straßenverkehrsfällen eine solche Zä-

---

7 BGHSt 43, 312 (315).
8 Ähnlich BGH NStZ-RR 2014, 246 im Fall des Aufbrechens mehrerer Kellerver-
  schläge.
9 BGH NStZ 1996, 493.
10 BGH NStZ 2012, 535 mAnm *Kudlich*.

sur bei Unfällen an; die Annahme einer natürlichen Handlungseinheit ist dann ausgeschlossen.

19　**Beispiel:** Täter T fährt mit seinem Wagen nach Hause und begeht trunkenheitsbedingt einen Unfall, bei dem ein Mensch stirbt. T hält nicht an, sondern setzt seine Fahrt fort.

Trunkenheit im Verkehr (§ 316 II StGB) wird vom schwereren Delikt der Gefährdung des Straßenverkehrs (§ 315c StGB) verdrängt. Die fahrlässige Tötung steht zu § 315c StGB in Tateinheit. Der Unfall schafft nun eine Zäsur. Die Unfallflucht (§ 142 StGB) und die erneute Trunkenheit im Verkehr stehen zu den vorigen Taten in Tatmehrheit.

20　Lange Zeit gab es zudem die Tendenz der Rspr., alle Delikte, die auf einer Flucht vor der Polizei begangen wurden (**„Polizeifluchtfälle"**), tateinheitlich zu verbinden. Hier ist man inzwischen etwas zurückhaltender. Doch nach wie vor soll es ein solcher Fluchtwille ermöglichen, auch sachlich relativ weit auseinanderliegende Delikte zu verbinden (Widerstand gegen Vollstreckungsbeamte mit einer Sachbeschädigung, unerlaubtes Entfernen vom Unfallort etc.).[11]

21　**(b) Tatbestandliche Handlungseinheit.** Die tatbestandliche Handlungseinheit ist dadurch gekennzeichnet, dass zwar mehrere Handlungen im natürlichen Sinn vorliegen, diese aber schon auf Tatbestandsebene zu einer rechtlich-sozialen Bewertungseinheit verbunden werden. Diese Fallgruppe ist also erneut kein Fall der Konkurrenzen, sondern wird schon vorher erledigt. Hauptanwendungsfall sind die **mehraktigen oder zusammengesetzten Delikte.** Ein klassisches zusammengesetztes Delikt ist bspw. der Raub gem. § 249 StGB, der sich aus einer Nötigungs- und einer Wegnahmehandlung zusammensetzt. Als ein weiteres mehraktiges Delikt kann § 146 I Nr. 3 StGB genannt werden (Akte: Verschaffen und In-Verkehr-Bringen des Falschgeldes). Auch **Dauerdelikte** wie die Freiheitsberaubung gem. § 239 StGB begründen tatbestandliche Handlungseinheit, denn man spaltet die verschiedenen Tätigkeitsakte wie etwa das Hineinlocken in einen Raum, das Absperren usw. nicht auf, sondern der Tatbestand verbindet dieses Verhalten zu einer Einheit.

22　Im Übrigen fasst man hierunter auch **iterative** und **sukzessive** Handlungen, die ebenfalls schon auf Tatbestandsebene zu einer Handlung zusammengefasst werden. Dies macht man quasi automatisch, ohne dass dies in einer Klausur erklärt werden muss oder es gar zu einem Konkurrenzproblem wird.

---

11 BGHSt 22, 67; BGH NZV 2001, 265.

Überblick zu iterativen bzw. sukzessiven Handlungen. Wiederholt etwa   23
ein Täter seine Handlung innerhalb eines engen räumlichen und zeitlichen Zusammenhangs, spricht man von einer **iterativen Tatbegehung.** Verpasst ein
Täter seinem Opfer eine „Tracht Prügel", stellt jeder Schlag strenggenommen
eine neue Handlung dar, die auf einer neuen Willensbetätigung beruht. Man
würde aber hier nicht mehrere Körperverletzungen prüfen (es sei denn es handelt sich um verschiedene Opfer!). Vielmehr geht man von vornherein nur
von *einer* Körperverletzung aus. Vergleichbares gilt, wenn ein Täter im Rahmen eines Einbruchsdiebstahls mehrere Dinge stiehlt. Dies wird nur als *ein*
Diebstahl gewertet. Insgeheim beschäftigt man sich also mit Konkurrenzfra-
gen auch schon auf der Ebene des Tatbestandes.

Ähnliches gilt für den Fall einer **sukzessiven** (schrittweisen) **Tatbegehung,**   24
bei welcher ein Täter mehrere Anläufe braucht, um seine Tat letztlich zu ver-
wirklichen. Will der Täter sein Opfer erschießen und schießt erst mehrmals
daneben, bis er es letztlich trifft, geht man dennoch nur von einer Handlung
aus und kommt folglich nur zu einer (vollendeten) Tat des § 212 StGB. Man
kommt von vornherein nicht auf die Idee, die verschiedenen Handlungsteile
unnatürlich aufzusplitten und bspw. mehrere Versuche vorab zu prüfen.

Fälle der iterativen bzw. sukzessiven Tatbegehung werden teilweise auch   25
der Fallgruppe „natürliche Handlungseinheit" unterstellt.[12] Dies macht aber
im Ergebnis keinen Unterschied.

Im Übrigen sei darauf verwiesen, dass nach der Rspr. des BGH bei Tat-   26
handlungen, die sich gegen höchstpersönliche Rechtsgüter **verschiedener** Personen richten, keine solche additive Betrachtungsweise vorgenommen werden
darf.

(c) Klammerwirkung. Verschiedene an sich selbstständige Strafta-   27
ten können zudem durch die **Klammerwirkung** eines weiteren Straf-
tatbestandes zu einer rechtlichen Handlungseinheit zusammengefasst
werden, die erneut die Grundlage dafür bildet, dass diese Straftaten
letztlich in Tateinheit zueinander stehen. Hierzu muss sich der Tatbestand des Klammerdeliktes jeweils mit den zu verklammernden Delikten überschneiden (Tateinheit) und muss zudem wenigstens so
schwer wiegen, wie mindestens eines der zu verklammernden Delikte.[13] Diesen Unrechtsgehalt muss ein Strafrichter in der Praxis konkret feststellen, in der Klausur erschließt man sich dies aus einem Vergleich der Strafrahmen.

Beispiel: Ein Verstoß gegen das Waffengesetz verklammert die Tatbestände   28
Nötigung und Totschlag, die der Täter völlig unabhängig voneinander begangen hat. Dagegen wäre eine Verklammerung zweier Morde, die an verschiedenen Tagen mit der unerlaubt besessenen Waffe begangen worden sind, nicht
möglich.

---

12 *Kindhäuser* StrafR AT § 45 Rn. 11; *Rückert* JA 2014, 826 (828).
13 BGHSt 31, 29; BGH NStZ 2014, 272 mAnm *Becker.*

29   **(d) Fortgesetzte Handlung.** Die Rechtsfigur der sog fortgesetzten Tat war von der Rspr. vor allem aus prozessökonomischen Gesichtspunkten (Beweiserleichterung) geschaffen worden. Voraussetzung für die Annahme einer fortgesetzten Tat war, dass sich verschiedene selbstständige Straftaten gegen dasselbe Rechtsgut richten, diese in ihrer Begehungsweise gleichartig sind, sie in einem räumlichen und zeitlichen Zusammenhang stehen, aber vor allem auf einem einheitlichen Vorsatz (sog Gesamt- oder Fortsetzungsvorsatz) beruhen. So konnte bspw. der über Jahre dauernde sexuelle Missbrauch eines Kindes als fortgesetzte Handlung behandelt werden, wenn dem Geschehen ein Gesamtvorsatz zugrunde lag. Mit der Entscheidung des Großen Senats im Jahr 1994 wurde diese Rechtsfigur aber weitgehend aufgegeben.[14]

30   **b) Gesetzeskonkurrenz bei Handlungseinheit.** Ist man zum Ergebnis gekommen, dass mehrere verwirklichte Tatbestände handlungseinheitlich begangen worden sind, werden in einem nächsten Schritt nun solche Straftatbestände ausgesondert, die keinen eigenen Unrechtsgehalt entfalten. Unterschieden wird hierbei zwischen Spezialität, Subsidiarität und Konsumtion.

31   **(1) Spezialität.** Von Spezialität spricht man, wenn ein Deliktstatbestand begriffsnotwendig alle Merkmale eines anderen und darüber hinaus ein weiteres Merkmal enthält. Bei der Spezialität geht dieses speziellere Gesetz (lex specialis), welches den von dem anderen Gesetz allgemein erfassten Sachverhalt besonders regelt, dem allgemeineren Gesetz (lex generalis) vor, so etwa im Verhältnis Grundtatbestand zu Qualifikation/Privilegierung. Ebenso stehen Abwandlungen eigenständiger Art im Verhältnis der Spezialität zu ihrem Ausgangstatbestand, wie dies beim Raub (§ 249 StGB) im Verhältnis zu Nötigung (§ 240 StGB) und Diebstahl (§ 242 StGB) der Fall ist.

32   **(2) Subsidiarität.** Dagegen bedeutet Subsidiarität, dass das Gesetz ausdrücklich (formelle oder gesetzliche Subsidiarität) oder sonst erkennbar (materielle Subsidiarität) nur für den Fall Geltung beansprucht, dass kein anderes Gesetz eingreift. So ist die Unterschlagung (§ 246 I aE StGB) ein Beispiel für formelle Subsidiarität, da diese in der Vorschrift selbst angeordnet wird. Typische Fälle der materiellen Subsidiarität sind solche der Durchgangsdelikte. So tritt die Versuchsstrafbarkeit hinter der Vollendungsstrafbarkeit zurück, die Kör-

---

14 BGHSt 40, 138; vgl. hierzu auch *Wessels/Beulke/Satzger* StrafR AT Rn. 1080–1082.

perverletzung (§ 223 StGB) hinter dem vorsätzlichen Totschlag (§ 212 StGB).[15] Würde es sich allerdings um einen versuchten Totschlag im Verhältnis zur vollendeten Körperverletzung handeln, würde letztere einen eigenen Unrechtsgehalt entfalten und nicht zurücktreten,[16] da deutlich gemacht werden muss, dass es auch zu einem Erfolgsunrecht gekommen ist (Klarstellungsfunktion der Idealkonkurrenz).

(3) Konsumtion. Konsumtion liegt vor, wenn zwar keine Speziali-   33
tät gegeben ist, der Unrechtsgehalt einer Tat aber dennoch von einem anderen Deliktstatbestand mitumfasst wird. Dies ist vor allem in Konstellationen der Fall, in denen ein Tatbestand zwar nicht begriffsnotwendig in einem schweren Delikt enthalten ist, aber dies typischerweise der Fall ist. Die konsumierte Tat tritt dann hinter dem schwereren Gesetz zurück. Klassisches Beispiel ist das Verhältnis von Hausfriedensbruch (§ 123 StGB) und Sachbeschädigung (§ 303 StGB) zum Wohnungseinbruchsdiebstahl (§ 244 I Nr. 3 StGB). Nur wenn im Einzelfall ein untypisch hoher Sachschaden angerichtet wurde, würde § 303 StGB nicht von § 244 I Nr. 3 StGB konsumiert werden.[17]

3. Gesetzeskonkurrenz bei Handlungsmehrheit

Auch, wenn man bei der Prüfung im ersten Schritt zur Handlungs-   34
mehrheit gekommen ist, sind Fälle einer Gesetzeskonkurrenz möglich. Diese beruhen letztlich ebenfalls auf den erwähnten Subsidiaritäts- bzw. Konsumtionserwägungen und bilden die Fälle sog mitbestrafter Vortaten bzw. Nachtaten. Bei der mitbestraften **Vortat** wird selbige verdrängt, wenn ihr Unrechtsgehalt voll durch die Nachtat erfasst wird, so etwa bei der Verbrechensverabredung zur später durchgeführten Tat. Die **Nachtat** hingegen ist straflos, wenn sie sich in der Sicherung und Auswertung der durch die Vortat erlangten Positionen erschöpft (zB im Fall des Anschluss- oder Sicherungsbetruges). Des Weiteren sind auch noch zusätzliche Voraussetzungen/Grenzen zu beachten: So muss die Nachtat gegen denselben Rechtsträger und gegen dasselbe Rechtsgut gerichtet sein. Außerdem darf nicht nur kein selbstständiger Vermögensschaden herbeigeführt werden, sondern die Nachtat darf auch keine Rechtsgüter Dritter beeinträchtigen.[18]

---

15 *Rengier* StrafR AT § 56 Rn. 41.
16 BGHSt 44, 196.
17 BGH NJW 2002, 150 ff.; *Rengier* JuS 2002, 852.
18 BGH NStZ 2009, 38.

4. Die Folge von Handlungseinheit bzw. -mehrheit

35   Die Folge der Handlungseinheit ist, dass alle Delikte, die durch eine Handlung verwirklicht worden sind und nicht im Wege der Gesetzeskonkurrenz verdrängt wurden, zueinander in Tateinheit gemäß § 52 StGB stehen (**echte Idealkonkurrenz**). Man spricht von gleichartiger Idealkonkurrenz, wenn dieselbe Handlung ein Strafgesetz mehrmals verletzt und von ungleichartiger Idealkonkurrenz, wenn dieselbe Handlung mehrere Strafgesetze verletzt.

36   Die Annahme von Handlungsmehrheit führt dagegen dazu, dass alle Delikte, die durch mehrere Handlungen verwirklicht worden sind und nicht im Wege der unechten Gesetzeskonkurrenz verdrängt wurden, zueinander in Tatmehrheit gemäß § 53 StGB (**echte Realkonkurrenz**) stehen.

III. Strafzumessung bei Tateinheit

1. Absorptionsprinzip

37   Verletzt dieselbe Handlung mehrere Strafgesetze oder dasselbe Strafgesetz mehrmals, so wird nur auf **eine** Strafe erkannt (§ 52 I StGB).

38   Im Fall ungleichartiger Idealkonkurrenz gibt § 52 II 1 StGB außerdem das Absorptionsprinzip vor: *„Sind mehrere Strafgesetze verletzt, so wird die Strafe nach dem Gesetz bestimmt, dass die schwerste Strafe androht".* Es ist der im konkreten Fall anwendbare Strafrahmen ausschlaggebend; Sonderstrafrahmen und Strafrahmenmilderungen sind zu beachten. **Die schwerste Strafe** bestimmt sich zunächst nach dem Gesetz mit der schwersten angedrohten Strafart (Geld- bzw. Freiheitsstrafe). Ist die Strafart der in Frage kommenden Vorschriften gleich, so ist die Strafobergrenze maßgeblich. Nebenfolgen der Tat sind dann zu berücksichtigen, wenn die Strafrahmenobergrenze gleich ist. Indes kommt es auf die Höhe der Mindeststrafen an, wenn auch letzterer Vergleich ergebnislos geblieben ist.[19]

2. Sperrwirkung

39   Das mildere Gesetz wird aber nicht völlig „absorbiert", vielmehr bleibt es maßgeblich für eine Untergrenze der Strafe. § 52 II 2 StGB

---

19 *Streng* Sanktionen Rn. 668.

regelt diese Sperrwirkung, wonach die Strafe nicht milder sein darf, als die anderen anwendbaren Gesetze es zulassen.

3. Allgemeine Grundsätze

Innerhalb des so ermittelten Strafrahmens ist die Strafe nach allge- 40 meinen Grundsätzen zu bestimmen, wobei die Verletzung mehrerer Gesetze strafschärfend berücksichtigt werden kann.

Des Weiteren kann gemäß § 52 III StGB iVm § 41 StGB neben der 41 Freiheitsstrafe auch Geldstrafe verhängt werden. Alle übrigen Gesetze bleiben auch für sonstige Rechtsfolgen relevant, § 52 IV StGB, zB für Maßregeln der Besserung und Sicherung.

IV. Strafzumessung bei Tatmehrheit

1. Gesamtstrafe und Asperationsprinzip

Bei Vorliegen mehrerer Straftatbestände, die zueinander in Tat- 42 mehrheit stehen, wird auf eine Gesamtstrafe erkannt, §§ 53, 54 StGB.

Dabei wird in zwei Schritten vorgegangen: 43

– Im ersten Schritt wird für jede Tat eine konkrete Einzelstrafe nach den allgemeinen Strafzumessungsregeln festgesetzt (verwirkte Einzelstrafe). Diese Einzelstrafen werden aber nun nicht schlicht addiert, sondern es gilt das **Asperationsprinzip** (von lat. asper „hart, scharf, streng"), eine Art modifizierte Addition.

– Im zweiten Schritt kommt es nämlich zur Bildung einer Gesamtstrafe, §§ 53, 54 StGB. Der Rahmen hierfür ergibt sich aus § 54 I 2, II 1 StGB. Demnach wird die verwirkte höchste Einzelstrafe (sog Einsatzstrafe) erhöht, wobei insgesamt nicht die Summe aller Einzelstrafen erreicht werden darf. Die Gesamtstrafe darf außerdem bei zeitiger Freiheitsstrafe 15 Jahre und bei Geldstrafe 720 Tagessätze nicht übersteigen (§ 54 II 2 StGB).

§ 54 I 1 StGB regelt noch den Fall, dass eine der Einzelstrafen eine lebenslange Freiheitsstrafe ist. Es wird dann auf eine lebenslange Freiheitsstrafe als Gesamtstrafe erkannt. Für den **Fall 2 des § 7** bedeutet dies, dass es heute eine Verurteilung zu „fünfmal lebenslänglich" nicht mehr geben kann. Der Täter bekäme eine lebenslange Freiheitsstrafe, bei der allerdings wahrscheinlich ist, dass die besondere Schwere der Schuld festgestellt werden würde (→ § 7 Rn. 87 f.).

2. Gesamtschau der Taten

44   Ist so die Bildung des Strafrahmens erfolgt, kommt es zu einer nochmaligen Abwägung, wobei § 54 I 3 StGB eine entscheidende Rolle spielt, wenn es um eine zusammenfassende Würdigung der Person des Täters und der einzelnen Straftaten geht (Gesamtschau). Insbesondere das Verhältnis der einzelnen Straftaten zueinander, ihr Zusammenhang, ihre größere oder geringere Selbstständigkeit, die Häufigkeit der Begehung, die Gleichheit oder Verschiedenheit der verletzten Rechtsgüter und der Begehungsweisen sowie das Gesamtgewicht des abzuurteilenden Sachverhalts sind zu berücksichtigen.[20] Hier ist nun auch bedeutsam, dass der Täter (zumindest in einem untechnischen Sinne) rückfällig geworden ist. Eine gewisse Doppelverwertung verschiedener Umstände bei den verschiedenen Stufen auf dem Weg zu einer Gesamtstrafe ist im Übrigen nicht ganz zu vermeiden.[21]

45   In einem letzten Schritt kommt es zur Festlegung der Gesamtstrafe: Bei Zusammentreffen von Geld- und Freiheitsstrafe ist in der Regel eine Gesamtfreiheitsstrafe zu verhängen, das Gericht kann nach § 53 II 2 StGB aber auch von der Gesamtstrafenbildung absehen und zwei Einzelstrafen bilden (wenn eine Gesamtstrafe wegen besonderer Umstände des Einzelfalls ungünstiger wäre). Auch hier bleiben gem. § 53 IV StGB iVm § 52 IV StGB die übrigen Gesetze auch für sonstige Rechtsfolgen relevant. § 53 IV StGB iVm § 52 III StGB iVm § 41 StGB lässt eine gesonderte Verhängung einer Geldstrafe neben der Gesamtfreiheitsstrafe zu.

3. Nachträgliche Bildung der Gesamtstrafe, § 55 StGB

46   **a) Zweck der Vorschrift.** Grundgedanke der Vorschrift des § 55 StGB ist, dass Taten, die bei gemeinsamer Aburteilung nach §§ 53, 54 StGB behandelt worden wären, auch bei getrennter Aburteilung dieselbe Behandlung erfahren sollen, so dass der Täter im Endergebnis weder besser noch schlechter gestellt ist, als wenn alle Taten in dem zuerst durchgeführten Verfahren abgeurteilt worden wären. § 55 StGB ermöglicht es daher unter bestimmten Voraussetzungen, dass auch nachträglich noch eine Gesamtstrafe gebildet wird. Der Anwendungsbereich der Vorschrift ist dann eröffnet, wenn der Tat-

---

20 BGHSt 24, 268.
21 *Streng* Sanktionen Rn. 674.

richter der Vorverurteilung schon eine Gesamtstrafe mit der jetzt zur Aburteilung stehenden Tat hätte bilden müssen, wenn sie Gegenstand seines Verfahrens gewesen wäre (die Tat zu diesem Zeitpunkt also schon geschehen, aber bspw. noch nicht entdeckt war).

b) Voraussetzungen

Voraussetzungen für die nachträgliche Gesamtstrafenbildung sind grundsätzlich: 47
1. Eine rechtskräftige Vorverurteilung,
2. die jetzt abzuurteilende Tat liegt zeitlich **vor** der Vorverurteilung und
3. die Vorverurteilung ist noch nicht vollstreckt, verjährt oder erlassen.

Als frühere Verurteilung gilt das Urteil in dem früheren Verfahren, 48 in dem die zugrundeliegenden tatsächlichen Feststellungen letztmals geprüft werden konnten. Im Strafbefehlsverfahren ist der Zeitpunkt des Erlasses des Strafbefehls maßgeblich. Für den zeitlichen Aspekt ist auf die Beendigung der Tat abzustellen. Dies bedeutet, dass bei Dauerstraftaten wie etwa der Freiheitsberaubung (§ 239 StGB) die Tat erst dann beendet ist, wenn auch der rechtswidrige Zustand beendet ist. Letztlich ist noch entscheidend, dass die Vorverurteilung zum Zeitpunkt des letzten tatrichterlichen Sachurteils wegen der neuen Tat noch nicht vollstreckt, verjährt oder erlassen ist. Liegen die Voraussetzungen vor, so ist eine Gesamtstrafe nach den Grundsätzen von §§ 53, 54 StGB unter Einbeziehung der Strafe aus dem früheren Urteil zu bilden.

c) Nachträgliche Gesamtstrafenbildung bei früherer Gesamtstrafe. 49
Kommt man zu dem Ergebnis, dass eine nachträgliche Gesamtstrafe gebildet werden muss, so kann dies nur auf Grundlage der Einzelstrafen geschehen. Enthält nun aber die Vorverurteilung eine Gesamtstrafe, ist diese in ihre Einzelstrafen aufzulösen, so dass aus den aufgelösten Einzelstrafen und der neuen Strafe die nachträgliche Gesamtstrafe gebildet werden kann. Dies ist dann problematisch, wenn in der Vorverurteilung die jeweils verwirkten Einzelstrafen nicht konkret festgesetzt wurden, weil dies der frühere Tatrichter versäumt hat. Ist einem an sich gesamtstrafenfähigen früheren Urteil die Höhe der Einzelstrafen nicht zu entnehmen, sind sich die Senate des BGH über das dann notwendige Vorgehen nicht einig. Enthält das frühere Gesamtstrafenurteil also keine Einzelstrafen, so ist § 55

StGB nach einer Ansicht nicht anwendbar, da dem Richter des neuen Verfahrens die Zuständigkeit zur nachträglichen Festsetzung dieser Einzelstrafen fehlt.[22] Der Nachteil, der dem Angeklagten dadurch entsteht, soll durch einen Härteausgleich Rechnung getragen werden (→ Rn. 54). Die Gegenansicht verlangt, dass bei Fehlen der Einzelstrafen im früheren Urteil man für die nachträgliche Gesamtstrafenbildung die denkbar günstigsten Einzelstrafen zugrunde legen solle.[23] Enthält das frühere Gesamtstrafenurteil also keine Einzelstrafen, so ist § 55 StGB nach einer Ansicht nicht anwendbar, da dem Richter des neuen Verfahrens die Zuständigkeit zur nachträglichen Festsetzung dieser Einzelstrafen fehlt.[24] Den Nachteil, der dem Angeklagten dadurch entsteht, soll durch einen Härteausgleich Rechnung getragen werden. Die Gegenansicht verlangt, dass bei Fehlen der Einzelstrafen im früheren Urteil für die nachträgliche Gesamtstrafenbildung die denkbar günstigsten Einzelstrafen zugrunde gelegt werden.[25]

50 **Im Ausland verhängte Strafen** sind der nachträglichen Gesamtstrafenbildung über § 55 StGB nicht zugänglich, denn eine Zusammenfassung von Strafen, die aus verschiedenen Strafsystemen stammen, ist von vornherein unmöglich.[26] Eine Vergleichbarkeit der Strafen ist von vornherein weder für Art und Höhe der Strafe noch für deren Vollstreckbarkeit gegeben. Auch der Rahmenbeschluss 2008/675/JI des Rates v. 24.7.2008 zur Berücksichtigung der in anderen Mitgliedstaaten der Europäischen Union ergangenen Verurteilungen in einem neuen Strafverfahren spricht eher dafür, dass eine nachträgliche Gesamtstrafenbildung mit einer Vorverurteilung aus einem anderen Staat ein unzulässiger Eingriff in dessen Urteil bzw. dessen Vollstreckbarkeit wäre.[27] Strittig ist indes vor allem, ob aber wenigstens ein Härteausgleich erfolgen darf (→ Rn. 55).

---

22 BGHSt 41, 374 (375); BGHSt 43, 34 (3. und 2. Senat); Schönke/Schröder/*Bosch/Sternberg-Lieben* StGB § 55 Rn. 38; aA *Fischer* StGB § 55 Rn. 8b; SSW-StGB/*Eschelbach* StGB § 55 Rn. 29.

23 BGH Urt. v. 9.1.1975 – 4 StR 550/74 (4. Senat); BGH NStZ 1997, 385 (5. Senat).

24 BGHSt 41, 374 (375); BGHSt 43, 34 (3. und 2. Senat); Schönke/Schröder/*Bosch/Sternberg-Lieben* StGB § 55 Rn. 38; aA *Fischer* StGB § 55 Rn. 8b; SSW-StGB/*Eschelbach* StGB § 55 Rn. 29.

25 BGH Urt. v. 9.1.1975 – 4 StR 550/74 (4. Senat); BGH NStZ 1997, 385 (5. Senat).

26 BGH Beschl. v. 27.1.2010 – 5 StR 432/09.

27 Vgl. Art. 3 III der Richtlinie: „Die Berücksichtigung früherer, in einem anderen Mitgliedstaat ergangener Verurteilungen nach Absatz 1 hat nicht die Wirkung, dass frühere Verurteilungen oder Entscheidungen zu ihrer Vollstreckung durch den Mitgliedstaat, in dem das neue Verfahren geführt wird, abgeändert, aufgehoben oder überprüft werden"; BGHSt 43, 79; s. auch BGH NJW 2010, 2677; BGH NStZ 2010, 30.

d) Nebenstrafen, Nebenfolgen und Maßregeln. Des Weiteren be- 51
stimmt § 55 II StGB, dass die in der Vorverurteilung verhängten Nebenstrafen, Nebenfolgen und Maßnahmen aufrechtzuerhalten sind,
soweit sie nicht erledigt sind oder durch die neue Entscheidung ge-
genstandslos werden.

e) Zäsurwirkung von Vorverurteilungen. Verteilen sich die ab- 52
zuurteilenden Taten auf mehr als zwei Zeitpunkte, so kann eine ir-
gendwann zwischen diesen Zeitpunkten erfolgende Verurteilung
eine Zäsur bilden, die dazu führt, dass nicht alle Taten gesamtstrafenfähig sind. Die „Vorverurteilungen"[28] bewirken, dass der Täter bei
der nachträglichen Gesamtstrafenbildung weder besser noch schlechter gestellt wird, als er gestanden hätte, soweit neu abzuurteilende Taten zum Zeitpunkt der Vorverurteilung dem Tatrichter bekannt gewesen wären.

Beispiel: A begeht Tat 1 am 1.2., Tat 2 am 1.4., Tat 3 am 1.6. Er wird wegen 53
Tat 1 am 1.5. rechtskräftig verurteilt. Tat 2 und Tat 3 stehen am 1.8. zur Aburteilung.
Lösung: Das Urteil vom 1.5. entfaltet Zäsurwirkung, so dass eine nachträgliche Gesamtstrafe nur bzgl. Tat 1 und Tat 2 gebildet werden darf. Für Tat 3 ist
daneben eine Einzelstrafe zu bilden.

4. Härteausgleich

Scheitert eine nach § 55 StGB an sich mögliche nachträgliche Ge- 54
samtstrafenbildung daran, dass die aus der Vorverurteilung stammen-
de Strafe bereits vollstreckt ist, so erfordert eine darin liegende Härte
einen angemessenen Ausgleich. Dieser Härteausgleich wurde von
der Rspr. entwickelt. Die genaue Methode, wie im Einzelfall vorgegangen werden muss, hat der BGH aber offengelassen. Das übliche
Vorgehen sieht vor, dass eine fiktiv zu bildende Gesamtstrafe um die
vollstreckte Strafe gemindert wird.[29] Man könnte aber auch den
Nachteil unmittelbar bei der Festsetzung der neuen Strafe berücksichtigen.[30]

Die Rspr. lehnt einen solchen Härteausgleich **bei ausländischen** 55
Verurteilungen überwiegend ab, wenn eine Aburteilung im Ausland

---

28 Hier iSv: Zeitlich vor der letzten Verurteilung liegend, in der sich die Frage nach einer
  Gesamtstrafe stellt.
29 *Streng* Sanktionen Rn. 681.
30 *Fischer* StGB § 55 Rn. 21 ff.; *Arnoldi/Rutkowski* NStZ 2011, 493 zu einzelnen An-
  wendungsfällen.

begangener Straftaten in Deutschland mangels entsprechender rechtlicher und tatsächlicher Voraussetzungen (Gerichtsstand in Deutschland) grundsätzlich nicht oder allenfalls theoretisch unter dem Aspekt der stellvertretenden Strafrechtspflege möglich gewesen wäre (§ 7 II Nr. 2 StGB).[31] Der Nachteilsausgleich für eine unterbliebene Gesamtstrafenbildung sei in diesen Fällen nicht geboten, weil die Möglichkeit der Verhängung einer milderen Strafe in einem einzigen Verfahren in Deutschland tatsächlich nie bestanden habe.[32] Es scheiden dann sowohl der Härteausgleich als auch die Anwendung des Rechtsgedankens des Härteausgleichs aus.[33] Eine ausländische Vorverurteilung, die an innerstaatlichen Maßstäben gemessen gesamtstrafenfähig wäre, ist vielmehr lediglich im Rahmen der allgemeinen Strafzumessung mit Blick auf das Gesamtstrafübel zu berücksichtigen.[34]

Empfehlungen zur vertiefenden Lektüre:
Rechtsprechung: BGHSt 43, 79 (Härteausgleich bei Gesamtstrafenbildung).
Literatur: *Klappstein/Kossmann,* Die Gesamtstrafenbildung, JuS 2010, 785; *Puppe,* Die Lehre von der Tateinheit, JuS 2017, 503 ff.; *Rückert,* Die Lehre von den Konkurrenzen in der Klausurpraxis, JA 2014, 826 ff.; *Seher,* Übungsklausur – Strafrecht: Tickets für die Fußball-WM oder: Wie die Konkurrenzlehre den Klausuraufbau diktiert, JuS 2007, 132 ff.; *Steinberg/Bergmann,* Über den Umgang mit den „Konkurrenzen" in der Strafrechtsklausur, JURA 2009, 905; *T. Walter,* Zur Lehre von den Konkurrenzen: Handlungseinheit und Handlungsmehrheit, JA 2004, 572; *ders.,* Zur Lehre von den Konkurrenzen: Die Bedeutung der Konkurrenz und wie man sie prüft, JA 2004, 133; *ders.,* Zur Lehre von den Konkurrenzen: die Gesetzeskonkurrenz, JA 2005, 468.

§ 11. Das Strafzumessungsrecht im Rechtsmittelverfahren

Fall 1: A wird wegen schwerer Körperverletzung vom Landgericht zu einer Freiheitsstrafe von drei Jahren verurteilt. Auf seine Revision hin überprüft der BGH das Urteil. Der Senat ist der Auffassung, dass das Landgericht „eigentlich sehr streng" war. Welche Möglichkeiten hat der Senat zu entscheiden? → Rn. 7, 11 ff.

---

31 BGH NStZ 2010, 30 ff.
32 BGH NJW 2010, 2677.
33 Zum Streit zwischen den BGH-Senaten s. *Fischer* StGB § 55 Rn. 21b.
34 BGH NJW 2010, 2677.

Fall 2: A wird wegen zehn Wohnungseinbruchsdiebstählen zu einer Gesamtfreiheitsstrafe von drei Jahren und sechs Monaten verurteilt. Das Revisionsgericht kommt bei seiner Überprüfung zu dem Ergebnis, dass A in einem Fall die Wohnung nicht durch eine Tathandlung nach § 244 I Nr. 3 StGB betreten hat. Muss das Urteil deshalb zwingend insgesamt aufgehoben werden? → Rn. 17 f.

Fall 3: Bei der Verurteilung des A wegen Beihilfe zum versuchten Totschlag durch Unterlassen unterläuft dem Strafgericht bei der Berechnung der mehrfachen Strafminderung nach § 49 I StGB ein geringfügiger Rechenfehler. Das Revisionsgericht erkennt diesen, ist jedoch der Auffassung, dass die letztlich verhängte Strafe „so in Ordnung" wäre. Muss es das Urteil dennoch aufheben, wenn es nicht ausschließen kann, dass die Strafe bei dem geringfügig geänderten Strafrahmen auch anders hätte ausfallen können? → Rn. 19 f.

I. Allgemeines

Da für den Verurteilten – anders als für den Jurastudenten im Gut-   1
achten – die Rechtsfolgen meist der eigentlich ausschlaggebende Teil der Entscheidung sind, ist es nicht verwunderlich, dass gerade auch der Rechtsfolgenausspruch nicht selten Gegenstand von strafprozessualen Rechtsmitteln ist. Ändert sich aufgrund des Rechtsmittels der Schuldspruch, so wird sich dies – von Ausnahmen abgesehen[1] – meist auch ohnehin auf die Rechtsfolgen auswirken. Daneben können die Rechtsmittel der Berufung und Revision aber auch auf Teile eines Urteils (und damit insbesondere auch auf den Rechtsfolgenausspruch) beschränkt werden (§§ 318, 344 StPO).[2] Dafür kommt es darauf an, ob der Gegenstand der Anfechtung losgelöst von dem nicht angefochtenen Teil des Urteils geprüft und beurteilt werden kann (**„Trennbarkeitsformel"**). Eine **Beschränkung auf den Rechtsfolgenausspruch** ist daher regelmäßig möglich, sofern **die Schuldfeststellungen eine hinreichende Grundlage für die Strafzumessung ergeben.** Problematisch ist eine Teilanfechtung daher bei doppelrelevanten Tatsachen, die also sowohl für den Schuldspruch als auch für den Rechtsfolgenausspruch eine Rolle spielen. Dies ist bspw. bei Feststellungen zu Regelbeispielen der Fall. Zwar handelt es sich

---

1 Vgl. hierzu eingehend MüKoStPO/*Knauer/Kudlich* § 354 Rn. 48 ff. Für die Ausbildung dürften die hier entwickelten Fallgruppen regelmäßig zu speziell sein; vgl. zu Grundzügen dennoch knapp unten → Rn. 25 f.

2 Auf eine Darstellung der Beschwerde gem. §§ 304 ff. StPO als drittes ordentliches Rechtsmittel wird hier mangels Bedeutung für das Sanktionenrecht verzichtet.

etwa bei § 243 StGB um eine Strafzumessungsregel, die Feststellungen hierzu tragen aber gleichwohl in aller Regel den Schuldspruch, da sie das Tatgeschehen iS eines geschichtlichen Vorgangs näher beschreiben und damit der Tatausführung die entscheidende Prägung geben.

2   Eine (zulässige)[3] **Rechtsmittelbeschränkung** hat die horizontale Teilrechtskraft des nicht angefochtenen Teils des Urteils zur Folge. Im Übrigen gilt ein **Verschlechterungsverbot** (reformatio in peius), wenn allein der Angeklagte oder zu seinen Gunsten die Staatsanwaltschaft oder sein gesetzlicher Vertreter das Rechtsmittel eingelegt haben (vgl. §§ 331 I, 358 II StPO). Hiervon wird die Rechtsfolge in Art und Höhe erfasst. Der Angeklagte soll bei der Entscheidung über ein Rechtsmittel nicht befürchten müssen, dass es „noch schlimmer kommen" könnte.[4]

II. Berufung gem. §§ 312 ff. StPO

3   Die Berufung führt als umfassendes Rechtsmittel zu einer Nachprüfung des erstinstanzlichen Urteils in tatsächlicher, wie in rechtlicher Hinsicht. Es findet demnach eine komplette Neuauflage der ersten Instanz statt. Der Berufung unterliegen aber nur Urteile der Amtsgerichte (Strafrichter als Einzelrichter und Schöffengericht).

4   Ist der Angeklagte der Ansicht, dass der zugrunde liegende Sachverhalt vom Gericht zutreffend gewürdigt wurde, die ausgesprochene Strafe aber zu hoch ist, kann er wie eben dargestellt, das Rechtsmittel auf den Strafausspruch beschränken. Die **Berufungsbeschränkung auf den Rechtsfolgenausspruch** führt dazu, dass über die Tat selbst keine weiteren Beweiserhebungen mehr stattfinden müssen, also bspw. keine Zeugen mehr gehört werden. Dies bringt auch Kostenersparnisse für den Angeklagten, da das Gericht dann nur prüft, ob eventuell eine niedrigere Strafe in Betracht kommt.

---

3 Eine unzulässige Beschränkung führt nicht etwa zur Unzulässigkeit des Rechtsmittels, sondern zur Behandlung als unbeschränkt eingelegt.
4 *Volk/Engländer* GK StPO § 34 Rn. 24.

III. Revision gem. §§ 333 ff. StPO

1. Allgemeines

Die Revision führt nicht zu einer neuen Verhandlung der Sache, 5
sondern es wird allein geprüft, ob das Urteil in rechtlicher Hinsicht
den Anforderungen an die Gesetzmäßigkeit standhält. Hierzu muss
mit der Verfahrensrüge vorgebracht werden, dass ein Verfahrens-
schritt des Tatgerichts fehlerhaft gewesen ist bzw. mit der Sachrüge,
dass das materielle Recht nicht richtig angewandt worden ist. Diese
Rechtskontrolle führt dann dazu, dass bei entsprechenden Fehlern
das Urteil (zumindest regelmäßig) ganz oder teilweise aufgehoben
und die Sache zur Neubeurteilung zurück an das Ausgangsgericht
verwiesen wird. Ist die Revision unzulässig oder unbegründet wird
sie verworfen. Auf den Ausnahmefall, dass das Revisionsgericht eine
eigene Entscheidung trifft und nicht zurückverweist, wird noch eingegangen werden (→ Rn. 24). Eine Beweisaufnahme findet vor dem
Revisionsgericht grundsätzlich nicht statt.

Die Strafzumessung ist dabei Teil des materiellen Rechts und wird 6
auf eine zulässige Sachrüge hin[5] vollumfänglich[6] vom Revisionsgericht
überprüft. Es ist sogar eine **Beschränkung der Revision auf den
Rechtsfolgenausspruch** möglich, sofern nicht die Urteilsfeststellun-
gen zum Tatgeschehen so unzureichend sind, dass sie eine Bewertung
der Schuld nicht zulassen. Selbst die Unrichtigkeit des Schuldspruchs
steht einer solchen Beschränkung auf den Rechtsfolgenausspruch
nicht entgegen. Ein Revisionsführer kann einen falschen Schuldspruch hinnehmen und lediglich die Strafhöhe beanstanden.[7] Dass er
so vorgeht, wenn er von dem falschen Schuldspruch erst einmal be-
günstigt ist (und nur der Auffassung ist, dass für diesen Schuldspruch
dann der Rechtsfolgenausspruch zu hoch ist), liegt auf der Hand; aber
selbst bei einem ihn (geringfügig) belastenden falschen Schuldspruch

---

5 Eine solche Sachrüge muss nicht den Begründungsanforderungen des § 344 II 2 StPO
 genügen, sondern kann durch den einfachen Satz „Ich rüge die Verletzung sachlichen
 Rechts" zulässig erhoben werden (wenngleich sich natürlich begründende Ausführungen empfehlen können, um dem Revisionsgericht „gedanklich" den Weg dorthin zu
 weisen, wo der Revisionsführer hin will).
6 Vollumfänglich meint hier freilich nur: in dem Umfang, in dem eben eine revisions-
 rechtliche Prüfung möglich ist, nämlich hinsichtlich der Anwendung von Rechtsnor-
 men.
7 BGH NJW 1995, 1910; BGH NStZ 2003, 99; BeckOK StGB/*v. Heintschel-Heinegg*
 § 46 Rn. 123.

kann dieses Interesse „an sich" bestehen, weil dann nach einer Zurückverweisung nicht mehr die u. U. umfangreiche und belastende
Untersuchung des Tatgeschehens erforderlich ist, sondern nur noch
die vergleichsweise schlanke Verhandlung über eine günstigere
Rechtsfolge zu führen ist.

2. Überprüfung der Strafzumessung

7   **a) Grundsatz.** Die Strafzumessung ist grundsätzlich Aufgabe des
Tatrichters,[8] dessen Wertung bis zur Grenze des Vertretbaren hinzunehmen ist. Das Revisionsgericht hat insoweit nur zu prüfen, ob der
Tatrichter **alle maßgeblichen Umstände bedacht und rechtsfehler-
frei abgewogen** hat, darf aber seine Wertung nicht (mit der Konsequenz einer Aufhebung) an die Stelle derjenigen des Tatrichters setzen.[9] Umgekehrt bedeutet dies jedoch auch: Soweit nicht diese letzte
Wertung betroffen ist, ist der Strafzumessungsakt in seinen „ersten
Schritten" regelmäßig vollständig, in der Strafzumessungshöhe zumindest in gewissen Grenzen revisionsrechtlich überprüfbar, da es
sich auch insoweit um eine Frage der Rechtsanwendung handelt.[10]
Die „Spielraumtheorie" (→ § 9 Rn. 10) ändert daran nichts, da letztlich eben auch der „Spielraum" richtig bestimmt werden muss (vgl.
aber auch → § 9 Rn. 14). „Ureigene Domäne" des mit einem Beurteilungsspielraum ausgestatteten Tatrichters ist dagegen sein letzter
Wertungsakt[11] bzw. seine abschließende Gesamtwürdigung.[12] Trotz
dieser Beschränkung betrifft etwa ein Drittel der vom BGH im Revi-
sionsverfahren getätigten Aufhebungen (einer allerdings schon älteren Auswertung zufolge) Fehler bei der Strafzumessung,[13] was die
Bedeutung dieses Punktes in der Revision unterstreicht.

8   **b) Fehler in der Rechtsanwendung. (1) Fehlerhafte Rechtsanwendung ieS.** Das Revisionsgericht hat also einzugreifen, wenn
Strafzumessungserwägungen rechtsfehlerhaft sind.[14] Dies ist vor allem dann der Fall, wenn strafzumessungsrelevante Umstände nicht
hinreichend aufgeklärt wurden oder bei ihnen der Grundsatz in du-

8 Vgl. etwa BGHSt 57, 123 (127 ff.).
9 SSW-StPO/*Widmaier/Momsen* § 337 Rn. 34.
10 Vgl. BVerfG NJW 2007, 2977 (2978); MüKoStPO/*Knauer/Kudlich* § 337 Rn. 110;
    SK-StPO/*Frisch* § 337 Rn. 147; Löwe/Rosenberg/*Franke* StPO § 337 Rn. 164.
11 Vgl. BGH(GS)St 40, 360 (370) = NJW 1995, 407 (408).
12 Vgl. SK-StPO/*Frisch* § 337 Rn. 148.
13 *Nack* NStZ 1997, 153.
14 *Sander* StraFo 2010, 366 ff.

bio pro reo verkannt wurde,[15] wenn der Tatrichter von einem **unzutreffenden Strafrahmen** ausgegangen ist[16] (und etwa zu Unrecht ein Regelbeispiel eines besonders schweren Falles angenommen hat) oder die vom Gesetz zur Verfügung gestellte Möglichkeit, einen anderen, für den Angeklagten günstigeren Strafrahmen zu wählen (minder schwerer Fall oder vertypter Strafmilderungsgrund), nicht in Betracht gezogen hat. Gleiches gilt beim Übersehen von Fällen regelmäßig auszusprechender Bewährung (bei kurzer Freiheitsstrafe), beim Unterlassen einer nachträglichen Gesamtstrafenbildung,[17] bei der Missachtung von § 51 BZRG oder bei Verstößen gegen das Doppelverwertungsverbot nach § 46 III StGB, das im Übrigen über seinen Wortlaut hinaus nicht nur für Tatbestandsmerkmale, sondern auch für die Merkmale von Regelbeispielen oder sonstige unrechts- und schuldbegründende Umstände gilt (→ § 9 Rn. 72). Letztlich geht es bei all diesen Fragen um **normale Rechtsanwendung,** die mit der tatrichterlichen Ermessensausübung zur Findung einer schuldangemessenen Strafe noch nichts zu tun haben.

Das wird auch deutlich, wenn man sich die Situation einer erneuten   9 Verhandlung nach erfolgreicher Revision und Zurückverweisung vorstellt: Wird ein Urteil auf die Revision des Angeklagten hin aufgehoben, weil irrig ein zu hoher Strafrahmen angenommen wurde, so wird der neue Tatrichter mehr oder weniger zwingend zur Anwendung eines niedrigeren Strafrahmens kommen (nicht zuletzt, da das Revisionsgericht ja deutlich gemacht hat, worin es den Fehler beim zu hoch gewählten Strafrahmen sieht!). Damit ist aber noch nicht ausgemacht, dass die dann verhängte Strafe auch niedriger ist.[18] Wenn der neue Tatrichter die ursprünglich ausgeworfene Strafe für schuldangemessen hält und sie auch innerhalb des neuen, niedrigeren Strafrahmens liegt,[19] könnte er wieder auf sie erkennen. Freilich wäre dann diese Entscheidung eingehend zu begründen. Der Angeklagte

---

15 Vgl. Meyer-Goßner/Schmitt/*Schmitt* StPO § 337 Rn. 35; KK-StPO/*Gericke* § 337 Rn. 32.
16 BeckOK StGB/*v. Heintschel-Heinegg* § 50 Rn. 13.
17 KK-StPO/*Gericke* § 337 Rn. 32.
18 Aufgrund des Verbots der *reformatio in peius* steht nun fest, dass die Strafe nach einer erfolgreichen Revision allein des Angeklagten *nicht höher* sein kann, vgl. § 358 II StPO.
19 Also etwa: Fehlerhaft wurde ursprünglich ein Strafrahmen von sechs Monaten bis zehn Jahre angenommen; tatsächlich ist der korrekte Strafrahmen Geldstrafe oder Freiheitsstrafe bis zu fünf Jahren. Wurde ursprünglich eine Freiheitsstrafe von drei Jahren und sechs Monaten verhängt, wäre diese auch vom niedrigeren Strafrahmen grundsätzlich gedeckt.

muss erfahren, warum er trotz des im niedrigeren Strafrahmen mani-
festierten geringeren typisierten Schuldgehalts seines Handelns gleich
hoch bestraft wird;[20] dies gilt umso mehr, wenn in diesem Fall das Revisionsgericht nicht von seiner Möglichkeit Gebrauch gemacht hat,
nach § 354 Ia StPO (→ Rn. 24) vorzugehen und trotz des Fehlers im
Strafzumessungsvorgang aufgrund der Angemessenheit des Ergebnis-
ses auf eine Aufhebung zu verzichten.[21]

10   **(2) Unzureichende Würdigung bzw. Darstellung von Umständen.** Neben solchen Fällen, die „echte" Fehler in der Rechtsanwendung darstellen, gibt es auch im Bereich der Strafzumessung – letztlich vergleichbar der allgemeinen Darstellungsrüge in der Revision[22] –
revisible Rechtsfehler, die darin liegen, dass bestimmte mehr oder weniger naheliegende Umstände nicht angesprochen worden sind. Dies
gilt zunächst für naheliegende (bei der Angeklagtenrevision: insbesondere strafmildernde) Normen, wenn der festgestellte Sachverhalt
ihre Prüfung aufdrängt (etwa Nichterörterung der Möglichkeit eines
minder schweren Falles, obwohl die Tatsachen Umstände belegen,
welche zur Annahme eines solchen drängen),[23] aber auch für naheliegen-
gende alternative Geschehensabläufe.[24] Ferner wird die Pflicht der
umfassenden Abwägung der für und gegen den Täter sprechenden
Gesichtspunkte (§ 46 StGB) verletzt, wenn anerkannte Strafzwecke
nicht in die Abwägung miteinbezogen worden sind.[25]

11   **c) Festsetzung des konkreten Strafmaßes. (1) Erheblicher Ermessensspielraum des Tatrichters.** Die **eigentliche Strafzumessung**
dagegen ist – wie bereits erwähnt – **ureigene Aufgabe des Tatgerichts.** Es ist seine Aufgabe, auf der Grundlage des umfassenden Eindrucks, den er in der Hauptverhandlung von der Tat und der Persönlichkeit des Täters gewonnen hat, die wesentlichen entlastenden und

---

20 BGH BeckRS 2008, 25613 = StraFo 2009, 118; BGH NStZ 1982, 507; BeckOK
    StGB/*v. Heintschel-Heinegg* § 46 Rn. 125.
21 So jedenfalls die Konstruktion, die im Gesetzestext Niederschlag gefunden hat: „Ab-
    sehen von der Aufhebung" bei „Angemessenheit der Rechtsfolge". Tatsächlich dürfte
    es sich bei § 354 Ia StPO um eine (unausgesprochene) Kombination aus Aufhebung
    des Urteils und neuer, inhaltsgleicher Sachentscheidung handeln (vgl. MüKoStPO/
    Knauer/Kudlich § 354 Rn. 7, 35), denn die Feststellung der „Angemessenheit" setzt
    zwingend ein Element eigener Sachentscheidung voraus.
22 Vgl. dazu statt vieler nur MüKoStPO/*Knauer/Kudlich* § 337 Rn. 102 ff.
23 Vgl. BGH StV 2013, 155; BGH NJW 2009, 528; SK-StPO/*Frisch* § 337 Rn. 169.
24 BGH NStZ-RR 2014, 380.
25 Vgl. BGH Urt. v. 9.1.1962 – 1 StR 346/61 = BGHSt 17, 35 (36) = NJW 1962, 748;
    BGH Urt. v. 19.1.2012 – 3 StR 413/11 = NStZ-RR 2012, 168; Meyer-Goßner/
    Schmitt/*Meyer-Goßner* StPO § 337 Rn. 34; SK-StPO/*Frisch* § 337 Rn. 169.

belastenden Umstände festzustellen, sie zu bewerten und hierbei gegeneinander abzuwägen. Diese besondere Situation kann das Revisionsgericht auch nicht nachstellen – dh eine bis ins Einzelne gehende Richtigkeitskontrolle durch das Revisionsgericht kann es nicht geben. Grundsätzlich verbleibt dem Tatrichter daher ein erheblicher Ermessensspielraum bei der Strafmaßbestimmung. Unverkennbar ist dennoch, dass die Obergerichte auch das Strafmaß zunehmend einer verstärkten revisionsrechtlichen Kontrolle unterwerfen.

(2) Prüfungsmaßstäbe des Revisionsgerichts. Ein Eingriff des Revisionsgerichts in diese Einzelakte der Strafzumessung ist nur möglich, wenn Zumessungserwägungen fehlerhaft sind, wenn das Tatgericht gegen rechtlich anerkannte Strafzwecke verstößt, rechtlich anerkannte Strafzwecke außer Acht gelassen hat oder wenn sich die verhängte Strafe nach oben oder unten von ihrer Bestimmung löst, gerechter Schuldausgleich zu sein.[26] Dies ist vor dem Hintergrund der Spielraumtheorie zu sehen. Es kann in der Revision nie um eine exakte Richtigkeitskontrolle einer Strafe gehen, denn die „eine richtige Strafe" gibt es nicht. Vielmehr muss geprüft werden, ob der Tatrichter ein Strafmaß innerhalb des Spielraums einer schon und noch schuldangemessenen Strafe gewählt hat. Es muss also für einen begründeten Revisionsantrag schon ein Zustand erreicht worden sein, bei dem ein „grobes Missverhältnis von Schuld und Strafe offenkundig" ist. In Zweifelsfällen hat das Revisionsgericht die Wertung des Tatgerichts hinzunehmen.[27]

(3) Vertretbarkeitskontrolle. Zunehmend stellt die Rspr. allerdings für die Annahme eines derartigen rechtsfehlerhaften Strafmaßes auf die **Unvertretbarkeit** iS eines Verfehlens der Schuld des Täters ab.[28] Dabei kann zum einen gefragt werden, ob es sich um eine erhebliche **Abweichung** von dem in vergleichbaren Fällen **üblichen Strafmaß** handelt. Ist dies der Fall, würde ein revisionserheblicher Rechtsfehler vorliegen. Dabei bezieht sich der BGH auch auf die von ihm selbst „in ähnlich schweren Fällen bestätigten Strafen". Zweck der Kontrolle der Vertretbarkeit des Strafmaßes durch die Revisionsinstanz ist insbesondere die Eliminierung einzelner Strafzumessungsausreißer zur Vermeidung von Ungerechtigkeit im Einzelfall. Allerdings ist

12

13

---

26 BGHSt 34, 345 (349).
27 ZB BGHSt 29, 319 (320); 17, 35 (36); 27, 2 (3); BGH StV 1996, 427 f; BGH NJW 2001, 83 (84); BGH NStZ-RR 2012, 168 f.; ferner BGHSt 45, 312 (318).
28 BGHSt 45, 312 (318); vgl. auch NK-StGB/*Streng* § 46 Rn. 188.

noch nicht abschließend geklärt, ob eine vergleichende Strafzumessung überhaupt möglich und zulässig ist,[29] und nach überwiegender Meinung soll es sogar unzulässig sein, wenn Tatgerichte über die Strafbemessung anderer Gerichte in vergleichbaren Fällen Beweis erheben wollen.[30] Das ist auch richtig, denn jeder Fall hat sowohl hinsichtlich der tat- als auch der täterbezogenen Umstände seine besonderen Eigenheiten und ist daher letztlich nicht vergleichbar.

Angesichts solcher Schwierigkeiten arbeiten die Revisionsgerichte auch teilweise mit einer **„Ausweichkonstruktion" über § 267 III StPO,** wonach die Strafzumessung durch den Tatrichter eingehend zu begründen ist.[31] Bei erheblichen Abweichungen vom in vergleichbaren Fällen üblichen Strafmaß ohne tragfähige Begründung durch den Tatrichter wird demnach auf einen revisionserheblichen **Begründungsmangel** abgestellt. Im Ergebnis findet jedoch auch hier eine Orientierung an dem akzeptierten richterlichen Strafrahmen sowie eine Ausdehnung der Strafmaßkontrolle statt. Die Mängel des unmittelbaren Abstellens auf die Unvertretbarkeit vermag dieser Weg somit nicht zu beseitigen.

14   **(4) Vergleichsmaßstab für revisionserhebliche Abweichungen.** Neben diesen direkt vergleichenden Vorgehensweisen gibt es aber weitere Möglichkeiten, die Strafzumessung auf Richtigkeit iS einer pflichtgemäßen Ausfüllung des Ermessensspielraums zu überprüfen.

– So könnte man auf Widersprüche zwischen der Platzierung des Strafmaßes in der kontinuierlichen Schwereskala des gesetzlichen Strafrahmens einerseits und den mitgeteilten Strafzumessungsgründen andererseits abstellen.[32] Hier wäre etwa ein Fehler denkbar, wenn bei einem klaren „Durchschnittsfall" des Delikts (welcher in der Schwere regelmäßig im unteren Drittel der denkbaren Fälle liegt) eine Strafe in der Mitte des Strafrahmens gewählt wird[33] oder bei einer Vielzahl von Milderungsgründen eine solche nur leicht unterhalb der Mitte des Strafrahmens[34] oder gar im oberen Bereich des Strafrahmens[35] verhängt wird. Umgekehrt kann die Strafe aber auch zu milde ausfallen, wenn etwa ein Durchschnitts-

---

29 Vgl. zum Ganzen Löwe/Rosenberg/*Franke* StPO § 337 Rn. 176; kritisch etwa *Foth* NStZ 1992, 444 (445).
30 BGHSt 25, 207.
31 NK-StGB/*Streng* § 46 Rn. 191.
32 NK-StGB/*Streng* § 46 Rn. 192.
33 Vgl. BGH Beschl. v. 13.9.1976 – 3 StR 313/76 = BGHSt 27, 2 (4) = NJW 1976, 2355.
34 Vgl. BGH NStZ-RR 2010, 75.
35 Vgl. BGH NStZ-RR 2003, 138; BGH NStZ-RR 2011, 5.

fall nur mit der Mindeststrafe sanktioniert wird.[36] Relativiert wird dieser Ansatz allerdings dadurch, dass der Gesetzgeber betont weite Strafrahmen gesetzt hat, welche auch das Zuordnen bestimmter Tatschwerekategorien zu bestimmten Strafhöhenkategorien schwierig und unsicher machen. Ein revisibler Fehler wird deshalb nur vorliegen, wenn die Zugehörigkeit in eine bestimmte Kategorie (Durchschnittsfall; leichter Fall aufgrund einer Vielzahl von Milderungsgründen etc) relativ klar ist und die Strafe mehr oder weniger deutlich von dem Bereich entfernt liegt, der hierfür angemessen erscheint.[37]

– Denkbar wäre zudem ein Vergleich mit Strafen für andere Tatbestände. Allerdings müsste man dabei auch mögliche Wertungswidersprüche zwischen den Strafrahmen einzelner Delikte im Blick behalten.

– Tragfähig erscheint jedenfalls der Vergleich des Strafmaßes **bei der Aburteilung mehrerer Tatbeteiligter,** insbesondere wenn es sich um Mittäter handelt. Zwar muss für jeden Täter die Strafe „aus der Sache selbst" gefunden werden, jedoch sollen die gegen Mittäter verhängten Strafen in einem gerechten Verhältnis zueinander stehen.[38] Divergiert das Strafmaß erheblich bzw. sind gleiche Strafen trotz unterschiedlichen Tatunrechts angenommen worden, ist von einem Fehler auszugehen.[39] Jedenfalls muss aber den Urteilsgründen hinreichend zu entnehmen sein, dass der Strafbemessung gegen mehrere Angeklagte der gleiche Maßstab zugrunde lag und die gegen sie verhängten Strafen in einem gerechten Verhältnis zueinander stehen.[40] Diese Vorgaben dürften, solange die Tatbeteiligten im gleichen Verfahren abgeurteilt werden, keine praktischen Probleme aufwerfen. Schwieriger wird die Handhabung dagegen, wenn die Tatbeteiligten durch unterschiedliche Gerichte abgeurteilt werden. Dann nämlich müsste das Gericht, welches das „zweite" Strafmaß bestimmt, das Strafmaß des erstbestimmenden Gerichts für vertretbar halten. Der Grundsatz der Eigenverantwortlichkeit richterlicher Überzeugungsbildung verbietet es indes,

---

36 Vgl. BGH Urt. v. 26.8.1960 – 1 Ss 348/60; OLG Stuttgart MDR 1961, 343 mAnm *Dreher.*
37 Vgl. MüKoStPO/*Knauer/Kudlich* § 337 Rn. 124.
38 BGH StV 1981, 122 f.; BGH Beschl. v. 18.7.2016 – 1 StR 315/15 = BeckRS 2016, 17188.
39 *Streng* Sanktionen Rn. 664.
40 BGH NStZ-RR 2017, 40.

sich an nicht für überzeugend gehaltene Entscheidungen anderer Gerichte zu halten.[41]

15 **(5) Faktische Grenzen der Vertretbarkeitskontrolle.** Neben diesen Rechtsfragen steht die Vertretbarkeitskontrolle auch vor faktischen Hürden. Schließlich fehlt es schon an belastbaren Erkenntnissen darüber, welche Strafen tatsächlich „üblich" sind. Man kann gerade nicht auf statistisches Material zurückgreifen, denn insbesondere die Strafverfolgungsstatistik ist diesbezüglich viel zu undifferenziert. Letztlich arbeitet daher das Revisionsgericht eher mit seinen höchst subjektiven und auch unsystematischen Eindrücken, so dass sogar noch die Gefahr besteht, dass regionale Strafzumessungsunterschiede auf diese Weise verfestigt werden anstatt angeglichen zu werden. Insbesondere fehlt dem Revisionsgericht eine echte Informationsgrundlage, da es nur nach Aktenlage entscheidet und der wichtige persönliche Eindruck vom Angeklagten fehlt.

16 Ein Vorschlag ist es daher, die verwertbaren Strafzumessungsfaktoren bereits für das Tatgericht zu reduzieren, damit diese später besser vom Revisionsgericht nachvollzogen werden können. So könnte man bewusst darauf verzichten, „Feinheiten der Täterpersönlichkeit" zu berücksichtigen.[42] Zwar würde auf diese Weise dem Revisionsgericht die gleiche Beurteilungsgrundlage zur Verfügung gestellt wie dem Tatgericht, allerdings geht ein solcher (gewollter) Informationsverlust mit der Gefahr einer noch größeren Unschärfe einher. Zudem ist zu bedenken, dass schon jetzt (und dann umso mehr) der Tatrichter manche Grundlage seiner Entscheidung bewusst nicht offenlegt, um sich nicht angreifbar zu machen. Die unbewusst ablaufenden Wertungen im Rahmen der Strafmaßfindung sind von vornherein nur begrenzt argumentativ darstellbar.

3. Beruhen des Urteils auf einem Strafzumessungsfehler

17 Nach § 337 I StPO kann die Revision nur darauf gestützt werden, dass das Urteil auf der Gesetzesverletzung „beruhe", das bedeutet,[43] das Urteil hätte bei richtiger Anwendung des Gesetzes (mit Sicherheit oder auch nur möglicherweise) anders ausfallen müssen, oder anders

---

41 BGHSt 28, 318 ff.
42 So *Schünemann*, in: Neue Tendenzen in der Kriminalpolitik (hrsg. von Eser/Cornils), 1987, S. 209 (226 f.); ähnl. *Theune* FS Pfeiffer, 1988, 449 (456 f.).
43 Vertiefend MüKoStPO/*Knauer/Kudlich* § 337 Rn. 129; SK-StPO/*Frisch* § 337 Rn. 186 ff.

gewendet: Eine Gesetzesverletzung, die für das angefochtene Urteil keine Bedeutung hat, kann die Revision nicht begründen.[44]

Während das Beruhen bei Verfahrensrügen häufig problematisch sein kann, wird ein Urteil bei Fehlern im materiellen Recht im Allgemeinen und auf Fehlern bei der Rechtsfolgenbestimmung im Besonderen an sich in aller Regel beruhen. Anders kann dies allenfalls in extrem gelagerten und hinreichend eindeutigen (von den Revisionsgerichten mitunter allerdings vorschnell angenommenen) Fällen sein, wenn etwa bei einer ohnehin ungewöhnlich milden Strafe beim Wegfall eines (weniger schwerwiegenden) von mehreren Fällen hinreichend sicher ausgeschlossen werden kann, dass die Gesamtstrafe anders ausgefallen wäre. In solchen Fällen kommt es dann zu einer Schuldspruchberichtigung ohne Änderung des Rechtsfolgenausspruchs. **18**

4. Verschiebung der Aufhebungsmaßstäbe durch Einführung des § 354 Ia StPO

Zu einer weiteren Einschränkung der Aufhebung von Urteilen[45] wegen fehlerhafter Strafzumessung hat der zum Zwecke der Verfahrensökonomie und -beschleunigung durch das 1. Justizmodernisierungsgesetz (BGBl. 2004 I 2198 ff.) geschaffene § 354 Ia StPO geführt. Dieser adressiert weniger das Strafmaß als vielmehr den Strafzumessungsvorgang im Ganzen. Ziel der Norm ist es Zurückweisungen zu vermeiden, die „nur" zu neuer Strafzumessung mit mehr oder weniger identischen Folgen führen. Demnach „*kann*" das Revisionsgericht bei Rechtsfehlern in der Strafzumessungsentscheidung von **der Aufhebung des fraglichen Urteils absehen,** wenn die Rechtsfolge als solche angemessen erscheint (Satz 1). Auf Antrag der Staatsanwaltschaft (Satz 2) ist zum Zwecke der Aufrechterhaltung des tatrichterlichen Urteils auch **eine angemessene Herabsetzung der Rechtsfolgen** zulässig. **19**

Voraussetzung ist einmal, dass der Tatrichter eine **unzweifelhaft tragfähige Entscheidungsgrundlage** geschaffen hat[46] und dem Angeklagten die Gelegenheit gegeben wurde, sich innerhalb einer angemessenen Frist zu äußern und gegebenenfalls Einwendungen zu er- **20**

---

44 Vgl. Meyer-Goßner/Schmitt/*Meyer-Goßner* StPO § 337 Rn. 37; SSW-StPO/*Widmaier/Momsen* § 337 Rn. 35; Löwe/Rosenberg/*Franke* StPO § 337 Rn. 178.
45 Vgl. aber auch die Hinweise in Fn. 13.
46 BVerfGE 118, 212: Für eine Entscheidung nach Ia 1 muss „*ein zutreffend ermittelter, vollständiger und aktueller Strafzumessungssachverhalt zur Verfügung stehen*".

heben.[47] Zum anderen muss – wie schon erwähnt – für die Anwendung des § 354 Ia 1 StPO die verhängte Rechtsfolge **angemessen** sein. Hier liegt der Unterschied zur allgemeinen Revisionsdogmatik des § 337 StPO: Nach § 337 StPO wäre ein Urteil nur dann *nicht* aufzuheben, wenn *ausgeschlossen* werden kann, dass die Strafe auf dem Fehler beruht (eine Angemessenheit der Strafe trotz Fehlers allein genügt nicht, um ein Urteil nicht aufzuheben). Das heißt, mittels § 354 Ia 1 StPO kann auch im Fall eines revisiblen Strafzumessungsfehlers von der Urteilsaufhebung abgesehen werden.

21 **Der festgestellte Rechtsfehler muss (allein) im Bereich der Strafzumessung liegen.** Nach Schaffung der Norm wurde sie zunächst sehr großzügig (analog) auch bei Fehlern im Schuldspruch angewandt[48] (gewissermaßen als Kombination aus Schuldspruchberichtigung und Strafzumessungsentscheidung).[49] Jedoch ist nach zutreffender Auffassung des BVerfG die Anwendung der Vorschrift schon nach dem Wortlaut auf Strafzumessungsfehler beschränkt, ohne dass *zugleich* eine Schuldspruchberichtigung durchgeführt werden darf.[50] Eine solche Kombination von Schuldspruchberichtigung (bspw. Strafbarkeit wegen Betrugs statt Diebstahls) und Prüfung der Angemessenheit der verhängten Strafe würde den Revisionsgerichten so umfassende Möglichkeiten einräumen, an Stelle des Tatgerichts selbst in der Sache zu entscheiden, dass diese nicht mehr mit der Systematik der Revision vereinbar wären, da letztlich ohne Tatsachenprüfung eine weitreichende Neuentscheidung möglich wäre.

Beispiele für den Anwendungsbereich des § 354 Ia StPO:
22 – Tatrichter geht von unzutreffendem Strafrahmen aus
    – Fehler bei der Bewährungsentscheidung
    – fehlerhafte Behandlung rechtsstaatswidriger Verfahrensverzögerungen
    – fehlerhafter Anrechnungsmaßstab für im Ausland erlittene Haft
    – strittig bei unzulässiger Vereinbarung einer Punktstrafe.

23 Der Anwendungsbereich der Vorschrift ist sowohl für Einzelstrafe(n) als auch für Gesamtstrafe(n) eröffnet. Wird indes nur wegen eines Fehlers bei der Gesamtstrafenbildung aufgehoben, ist § 354 Ib StPO iVm §§ 460, 462 StPO einschlägig.

---

47 BVerfG Beschl. v. 14.8.2007 – 2 BvR 124/05 = BeckRS 2007, 25628.
48 Beispiel etwa bei BGH NStZ 2006, 36 mAnm *Jahn/Kudlich* NStZ 2006, 340.
49 *Beulke* StrafProzR Rn. 574.
50 BVerfGE 118, 212.

5. Eigene Rechtsfolgenentscheidung des Revisionsgerichts, § 354 I StPO

a) **Kanon möglicher Entscheidungen.** Gem. § 354 I StPO kann 24
das Revisionsgericht auch eine **eigene Rechtsfolgenentscheidung**
treffen und muss nicht erst an das Tatgericht zurückverweisen. In
der Norm wird der folgende **Kanon von Entscheidungen** genannt,
die das Revisionsgericht treffen darf:
- (Teil-)Freispruch
- (Teil-)Einstellung
- Verhängung einer absoluten Strafe
- Verhängung einer Mindeststrafe
- Absehen von Strafe.

Dieser Kanon wird durch § 354 Ia 2 StPO erweitert, wonach – wie
bereits dargestellt – der Rechtsfolgenausspruch trotz eines Fehlers
aufrechterhalten oder die Strafe in angemessener Weise herabgesetzt
werden kann.

b) **Änderung des Rechtsfolgenausspruchs.** Strittig ist indes, in- 25
wiefern der Rechtsfolgenausspruch in *entsprechender* Anwendung
des § 354 I StPO geändert werden kann. Grundsätzlich ist fraglich,
ob tatsächlich eine unbewusste Regelungslücke besteht und ob die
Regelung analogiefähig ist. Gleichwohl wurde in folgenden Fällen
von der Rspr. eine sog **Schuldspruchberichtigung bei gleichblei-
bendem Rechtsfolgenausspruch** anerkannt:[51]
- Austausch von Strafvorschriften (Schuldspruchberichtigung) bei
  gleicher Strafe (zB Körperverletzung mit Todesfolge statt einfache
  Körperverletzung)
- Herabstufung des Schuldspruchs in materiell-rechtlichem Stufen-
  verhältnis
- Änderung des Konkurrenzverhältnisses
- Hinzutreten einer Vorschrift.

Ferner ist eine Berichtigung des Rechtsfolgenausspruchs in Analo- 26
gie zu § 354 I StPO (teilweise wohl auch in unmittelbarer Anwendung) in folgenden Fallgruppen möglich:[52]
- Korrektur einer fehlerhaft bemessenen Strafe, die das gesetzliche
  Höchstmaß überschreitet

---

51 Vgl. näher m. weit. Nachw. MüKoStPO/*Knauer/Kudlich* § 354 Rn. 48 ff.
52 Vgl. näher m. weit. Nachw. MüKoStPO/*Knauer/Kudlich* § 354 Rn. 66 ff.

- Korrektur der Tagessatzzahl oder dessen Höhe
- Nachholung von Entscheidungen über den Anrechnungsmaßstab ausländischer Freiheitsentziehung nach § 51 IV 2 StGB
- Ersetzung einer vom Tatrichter zu Unrecht getroffenen Anordnung nach § 51 I 2 StGB durch Anrechnung der Untersuchungshaft
- Nachholung einer unterlassenen Anordnung von Zahlungserleichterungen nach § 42 StGB
- Aufrechterhaltung einer rechtsirrig unter Vorbehalt bestimmten Strafe, § 59 StGB, mit der Maßgabe, dass der Angeklagte vorbehaltlos verurteilt wird
- anstelle einer vorbehaltlosen Strafe kann eine Verwarnung unter Vorbehalt dieser Strafe ausgesprochen werden
- Versagung oder Bewilligung der Strafaussetzung zur Bewährung, wenn entsprechende Voraussetzungen nicht vorliegen/vorliegen
- Sicherungsmaßregeln nach §§ 63, 64, 66 StGB
- Entziehung der Fahrerlaubnis, § 69 StGB.

Empfehlungen zur vertiefenden Lektüre:
Rechtsprechung: BGH NStZ 2005, 284 (Sachentscheidung des Revisionsgerichts bei Strafzumessungsfehler); BGH NStZ-RR 2007, 152 (Sachentscheidung des Revisionsgerichts bei Strafzumessungsfehler).
Literatur: *Altmann*, Die Teilanfechtung von Urteilen im Strafprozess, JuS 2008, 790; *Bock*, Die Entscheidungen des Revisionsgerichts in Strafsachen, JA 2011, 134; *Maier/Paul*, Anwendungsbereiche des § 354 Ia und Ib StPO in der Rechtsprechung des BGH, NStZ 2006, 82; *Sander*, Die Strafzumessung in der Revision, StraFo 2010, 365.

§ 12. Sonderfragen der Strafzumessung

Fall 1: T hat O mit der flachen Hand ins Gesicht geschlagen. T bereut die Tat und bemüht sich aufrichtig um einen Täter-Opfer-Ausgleich. O lehnt dies grundsätzlich und in dieser Konsequenz auch jedes Treffen mit T ab. T schreibt daher einen langen, aufrichtigen Entschuldigungsbrief an O, den dieser aber ungelesen wegwirft. Außerdem zahlt T an den O Schmerzensgeld.
Ist eine Milderung der wegen Körperverletzung zu erwartenden Strafe des T im Zuge eines Täter-Opfer-Ausgleichs gem. § 46a StGB unter diesen Voraussetzungen möglich? → Rn. 11
Fall 2: Untersuchungsgefangener U kommt mit dem Mitgefangenen M ins Gespräch und erfährt so, dass dieser noch ein „großes Ding" am Laufen hat,

von dem noch keiner etwas weiß. Noch vor seiner Inhaftierung hatte M einen Raubüberfall minutiös geplant, den seine „Kumpels" draußen jetzt umsetzen wollen. U berichtet den Behörden von diesem Plan. Wird sich dies günstig auf die Strafe, die U erwartet, auswirken? → Rn. 24 ff., 29

Fall 3: Autofahrer A verursacht durch leichte Fahrlässigkeit einen Unfall bei dem eine ihm unbekannte, ältere Frau getötet wird. A leidet seitdem unter schweren Depressionen und ist nicht mehr arbeitsfähig. Wird sich dieser Umstand auf das Strafmaß auswirken? → Rn. 49

I. Täter-Opfer-Ausgleich (TOA) und Schadenswiedergutmachung, § 46a StGB

1. Allgemeines

Durch das Verbrechensbekämpfungsgesetz wurde 1994 die Vor-   1 schrift zu Täter-Opfer-Ausgleich und Schadenswiedergutmachung in das StGB eingefügt. § 46a StGB setzt einen Anreiz für den Täter, sich um einen Ausgleich mit dem Opfer zu bemühen und/oder den Schaden wiedergutzumachen. Derartiges **Nachtatverhalten** *kann* zu einer Strafmilderung oder gar zu einem gänzlichen Absehen von Strafe führen. Dem Täter wird auf diese Weise einerseits sein Unrecht vor Augen geführt, andererseits aber auch das Interesse des Opfers an der Schadenskompensation berücksichtigt.[1] § 46a StGB ist demnach ein gesetzlich vertypter **fakultativer Strafmilderungsgrund** mit der Möglichkeit sogar gänzlich von Strafe abzusehen.[2]

Ein derartiges Bemühen konnte schon immer als allgemeiner Ge-   2 sichtspunkt des § 46 II StGB in der Strafzumessung zugunsten des Täters berücksichtigt werden. Mit der Schaffung einer eigenen Vorschrift wurde dieser Aspekt der Strafzumessung noch stärker betont. Gegenüber § 46 StGB ist § 46a StGB nun die speziellere Regelung.[3] Das heißt aber auch, dass ein Bemühen des Täters, das den Voraussetzungen des § 46a StGB nicht entspricht, dennoch im Rahmen des § 46 II StGB als strafmildernd gewertet werden kann.

---

1 *Kaspar* GA 2003, 146 ff.; *Kaspar/Weiler/Schlickum,* Der Täter-Opfer-Ausgleich, 2014; *Meier* JZ 2015, 488.
2 Teilweise wurde gefordert, nachtatliches Täterverhalten noch wesentlich deutlicher zu würdigen als im Rahmen der Strafzumessung. Es sollte diesbezüglich eine „dritte Spur im Strafrecht" konzipiert werden. Diese Ansätze haben sich aber nicht durchgesetzt. Genauer hierzu *Streng* Sanktionen Rn. 579.
3 *Fischer* StGB § 46a Rn. 4.

3   Grob unterschieden werden können Nr. 1 und Nr. 2 des § 46a StGB dahingehend, dass **Nr. 2** auf eine **echte Schadenswiedergutmachung** iS eines materiellen Schadensersatzes abstellt („entschädigt"), während in **Nr. 1** von „Wiedergutmachung" die Rede ist. Dieser Begriff erfasst vor allem den **immateriellen Ausgleich** materieller und immaterieller Opferschäden. Es geht in erster Linie um die Bereinigung des durch die Tat entstandenen Konflikts zwischen Täter und Opfer, mithin um **Kommunikation.**[4] Im Übrigen ist eine klare Trennung zwischen Nr. 1 und Nr. 2 oft nicht möglich. Vielmehr ist eine eindeutige Einordnung in eine der beiden Fallgestaltungen des § 46a StGB auch aufgrund eines vielschichtigen Tatgeschehens nicht durchführbar;[5] letztlich können beide Alternativen daher wohl auch nebeneinander treten.

4   Der Unterschied zu § 56b II Nr. 1 StGB, der als Bewährungsauflage die Schadenswiedergutmachung vorsieht, ist der, dass es sich hierbei immer um einen rein finanziellen Ausgleich handelt. Es geht nicht um Friedensstiftung durch Kommunikation mit dem Opfer, sondern Zweck einer Auflage ist es, Genugtuung für das begangene Unrecht zu erreichen.

5   Nach § 155a StPO soll in jedem Stadium des Verfahrens die Möglichkeit geprüft werden, einen solchen Ausgleich zwischen Beschuldigtem und Opfer zu erreichen. § 155b StPO gibt Einzelheiten zur Durchführung eines Täter-Opfer-Ausgleichs an die Hand. In der Regel wird damit eine der sog TOA-Ausgleichsstellen beauftragt, die im ganzen Bundesgebiet angesiedelt sind. Nach einer bundesweit geführten TOA-Statistik wurden im Jahr 2014 knapp 7.400 Ausgleichsverfahren durchgeführt.[6]

2. Anwendungsbereich

6   Eine Begrenzung auf bestimmte Deliktsarten oder leichte Delikte hat der Gesetzgeber in § 46a StGB bewusst nicht vorgenommen. Das heißt, grundsätzlich ist die Vorschrift sogar im Bereich schwerer Gewaltdelikte, insbesondere auch bei Delikten gegen die sexuelle Selbstbestimmung, anwendbar.[7] Des Weiteren sind auch Vermögens-

---

4 Vgl. Übersicht bei *Meier* Sanktionen S. 404.
5 BGH NStZ 2002, 364 mAnm *Dölling/Hartmann.*
6 *Hartmann/Schmidt/Ede/Kerner,* Täter-Opfer-Ausgleich in Deutschland, 2016, online verfügbar unter: http://www.bmjv.de/SharedDocs/Downloads/DE/PDF/Berichte/ TOA_in_Deutschland_2013_2014.pdf?__blob=publicationFile&v=1.
7 BGHSt 48, 134 ff.

delikte geeignet, den Anwendungsbereich zu eröffnen. Es eignen sich insbesondere auch Delikte mit Regelbeispielscharakter, da das Vorliegen eines vertypten Strafmilderungsgrunds Anlass dafür gibt, trotz **Vorliegens eines Regelbeispiels** einen besonders schweren Fall zu verneinen. Die Indizwirkung eines Regelbeispiels kann schließlich bereits bei einem beachtlichen Nachtatverhalten erschüttert werden. Im Wege eines „Erst-Recht-Schlusses" muss dies folglich auch für einen erfolgreichen Täter-Opfer-Ausgleich gelten. Folglich wird in diesem Fall der Eintritt der Regelwirkung regelmäßig abzulehnen sein.

Dass das Tatopfer eine **juristische Person** ist, steht der Anwendung 7 des § 46a StGB nicht grundsätzlich entgegen. Teilweise wird indes gefordert, dass auch in diesem Fall ein personales Opfer (zB Geschäftsführer eines Unternehmens) erkennbar sein muss.[8] Strittig ist die Anwendung der Vorschrift allerdings bei gänzlich **„opferlosen" Delikten,** zB Straftaten gegen die Allgemeinheit oder gegen den Staat. Bei Steuerstraftaten lehnt die Rspr. überwiegend die Möglichkeit eines Täter-Opfer-Ausgleichs zu Recht ab.[9] Zielführend scheint ein Ansatz, der zwischen Delikten mit individualisierbarer Verletzung bzw. Gefährdung von Rechtsgütern (wie zB § 315c StGB) und solchen mit bloßer abstrakter Verletzung bzw. Gefährdung (wie zB § 316 StGB), bei denen § 46a StGB ausscheidet, unterscheidet. Der BGH hat indes in jüngerer Zeit entschieden, dass wenigstens § 46a I Nr. 1 StGB auf einen vorsätzlichen **Eingriff in den Straßenverkehr** (§ 315b StGB) von vornherein mangels Opfer nicht anwendbar sein soll.[10] Die Vorschrift schütze die Sicherheit des öffentlichen Straßenverkehrs, und die in der Norm aufgezählten Individualrechtsgüter (Leben, Gesundheit und bedeutende Sachwerte der durch den Eingriff betroffenen Verkehrsteilnehmer) würden nur faktisch mitgeschützt werden.

Liegt ein Fall der Tatmehrheit vor, so ist für jede einzelne Tat eine 8 gesonderte Prüfung des § 46a StGB notwendig.

3. Kritik

Insbesondere der Täter-Opfer-Ausgleich ist Kritik ausgesetzt. Mit 9 seinem sozialpädagogischen Konzept ist er allein auf Konfliktbewältigung ausgerichtet. Ein solcher Ansatz ist aber nur schwerlich mit

---

8 *Streng* Sanktionen Rn. 581.
9 BGH NStZ-RR 2010, 147.
10 BGH NStZ 2015, 263; vgl. auch Anm. von *Heghmanns* ZJS 2015, 436, online verfügbar unter: http://www.zjs-online.com/dat/artikel/2015_4_932.pdf.

dem **Schuldprinzip** des § 46 I 1 StGB vereinbar. Konfliktbewältigung ist eben nicht mit Unrechtsbewältigung gleichzusetzen.[11] Zudem wird das wichtige Grundprinzip eines jeden rechtsstaatlichen Verfahrens, die **Unschuldsvermutung**, in gewisser Weise unterlaufen, da ein Täter-Opfer-Ausgleich letztlich ein Schuldeingeständnis verlangt. Um in die Gunst einer Strafmilderung zu gelangen, muss der Täter zudem in Vorleistung gehen, ohne auf die sichere Anwendung des § 46a StGB vertrauen zu können (Kann-Vorschrift).

10   Zudem tun sich manche Täter – gerade auch aus fremden Kulturkreisen – schwerer als andere, ihre Tat explizit einzuräumen, obwohl sie bereit sind, an einem Täter-Opfer-Ausgleich ernsthaft mitzuwirken. Vielleicht sollten daher an die Voraussetzungen eines Schuldeingeständnisses nicht so hohe Anforderungen gestellt werden, um derartigen **Kulturkonflikten** vorzubeugen und dem Täter nicht von vornherein die Möglichkeit einer Strafmilderung zu nehmen.

4. Die Voraussetzungen im Einzelnen

a) § 46a Nr. 1 StGB – TOA. Zumeist (aber nicht zwingend) geht es um den **Ausgleich immaterieller Schäden.**

11   – Insbesondere die Zahlung eines Schmerzensgeldes kann aber auch unter Nr. 1 fallen.
– Zudem kommt eine Anwendung der Nr. 1 auch im Bereich der Vermögensdelikte in Betracht.

Hierzu müssen umfassende **Ausgleichsbemühungen** des Täters vorliegen.
– Das Verhalten des Täters muss ein „**Ausdruck der Übernahme von Verantwortung**" sein.[12]
– Dies beinhaltet zwingend einen kommunikativen, nicht jedoch notwendig persönlichen Kontakt zwischen Täter und Opfer.[13] TOA-Stellen führen hier Vorgespräche mit den Beteiligten und stellen den Kontakt her.
– Zumeist ist es erforderlich, dass sich der Täter gegenüber dem Opfer zu seiner Schuld bekennt. Ein öffentliches Geständnis in der Hauptverhandlung wird allerdings nicht zwingend gefordert, kann aber bei Delikten, die ein Opfer psychisch sehr stark belastet

---

11 *Fischer* StGB § 46a Rn. 3.
12 BGHSt 48, 134.
13 BGHSt 48, 134.

haben – zB eine Vergewaltigung – durchaus Voraussetzung eines erfolgreichen Täter-Opfer-Ausgleichs sein.[14]

– Eine Versöhnung von Täter und Opfer im engeren Sinn ist zwar nicht erforderlich aber die Bemühungen des Täters müssen immerhin friedensstiftende Wirkung gehabt haben. Eine bloße Entschuldigung entspricht, selbst wenn sie vom Opfer akzeptiert wurde, jedenfalls bei schwerwiegenden Delikten regelmäßig nicht den Anforderungen an einen derartigen kommunikativen Prozess.[15] Umgekehrt ist allein die Tatsache, dass ein Opfer eine Entschuldigung nicht akzeptiert, nicht schon ein Ausschlussgrund, wenn dagegen andere Leistungen von ihm angenommen werden.[16]

– „Tat ganz oder zum überwiegenden Teil wieder gutgemacht": Diese Voraussetzung ist so auszulegen, dass zum Zeitpunkt der richterlichen Entscheidung mehr als die **Hälfte** der Leistung, die zwischen Täter und Opfer vereinbart wurde, auch tatsächlich erbracht wurde. Diese Hälfte-Regel entspricht dem Wortlaut des Gesetzes, wird aber teilweise als „zu pauschal" kritisiert.[17]

– Zudem ist nach dem Wortlaut des Gesetzes schon **ein ernsthaftes Erstreben der Wiedergutmachung** ausreichend.

   – Von diesem Grenzfall eines Täter-Opfer-Ausgleichs sollte die Rspr. mit Rücksicht auf das Opfer nur sehr zurückhaltend Gebrauch machen.

   – Doch insbesondere, wenn ein entstandener Schaden so hoch ist, dass er von dem Täter nicht in zumutbarer Weise kompensiert werden kann, seine Schuld aber gleichzeitig gering war, ist diese Möglichkeit in Betracht zu ziehen.

– **Weigert sich das Opfer** jedoch, so ist der Täter-Opfer-Ausgleich grundsätzlich nicht möglich. Eine Ausnahme ist aber dann zu machen, wenn dem Opfer bei verständiger Würdigung des Einzelfalles ein Ausgleich mit dem Täter zugemutet werden kann.

Für den **Fall 1** bedeutet dies, dass die Weigerung des Opfers nicht zwingend zur Folge hat, dass ein Täter-Opfer-Ausgleich auszuscheiden hat, obwohl der eigentlich erforderliche kommunikative Akt zwischen Täter und Opfer fehlt. Hier liegt ein Ausnahmefall vor, denn dem Opfer wäre ein Täter-Opfer-Ausgleich durchaus zuzumu-

---

14 BGHSt 48, 134.
15 BGH NStZ 2013, 240.
16 BGH StV 2012, 150.
17 *Streng* Sanktionen Rn. 585.

ten gewesen. Schließlich handelt es sich um eine vergleichsweise geringe Straftat, die T begangen hat. Zudem ist durch das Verhalten des T deutlich zum Ausdruck gekommen, dass er die Verantwortung für seine Tat übernimmt. Er hat sich klar zu seiner Schuld bekannt. Zudem hat er an O Schmerzensgeld gezahlt. Es ist weder zwingend ein persönlicher Kontakt zwischen Täter und Opfer erforderlich, noch ist eine Versöhnung im klassischen Sinn zu verlangen. Dies ist aber sehr einzelfallabhängig zu beurteilen. Eine Milderung der Strafe des T gem. § 46a Nr. 1 StGB kommt daher durchaus in Betracht.

12   **b) § 46a Nr. 2 StGB – Schadenswiedergutmachung.** Bei der Schadenswiedergutmachung nach § 46a Nr. 2 StGB geht es vor allem um den Ausgleich **materieller Schäden,** wobei dies vom Täter erhebliche persönliche Leistungen oder eben persönlichen Verzicht erfordert, weshalb für wohlhabende Täter eher § 46a Nr. 1 StGB einschlägig ist, denn man soll sich gerade nicht profan freikaufen dürfen. Ein kommunikativer Prozess ist zwar nicht zwingend notwendig; der Täter muss aber erneut die **Verantwortung** für seine Tat übernehmen. Das heißt, eine rein rechnerische Kompensation wirtschaftlicher Schadensersatzansprüche kann nicht ausreichend sein, denn eine zivilrechtliche Einstandspflicht ist sowieso gegeben. Daneben ist nach dem Wortlaut der Vorschrift auch die bloße Zusage nicht ausreichend („entschädigt").[18] Gleichwohl wird auch ein **Teilschadensausgleich** jedenfalls dann als ausreichend angesehen, wenn es sich um sehr hohe Schadenssummen handelt, das Opfer damit einverstanden ist und den Täter von weitergehender Haftung freistellt.[19]

5. Rechtsfolgen des § 46a StGB

13   Bei Vorliegen der Voraussetzungen steht dem Gericht ein großer Ermessensspielraum zu, mit dem es pflichtgemäß umzugehen hat. Die Ermessensausübung ist immer an die allgemeinen Wert- und Zweckvorstellungen des Strafrechts gebunden. Strafzumessungsgründe wie etwa Vorstrafen sind nicht in Bezug zu einem Täter-Opfer-Ausgleich zu setzen.[20] Letztlich kann eine Strafrahmenmilderung gem. § 49 I StGB vorgenommen oder sogar gänzlich von Strafe abgesehen werden, aber die Bemühungen des Täters im Rahmen der Straf-

---

18 BGH NStZ 2000, 83.
19 BGH NJW 2001, 2557 (2558); BGH StV 2009, 405.
20 *Bannenberg/Rössner* GS Meurer, 2002, 157 (175).

zumessung können auch gänzlich unberücksichtigt bleiben, wenn sie den Anforderungen nicht genügen.

Für die Entscheidung über ein **Absehen von Strafe** gewinnt die   14
Deliktsschwere besondere Bedeutung. Ein solches Absehen von der Strafe ist nur zulässig, wenn der Täter keine höhere Strafe als eine Freiheitsstrafe bis zu einem Jahr oder Geldstrafe bis zu 360 Tagessätzen „verwirkt" hat. Verwirkte Strafe ist diejenige, die für die Tat hypothetisch in der genannten Höhe hätte ausgesprochen werden müssen, wenn es nicht zu einem Absehen von Strafe gekommen wäre. Daher muss der konkrete Strafrahmen der vorliegenden Tat hypothetisch bestimmt werden. Dabei sind sowohl allgemeine Strafzumessungserwägungen nach § 46 II StGB als auch die Strafrahmenmilderung nach § 46a StGB zu berücksichtigen.[21] Sind die Voraussetzungen für ein Absehen von Strafe gegeben, hat schon die Staatsanwaltschaft die Möglichkeit das Strafverfahren nach § 153b StPO einzustellen.

II. Hilfe zur Aufklärung oder Verhinderung schwerer Straftaten, § 46b StGB

1. Allgemeines

§ 46b StGB wurde 2009 in das Strafgesetzbuch aufgenommen, um   15
als allgemeine Kronzeugenregelung insbesondere den schwierigen und zeitaufwändigen Kampf gegen den Terrorismus, organisierte Kriminalität und die schwere Wirtschaftskriminalität zu unterstützen.[22] Daneben gibt es nach wie vor die bereichsspezifischen „kleinen" Kronzeugenregelungen in §§ 129 VI Nr. 2 und § 129a VII StGB.[23] Schon seit 1981 hat man Erfahrung mit der Kronzeugenregelung des § 31 BtMG, die in der Praxis oft zur Anwendung kommt, deren praktischer Nutzen freilich bezweifelt wird (aber auch schwer nachzuweisen ist).[24] Bei echten Überschneidungen zwischen den Regelungen gilt das Günstigkeitsprinzip, ansonsten ist die speziellere Vorschrift anzuwenden.

---

21 Kritisch *Kett-Straub* JA 2009, 53.
22 Zur aktuellen Rspr. s. *Maier* NStZ-RR 2016, 37 und NStZ-RR 2014, 161.
23 Die Kronzeugenregelung des § 216 X StGB für Taten der Geldwäsche setzte man 2009 außer Kraft. Von 1989 bis 1999 galt auch ein eigenes Kronzeugengesetz, das insbesondere im Kampf gegen den Terrorismus der Roten Armee Fraktion helfen sollte.
24 *Kempf* StV 1999, 67; *Endriß* StraFo 2004, 151; *König* NJW 2009, 2481. s. auch die Ergebnisse einer Befragung von Strafverteidigern, *Kaspar/Christoph* StV 2016, 318.

16   Der Zweck des gesetzlich **vertypten fakultativen Strafmilderungsgrundes** nach § 46b StGB liegt primär darin, die Kooperation von Strafverfolgungsbehörden und aussagebereiten Tätern bzw. Teilnehmern einer Straftat zu fördern. Die Zusammenarbeit mit den Behörden ermöglicht dem Täter, in den Genuss einer Strafrahmenmilderung nach § 49 I StGB oder eines gänzlichen Absehens von Strafe zu gelangen. Der Staat verspricht sich auf diese Weise einen Zugang zu sonst abgeschotteten Täterkreisen. Letztlich sollen daher auf diese Weise auch andere potentielle Täter abgeschreckt werden, weil sie sich nicht sicher sein dürfen, dass sie nicht aus den eigenen Reihen „verraten" werden.

2. Anwendungsbereich

17   Anwendung findet § 46b StGB nur auf den Bereich der **mittleren und schweren Kriminalität,** denn die Anlasstat muss eine Straftat sein, die mit im Mindestmaß erhöhter oder lebenslanger Freiheitsstrafe bedroht ist. Für den Bereich der minder schweren Kriminalität sind die Milderungsmöglichkeiten nach §§ 46, 49 StGB sowie die Einstellung des Verfahrens nach §§ 153 ff. StPO ausreichend. Dennoch wird diese Privilegierung von Beteiligten an Taten der mittleren und schweren Kriminalität kritisiert.

18   Im Übrigen ist in der Vorschrift zwar von „**Täter**" die Rede, gemeint sind aber Beteiligte, also auch **Anstifter und Gehilfen** (gerade Letztgenannte erhofft man sich durch die Vorschrift ansprechen zu können). Liegt ein Fall der Tatmehrheit vor, so ist für jede einzelne Tat eine gesonderte Prüfung des § 46b StGB notwendig.

3. Bedenken

19   Hauptvorwurf an einer Kronzeugenregelung ist der Verstoß gegen den **Schuldgrundsatz.** Warum sollte es einem Täter zum Vorteil gereichen, dass er Wissen über eine andere Tat parat hat. Seine Tatschuld jedenfalls wird durch Nachtatverhalten nicht gemindert.[25] Das nachträglich in das Gesetz aufgenommene Zusammenhangserfordernis (→ Rn. 24 f.) relativiert diesen Kritikpunkt zwar, schafft ihn aber nicht gänzlich aus der Welt. Daneben stellt sich die Frage, ob § 46b StGB nicht auch gegen den **Gleichheitsgrundsatz** dadurch verstößt, dass Täter schwererer Kriminalität in gewisser Weise bevor-

---

25 *Streng* Sanktionen Rn. 597.

zugt behandelt werden. Täter leichter Straftaten können von vornherein nicht in den Genuss des § 46b StGB kommen. Die Frage ist zudem, ob das Vertrauen der Bevölkerung in das Rechtssystem nicht sogar durch die Erfahrung geschwächt werden könnte, dass ein Täter Milde dafür erfährt, dass er sein Wissen zu anderen Taten den Behörden offenbart. Zudem wird die Grundsatzfrage aufgeworfen, ob es überhaupt eine rechtspolitische Notwendigkeit für eine solche Kronzeugenregelung gibt.[26] Umgekehrt muss der Täter auch im Rahmen des § 46b StGB zu einem sehr frühen Zeitpunkt (vgl. Abs. 3) in **Vorleistung** gehen, ohne zu wissen, ob diese letztlich honoriert wird.

4. Absicherung der Behörden

Um die Gefahr möglichst gering zu halten, dass ein Täter einen anderen grundlos „anschwärzt", um in den Genuss einer Strafmilderung zu kommen, wurden mit der Einführung der Vorschrift die Strafrahmen des § 145d III StGB (Vortäuschen einer Straftat) und des § 164 III StGB (Falsche Verdächtigung) angepasst. Zudem soll der frühe Offenbarungszeitpunkt (Abs. 3: „vor Eröffnung des Hauptverfahrens" – hierzu sogleich genauer) den Behörden die Möglichkeit einräumen, die Stichhaltigkeit der Angaben zu überprüfen. Nichtsdestoweniger sind aber immer gewisse Zweifel am Wahrheitsgehalt fremdbelastender Aussagen angebracht.   20

5. Allgemeine Voraussetzungen

a) **Anlasstat des Kronzeugen.** Es muss sich um eine Straftat handeln, die mit einer im Mindestmaß erhöhten Freiheitsstrafe oder mit lebenslanger Freiheitsstrafe bedroht ist. Damit scheiden alle Taten aus, für welche die Mindeststrafandrohung einen Monat Freiheitsstrafe oder Geldstrafe beträgt (§§ 38 II, 40 I StGB). Die Anlasstat muss keine Katalogtat des § 100a II StPO sein.[27] Der Strafrahmen bestimmt sich nach der abstrakten gesetzlichen Strafandrohung. Gem. Abs. 1 S. 2 finden dabei die Strafrahmen von erfüllten Qualifikationstatbeständen und besonders schweren Fällen (zB § 243 StGB) Berücksichtigung. Milderungen jeder Art bleiben dagegen unberücksichtigt. Dies hat den Zweck, den für § 46b StGB besonders wichtigen Kreis   21

---

26 Zur Kritik vgl. *Beulke* StrafProzR Rn. 342.
27 BGH NStZ-RR 2013, 241.

der Gehilfen nicht aufgrund der Regelung des § 27 II 2 StGB von vornherein aus dem Anwendungsbereich herauszunehmen.[28]

22   **b) Offenbarungszeitpunkt, § 46b III StGB.** Eine Milderung sowie das Absehen von Strafe sind gem. Abs. 3 ausgeschlossen, wenn der Täter sein Wissen erst nach der Eröffnung des Hauptverfahrens (§ 207 StPO) offenbart. Diese Präklusionsvorschrift dient der Vermeidung von Verzögerungen der Hauptverhandlung, zB durch taktisches Zurückhalten von Informationen. Der späteste Zeitpunkt der Offenbarung des Kronzeugen ist demnach **kurz vor Eröffnung des Hauptverfahrens.** Eine spätere Offenbarung kann nur noch im Rahmen der allgemeinen Strafzumessung nach § 46 StGB berücksichtigt werden. § 46b StGB hat demnach seine Bedeutung vor allem im Ermittlungsverfahren.

23   Aus Sicht der Verteidigung ist das freilich nicht unproblematisch: Denn nach § 46b StGB steht die Privilegierung des kooperierenden Täters im Ermessen des Gerichts („kann"), und im Zeitpunkt vor Eröffnung des Hauptverfahrens ist Sicherheit auch noch nicht durch (zumindest eingeschränkt, vgl. § 257c V StPO) bindende Absprachen mit dem erkennenden Gericht zu erlangen. Die durch das Verständigungsgesetz geschaffenen Kommunikationsmöglichkeiten mit Staatsanwaltschaft (§ 160b StPO) und mit dem Gericht im Zwischenverfahren (§ 202a StPO) sind dagegen bewusst noch nicht auf bindende Verständigungen ausgelegt. Auch kommt bei Straftaten, die nach ihrer Schwere überhaupt in den Anwendungsbereich der Vorschrift fallen (→ Rn. 21), idR kaum eine Verfahrenseinstellung allein durch die Staatsanwaltschaft in Betracht.

6. Zusammenhang zwischen Anlass- und Katalogtat

24   Nicht einmal vier Jahre nach Schaffung der Vorschrift hat der Gesetzgeber den Anwendungsbereich der Vorschrift 2013 deutlich beschränkt. Die Strafmilderung kann sich der Kronzeuge nunmehr nur noch durch Wissensmitteilung zu sog „Zusammenhangstaten" verdienen. Das heißt, zwischen der Anlasstat des Kronzeugen und der Tat, zu der er sein Wissen mitteilt, muss ein **hinreichender Zusammenhang** (Konnexität) bestehen. Dies gilt sowohl im Fall der Aufklärungs- als auch im Fall der Präventionshilfe.

25   Wie dieser Zusammenhang genau beschaffen sein muss, ist strittig. Es ist jedenfalls nicht Voraussetzung, dass es sich um dieselbe prozes-

---

28 *Fischer* StGB § 46b Rn. 6.

suale Tat handelt. In Anlehnung an die Rspr. zu § 31 BtMG reicht es, wenn es sich um Taten handelt, die mit der eigenen Tat eine „gemeinsame Struktur" aufweisen. Dies ist etwa bei selbstständigen Vortaten, insbesondere Vorbereitungstaten, und typischen Nachtaten wie § 261 StGB der Fall. Dies meint auch Taten derselben Bande oder von Bandenmitgliedern mit Dritten, einschließlich typischer Begleittaten, wie Taten zur Verdeckung eines Geschehens.[29] Es geht also jeweils um ein **„kriminelles Gesamtgeschehen";**[30] nicht ausreichend ist dagegen nur ein zeitliches oder örtliches Zusammentreffen der Taten.[31]

Beispiel: „Nicht mehr zur Anwendung der Kronzeugenregelung führen [26] wird die informelle V-Mann-Situation: Horcht ein Untersuchungsgefangener einen Mitgefangenen aus, um das so erlangte Wissen über die Taten des Mitgefangenen für die eigene Strafmilderung nutzen zu können, wird regelmäßig ein Zusammenhang ausscheiden. Dass sich dieses Aushorchen auf Zusammenhangstaten bezieht, ist schon deswegen unwahrscheinlich, weil in der Untersuchungshaft mutmaßlich Tatbeteiligte voneinander getrennt werden".[32]

Die erforderliche Konnexität zwischen den Taten wird auch im Fall einer [27] Bande fehlen, die gemeinsam Einbrüche verübt, wenn ein Bandenmitglied bei einem solchen Einbruch spontan eine anwesende Bewohnerin vergewaltigt. Schließlich wird allein durch die Mitgliedschaft in der Bande noch kein Zusammenhang erreicht. Ist eine Straftat nicht vom gemeinsamen Plan gedeckt, und handelt es sich nicht um ein typisches Begleitdelikt, besteht regelmäßig zwischen offenbarter Tat und Kronzeugentat keine Konnexität.

Grund für die Gesetzesänderung war, dass man inzwischen der [28] Ansicht war, dass die Privilegierung des § 46b StGB ohne dieses Zusammenhangserfordernis nicht mit dem „Schuldprinzip in einem – vor allem für das Opfer und die rechtstreue Bevölkerung – nachvollziehbaren Einklang" stünde.[33] Nur bei einem gewissen Zusammenhang zwischen der dem „Kronzeugen" vorgeworfenen und der Tat, zu der dieser Aufklärungs- und Präventionshilfe leistet, könne dem Grundsatz schuldangemessenen Strafens Rechnung getragen werden. Seltsamerweise hatte man bei der Schaffung der Vorschrift im Jahre 2009 aber noch ganz bewusst auf das Erfordernis eines Zusammenhangs verzichtet.

---

29 *Fischer* StGB § 46b Rn. 9b und c.
30 BT-Drs. 17/9695, 8.
31 *Christoph*, Kritische Vierteljahresschrift für Gesetzgebung und Rechtswissenschaft (KritV), 2014, 82 ff.
32 Nach *Peglau* NJW 2013, 1910.
33 BT-Drs. 17/9695, 6.

29   Fehlt es an der erforderlichen Konnexität, bleibt aber die Möglich-
      keit, das Bemühen des Täters im Rahmen des § 46 II StGB zu seinen
      Gunsten zu verwerten.
         Im **Fall 2** kommt demnach eine Strafmilderung nicht in Betracht.
      Die Raubtat, die U verhindert hat, wäre zwar eine auf die Vorschrift
      passende Katalogtat, doch sie steht mit der Tat des U in keinerlei Be-
      ziehung. Eine Strafmilderung über die Kronzeugenregelung gem.
      § 46b I 1 Nr. 2 StGB (Präventionshilfe) scheitert demnach an dem
      fehlenden Zusammenhang zwischen der Tat des U und der geplanten
      Tat des M. Es bliebe lediglich die Möglichkeit, das Verhalten des U
      im Rahmen der allgemeinen Strafzumessung zu seinen Gunsten zu
      berücksichtigen.

7. Aufklärungshilfe, § 46b I 1 Nr. 1 StGB

30   a) **Katalogtat des § 100a II StPO.** Bei der Aufklärungshilfe muss
      der Kronzeuge durch freiwilliges Offenbaren seines Wissens wesent-
      lich dazu beigetragen haben, dass eine **Katalogtat nach § 100a II
      StPO** aufgedeckt werden konnte. Grund für die Beschränkung auf
      diese Straftaten ist die Intention des Gesetzgebers insbesondere Taten
      aufzuklären, die in der Regel konspirativ und abgeschottet begangen
      werden. Die Tat kann selbstverständlich im Versuchsstadium stecken-
      geblieben sein;[34] dies ändert nichts an ihrem Charakter als Straftat.
      Der Kronzeuge muss im Übrigen nur Beteiligter der Anlasstat sein,
      an der Katalogtat dagegen muss er nicht beteiligt sein. Er kann durch-
      aus auch Opfer der Katalogtat sein.[35]

31   b) **Offenbaren des Wissens über diese Katalogtat.** Der Täter muss
      sein Wissen über diese Katalogtat offenbaren. Es gilt der in § 31
      BtMG gebrauchte Begriff des Offenbarens. Man kann demnach auf
      umfangreiche Rspr. zurückgreifen.[36] Klassische Fälle sind das Offen-
      baren eines Namens eines bisher unbekannten Tatbeteiligten (etwa
      Hintermänner) sowie das Benennen von Tatsachen, die zur Überfüh-
      rung bereits verdächtiger Tatbeteiligter führen, oder das Verraten des
      Beuteverstecks.

32   Sofern der Kronzeuge allerdings Tatbeteiligter der Katalogtat ist,
      muss gem. § 46b I 3 StGB sein Beitrag zur Aufklärung **über den ei-**

---

34 Auch der Rücktritt vom Versuch ändert noch nichts an der Eigenschaft als Katalogtat,
   vgl. BGH StV 2014, 480.
35 BGHSt 55, 153.
36 Vgl. bspw. BGH NStZ-RR 2016, 274.

genen Tatbeitrag hinausgehen. Die Anwendung des § 46b StGB bleibt aber möglich, wenn der Betroffene seinen eigenen Tatbeitrag an der Katalogtat geleugnet hat.[37]

c) Freiwilliges Offenbaren. Die Offenbarung muss freiwillig erfol- **33** gen. Das ist der Fall, wenn das Wissen **frei von jeglichem Zwang** sei- tens der Ermittlungsbehörden preisgegeben wird. Allein die Pflicht zu einer Zeugenaussage lässt aber diese Freiwilligkeit noch nicht ent- fallen, auch nicht die Tatsache, dass der Täter Leugnen für zwecklos hält.[38]

d) Erfolg. Der Kronzeuge muss wesentlich dazu beigetragen ha- **34** ben, dass die Katalogtat aufgedeckt wird. Zweifel gehen zu seinen Lasten. Ein bloßes Bemühen um die Aufklärung oder gar die Heraus- gabe bereits bekannter oder gesicherter Informationen ist nicht aus- reichend. Ein immer wiederkehrendes Problem zeigt sich daher re- gelmäßig im „Wettlauf" der tatbeteiligten potentiellen Kronzeugen.[39]

8. Präventionshilfe, § 46b I 1 Nr. 2 StGB

a) Verhinderung einer Katalogtat des § 100a II StPO. Die Prä- **35** ventionshilfe gem. § 46b I 1 Nr. 2 StGB verlangt, dass der Kronzeuge freiwillig sein Wissen so rechtzeitig einer Dienststelle offenbart, dass eine **Katalogtat** nach § 100a II StPO, von deren Planung er weiß, verhindert werden kann. Erneut muss zwischen eigener Tat und zu verhindernder Tat ein Zusammenhang bestehen (→ Rn. 24 ff.). Hier- bei ist zumindest erstaunlich, dass der Straftatenkatalog nach § 100a II StPO viele Straftaten enthält, deren Nichtanzeige nach § 138 StGB strafbar ist. Jeder Bürger hat demnach die Pflicht, derartige Ta- ten, sofern sie sich noch im Planungsstadium befinden, zur Anzeige zu bringen. Ein Täter einer schweren Straftat gelangt nun in den Ge- nuss eines Strafmilderungsgrundes, wenn er die geplante Katalogtat offenbart, sofern sie mit seiner Tat in Zusammenhang steht, obwohl er letztlich nur eine staatsbürgerliche Pflicht erfüllt.[40]

b) Rechtzeitiges Offenbaren. Das Wissen über die geplante Tat **36** muss so rechtzeitig offenbart werden, dass diese noch verhindert werden kann. Es kommt also darauf an, dass die Ausführung der

---

37 BGH StV 2011, 534.
38 BGHSt 55, 153 mAnm *Meier* NStZ 2011, 151; *Oğlakcıoğlu* StraFo 2012, 89.
39 BGH ZWH 2012, 106 mAnm *Kudlich*.
40 *Fischer* StGB § 46b Rn. 17.

Tat oder wenigstens der Taterfolg verhindert werden kann, wenn der Kronzeuge erst nach Tatbeginn von der Tat erfahren hat.

37   **c) Gegenüber einer Dienststelle.** Erforderlich ist zudem, dass die Offenbarung gegenüber einer **Dienststelle** erfolgt. Hierunter ist nicht nur eine polizeiliche Dienststelle, die Staatsanwaltschaft oder das Gericht zu verstehen, sondern jede Behörde, deren Benachrichtigung eine Verhinderung der Tat erwarten lässt. Die bloße Warnung des von der Straftat Betroffenen soll dagegen nicht ausreichend sein. Dies wird teilweise kritisiert und gefordert, § 46b I 1 Nr. 2 StGB auch dann anzuwenden, wenn das **künftige Tatopfer** gewarnt wird.[41]

9. Rechtsfolgen

38   Dem Gericht wird ein weiter Ermessensspielraum („kann") zwischen einer Strafrahmenmilderung oder dem gänzlichen Absehen von Strafe zugestanden, den es pflichtgemäß auszufüllen hat. § 46b II StGB gibt Kriterien vor, die das Gericht zu berücksichtigen hat. Insbesondere sind die Aufklärungs- oder Verhinderungsleistung des Kronzeugen gegen die Schwere der von ihm begangenen Tat und seine dadurch verwirkte Schuld abzuwägen.

39   Beachtet werden muss, dass das Absehen von der Strafe (anders als die Milderung) nur möglich ist, wenn die Anlasstat ausschließlich mit einer zeitigen Freiheitsstrafe bedroht ist und der Täter keine Freiheitsstrafe von mehr als drei Jahren verwirkt hat (§ 46b I 4 StGB). Die Staatsanwaltschaft hat die Möglichkeit, nach § 153b StPO das Verfahren einzustellen.

10. Kritik

40   **a) Offenbarungszeitpunkt des Abs. 3.** Ein oft genannter Kritikpunkt ist der Offenbarungszeitpunkt des Abs. 3, wonach eine Milderung ausgeschlossen ist, wenn der Täter sein Wissen erst nach Eröffnung des Hauptverfahrens offenbart. Es kommt daher zur Friktion mit den Regelungen zum Deal, denn auf der anderen Seite ist eine Absprache in der Hauptverhandlung nach § 257c StPO erst nach diesem Zeitpunkt möglich (vgl. → Rn. 23).

41   **b) Risikotragung hinsichtlich der Wirksamkeit der Aufklärungshilfe.** Unabhängig von § 46b III StGB mag ein möglichst früh-

---

41 *Fischer* StGB § 46b Rn. 20.

zeitiges Offenbaren schon im Ermittlungsverfahren empfehlenswert sein, weil dann die Qualität der Leistung auch noch bewertet werden kann (etwa durch die Verhinderung einer geplanten Straftat). Dagegen birgt eine Offenbarung erst im Rahmen einer Absprache stets die Gefahr, dass das Gericht den Wert der Aussage geringer einstuft, weil der Aufklärungserfolg (noch) nicht feststeht. Unberührt bleibt dabei jedoch die Möglichkeit der Aussetzung der Hauptverhandlung.

c) **Anlasstat.** Schließlich wird kritisiert, dass es zu einer Bevorzu- **42** gung von Tätern schwerer Straftaten kommt, da nur Straftaten, die mit im Mindestmaß erhöhter oder mit lebenslanger Freiheitsstrafe bedroht sind, Anlasstaten sein können. Somit fallen Delikte mit Mindeststrafe von einem Monat Freiheitsstrafe oder Geldstrafe aus dem Anwendungsbereich heraus. Bspw. kann § 46b StGB bei erschwerten Fällen des Diebstahls nach §§ 243, 244 StGB Anwendung finden, nicht aber bei § 242 StGB allein. So kommt es zu einer Asymmetrie zwischen der Anlasstat und der aufgeklärten Tat, da der Katalog des § 100a II StPO auch Delikte beinhaltet, die im Mindestmaß nur mit einem Monat Freiheitsstrafe oder mit Geldstrafe bedroht sind.

III. Absehen von Strafe, § 60 StGB

1. Regelungszweck

§ 60 StGB regelt die Möglichkeit, von Strafe abzusehen, „wenn die **43** Folgen der Tat, die den Täter getroffen haben, so schwer sind, daß die Verhängung einer Strafe offensichtlich verfehlt wäre". Die Idee, die hinter der Vorschrift steckt, beruht auf einem sehr ursprünglichen Gerechtigkeitsempfinden: Straftäter können schon allein durch die unmittelbaren Folgen ihrer Straftat schuldangemessen bestraft sein. Sie sind gleichzeitig Täter und in gewisser Weise auch Opfer der eigenen Tat (wenngleich man streng strafrechtlich gedacht nicht sein eigenes Opfer sein kann).[42] Es bedarf dann keiner Strafe durch die Gerichte mehr: **Die *poena naturalis* macht die *poena civilis* überflüssig.** Den Belastungen, die den Täter durch die eigene Tat treffen, kommt der Charakter von Strafersatz zu. Der Staat zieht sich mit seiner Strafgewalt zurück, wenn der Täter also auch ohne

---

42 Eine Ausnahme gilt für die Selbstverstümmelung eines Soldaten, die in § 17 WStG unter Strafe gestellt ist.

ihn schon genug bestraft ist. Eine strafrechtliche Sanktion ist sinn-
und zwecklos geworden.[43]

2. Charakter

44   § 60 StGB ist eine Strafzumessungsregel. Die Vorschrift führt die
allgemeine Strafzumessungsvorschrift des § 46 StGB, wonach strafmildernd für den Täter nachteilige Tatfolgen zu berücksichtigen
sind, in letzter Konsequenz weiter: Die Strafzumessung ergibt das
„Strafmaß Null".[44] Ein kleiner – müßiger – Streit wird daher darüber geführt, ob § 60 StGB systematisch nicht an falscher Stelle im
StGB steht. Stimmiger wäre es in der Tat gewesen, die Vorschrift bei
den Strafzumessungsregeln in den Zweiten Teil des Dritten Ab-
schnitts einzufügen.

3. Voraussetzungen

45   **a) Strafobergrenze, Satz 2.** Es darf keine Freiheitsstrafe von mehr
als einem Jahr für die Tat verwirkt sein. Eine Beschränkung auf bestimmte Tattypen gibt es dagegen nicht. Es war nicht die gesetzgeberische Intention bei Schaffung dieser Eingangshürde, Taten der
schweren Kriminalität von vornherein auszuschließen. Doch scheiden
aus dem Anwendungsbereich der Vorschrift eigentlich alle Straftaten
aus, deren gesetzliche Mindeststrafe bei über einem Jahr Freiheitsstrafe liegt. Im Grundsatz bedeutet dies, dass vor dem Absehen von
Strafe ein hypothetisches Strafmaß festgestellt werden muss. „Verwirkt" ist hier iSv „verdient" oder „gerecht" zu verstehen.
Strittig ist indes, welche Faktoren zur Bestimmung dieser **verwirkten Strafe** herangezogen werden dürfen. Nach der Rspr. dürfen die
Umstände (also die für den Täter belastenden Folgen der Tat), die
letztlich zu einem Absehen von Strafe führen, schon im Strafzumessungsvorgang berücksichtigt werden. Die hM bejaht eine solche
Doppelverwertung von Tatsachen, denn § 50 StGB (Zusammentreffen von Milderungsgründen) würde insoweit nicht gelten.[45] Die Intention ist durchaus eine Richtige: Fälle, bei denen ein Absehen von
Strafe besonders naheliegt, sollen nicht von vornherein aus dem Anwendungsbereich des § 60 StGB hinauskatapultiert werden. Gleichwohl bleibt eine solche doppelte Verwertung eines maßgeblichen Ge-

---

43 Zum Ganzen *Kett-Straub* JA 2009, 53 ff.
44 *Streng* Sanktionen Rn. 711.
45 BGHSt 27, 298 (300); BGH NJW 1996, 3350 m. zust. Anm. *Stree* NStZ 1997, 122.

sichtspunktes in sich unschlüssig: Schließlich stellt das Gericht sonst einmal fest, dass der Täter unter der Berücksichtigung der besonderen Tatfolgen eine bestimmte Strafe erhalten müsste, um dann aber zu dem Ergebnis zu kommen, dass diese verdiente Strafe aufgrund derselben, besonderen Tatfolgen offensichtlich verfehlt wäre.[46] Besser und transparenter wäre es, sich von der Ein-Jahres-Grenze gänzlich zu verabschieden und den Richtern mehr Spielraum zuzugestehen. Ein Vorschlag ist, die verwirkte Freiheitsstrafe auf zwei Jahre anzuheben,[47] wie dies schon bei den ursprünglichen Gesetzesberatungen diskutiert worden war.[48]

b) Schwere Tatfolgen, die den Täter getroffen haben. Die Folgen **46** der Tat, die den Täter getroffen haben, müssen **schwer** sein. Sie können wirtschaftlicher, körperlicher oder auch seelischer Natur sein.[49] Im Hinblick auf den extremen Ausnahmecharakter der Vorschrift ist ein sehr strenger Maßstab für die Beurteilung der „Schwere" anzulegen. Finanzielle Einbußen müssen also schon so groß sein, dass die bürgerliche Existenz des Täters auf dem Spiel steht, um als entsprechende Tatfolgen bewertet werden zu können.[50]

Beispiel: Ein typisches Beispiel für derartige Folgen ist die Tötung des Kin- **47** des oder des Partners bei einem fahrlässig verschuldeten Verkehrsunfall oder auch der Verlust der wirtschaftlichen Existenz, der ein Absehen von der Strafe begründen könnte. Zu denken ist auch an ein Absehen von Strafe, wenn ein Brandstifter bei der Tat selbst schwere Verbrennungen erlitten hat, die ihn für den Rest seines Lebens zeichnen.

Außer Acht zu bleiben haben jedoch diejenigen Folgen, die typi- **48** scherweise einen Straftäter als Folge einer Straftat treffen. Zu denken ist insbesondere an stigmatisierende Effekte oder regelmäßig auftretende psychische Folgen wie Reue oder Schuldgefühle. In der Literatur wird teilweise recht ausführlich zwischen mittelbaren und unmittelbaren Tatfolgen unterschieden. Letztgenannte sind diejenigen, die unmittelbar aus der Straftat herrühren. Strittig ist nun, ob auch mittelbare Folgen der Tat im Rahmen der Überlegungen zu § 60 StGB in Betracht zu ziehen sind. Nach hM können etwa der Verlust des Arbeitsplatzes oder eine Ehescheidung – zumindest in Kombination mit

---

46 *Kett-Straub* JA 2009, 53; *Streng* NStZ 1988, 487.
47 *Hassemer* FS Sarstedt, 1981, 65 (79).
48 BT-Drs. 5/4094, 7.
49 *Wagner* GA 1972, 33 (51) will wirtschaftliche Nachteile dann nicht berücksichtigt sehen, wenn eine verwirkte Freiheitsstrafe im Raum steht.
50 Vgl. OLG Frankfurt a. M. NJW 1972, 456.

anderen, nachteiligen Tatfolgen – durchaus für ein Absehen von Strafe ausreichen.[51]

49 **c) Beurteilungsperspektive.** Nach überwiegender Ansicht ist die Schwere der Tatfolgen aus dem **Blickwinkel des Täters** zu bestimmen.[52] Es soll demnach nicht die objektive Bewertung der Folgen maßgeblich sein, sondern es ist auf die individuelle Situation und die Persönlichkeit des Täters („besonders sensibel") abzustellen. Schwierig ist jedoch der Umgang etwa mit besonders wehleidigen Tätern. Darf es einem zum Vorteil gereichen, wenn er eine Tatfolge übertriebenermaßen als besonders schwer empfindet? Besser ist es daher von vornherein, die Schwere der Tatfolgen an einem (weitgehend) objektiven Maßstab zu messen. Dies ist für die Beurteilung von Gesundheits- oder wirtschaftlichen Schäden eher unproblematisch zu bewerkstelligen. Selbst wenn der Täter einen aus diesem Bereich erlittenen Schaden als besonders schlimm erlebt, kann dennoch eine eher leichte Verletzung nicht zur schweren Folge iS des § 60 StGB hochstilisiert werden. Wird andererseits ein Täter mit seiner bei der Tat erlittenen Querschnittslähmung überraschend gut fertig, kann schlecht argumentiert werden, dass in diesem Fall nicht von Strafe abgesehen werden kann. Gerade im Hinblick auf die generalpräventiven Strafzwecke ist gut zu rechtfertigen, dass die Folgen der Tat objektiv schwerwiegend sein müssen.[53] Und auch bei objektiver Betrachtungsweise kann auf individuelle Besonderheiten des Täters Rücksicht genommen werden. Der Verlust eines Arbeitsplatzes trifft einen finanziell abgesicherten Täter selbstverständlich anders als denjenigen, der nun vor dem wirtschaftlichen Ruin steht. Doch auch bei der Beurteilung, ob psychische Schäden schwere Folgen einer Straftat darstellen, werden mit einem überwiegend objektiv geprägten Blickwinkel sachgerechte Ergebnisse erzielt. Der entscheidende Punkt ist nicht, wie sehr ein psychisch robuster oder sensibler Täter unter dem Verlust seines Angehörigen leidet, sondern ob dieses Leid annähernd Krankheitswert und eine gewisse Dauer – beides objektive Komponenten – hat.[54]

50 **Beispiel** Ein Autofahrer wird nicht damit fertig, dass er bei einem durch leichte Fahrlässigkeit verursachten Unfall ein fremdes Kind getötet hat.[55] Ab-

---

51 *Fischer* StGB § 60 Rn. 4.
52 LK-StGB/*Hubrach* § 60 Rn. 21; NK-StGB/*Albrecht* § 60 Rn. 7; SK-StGB/*Schall* § 60 Rn. 10.
53 MüKoStGB/*Groß* § 60 Rn. 11.
54 BayObLG NJW 1971, 766.
55 LK-StGB/*Hubrach* § 60 Rn. 21.

zustellen ist allein auf die objektiv bestimmbaren Folgen der Tat für diesen Täter. Es spielt dann keine Rolle, dass sich ein anderer Mensch von diesem Geschehen längst erholt hätte, wenn der Täter unter einer schweren Depression leidet.

Im **Fall 3** könnte man demnach nicht argumentieren, dass A ungewöhnlich sensibel auf den durch ihn verursachten Autounfall reagiert hat. Vielmehr muss objektiv festgestellt werden, dass er infolge seiner Tat arbeitsunfähig geworden ist. Dies ist eine schwere Folge der Tat und kann mittels § 60 StGB kompensiert werden. Die Folgen der Tat für A sind so schwerwiegend, dass die Verhängung einer Strafe offensichtlich verfehlt wäre. Die im Raum stehende Strafe (= verwirkte Strafe) wegen der fahrlässigen Tötung wäre zudem nicht höher als ein Jahr gewesen. A wird daher wegen fahrlässiger Tötung verurteilt werden, aber von einer Strafe wird gem. § 60 StGB abgesehen werden.

d) Offensichtlich verfehlt. Die den Täter treffenden Tatfolgen 51 müssen für ihn so schwer sein, dass die Verhängung einer Strafe offensichtlich verfehlt wäre. Eine Verfehlung von Strafverhängung läge bspw. dann vor, wenn die Strafe auf den Täter keinen Eindruck mehr machen würde, da nicht zu befürchten ist, dass er weitere Straftaten begeht und auch kein besonderer Sinn der Strafe für die Rechtsgemeinschaft vorliegt. Der unbestimmte Rechtsbegriff wird von der Rspr. in dem Sinne ausgelegt, dass das Verfehltsein von Strafe „ins Auge springen" muss und sich nicht erst durch Auslegung ergeben darf.

4. Rechtsfolge

Liegen die Voraussetzungen des § 60 StGB vor, ist der Strafverzicht 52 obligatorisch. Dem Gericht steht im Unterschied zu allen anderen Fällen des Absehens von Strafe **kein Ermessensspielraum** zu. Der Straftäter hat einen Rechtsanspruch darauf, nicht bestraft zu werden. Dieses Alles-oder-Nichts-Prinzip ist aber letztlich eine Schwäche der Vorschrift, da sie dem Richter unnötig Spielraum nimmt. Er hat de lege lata nur die Wahl zwischen dem völligen Absehen von Strafe und der Verhängung der verwirkten Strafe und ist nicht ermächtigt, lediglich die Strafrahmenuntergrenze zu unterschreiten und eine mildere Strafe auszusprechen.

Der angeklagte Täter wird bei einem Absehen von Strafe schuldig- 53 und keineswegs freigesprochen. Der **Strafverzicht** wird in der

Urteilsformel ausdrücklich erklärt und muss begründet werden (§ 267 III 4 StPO). Der Täter trägt die Kosten des Verfahrens gemäß § 465 I 2 StPO. Zulässig ist es, neben dem Absehen von Strafe Maßregeln der Besserung und Sicherung zu verhängen, sofern diese nicht an eine Strafe geknüpft sind. Dies ist bei einem Fahrverbot als Nebenstrafe nach § 44 StGB jedoch zwingend der Fall, so dass dieses nicht mit einer Entscheidung nach § 60 StGB verbunden werden darf. Nach § 153b StPO kann schon die Staatsanwaltschaft mit Zustimmung des Gerichts das Verfahren noch vor der Anklageerhebung einstellen.

IV. Absprachen im Strafverfahren

54 2009 trat das „Gesetz zur Regelung der Verständigung im Strafverfahren" in Kraft. Kernvorschrift ist § 257c StPO. Ausführlich wird die Thematik, die nach wie vor heftige Kritik erfährt, in den Lehrbüchern zur StPO behandelt.[56] Zulässiger Bestandteil einer Verständigung sind jedenfalls solche Rechtsfolgen, die Bestandteil eines Urteils sein können (Abs. 2 S. 1); ausdrücklich ausgeschlossen sind Verständigungen über den Schuldspruch (Abs. 2 S. 3). Nach Ansicht des BVerfG fällt aber unter den Begriff der Rechtsfolge nicht der Umstand, ob es sich um einen minder schweren oder besonders schweren Fall handelt.[57] Die Anwendung (oder Nichtanwendung) entsprechender Vorschriften kann demnach nicht zum Gegenstand einer Vereinbarung gemacht werden (was freilich nicht bedeutet, dass im Rahmen einer Verständigung kein minder schwerer Fall angenommen werden dürfte, wenn dessen materielle Voraussetzungen vorliegen).[58]

55 Die meisten Verständigungen zielen auf den Strafausspruch ab. Man darf sich dabei zwar vorab nicht auf eine „Punktstrafe" verständigen;[59] zulässig ist aber eine **Absprache bezüglich einer Ober- und Untergrenze der Strafe** (Abs. 3 S. 2).[60] Inhalt einer solchen Verständigung wird in der Regel die Ablegung eines Geständnisses („soll" – Abs. 2 S. 2) gegen die Angabe einer Strafober-und Untergrenze sei-

56 ZB *Beulke* StrafProzR Rn. 394 ff.
57 BVerfG NJW 2013, 1058.
58 Vgl. MüKoStPO/*Jahn/Kudlich* § 257c Rn. 98.
59 Vgl. MüKoStPO/*Jahn/Kudlich* § 257c Rn. 97.
60 Teilweise (vgl. insb. Meyer-Goßner/Schmitt/*Meyer-Goßner* StPO § 257c Rn. 20) wird davon ausgegangen, dass dann regelmäßig die Untergrenze zu verhängen wäre, weil es keinen Grund gäbe, eine als noch schuldangemessen empfundene Strafe zu überschreiten. In der Praxis dürfte das nicht immer so gehandhabt werden.

tens des Gerichts sein. Der in Aussicht gestellte Strafrahmen darf allerdings nicht schuldunangemessen niedrig ausfallen; unzulässig ist auch eine Absprache, die eine Strafrahmenverschiebung zum Inhalt hat.[61] Bei der Festlegung des Strafrahmens müssen die Grundsätze der Strafzumessung nach § 46 StGB nach wie vor Beachtung finden. Das Gebot schuldangemessenen Strafens und die Strafzumessungsfaktoren dürfen also auch bei Findung eines Verständigungsstrafrahmens nicht ausgeblendet werden.[62]

Die Verständigung über die Rechtsfolge kann selbstverständlich **56** auch die Strafart umfassen (Freiheits- oder Geldstrafe), ebenso die Entscheidung über eine **Strafaussetzung zur Bewährung** gem. § 56 StGB. Dagegen kann eine Entscheidung über eine Halbstrafenaussetzung nach § 57 II StGB kein Verständigungsgegenstand sein, weil eine solche nicht in die Kompetenz des erkennenden Gerichts fällt, sondern zur Zuständigkeit der Staatsanwaltschaft gehört und auch davon abhängig zu machen ist, wie sich der Betroffene im Vollzug geführt hat.[63] Auch die Verhängung einer Nebenstrafe (Fahrverbot) oder von Nebenfolgen (zB Einziehung) kann (nach allerdings strittiger Ansicht) Thema einer Vereinbarung sein.[64] Unproblematisch ist auch eine Verständigung über eine Vermögensabschöpfung möglich (anstatt einer im Taturteil ausgesprochenen Einziehungsanordnung).[65]

Alle **Maßregeln der Besserung und Sicherung** sind von einer Ver- **57** ständigung von vornherein ausgenommen (Abs. 2 S. 3). Diese gesetzliche Einschränkung überzeugt, denn die Gefährlichkeit eines Täters für die Allgemeinheit muss objektiv festgestellt werden und ist dann nicht verhandelbar.

Empfehlungen zur vertiefenden Lektüre:
Rechtsprechung: BGH NStZ 2015, 263 ff. = NJW 2015, 500 ff. (Kein TOA bei vorsätzlich-gefährlichem Eingriff in den Straßenverkehr); BGH Urt. v. 9.5.2017 – 1 StR 576/16, BeckRS 2017, 111442 (Anforderungen an den kommunikativen Prozess zwischen Täter und Opfer beim TOA); BGH Urt. v. 23.12.2015 – 2 StR 307/15, BeckRS 2016, 2550 (TOA beim zahlungsschwachen Täter).

---

61 Meyer-Goßner/Schmitt/*Meyer-Goßner* StPO § 257c Rn. 10.
62 MüKoStGB/*Miebach/Maier* § 46 Rn. 159–164.
63 BeckOKStPO/*Eschelbach* § 257c Rn. 11.
64 Vgl. MüKoStPO/*Jahn/Kudlich* § 257c Rn. 101.
65 Meyer-Goßner/Schmitt/*Meyer-Goßner* StPO § 257c Rn. 10; aA *Hüls/Reichling* StraFo 2009, 119. Kritisch zur außergerichtlichen Einziehung auch *Thode* NStZ 2000, 62.

Literatur: *Maier,* Aus der Rechtsprechung des BGH zu § 46b StGB, NStZ-RR 2016, 37 ff.; *Malek,* Die neue Kronzeugenregelung und ihre Auswirkungen auf die Praxis der Strafverteidigung, StV 2010, 200; *Meier,* Täter-Opfer-Ausgleich und Schadenswiedergutmachung im Strafrecht, JZ 2015, 488; *Kett-Straub,* Das Absehen von Strafe gemäß § 60 StGB, JA 2009, 53 ff.; *Peglau,* Neues zur „Kronzeugenregelung" – Beschränkung auf Zusammenhangstaten, NJW 2013, 1910 ff.

3. Teil. Nebenentscheidungen

§ 13. Nebenstrafen und Nebenfolgen

Fall 1: T parkt ungeschickt aus und fährt sein Auto gegen einen Pfosten. Er will die Kosten für die Reparatur seines Wagens sparen. Er macht daher bei seiner Kfz-Versicherung falsche Angaben und begeht einen Betrug gem. § 263 StGB. Kommt als Nebenstrafe für ihn ein Fahrverbot gem. § 44 StGB in Betracht? → Rn. 11

Fall 2: Der Moderator M eines Fernsehmagazin beleidigt den Politiker P und wird daraufhin verurteilt. P verlangt, dass diese Verurteilung in der Fernsehsendung bekannt gemacht wird. Hat er einen solchen Anspruch? → Rn. 27

I. Überblick

Nebenstrafen können nur in Verbindung mit einer der beiden 1 Hauptstrafen verhängt werden. Das **Fahrverbot** gem. § 44 StGB ist nach Wegfall der **Vermögensstrafe** (früher § 43a StGB) die derzeit einzige in Kraft befindliche Nebenstrafe.

Nebenfolgen können im Urteil ausgesprochen werden oder treten 2 kraft Gesetzes ein. Systematisch sind sie schwer einzuordnen, sie haben jedenfalls nicht zwingend Strafcharakter. Nebenfolgen (teils als Maßnahmen iSv § 11 I Nr. 8 StGB bezeichnet) sind:
- Statusfolgen (§§ 45 ff. StGB)
- die Bekanntgabe der Verurteilung (zB §§ 165, 200 StGB)
- registerrechtliche Folgen
- Einziehung von Tatererträgen und die Einziehung (§§ 73 ff. StGB); diese Folgen einer Tat werden in einem gesonderten Kapitel behandelt (→ § 14 Rn. 1 ff.).

Weitere Nebenfolgen sind zudem außerhalb des StGB geregelt.

II. Nebenstrafen

1. Das Fahrverbot, § 44 StGB

3   **a) Kriminalpolitische Zielsetzung.** Diese Nebenstrafe richtete sich ursprünglich an **nachlässige und leichtsinnige Fahrer** unter den Straftätern. Ihnen sollte neben einer Hauptstrafe ein zusätzlicher „Denkzettel" mit auf den Weg gegeben werden. Die ratio dieser spezialpräventiv wirkenden **„Warnungs- und Besinnungsstrafe"** liegt somit nicht in erste Linie in der Vergeltung, sondern in der künftigen Beachtung der Verkehrsregeln.[1]

4   In der Praxis akzeptieren Straftäter oft die Hauptstrafe, insbesondere eine Geldstrafe, bereitwilliger als ein Fahrverbot. Um ein solches abzuwenden, wird oft heftig gerungen.[2] Die Möglichkeit, durch die Verhängung eines Fahrverbots einerseits auch Täter zu treffen, auf die eine Geldstrafe allein keinen hinreichenden Eindruck macht, andererseits aber auch bei gleichzeitiger Verhängung eines Fahrverbots die Geldstrafe reduzieren zu können,[3] hat den Gesetzgeber dazu bewogen, diese Nebenstrafe durch das Gesetz zur effektiveren und praxistauglicheren Ausgestaltung des Strafverfahrens im Jahr 2017 auch auf Straftaten ohne Verkehrsbezug auszudehnen, indem in § 44 I 1 StGB der Passus „die er bei oder im Zusammenhang mit dem Führen eines Kraftfahrzeugs oder unter Verletzung der Pflichten eines Kraftfahrzeugführers begangen hat" gestrichen wurde. Wie der erste Halbsatz des neuen § 44 I 2 StGB zeigt, sollen Taten mit Verkehrsbezug aber dennoch der Hauptanwendungsfall bleiben (→ Rn. 9).[4]

5   **b) Abgrenzung zur Entziehung der Fahrerlaubnis, § 69 StGB.** § 44 StGB ist eine „echte" Strafe, die zwingend die Schuld des Täters voraussetzt. Sie richtet sich nicht an Täter, die sich als schlechthin ungeeignet erwiesen haben, ein Kraftfahrzeug zu führen. In diesem Fall wäre die Maßregel einer Entziehung der Fahrerlaubnis gem. § 69 StGB einschlägig, die auch im Fall eines schuldunfähigen Täters anordenbar ist (→ § 17 Rn. 24 ff.). **Das Fahrverbot und die Entziehung**

---

1 Am Rande ist auf das straßenverkehrsrechtliche Fahrverbot gem. § 25 I StVG hinzuweisen, das dann greift, wenn ein Kraftfahrzeugführer grob und beharrlich seine Pflichten verletzt; vgl. zur aktuellen Rspr. *Krumm* SVR 2016, 52.
2 *Lempp* SVR 2017, 20 ff.
3 Vgl. BT-Drs. 18/12785, 44.
4 So auch BT-Drs. 18/12785, 44.

der Fahrerlaubnis schließen sich gegenseitig aus, denn § 44 StGB setzt voraus, dass der Täter gerade nicht ungeeignet iS des § 69 StGB ist. Mit § 44 StGB ist auch nicht der Entzug der Fahrerlaubnis verbunden; Rechtsfolge des § 69 StGB ist dagegen das Erlöschen der Fahrerlaubnis. Das Fahrverbot wurde 2015 insgesamt 25.106 Mal, die Entziehung der Fahrerlaubnis 88.189 Mal angeordnet.[5]

c) Fahrverbot als Hauptstrafe. Die Idee, das Fahrverbot als **eigenständige Hauptstrafe** sowohl im Erwachsenen- als auch im Jugendstrafrecht einzuführen, war nicht neu. Die nun vom Gesetzgeber gewählte Lösung, das Fahrverbot zwar nicht als weitere Haupt-, aber doch als **allgemeine** Nebenstrafe auszugestalten, führt in gleicher Weise zur Konsequenz, dass das Fahrverbot auch eine mögliche Sanktion für Straftaten darstellt, die keinen Bezug zum Straßenverkehr haben. Im Koalitionsvertrag des Jahres 2013 zwischen CDU, CSU und SPD war diese Änderung bereits als Programm enthalten. Dort heißt es: *„Um eine Alternative zur Freiheitsstrafe und eine Sanktion bei Personen zu schaffen, für die eine Geldstrafe kein fühlbares Übel darstellt, werden wir das Fahrverbot als eigenständige Sanktion im Erwachsenen- und Jugendstrafrecht einführen".*[6] Im Auge hatte man dabei vor allem zwei Anwendungsfälle: Das Fahrverbot soll sich als Sanktion insbesondere für vermögende **Wirtschafts- und Steuerstraftäter,** bei denen eine Geldstrafe kein fühlbares Übel darstellt, und bei **Jugendlichen und Heranwachsenden,** bei denen die Teilnahme am Straßenverkehr einen besonderen Prestigewert hat, als wirksam erweisen.[7] Dies mag auf den ersten Blick richtig sein, denn insbesondere die Höchstpersönlichkeit der Strafwirkung ist bei einem Fahrverbot besser gewährleistet als bei der Geldstrafe. Der Stellenwert von Mobilität in unserer Gesellschaft ist so groß, dass ein Fahrverbot für viele Täter eine deutlich spürbare Sanktion darstellt.

Gegen die nun erfolgte Aufwertung des Fahrverbots spricht indes, dass dies eine willkürliche Verknüpfung von Tat und Sanktion darstellt, da das Zusammenhangserfordernis zwischen Straftat und dem Führen eines Kfz aufgegeben wird. Zudem ist auch eine gerechte Sanktionsbemessung kaum möglich, da das Fahrverbot eine **höchst**

6

7

5 Statistisches Bundesamt, Strafverfolgung 2015, S. 340, online verfügbar unter: https://www.destatis.de/DE/Publikationen/Thematisch/Rechtspflege/StrafverfolgungVollzug/Strafverfolgung2100300157004.pdf?__blob=publicationFile.
6 Koalitionsvertrag zwischen CDU, CSU und SPD vom 27.11.2013, Kap 5.1.
7 Ausführlich hierzu *Wedler* NZV 2015, 209.

unterschiedliche Strafwirkung auf den jeweils Betroffenen mit sich bringt. Wohnt er auf dem Land oder ist er beruflich auf seinen Wagen angewiesen, ist die Wirkung wesentlich gravierender als bei einem vermögenden Täter, der sich vorübergehend einen Fahrer leisten kann. Zudem besteht gerade im Fall junger Straftäter die **Gefahr erneuter Kriminalisierung,** wenn diese trotz eines gegen sie verhängten Fahrverbots erneut fahren. Zuletzt ist es grundsätzlich schwierig, die Einhaltung eines solchen Verbotes sicher zu überwachen. Doch insbesondere die Tatsache, dass das Fahrverbot eine **Sonderstrafe** nur für Fahrerlaubnisinhaber wäre, könnte die Frage aufwerfen, ob die Neuregelung vor dem Verfassungsgericht Bestand haben wird.[8]

8   **d) Voraussetzungen. (1) Verurteilung zur einer Freiheits- oder Geldstrafe.** Die Verhängung einer Nebenstrafe setzt zwingend die Verurteilung zu einer Hauptstrafe voraus. Nicht ausreichend sind eine Verwarnung mit Strafvorbehalt (§ 59 StGB) oder ein Absehen von Strafe (§ 60 StGB). Zudem ist die **Wechselwirkung** zwischen Haupt- und Nebenstrafe zu beachten. Beide zusammen dürfen nicht das Maß der Tatschuld überschreiten.

9   **(2) Anlasstat (Abs. 1 S. 1, 2).** Der Täter muss eine Straftat (nicht nur sonstige rechtswidrige Tat) begangen haben. Diese muss seit 2017 **nicht mehr notwendig bei oder im Zusammenhang mit dem Führen eines Kraftfahrzeuges** oder **unter Verletzung der Pflichten eines Kraftfahrzeugführers** begangen worden sein. Vielmehr ist die Verhängung grundsätzlich möglich, wenn „sie zur Einwirkung auf den Täter oder zur Verteidigung der Rechtsordnung erforderlich erscheint oder hierdurch die Verhängung einer Freiheitsstrafe oder deren Vollstreckung vermieden werden kann." Die Formulierung, dass dies „auch" möglich ist, wenn die Tat keinen Verkehrsbezug hat, zeigt aber, dass Hauptanwendungsfälle solche Konstellationen sein dürften:

– **Var. 1: Straftat, die beim Führen eines Kfz begangen wurde**
   Diese Variante erfasst in erste Linie typische Verkehrsdelikte, wie §§ 315c oder 316 StGB. Kraftfahrzeuge sind Landfahrzeuge, die mit Maschinenkraft bewegt werden und nicht an Bahngleise gebunden sind (§ 1 II StVG).[9] Eine Erlaubnispflicht zum Führen sol-

---

8 Kritisch auch *Streng* ZRP 2004, 237; vgl. auch die Gegenüberstellung von *Busemann* ZRP 2010, 239 (Pro-Argumente) und *Meyer* ZRP 2010, 239 (Contra-Argumente). Vgl. auch *Lempp* SVR 2017, 20.
9 BGHSt 39, 239; *Fischer* StGB § 44 Rn. 7.

cher Fahrzeuge ist nicht Voraussetzung. Der Begriff des Führens entspricht dem des § 315c StGB. Zum Führen ist demnach erforderlich, dass ein Fahrzeug in Bewegung gesetzt wird oder dass es unter Handhabung seiner technischen Vorrichtungen während der Fahrbewegung gelenkt wird. Geführt werden kann demnach auch ein abgeschlepptes Fahrzeug; Motorkraft ist nicht erforderlich. Theoretisch kann daher auch der Beifahrer, der lenkt, ein Fahrzeug führen. Er lenkt allerdings nicht schon dann, wenn er dem Fahrer gegen dessen Willen ins Steuer greift. Es genügt aber nicht das bloße Anlassen des Motors, das Lösen der Handbremse oder das Einschalten des Abblendlichts in der Absicht, bald wegzufahren. Allerdings verlangt der Gesetzeswortlaut des § 44 StGB nicht ein Führen im öffentlichen Verkehrsraum (wenn auch ein Bezug zum öffentlichen Verkehrsraum ein Verbot, in diesem das Fahrzeug zu führen, näher legt).[10]

– **Var. 2: Straftat, die im Zusammenhang mit dem Führen eines Kfz begangen wurde**
Dass die Straftat im Zusammenhang mit dem Führen eines Kraftfahrzeuges steht, bedeutet, dass der Täter sich für die Vorbereitung oder Durchführung einer Tat oder anschließend für die Ausnutzung oder Verdeckung der Tat eines Kraftfahrzeugs bedient hat. Ein bloßer äußerer Zusammenhang genügt nicht. **Vielmehr muss die Verwendung des Kraftfahrzeugs in einem funktionalen, vom Vorsatz umfassten Zusammenhang zum Tatgeschehen stehen.**

Typische Beispiele: Abtransport der Diebesbeute; Abwicklung von Drogengeschäften unter Benutzung eines Fahrzeugs; Entführung einer Geisel mit dem Kfz; Vergewaltigung in einem Kfz.   **10**
Verneint wurde indes von der Rspr. ein entsprechender Zusammenhang im Fall einer Flucht des Täters mit einem PKW nach einem beendeten Vergewaltigungsversuch (Tatort war aber nicht der Wagen).[11]

Im **Fall 1** läge ein Fahrverbot gem. § 44 StGB nahe, wenn die Verwendung des Kraftfahrzeugs in einem funktionalen, vom Vorsatz umfassten Zusammenhang zum Tatgeschehen steht. Dies ist etwa der Fall, wenn ein Kfz zur Durchführung einer Straftat verwendet wurde. Hier war das Fahrzeug zwar Objekt des Versicherungsbetrugs, doch diente es weder dazu, eine Straftat vorzubereiten, noch   **11**

---

10 Zur Diskussion bei der aF *Fischer* StGB § 44 Rn. 7; aA *Streng* Sanktionen Rn. 348.
11 BGH NStZ 1995, 22.

wurde unter Zuhilfenahme eines Kfz eine Straftat begangen. Es wurde gerade nicht zur Durchführung einer Straftat benutzt.[12] Zwar ist der Zusammenhang der Tat mit dem Führen eines Kfz im Rahmen des § 44 StGB noch großzügiger als im Rahmen des § 69 StGB (→ § 17 Rn. 27) auszulegen, der vorliegende Fall dürfte aber demnach nicht erfasst sein. Aufgrund der Neufassung ist aber nicht ausgeschlossen, dass unter den in § 44 I 2 Hs. 2 StGB genannten Voraussetzungen ein Fahrverbot verhängt wird.

12 **– Var. 3: Straftat, die unter Verletzung der Pflichten eines Kfz-Führers begangen wurde**
Hierbei kommt es häufig zu Überschneidungen mit anderen Varianten. Diese Variante entfaltet aber dann einen eigenen Anwendungsbereich, wenn nicht gegen Fahrvorschriften, sondern gegen sonstige gesetzliche Pflichten des Fahrzeugführers verstoßen wurde. Dies sind bspw. Verkehrssicherungspflichten oder der Fall, dass ein Fahrzeug einem Betrunkenen überlassen wird.

13 **e) Rechtsfolgen. (1) Regelvermutung.** Die Anordnung des Fahrverbots liegt im pflichtgemäßen Ermessen des Gerichts. § 44 I 3 StGB stellt aber eine **Regelvermutung** auf: Demnach ist ein Fahrverbot in der Regel bei einer Verurteilung wegen einer Trunkenheitsfahrt (§§ 315c I Nr. 1a, III, 316 StGB) anzuordnen, wenn nicht § 69 StGB greift. Das heißt, nur bei Vorliegen besonderer Umstände dürfte eine Anordnung unterbleiben. Dies könnte man etwa dann annehmen, wenn ein Fahrverbot den Betroffenen ganz besonders hart treffen würde.[13] Eine Ausnahme wird von der Rspr. bspw. auch im Fall eines einmaligen Versagens eines Berufskraftfahrers gemacht.[14]

14 **(2) Verbotsfrist.** Das Mindestmaß des Fahrverbots beträgt einen Monat, das Höchstmaß sechs Monate (§ 44 I 1 StGB). Der Führerschein ist gem. § 44 II 2 StGB in amtliche Verwahrung zu nehmen. Wird er nicht freiwillig herausgegeben, muss er beschlagnahmt werden (§ 463b I StPO). Der Lauf der Verbotsfrist beginnt gem. § 44 II 1 StGB nach Rechtskraft des Urteils mit dem Tag der Inverwahrnahme spätestens aber einen Monat nach Rechtskraft. Wie erwähnt, bleibt die Fahrerlaubnis vom Fahrverbot aber unberührt. Nach Ablauf der Verbotsfrist wird der Führerschein dem Betroffenen wieder ausgeh-

---

12 *Fischer* StGB § 44 Rn. 10; BayObLG VRS 69, 281.
13 AG Löbau NZV 2008, 379 (Elektrorollstuhl).
14 LG München I NZV 2005, 56; vgl. auch *Fromm* NZV 2011, 329; *Krumm* DAR 2015, 741.

ändigt. Der Betroffene muss die Fahrerlaubnis nicht erneut erwerben. Des Weiteren ist es möglich, das Fahrverbot für alle oder nur für bestimmte Arten von Kraftfahrzeugen zu verhängen. Verstößt ein Betroffener gegen das Fahrverbot macht er sich gem. **§ 21 I StVG** strafbar.

2. Die (frühere) Vermögensstrafe, § 43a StGB

Die vom BVerfG für nichtig erklärte Vermögensstrafe gem. § 43a StGB sollte neben einer Freiheitsstrafe von mehr als zwei Jahren die **Verurteilung zur Zahlung eines Geldbetrages** ermöglichen, der in seiner Höhe auf das gesamte Tätervermögen begrenzt war. Gesetzgeberische Intention dieser Vorschrift war es, ein wirksames Mittel im **Kampf gegen die Organisierte Kriminalität** (OK) zu lancieren. Tätern, bei denen man eine Verbindung zur Organisierten Kriminalität vermutete, sollten die Mittel („Betriebskapital") entzogen werden, die für den Aufbau oder die Erhaltung der verbrecherischen Organisation erforderlich sind. Der Organisierten Kriminalität sollte quasi das „Wasser abgegraben" werden.   **15**

In der Literatur war eine solche „Gewinnabschöpfung auf Verdacht" vielfach kritisiert worden.[15] Letztlich erklärte das BVerfG[16] 2002 § 43a StGB für verfassungswidrig (5 zu 3 Stimmen), da die Norm nicht mit dem **Bestimmtheitsgrundsatz** aus Art. 103 II GG vereinbar ist. In der weiteren Begründung führt das BVerfG aus, dass das Gesetz keine inhaltlichen Vorgaben macht, nach denen entschieden werden kann, ob eine Vermögensstrafe überhaupt in Betracht kommt. Außerdem fehle es an einem konkreten und damit auch vorhersehbaren Strafrahmen und an gesetzlichen Maßgaben zur Bemessung der Höhe der Vermögensstrafe.   **16**

Dem Gesetzgeber gab das BVerfG mit auf den Weg, dass er – sofern er eine Strafart ähnlich der Vermögensstrafe erneut einführen möchte – gehalten ist, dem Richter über die herkömmlichen Strafzumessungsgrundsätze hinaus besondere Leitlinien an die Hand zu geben, die dessen Entscheidung hinsichtlich der Auswahl und der Bemessung der Sanktion vorhersehbar machen. Bislang ist der Gesetzgeber diesbezüglich noch nicht tätig geworden.   **17**

---

15 *Streng* Sanktionen Rn. 382.
16 BVerfGE 105, 135 ff.

III. Nebenfolgen

1. Statusfolgen, §§ 45 ff. StGB

18   In den §§ 45–45b StGB regelt der Gesetzgeber als Nebenfolgen einer Tat den **Verlust der Amtsfähigkeit, der Wählbarkeit (passives Wahlrecht) und des Stimmrechts (aktives Wahlrecht).**[17] Diese Statusfolgen, als Relikt früherer Ehrstrafen, haben ihren Sinn und Zweck darin, das Ansehen der öffentlichen Ämter und Funktionen zu wahren. Die Statusfolgen sind im Übrigen auch bei der allgemeinen Strafzumessung gem. § 46 I 2 StGB zu berücksichtigen und wirken sich gegebenenfalls strafmildernd auf die Hauptstrafe aus.[18] Die praktische Relevanz dieser Nebenfolgen ist gering.

19   **Kraft Gesetzes** tritt gem. § 45 I StGB die **Aberkennung der Amtsfähigkeit oder der Wählbarkeit** (*„die Fähigkeit, öffentliche Ämter zu bekleiden oder Rechte aus öffentlichen Wahlen zu erlangen"*) ein, wenn es sich um eine Verurteilung wegen eines Verbrechens zu einer Freiheitsstrafe von mindestens einem Jahr handelt. Die Dauer dieser Statusfolge ist auf fünf Jahre begrenzt. Für **Bundestagsmandate** gilt die Besonderheit, dass der Verlust der Wählbarkeit erst infolge eines Beschlusses des Ältestenrates eintritt (§§ 47 I Nr. 3, 46 I 1 Nr. 3 Bundeswahlgesetz). So soll verhindert werden, dass die Souveränität des Parlaments beeinträchtigt wird. Der **Begriff des öffentlichen Amtes** ist grundsätzlich weit auszulegen. Darunter ist nicht nur eine beamtenrechtliche Position zu verstehen, sondern jede Zuständigkeit zur Wahrnehmung von Verrichtungen, die sich aus der Staatsgewalt ableiten und staatlichen Zwecken dienen.[19] Demnach hat auch ein Schöffe im Strafverfahren als ehrenamtlicher Richter ein öffentliches Amt inne (§ 1 Deutsches Richtergesetz).

20   **Beispiele:** Ein Richter hat sich wegen Rechtsbeugung oder ein Polizeibeamter hat sich wegen Körperverletzung strafbar gemacht.

21   Zudem kann die Aberkennung der **Amtsfähigkeit, Wählbarkeit und des Stimmrechts** auch durch **gerichtliche Entscheidung** (§ 45 II, V StGB) erfolgen, soweit dies das Gesetz besonders vorsieht. So

---

17 Vgl. Überblick bei *Sobota* ZIS 2017, 248 ff.
18 *Meier* Sanktionen S. 438.
19 *Fischer* StGB § 45a Rn. 3.

ist in den §§ 92a, 101, 102 II, 108c, 108e II, 109i und 358 StGB die Möglichkeit der Anordnung dieser Nebenfolgen enthalten.

Der Eintritt und die Berechnung des Verlustes erfolgt gem. § 45a **22** StGB: Die Vorschrift muss verfassungsgemäß ausgelegt werden (s. Beispielsfall im Anschluss). Die **Wiederverleihung der aberkannten Bürgerrechte** richtet sich nach § 45b StGB. Voraussetzungen hierfür sind, dass der Verlust der Rechte wenigstens für die Hälfte der Zeit, für die er dauern sollte, wirksam war, und eine positive Legalbewährungsprognose. Die Aberkennung nach § 45 II, V StGB hat indes – wohl auch vor dem Hintergrund, dass diese doch massive Grundrechtsrelevanz hat – in der Praxis eine sehr geringe Relevanz.

Beispiel: Beamter B wird wegen eines Verbrechens zu einer Freiheitsstrafe **23** von vier Jahren verurteilt. Die Statusfolgen treten neben der Hauptstrafe nun kraft Gesetzes gem. § 45 I StGB für eine Dauer von fünf Jahren ein. Aufgrund der Fristberechnung des § 45a II StGB hat dies für B zur Folge, dass er für insgesamt neun Jahre die Fähigkeit öffentliche Ämter zu bekleiden, sowie das passive Wahlrecht verliert. § 45a II 1 StGB gibt nämlich vor, dass die Dauer des Verlustes der Bürgerrechte **von dem Tage an gerechnet wird, an dem die Freiheitsstrafe verbüßt, verjährt oder erlassen ist.** Bezüglich seines **aktiven Wahlrechts** muss die Vorschrift allerdings verfassungskonform ausgelegt werden. Nach hM gilt hier die Regelung des Abs. 2 nicht.[20] Das Stimmrecht, das selbstverständlich auch ein Strafgefangener ausüben kann, kann daher vom Zeitpunkt der Rechtskraft des Urteils nicht länger vorenthalten werden, als dies im Urteil bestimmt war.

2. Bekanntgabe der Verurteilung

Eine weitere Nebenfolge stellt die **Bekanntgabe der Verurteilung** **24** dar. So ist bei bestimmten Delikten eine Bekanntgabe der Verurteilung möglich (vgl. etwa §§ 103 II,[21] 165, 200 StGB, § 111 UrhG,[22] § 143 VI MarkenG oder § 23 II UWG). Allen diesen Normen ist gemeinsam, dass **die Tat öffentlich begangen** wurde. Somit kommt der symbolischen Wirkung durch die öffentliche Bekanntgabe der Verurteilung eine besondere Bedeutung zu. Nach der öffentlichen Tatbegehung wird diese Tat nun auch öffentlich sanktioniert.

---

20 *Fischer* StGB § 45a Rn. 3; *Streng* Sanktionen Rn. 365.
21 Die kriminalpolitische Notwendigkeit dieses „Majestätsbeleidigungs-Paragrafens" war schon lange umstritten und ist zuletzt im Fall *Böhmermann* diskutiert worden. Eine Abschaffung der Vorschrift ist nun mit Wirkung zum 1.1.2018 beschlossen, vgl. LTO v. 25.1.2017, online verfügbar unter: http://www.lto.de/recht/nachrichten/ n/103-stgb -bundeskabinett-schafft-majestaetsbeleidigung-ab/.
22 Dazu bspw. näher bei Erbs/Kohlhaas/*Kaiser* UrhG § 111 Rn. 1, 3 ff.

25   Es handelt sich hier um eine **Nebenfolge ohne Strafcharakter,** da sie weder dem Schuldausgleich noch Präventionszwecken dient. Sinn und Zweck dieser Nebenfolge ist allein **das Rehabilitationsinteresse des Verletzten,** weshalb ein entsprechender Antrag des Verletzten erforderlich ist.[23] Wird dieser Antrag gestellt, ist die Bekanntgabe aber zwingend anzuordnen. Ein Ermessen wird dem Gericht nur hinsichtlich Art und Umfang der Bekanntmachung zugestanden. Ist eine Beleidigung (§ 200 II StGB) oder die falsche Verdächtigung (§ 165 II StGB) durch Veröffentlichung in einer Zeitung oder Zeitschrift erfolgt, so ist auch die Bekanntgabe der Verurteilung in einer Zeitung oder Zeitschrift – wenn möglich im gleichen Druckerzeugnis – aufzunehmen (vgl. auch §§ 463c III und IV StPO). Der Wortlaut der Vorschrift geht zwar in erste Linie von periodisch erscheinenden Druckerzeugnissen aus, doch diese Grundsätze haben auch für Rundfunkveröffentlichungen zu gelten (Abs. 2 S. 2 Hs. 2).

26   **Beispiele:** Täter T ist wegen Beleidigung des X zu sechs Monaten Freiheitsstrafe verurteilt worden. Diese Beleidigung geschah öffentlich, also vor einer größeren Gruppe von Personen. Gemäß § 200 StGB kann das Opfer X den Antrag stellen, dass die Verurteilung nun ebenfalls öffentlich bekanntgemacht wird. Bei weiteren tateinheitlich begangenen Taten hat der Täter im Übrigen hinzunehmen, dass auch diese veröffentlicht werden.

27   Wäre der Moderator des Neo-Magazins-Royale, Jan Böhmermann, wegen Beleidigung des türkischen Präsidenten Erdoğan nach § 103 StGB (Beleidigung von Organen und Vertretern ausländischer Staaten – die Vorschrift zur „Majestätsbeleidigung" wird im Übrigen zum 1.1.2018 aufgehoben) verurteilt worden, hätte Erdoğan bspw. einen Anspruch darauf gehabt, dass die Verurteilung in der Fernsehsendung des Moderators bekanntgegeben wird.

    Dies bedeutet für den **Fall 2,** dass P einen Anspruch auf Bekanntgabe der Verurteilung exakt in dem Rahmen hat, in dem auch die Beleidigung stattgefunden hat. Das heißt, die Verurteilung muss in der konkreten Fernsehsendung bekanntgegeben werden. Hierzu ist ein Antrag des Verletzten erforderlich, der laut Sachverhalt vorliegt. Die Art der Bekanntgabe ist im Urteil zu bestimmen (Abs. 2).

28   Ein Konflikt entsteht indes mit dem Bundeszentralregister (BZR), wenn sich der Verurteilte vor Privatpersonen als unbestraft bezeichnen darf, da keine Eintragung in dessen Führungszeugnis erfolgt ist. So kommt es unweigerlich zur Vereitelung des Resozialisierungszweckes des Bundeszentralregisters.

---

23 Im Falle des § 103 StGB ist auch die Staatsanwaltschaft antragsberechtigt, *Lackner/Kühl* StGB § 200 Rn. 3.

3. Registerrechtliche Folgen

Verurteilungen werden in das **Bundeszentralregister** (BZR) einge- 29
tragen. Rechtsgrundlage hierfür ist das Gesetz über das Zentralregister und das Erziehungsregister – kurz: Bundeszentralregistergesetz
(BZRG), dessen Zweck es ist, eine Möglichkeit zu schaffen, zuverlässige Auskünfte über das bisherige Fehlverhalten einer Person zur erhalten. Besondere Bedeutung hat dies vor allem für staatliche Organe
oder auch in **weiteren Strafverfahren** hinsichtlich der Frage nach
Vorstrafen oder **Vorauffälligkeiten.** Das Vorleben des Täters ist
schließlich einer der wichtigsten Gesichtspunkte der Strafzumessung
gem. § 46 II StGB (→ § 9 Rn. 56).

Darüber hinaus dient das Bundeszentralregister als Hilfsmittel bei 30
der Resozialisierung, da es als Informationsquelle für Bewährungshelfer und Beamte der Justizvollzugsanstalten zum Einsatz kommt.
Auch im privatrechtlichen Bereich spielt das Bundeszentralregister
eine Rolle: Arbeitgeber verlangen von künftigen Arbeitnehmern oft
einen Auszug aus dem Register.

In das Bundeszentralregister werden grundsätzlich alle rechtskräf- 31
tigen Entscheidungen des allgemeinen Strafrechts (vgl. § 3 iVm § 4
BZRG) aufgenommen, in denen auf eine Strafe erkannt wird, eine
Verwarnung mit Strafvorbehalt ausgesprochen wird oder eine Maßregel der Besserung und Sicherung angeordnet worden ist. Eine **Tilgung** der jeweiligen Eintragung hat nach einer bestimmten Frist zu
erfolgen, die die §§ 45 ff. BZRG vorgeben. Die Tilgung ist Ausfluss
des Resozialisierungsgedankens, denn ein verurteilter Straftäter soll
nicht für immer mit dem Stigma einer Verurteilung gekennzeichnet
sein. Die Tilgungsfrist im Einzelnen richtet sich nach Art und
Schwere der verhängten Sanktion.

Eine **unbeschränkte Auskunft** aus dem Bundeszentralregister er- 32
halten nur bestimmte staatliche Organe, wie zB Gerichte oder Staatsanwaltschaften (§§ 41 ff. BZRG).[24] Privatpersonen erhalten dagegen
nur eine beschränkte Auskunft. Typischer Fall ist der eines Arbeitnehmers, der ein **Führungszeugnis** zur Vorlage bei einem Arbeitgeber beantragt. Der Inhalt eines Führungszeugnisses richtet sich nach
§ 32 BZRG. **Nicht aufgenommen** werden hier Verurteilungen zu einer Geldstrafe **von nicht mehr als 90 Tagessätzen** oder einer Freiheitsstrafe von nicht mehr als drei Monaten, sofern im Bundeszent-

---

24 *Pfeiffer* NStZ 2000, 402 ff.

ralregister keine weitere Strafe eingetragen ist (§ 32 II Nr. 5a, 5b BZRG). Aufgenommen werden aber solche Verurteilungen dann, wenn es sich um solche wegen einer Sexualstraftat nach den §§ 174–180 oder 182 StGB handelt.

33   Neben dem Bundeszentralregister existieren noch **weitere Register,** wie das Erziehungsregister (§§ 59 ff. BZRG), das in Flensburg geführte Verkehrszentralregister (§§ 28 ff. StVG) oder auch das länderübergreifende staatsanwaltliche Verfahrensregister (§§ 492 ff. StPO), in dem eine Übersicht über alle Verfahren gegen einen Beschuldigten, unabhängig von der Art der Verfahrenserledigung, gegeben wird.

4. Weitere Nebenfolgen

34   Aus einer Verurteilung können sich weitere Nebenfolgen ergeben, wie etwa ausländerrechtliche Folgen (**Abschiebung**), die **Entziehung der Approbation** bei Ärzten und Apothekern,[25] **status- und disziplinarrechtliche Folgen bei Beamten**, eine **Gewerbeuntersagung**, die **Entziehung der Waffenbesitzkarte**, ebenso der **Verlust des Jagdscheines** oder auch der **Verlust der Leitungsbefugnis bei Aktiengesellschaften** (§ 76 III AktG) und **Gesellschaften mit beschränkter Haftung** (§ 6 II GmbHG).

IV. Kriminologische Aspekte

35   **Verhängte Nebenstrafen und Nebenfolgen** im Jahr 2015:[26]
– Aberkennung von Bürgerrechten: kein Fall
– Verfall und Einziehung (§§ 73, 73a StGB aF): 41.281
– Fahrverbot, § 44 StGB: 25.106.

Empfehlungen zur vertiefenden Lektüre:
Rechtsprechung: BVerfGE 105, 135 (Verstoß der Vermögensstrafe gegen das Bestimmtheitsgebot).
Literatur: *Bode,* Das Fahrverbot als allgemeine Nebenstrafe, NZV 2017, 1 ff.; *Sobota*, Fahrverbot für jugendliche Hooligans? – Zur Aufwertung des Fahrverbots zu einer eigenständigen Sanktion im Erwachsenen- und Jugendstrafrecht, NZV 2015, 209 ff.; *Sobota,* Die „Nebenfolge" – Eigenständige Rechtsfolge oder Auffangbecken des Sanktionenrechts?, ZIS 2017, 248 ff.

---

25 *Kangarani/Hampe* MedR 2014, 797 zum Zusammenspiel zwischen Berufsverbot und Approbation.
26 Statistisches Bundesamt, Strafverfolgung 2015, S. 340, online verfügbar unter: https://www.destatis.de/DE/Publikationen/Thematisch/Rechtspflege/StrafverfolgungVollzug/Strafverfolgung2100300147004.pdf?__blob=publicationFile.

§ 14. Die Einziehung (früher: Verfall und Einziehung)

> **Fall 1:** A wird wegen Diebstahls aus der Lagerhalle des Elektronikhändlers E verurteilt. Die dabei erbeuteten Geräte in einem Marktwert von 250.000 EUR hatte A zu Beginn der Ermittlungen bereits für 150.000 EUR verschleudert. In welchem Umfang kann eine Einziehung stattfinden? Wird dabei berücksichtigt, dass E gegen A Schadensersatzansprüche in Höhe der 250.000 EUR hat? → Rn. 20, 41 f.
>
> **Fall 2:** A hat durch ein Schmiergeld in Höhe von 100.000 EUR einen öffentlichen Auftrag erhalten. Bei einem Auftragsvolumen in Höhe von 5.000.000 EUR macht A am Ende einen Gewinn von 750.000 EUR. A wird wegen Bestechung verurteilt. In welchem Umfang kann eine Einziehung angeordnet werden? → Rn. 21 ff., insb. Rn. 26 ff.

Das Recht der Vermögensabschöpfung ist durch das am 1.7.2017 in 1
Kraft getretene Gesetz zur Reform der strafrechtlichen Vermögensabschöpfung[1] zwar umfangreich geändert worden, und das neue
Recht gilt dabei für nach diesem Zeitpunkt zu treffende Entscheidungen auch in Altfällen (Tatbegehung vor dem 1.7.2017). Wesentliche
inhaltliche Strukturen sind aber – wenn auch teilweise in neuer Be-
zeichnung – durchaus erhalten geblieben. Deshalb dürfte bis auf Weiteres auch die bisher ergangene Rspr. zumindest vielfach nach wie vor
Geltung beanspruchen und wird daher insoweit im Folgenden auch
Berücksichtigung finden. Bis zu dieser Reform wurden begrifflich
Verfall und Einziehung unterschieden.

Kernstück des Reformvorhabens ist die grundlegende Neurege- 2
lung der Opferentschädigung, durch die das bisherige Regelungsmo-
dell einer „Rückgewinnungshilfe" hinfällig wird; vielmehr kann und
muss das Opfer seine Ansprüche zukünftig im Vollstreckungsverfahren geltend machen, und ein eingezogener Gegenstand kann ihm
oder seinem Rechtsnachfolger zurückübertragen werden (vgl.
§ 459h I StPO). **Weitere Modifikationen** ergeben sich bei der Reichweite des sog Bruttoprinzips (→ Rn. 21 ff.), der erweiterten Einziehung von Taterträgen (bisher „erweiterter Verfall" → Rn. 45 ff.) und
bei der selbstständigen Anordnung der Einziehung (→ Rn. 84 ff.).
Für den Bereich des Terrorismus und der Organisierten Kriminalität
soll die Reform ein rechtliches Instrument schaffen, mit dem aus

---

[1] BGBl. 2017 I 872 ff. Zu den Materialien vgl. BR-Drs. 418/16; 18/9525; 18/11640.

Straftaten herrührendes Vermögen unklarer Herkunft unabhängig vom Nachweis einer konkreten Straftat eingezogen werden kann.

I. Die Unterscheidung von Verfall und Einziehung nach dem bisherigen Recht

3   Verfall und Einziehung nach dem bisherigen Recht waren trotz letztlich unterschiedlicher Rechtnatur miteinander verwandt. Ein Täter oder Teilnehmer (Tatbeteiligte) sollte weder die Vorteile, die ihm eine Tat gebracht hat (wie zB die Beute), noch seine Tatwerkzeuge (zB Mordwaffe) behalten dürfen. Die Unterscheidung bestimmte sich also vorrangig durch die betroffenen Gegenstände: Verfallsgegenstände waren die Vorteile aus der Tat, „existierten" beim Täter also erst nach erfolgreicher Deliktsbegehung (§ 73 StGB aF).[2] Einziehungsgegenstände hingegen wurden entweder bei der bzw. für die Tatbegehung verwendet *(instrumenta sceleris)* oder gerade durch die Tat hervorgebracht *(producta sceleris,* zB die verfälschte Urkunde), § 74 StGB aF. Die Instrumente unterschieden sich aber auch in ihrer Zielrichtung. Der Verfall war zunächst im Ausgangspunkt eine Ausgleichsmaßnahme, während die Einziehung sichernde Wirkung hatte. Verfall und Einziehung wurden dabei nicht automatisch etwa mit dem Urteil bewerkstelligt, sondern mussten vom Richter jeweils angeordnet werden. Einheitlich war auch ihre Wirkung: Das Eigentum ging jeweils auf den Staat über.

4   All diese Grundgedanken setzen sich auch im neuen Recht in der Unterscheidung zwischen der Einziehung von Taterträgen und von Tatprodukten, Tatmitteln und Tatobjekten fort.

II. Einziehung von Taterträgen, §§ 73 ff. StGB

1. Zweck und Rechtsnatur der Maßnahme

5   An die Stelle des Begriffs des Verfalls[3] ist nunmehr die „Einziehung von Taterträgen" getreten.[4] Ziel dieses Instituts ist es, den Tatbeteilig-

---

2 Die nur mit „aF" bezeichneten Vorschriften beziehen sich auf die alte Fassung des StGB, mithin auf diejenige vor der zum 1.7.2017 in Kraft getretenen Neuregelung der Vermögensabschöpfung.
3 Es handelt sich um eine „rein sprachliche Änderung", vgl. BT-Drs. 18/9525, 48, 61.
4 Nach dem Willen des Reformgesetzgebers (BT-Drs. 18/9525, 48) soll diese Umbenennung „den umfassenden Reformansatz (unterstreichen)" (was freilich als Zweck zwei-

ten (Täter oder Teilnehmer) keine materiellen Vorteile ihrer Tat zu belassen. Niemand soll behalten dürfen, was er durch eine Straftat erlangt hat. Die Aussage **„Verbrechen lohnt sich nicht"** (bzw. „crime doesn't pay") gibt schlagwortartig den Regelungszweck gut wieder.[5] Dahinter stehen sowohl spezialpräventive wie auch generalpräventive Überlegungen. Rechtswidrig erlangte Vorteile werden beim Tatbeteiligten auch deshalb abgeschöpft, um die Sinnlosigkeit einer Straftat zu unterstreichen. Insbesondere wenn privatrechtliche Ausgleichsansprüche fehlen, ist das **Rechtsinstitut unverzichtbar,** denn die Geldstrafe ist mit ihrem Tagessatzsystem zur Vermögensabschöpfung ungeeignet.[6] Bei fehlender Schuld eines Täters oder Teilnehmers wäre auch eine Abschöpfung über Bewährungs- oder Einstellungsauflagen nicht möglich. Der Tatrichter hat **kein Ermessen,** sondern muss die Einziehung der Taterträge zwingend anordnen („ordnet an").

Der präventive Zweck steht demnach bei der Abschöpfung des Erlangten im Vordergrund.[7] Diese Motivation war maßgeblich für die allerdings umstrittene Rechtsnatur und Einordnung des alten Verfalls (§ 73 StGB aF) in das Sanktionensystem, die aufgrund der bloß sprachlichen Umformulierung für die Einziehung von Taterträgen genauso bewertet werden muss.[8] Der BGH und das BVerfG sahen im Verfall aufgrund des Präventivzwecks eine staatliche Maßnahme eigener Art ohne Strafcharakter.[9] Nach hM handelte es sich bei dem Verfall demnach weder um eine Strafe noch um eine strafähnliche Maßnahme, sondern vielmehr um eine **Maßnahme sui generis.** Die Literatur ging dagegen auch aufgrund des gleich noch näher vorzustellenden Bruttoprinzips überwiegend davon aus, dass es sich beim Verfall um ein über die Gewinnabschöpfung hinausgehendes Übel mit Strafcharakter handelte. Die Argumente für und wider die Einordnung insbesondere als strafähnliche Maßnahme gelten unverän-

6

---

felhaft ist, wenn dadurch zugleich eine Begriffsverwirrung durch zwei verschiedene Arten der Einziehung droht) und „zugleich (...) ein in der Strafrechtspraxis mit vielfältigen rechtlichen Problemen besetzter Begriff beseitigt" werden (was aber ja nichts an den Problemen, etwa hinsichtlich der Rechtsnatur der Maßnahme, ändert). Zutreffend ist freilich, dass die Änderung zu einer Anlehnung an die im Recht der Europäischen Union gebräuchliche Begrifflichkeit („confiscation") führt, was bei der immer wichtiger werdenden grenzüberschreitenden Vermögensabschöpfung im internationalen Rechtshilfeverkehr helfen könnte, Missverständnisse zu vermeiden.
5 *Theile* ZJS 2011, 333 ff.
6 *Streng* Sanktionen Rn. 367.
7 BGHSt 51, 65 (67); 52, 248; 53, 67.
8 Der Gesetzgeber deutet dies auch in der Entwurfsbegründung in BT-Drs. 18/9525, 46 f. an.
9 BGHSt 47, 260 (265); 47, 369 (372 f.); BVerfG NJW 2004, 2073.

dert, so dass zu erwarten ist, dass sich auch das Meinungsbild in Zukunft ähnlich gestalten wird.

7 Jedenfalls unverändert gilt: Mit der Einordnung als Maßnahme sui generis darf die Anordnung somit auch **gegenüber ohne Schuld handelnden Tatbeteiligten** (sowie **unbeteiligten Dritten** § 73b StGB) erfolgen. Dabei war eine verbreitete Auffassung in der Literatur allerdings der Überzeugung, dass die Anordnung des Verfalls unter Zugrundelegung des Bruttoprinzips (→ Rn. 25) nur bei schuldhaft begangenen Anlasstaten zulässig sei; bei schuldlosen Straftaten müsste dagegen das Nettoprinzip zur Anwendung kommen.

2. Allgemeine Voraussetzungen, § 73 I StGB

8 **a) Anlasstat.** Grundvoraussetzung für die Anordnung nach § 73 I 1 StGB ist zunächst eine Anlasstat (oder auch Anknüpfungstat). Die Anlasstat muss **eine rechtswidrige Tat iSv § 11 I Nr. 5 StGB** sein; ein strafbarer Versuch oder ein Fahrlässigkeitsdelikt reicht aus.[10] Das Gesetz beschränkt den Anwendungsbereich nicht auf Vermögensstraftaten. Diese Tat muss von der Anklage umfasst sein und vom Tatrichter festgestellt worden sein. Nicht notwendig ist dagegen, dass der Tatbeteiligte schuldhaft gehandelt hat.

9 **b) Einziehungsgegenstand. (1) Allgemeines.** Der Tatbeteiligte (Täter oder Teilnehmer) muss **etwas durch die Tat oder für sie erlangt** haben, sog Einziehungsgegenstand. „Etwas" meint die **Gesamtheit des materiell aus der Tat Erlangten,**[11] also alles was dem Tatbeteiligten vermögenserhöhend zugeflossen ist. Nicht hierunter zu verstehen sind dagegen solche Vermögenswerte, die der Täter oder der Teilnehmer nur erlangen wollte oder erlangen hätte können;[12] auch findet nicht etwa wie beim Schuldner in Verzug eine fiktive Verzinsung statt. „Erlangen" ist also ein **tatsächlicher Vorgang,**[13] es kommt nicht darauf an, ob ein zugrundeliegendes Rechtsgeschäft unwirksam ist oder nicht. Erlangt ist etwas dann, wenn man die faktische Verfügungsgewalt darüber erworben hat. Nicht erfasst sind demnach aber **immaterielle Vorteile.**

---

10 BGH NStZ 2011, 83 Rn. 31, insbes. Rn. 35 f.
11 BT-Drs. 12/989, 23 und nunmehr unverändert auch BT-Drs. 18/9525, 61; LK-StGB/ *Schmidt* § 73 Rn. 19.
12 BGH NStZ 2010, 85.
13 BGH NStZ 2004, 440; BGHSt 53, 179 (190).

Die von den §§ 73 ff. StGB umfassten Vermögenswerte können 10
ganz unterschiedlicher Natur sein (nicht nur Gegenstände iSv Sachen
und Rechten).

Beispiele:
– Geld[14]   11
– bewegliche Sachen
– Grundstücke
– Rechte (bspw. Forderungen)
– geldwerte Vorteile (bspw. ersparte Aufwendung – hinterzogene Steuern)
– Verbesserung der Marktposition eines Unternehmens

Nicht hierunter zu verstehen ist der „Gesamtvermögensstand" eines Täters,
sondern es muss sich jeweils um **einzelne, konkrete Gegenstände** handeln.[15]

Sonderfälle: Nicht erlangt ist das Geld, das dem Täter bei einem verbotenen 12
und daher nichtigen Geschäft von einem polizeilichen **Scheinkäufer** ausgeh-
ändigt wurde.[16] Dies ist nur dann richtig, wenn das Geld bei der Festnahme
des Täters sichergestellt wurde. In diesem Fall bedarf es aber auch von vornherein keiner Einziehungsanordnung. Da es aber für den Begriff des Erlangens gerade nicht darauf ankommt, ob das zugrundeliegende Rechtsgeschäft
wirksam ist, unterliegt bspw. das Geld eines Scheinkaufes dann der Einziehung, wenn das Geld nicht sichergestellt wurde.[17]

Werden **Schulden als Gegenleistung** dafür erlassen, dass eine Straftat be- 13
gangen wird, dann hat der Täter faktisch nichts erlangt, denn dieses Rechtsgeschäft ist nichtig (§ 134 BGB), seine Schuld besteht fort.[18] Im konkreten Fall
bestand der Vorteil des Angeklagten darin, dass ihm von seinen Schulden bei
dem Mitangeklagten R für jede Fahrt in die Niederlande, um dort Drogen zu
kaufen, 1.000 EUR erlassen werden sollten. Ein derartiger Schuldenerlass für
eine Beteiligung an einem verbotenen Betäubungsmittelgeschäft ist jedoch
nichtig, so dass der Angeklagte tatsächlich keinen Vorteil erlangt hat. Vergleichbares gilt für das Freiwerden einer nichtigen Kaufpreisschuld aus einem
Drogengeschäft.[19]

Der Umfang des Erlangten kann im Übrigen gem. § 73d II StGB 14
geschätzt werden. Wichtig ist dabei, dass diese **Schätzung** sich nur
auf die Höhe des Erlangten, nicht aber auf das „ob" eines Erlangens
bezieht.[20] Ist also nicht klar, ob überhaupt etwas erlangt worden ist
(oder ob etwa aus dem Erlangten Nutzungen gezogen worden sind,

---

14 Zur Vermögensabschöpfung bei Bitcoins vgl. *Rückert* MMR 2015, 295.
15 OLG Hamm NZWiSt 2013, 307 mAnm *Nestler.*
16 BGHSt 31, 147.
17 BGHSt 53, 179.
18 BGH Beschl. v. 14.3.2007 – 2 StR 54/07 = BeckRS 2007, 6233.
19 BGH StraFo 2010, 348.
20 LK-StGB/*Schmidt* § 73b Rn. 4.

vgl. § 73 II StGB sowie sogleich Rn. 15 ff., 31 ff.), darf dies nicht aufgrund einer Schätzung „unterstellt" werden. Bezüglich Nutzungen
und Surrogaten (also mittelbar erlangten Tatvorteilen) enthalten § 73
II und III StGB Auffangregelungen (→ Rn. 31).

15   **(2) Durch die Tat erlangt. Durch die Tat erlangt ist etwas** zunächst, wenn es dem Tatbeteiligten unmittelbar in irgendeiner Phase
des Tatablaufs zufließt (klassischer Fall der Diebesbeute). Es ist zB
unerheblich, wenn die Beute der Tat zunächst nur im Besitz eines
Mittäters ist und erst später aufgeteilt wird.

16   **Beispiele:** Der Täter besticht einen Amtsträger, der mithilft, dass ein vom
Täter erworbener und später verkaufter Acker Bauland wird. Der BGH[21] hat
hier ausgeführt, dass die Endverkaufspreise nicht unmittelbar aus der Bestechung erlangt worden sind, sondern noch weitere vermittelnde Handlungen
des Täters (insbes. An- und Verkauf des Landes) hinzukommen mussten.
Der Täter spielt mit dem erbeuteten Geld in der Spielbank und gewinnt.[22]
Dieser Gewinn ist weder unmittelbar durch die Anlassstat erlangt noch stellt
er eine gezogene Nutzung oder ein Surrogat nach Maßgabe des § 73 III
StGB dar; die Verfallsanordnung wäre unzulässig gewesen.

17   Mit der Formulierung „durch" (an Stelle der früheren Formulierung „aus der Tat") wollte der Gesetzgeber aber auch eine Erweiterung auf indirekt durch eine Straftat erlangte wirtschaftliche Vorteile
erreichen.[23]

18   Ob in den beiden genannten Beispielen hier nun durch die Änderung der Formulierung von „aus" zu „durch" tatsächlich – wie vom
Gesetzgeber allgemein angedeutet – das „,ungeschriebene' (einschränkende) Tatbestandsmerkmal der ‚Unmittelbarkeit'" seine Bedeutung verlieren soll,[24] erscheint zweifelhaft. Zwar ist zuzugestehen,
dass die Formulierung „durch" (die eine reine Kausalitätsbeziehung
genügen lassen könnte) sprachlich weiter verstanden werden kann
als das alte „aus". Aber dennoch müssen hier Grenzen bestehen,
wenn es nicht mehr um zurechenbare (etwa auch weil von vornherein
planbare) „Gesamtgeschäftsergebnisse" geht, sondern um Änderun-
gen im Vermögensstand des Täters, die zwar irgendwie kausal mit
der Straftat verknüpft sind, in denen sich aber (hier einmal in einem
positiven Sinne) das allgemeine Lebensrisiko verwirklicht. Weiter

---

21 BGHSt 47, 260.
22 BGH NStZ 1996, 332.
23 Vgl. BT-Drs. 18/9525, 47, 55, 62.
24 Vgl. BT-Drs. 18/9525, 55.

geht auch die in den Gesetzmaterialien angesprochene Haftung nach
dem privatrechtlichen Bereicherungsrecht nicht. So mag man bei einem einheitlich geplanten Geschäft wie dem Grundstückshandel mit
Unterstützung einer Bestechung (→ Rn. 16) das „durch" die Korrup-
tion erlangte Etwas weiter fassen.[25] Dass dagegen auch ein Lotteriege-
winn einziehungsfähig wäre, nur weil der Täter das Los mit einem
Geldschein aus der Beute erworben hat, erschiene doch gewagt.[26]

(3) Für die Tat erlangt. Für die Tat erlangt ist etwas, was dem   19
Tatbeteiligten als Gegenleistung für sein rechtswidriges Handeln gewährt wurde und nicht auf der Tatbestandsverwirklichung selbst beruht. Ein klassisches Beispiel wäre das „Entgelt" für einen Auftrags-
mord (§ 11 I Nr. 9 StGB).

c) Unbeachtlichkeit von Ersatzansprüchen des Opfers. Die Ein-   20
ziehung erfolgt durch den Staat grundsätzlich unabhängig davon, ob
auch das Opfer entsprechende Ersatzansprüche – etwa bei einem
Diebstahl, bei dem das Diebesgut eingezogen werden kann, Ansprüche aus § 823 I BGB bzw. § 823 II BGB iVm § 242 I StGB – hat. Dies
war bis zur Reform der Vermögensabschöpfung anders, da § 73 I 2
StGB aF eine Ausnahmeregelung zum Schutz des Täters vor doppelter Inanspruchnahme enthielt; danach war der Verfall ausgeschlossen,
wenn der Verletzte einen zivilrechtlichen Anspruch gegen den Täter
oder Teilnehmer hatte. Da dieser Maßstab tendenziell großzügig gehandhabt und auf die Existenz des Ersatzanspruches (und nicht darauf, ob die Forderung bereits geltend gemacht worden ist) geblickt
wurde, war die Möglichkeit des Verfalls stark eingeschränkt („Toten-
gräber des Verfalls"). An die Stelle dieser materiell-rechtlichen Beschränkung und der Möglichkeit eines vorläufigen Sicherungs- und
Beschlagnahmeverfahrens für eine sog Zurückgewinnungshilfe für
den Verletzten (vgl. § 111b V StPO aF, ggf. mit staatlichem Auffangrechtserwerb) ist im geltenden Recht eine weitreichende Einzie-
hungsbefugnis getreten, bei der Opferinteressen dann im Rahmen
des Vollstreckungsverfahrens durch eine Rückübertragung der einge-
zogenen Gegenstände berücksichtigt werden (vgl. § 459h I StPO).

---

[25] So zu diesem Fall auch explizit BT-Drs. 18/9525, 68.
[26] Vgl. auch nochmals → Rn. 27: Man wird das Lotteriespiel mit Teilen der Beute selbst
bei einem weiten Verständnis nicht als Bestandteil des Tatablaufs in seiner Gesamtheit
verstehen können.

3. Bruttoprinzip

21   **a) Grundgedanke.** Die Abschöpfung der wirtschaftlichen Werte erfolgt im Zuge des sog **Bruttoprinzips.** Einziehung von Taterträgen erfasst *alles,* was für die Tat oder durch sie erlangt wurde. Dies bedeutet, dass **alle wirtschaftlichen Werte,** die in irgendeiner Phase des Tatablaufs (zumindest unmittelbar, in Grenzen auch mittelbar) erlangt wurden, abgeschöpft werden können.[27] Gegenleistungen bzw. Unkosten sind prinzipiell nicht zugunsten der Tatbeteiligten gegenzurechnen. Die Möglichkeit der **Schätzung** gem. § 73d II StGB bleibt auch hier unberührt.

22   Das Bruttoprinzip war mit Neufassung der Vorschrift 1992 eingeführt worden und hat das davor geltende **Nettoprinzip** abgelöst, das nur auf den Vermögens*vorteil,* den der Tatbeteiligte erlangt hat, abstellte. Zweck der Umstellung auf das Bruttoprinzip war es, dass eine Tat nicht finanziell risikofrei durchführbar sein soll (weil man schlimmstenfalls „mit null herausgeht"). Vielmehr sollen die Aufwendungen (Gegenleistungen und Unkosten) der Tatbeteiligten für die rechtswidrige Tat schlicht nutzlos verloren gehen und keineswegs die Einziehung mindern. Dies hat zur Konsequenz, dass mehr beim Tatbeteiligten abgeschöpft werden kann, als er tatsächlich durch die Tat „verdient" hat. Auch durch die Neuregelung 2017 wurde das Bruttoprinzip bestätigt, und der Gesetzgeber war sogar um eine „Stärkung und Konkretisierung" bemüht.[28] Das wird in § 73d I StGB deutlich, der statuiert, dass bei „der Bestimmung des Wertes des Erlangten" zwar „die Aufwendungen des Täters" abgezogen werden, dass dies aber nicht gilt, soweit diese „für die Begehung der Tat oder für ihre Vorbereitung" erfolgt sind (soweit darin nicht nur die Erfüllung einer Verbindlichkeit liegt).

23   Die Abschöpfung nach dem Bruttoprinzip kann je nach Fallgestaltung den Betrag, der nach dem Nettoprinzip betroffen wäre, um viele Millionen Euro übersteigen.

24   **Beispiel:** Täter T kauft an der tschechischen Grenze Methamphethamin (Crystal Meth) für 5.000 EUR. Er verkauft das eingekaufte Rauschgift in kleinen Portionen für insgesamt 10.000 EUR weiter. Sein tatsächlicher „Gewinn" beträgt demnach nur 5.000 EUR, abgeschöpft werden jedoch die gesamten 10.000 EUR. Seine Unkosten (Kosten für die Droge, Fahrtkosten etc) kann T nicht in Abzug bringen.

---

27 Bei mittelbaren Vorteilen vgl. § 73 II StGB.
28 Vgl. BT-Drs. 18/9525, 55.

Die eingangs skizzierte Ansicht in der Literatur, die im früheren   25
Verfall eine Maßnahme mit Strafcharakter sah, knüpfte an diesen
Umstand an. Teilweise wird das Bruttoprinzip auch als Verstoß gegen
den Schuldgrundsatz kritisiert.[29] Das BVerfG[30] hat aber seine Verfassungsmäßigkeit bestätigt. Erwägenswert ist es jedoch, bei fehlender
Schuld des Täters oder Teilnehmers dann doch prinzipiell das Nettoprinzip anzuwenden.[31] Auf weitere Ausnahmen wird sogleich eingegangen.

b) Ausnahmen vom Bruttoprinzip. (1) Problemlage. Die An-   26
wendung des Bruttoprinzips ist nicht auf bestimmte Deliktsgruppen,
wie Betäubungsmitteltaten, beschränkt, sondern gilt allgemein. Allerdings hatte sich – unter dem alten Verfallsrecht – eine umfangreiche
Kasuistik zur Frage entwickelt,[32] wann doch Ausnahmen von einer
strengen Anwendung zu machen sind. Dogmatischer Anknüpfungspunkt war die exakte Bestimmung des erlangten Etwas. Indes war
diese Rspr. nicht nur sehr einzelfallbezogen, so dass es schwer möglich war, allgemeine Grundsätze zu formulieren, sondern überdies
wichen die Ansichten der einzelnen Strafsenate des BGH (insbesondere des 1. Senats und des 5. Senats) durchaus voneinander ab.[33] Zusätzlich wird die Rechtslage gegenwärtig dadurch erschwert, dass der
Gesetzgeber das Bruttoprinzip schärfen und konturieren wollte, was
die Bedeutung der in der Rspr. entwickelten Fallgruppen in Frage
stellt. In der Gesetzesbegründung wird **statt auf die genaue Bestimmung des Erlangten** und normative Zurechnungserwägungen (etwa
entsprechend der Lehre von der objektiven Zurechnung)[34] auf **ein
zweistufiges Verfahren** abgestellt:
– Nach § 73 I StGB sind alle Vermögenswerte, die einem Tatbeteiligten (oder Drittbegünstigten) aus der Verwirklichung des Tatbe-
  stands in irgendeiner Phase des Tatablaufs zugeflossen sind, in ihrer Gesamtheit abzuschöpfen; in diesem ersten Schritt ist bei der
  Bestimmung des Erlangten also eine gegenständliche Betrachtungsweise anzulegen.

---

29 *Streng* Sanktionen Rn. 369 mwN.
30 BVerfG NJW 2004, 2073.
31 *Hellmann/Beckemper* WirtschaftsStrafR Rn. 994; *Theile* ZJS 2011, 333 (334).
32 Ausführlich hierzu *Kudlich/Oğlakcıoğlu* WirtschaftsStrafR Rn. 620 ff.
33 Zum alten Recht auf eine Klärung durch den Großen Strafsenat drängend *Fischer*
   StGB § 73 Rn. 8h.
34 So zur alten Rechtslage *Rönnau/Krezer* NZWiSt 2012, 147 (149).

– Wertende Gesichtspunkte sind erst in einem zweiten Schritt bei der Konkretisierung des „Bruttoprinzips" durch § 73d I StGB zu berücksichtigen.[35]

27   **(2) Fallgruppen.** Um dies an einigen Fallgruppen zu exemplifizieren:

– Klar bleibt die Einziehung des **Erlöses aus verbotenen Betäubungsmittelgeschäften** (welche rechtspolitischer Hauptgrund für die Einführung des Bruttoprinzips waren): Hier bleiben der Einkaufspreis für die Betäubungsmittel und weitere Aufwendungen für die Tat (zB Fahrt- und Transportkosten) außer Betracht. Einzuziehen ist daher der gesamte Verkaufserlös.

– Vergleichbares gilt auch für die Anschaffungs- oder Herstellungskosten für Waren, die der Täter für den Verkauf unter bewusster (strafrechtswidriger) Umgehung **außenwirtschaftsrechtlicher Bestimmungen** tätigt.[36] Anderes ist für das alte Recht vertreten worden, wenn das zustande gekommene Geschäft im Prinzip **genehmigungsfähig** gewesen wäre. Hier sollte nicht der gesamte Kaufpreis „erlangt" iS des § 73 I StGB aF gewesen sein, sondern nur die durch das Unterbleiben des Genehmigungsverfahrens ersparten Aufwendungen.[37] Ob das nach dem neuen Recht so noch Geltung beansprucht, ist fraglich, denn auch alle anderen Ausgaben (Anschaffungs- und Herstellungskosten) sind „für die Begehung der Tat oder für ihre Vorbereitung aufgewendet worden", § 73d I 2 StGB.

– Bei sog **„Insidergeschäften"** (Käufe oder Verkäufe von Wertpapieren unter Verwendung interner, noch nicht öffentlicher Informationen aus einem Unternehmen) ist die Weitergabe von Informationen durch einen Insider nach Art. 14a VO (EU) Nr. 596/2014 verboten (vgl. auch § 14 WpHG aF) und gem. § 38 III Nr. 1 WpHG strafbewehrt.[38]

– Die Rspr. vertrat hier zum alten Recht ebenfalls überzeugend, dass nicht der Gesamtwert der erworbenen Aktien bzw. des durch deren Veräußerung erzielten Erlöses das „Erlangte" iS des § 73 I StGB aF war, sondern nur die **„unzulässige Sonder-**

---

35 Vgl. BT-Drs. 18/9525, 62.
36 So auch schon zur alten Rechtslage BGHSt 47, 369.
37 BGHSt 57, 79 mAnm *Kudlich* ZWH 2012, 187.
38 Zur Systematik der Straf- und Ordnungswidrigkeitentatbestände des WpHG nach dem Finanzmarktmodernisierungsgesetz vgl. zusammenfassend *Kudlich* AG 2016, 459 ff.

chance."[39] Diese entsprach aber letztlich nur dem Wert des Gewinns, der daraus entstanden ist, dass die Wertpapiere zu einem ganz bestimmten Zeitpunkt gekauft oder verkauft wurden. Verfallsgegenstand war damit nicht der Gesamtverkaufserlös aus dem Aktiengeschäft, sondern der Gewinn.

– Demgegenüber hatte der BGH für Fälle der Marktpreismanipulation (vgl. nach aktueller Rechtslage § 38 I WpHG) später (zweifelhaft)[40] einen Abzug und damit eine Beschränkung auf einen Sondervorteil abgelehnt und ein weites Verständnis des Bruttoprinzips zugrunde gelegt. Denn das „abgeschlossene Geschäft" sei „ausdrücklich verboten und der Kaufpreis als Erlös gerade unmittelbarer Zufluss aus dieser untersagten Transaktion".[41]

– Nach dem neuen Recht könnte man diese strenge Sichtweise auch auf Insidergeschäfte übertragen, soweit Aktien zweckgerichtet für ein verbotenes Insidergeschäft angeschafft oder eingesetzt werden. Auch in diesen Fällen wird bewusst Kapital in verbotene Geschäfte investiert.[42] Freilich könnte man sagen, dass zumindest eine der Transaktionen (An- oder Verkauf) auch beanstandungsfrei (nämlich so wie durch jeden Marktteilnehmer ohne Sonderkenntnisse) verlaufen ist.

– Dagegen soll nach § 73d I 2 Hs. 2 StGB bei **Betrugstaten** die Gegenleistung des Täters in Abzug zu bringen sein.[43] Zwar sei die Erbringung der Leistung durch den Täter noch Teil der Betrugstat; indes investiere der Täter nicht in ein verbotenes, sondern in ein wirksames (wenn auch anfechtbares) Geschäft.

– Schließlich soll damit auch die Einziehung bei Korruptionsdelikten angemessenen Lösungen zugeführt werden (die sich mit der schon bestehenden Rspr. decken).[44] Wird etwa ein als Werkvertrag gestal-

---

39 BGH NJW 2010, 882 (884); ebenso bereits *Kudlich/Noltensmeier* wistra 2007, 121 (123).
40 Zur Kritik vgl. *Kudlich* JZ 2014, 746 ff.
41 Vgl. BGH NJW 2014, 1399 (1403). Dass ein solches „Verbot an sich" etwa bei sog. handelsgestützten Manipulationen stärker ausgeprägt sein soll als bei Insidergeschäften, lässt sich nun beim besten Willen nicht nachvollziehen, so dass deutlich wird, dass es sich letztlich auch insoweit wieder um unterschiedliche Sichtweisen zwischen unterschiedlichen Strafsenaten (hier 5. Senat vs. 3. Senat) handelt.
42 So für diese Fälle explizit BT-Drs. 18/9525, 68.
43 So BT-Drs. 18/9525, 68 mit den Beispielen: Der Wert eines fabrikgefertigten Teppichs, den der Täter betrügerisch als handgeknüpft verkauft hat, ist ebenso abzuziehen wie der tatsächliche Wert eines Autos, das betrügerisch mit einem manipulierten Tachostand verkauft wird.
44 Grundlegend BGHSt 50, 299.

teter Auftrag durch eine Bestechungszahlung erlangt, sind die Aufwendungen für die beanstandungsfreie Werkleistung (insbesondere Personal- und Materialkosten) im Ergebnis zu berücksichtigen: Gegenständlich erlangt iS des § 73 I StGB ist nach dem Bruttoprinzip der gesamte Werklohn (**Schritt 1**). Nach § 73d I StGB sind dann im Wege der Konkretisierung die Aufwendungen für die beanstandungsfreie Werkleistung abzuziehen (**Schritt 2**). Im Ergebnis abgeschöpft wird damit der Gewinn aus dem Werkvertrag.

28   **c) Fazit.** Die partielle Neuregelung des Bruttoprinzips mit seinen zwei Stufen „gegenständliche Betrachtung und Konkretisierung" scheint zwar auf den ersten Blick „rechtssicherer" zu handhaben sein als die alten, teilweise doch sehr stark fallbezogenen Überlegungen zum „konkret Erlangten" und zu Zurechnungsgesichtspunkten. Dabei liefert sie alternative und durchaus nachvollziehbare Begründungen für bestimmte Fallgruppen, in denen auch schon nach dem alten Recht Einschränkungen des Bruttoprinzips vorgenommen wurden (führt aber jedenfalls nach den Fallbeispielen in den Gesetzesmaterialien teilweise auch zu Abweichungen).

29   Wirklich leicht zu überschauen ist aber das System mehrerer Regeln, Ausnahmen und Gegenausnahmen auch nicht, das sich verknappt wie folgt beschreiben lässt:

1. Stufe: Ausgangspunkt § 73 I StGB, Bruttoprinzip (weitreichende Erfassung des „durch" die Tat Erlangten")

2. Stufe: nähere Bestimmung durch

⇨ Ausnahme: Abzugs**ge**bot für Aufwendungen (Netto-Gedanke)

⇨ Gegenausnahme: vorsätzliche Investitionen in die Straftat (Brutto-Gedanke)

⇨ Gegengegenausnahme: Erfüllung einer geschuldeten Leistung (Netto-Gedanke)

⇨ ggf. Härteklausel in der Vollstreckung, vgl. § 459g V 1 StPO

30   Überdies ist bei genauerer Betrachtung auch zweifelhaft, ob die neue Rechtslage der alten tatsächlich überlegen ist: Zunächst stellt sich bereits die Frage, ob der Gesetzgeber mit dem Ziel „antreten" sollte, gewisse – letztlich auch Gerechtigkeitserwägungen geschuldete – Einschränkungen der Vermögensabschöpfung, welche die Rspr. mit Bedacht entwickelt hat, „abzuschaffen" (auch wenn das letztlich natürlich eine hinzunehmende kriminalpolitische Entscheidung der Le-

gislative ist). Vor allem aber verstecken sich hinter dem scheinbar klaren „Zwei-Stufen-Schema" dennoch mehr oder weniger weite Wertungsspielräume: Bei der „gegenständlichen" Betrachtung des Zuflusses „in irgendeiner Phase des Tatablaufs"[45] öffnet die Frage, was noch zum Tatablauf gehört, subjektiven Wertungen Tür und Tor, soweit dieser „Tatablauf" nicht mit dem Zeitraum bis zur materiellen Vollendung harmonisiert wird. Dies ist aber offenbar nicht der Fall, wenn zum „Tatablauf" einer Bestechung auch noch die Weiterveräußerung von Grundstücken gezählt wird, die aufgrund der Bestechung zum Bauland wurden.[46] Auf der zweiten Stufe wird die scheinbar klare (und sehr weitreichende) gesetzliche Formulierung „für die Begehung der Tat oder für ihre Vorbereitung aufgewendet" aufgeweicht, wenn in der Gesetzesbegründung etwa für die Betrugskonstellation (→ Rn. 27) darauf abgestellt wird, dass der Täter „nicht in ein verbotenes, sondern in ein wirksames, wenn auch anfechtbares Geschäft" investiert. Insgesamt ist damit durch die „zweistufige Anwendung" nur vordergründig eine größere Konkretisierung (und auch nur vielleicht eine Stärkung) des Bruttoprinzips erfolgt. Auch für die Zukunft wird daher abzuwarten sein, wie weit die Rspr. in verschiedenen Fallgruppen beim Umfang des Einziehungsgegenstandes geht.

4. Nutzungen und Surrogate, § 73 II, III StGB

Als **mittelbare Vermögensvorteile** unterliegen nur Nutzungen 31
gem. § 73 II StGB und Surrogate gem. § 73 III StGB der Einziehung
von Taterträgen.

a) Nutzungen, § 73 II StGB. Nach § 73 II StGB unterliegen auch 32
Nutzungen, die aus einem der Einziehung unterliegenden Gegenstand gezogen werden, der Einziehung. Für die Bestimmung des Begriffs Nutzungen wird die Legaldefinition aus den §§ 99, 100 BGB herangezogen. Nutzungen sind somit alle Früchte und Gebrauchsvorteile, die dem Tatbeteiligten aus der Nutzung einer Sache zufließen. Dem Wortlaut des Gesetzes zufolge steht dem Gericht **kein Ermessensspielraum** zu, ob es Nutzungen auch der Einziehung unterwirft. Ein Gebrauchsvorteil von Geld sind zB auch die Zinsen,

---

45 So BT-Drs. 18/9525, 67.
46 So BT-Drs. 18/9525, 68 in Anlehnung an den Fall BGHSt 47, 260.

falls (aber auch nur soweit) der Täter seine Beute gewinnbringend angelegt hat.

33   **b) Surrogate, § 73 III StGB.** Nach § 73 III StGB unterliegen Vermögensgegenstände, die der Tatbeteiligte durch Veräußerung eines erlangten Gegenstandes als Ersatz für dessen Zerstörung, Beschädigung oder Entziehung oder aufgrund eines erlangten Rechts erworben hat ebenfalls der Einziehung. In Bezug auf diese Surrogate steht dem Gericht wiederum nach dem Wortlaut des Gesetzes ein Ermessensspielraum zu („kann"), ob es diese der Einziehung unterwirft.

5. Einziehungsanordnung gegen tatunbeteiligte Dritte, § 73b StGB

34   Gem. § 73b StGB kann die Einziehung von Taterträgen auch gegenüber tatunbeteiligten Dritten angeordnet werden. Dritter kann jede natürliche oder juristische Person sein. Auch ein Unternehmen, das dadurch Vorteile erlangt, dass der Täter oder Teilnehmer für dieses handelt, soll diese nicht behalten dürfen. Gegenüber § 73 III StGB aF, der nur das Handeln für den anderen nannte, ist der Anwendungsbereich des Drittverfalls (bzw. nunmehr genauer: der Dritteinziehung von Taterträgen) deutlich erweitert worden. Das Gesetz nennt nun in § 73b StGB die Fälle, in denen für den Dritten gehandelt wurde, in denen dem Dritten das Erlangte unentgeltlich oder ohne Rechtsgrund übertragen worden ist, in denen der Dritte bösgläubig war oder in denen der Dritte das Erlangte von Todes wegen (Erbschaft/Vermächtnis/Pflichtteilsanspruch) erhalten hat.[47]

35   Auf eine Kenntnis des Dritten kommt es – außer im Falle der Bösgläubigkeitsvariante des § 73b I 1 Nr. 2b StGB – nicht an, dh der Dritte haftet bei Bösgläubigkeit, in den anderen in § 73b StGB genannten Fällen aber auch bei Gutgläubigkeit.[48] Ein bösgläubiger Dritter freilich wird oftmals nicht nur „anderer" iS des § 73b I StGB, sondern selbst Tatbeteiligter sein, so dass sich bereits die Einziehungsanordnung nach Abs. 1 gegen ihn richten würde.

---

47 Hier wird besonders deutlich, dass die Einziehung des Erlangten ähnlich wie die des zivilrechtlichen Bereicherungsrechts (§§ 812 ff. BGB, hier insb. §§ 819, 822 BGB) ausgestaltet ist. Man spricht daher auch von einer „quasi-kondiktionellen Ausgleichsmaßnahme".

48 Nach BGHSt 47, 369 (375) hat das Bruttoprinzip dann auch gegenüber einem gutgläubigen Dritten zu gelten, da die Einziehung (bzw. damals: der Verfall) keine strafähnliche Maßnahme sei.

Im Einzelnen gilt: 36
– Für einen anderen (**Vertretungsfälle**) handelt der Täter oder Teil-
  nehmer (§ 73b I 1 Nr. 1 StGB) wenn er iSv § 14 StGB oder § 164
  BGB handelt, aber auch dann, wenn ein solches Handeln nach außen nicht erkennbar ist, also, wenn faktisch für einen anderen und
  in dessen Interesse gehandelt wurde.
– Eine schon in der früheren Rspr. anerkannte Fallgruppe[49] bildeten
  die sog **Verschiebungsfälle**, in denen der Täter dem Dritten die
  Tatvorteile unentgeltlich oder aufgrund eines jedenfalls bemakelten
  Rechtsgeschäftes zukommen ließ, um sie dem Zugriff des Gläubigers zu entziehen oder um die Tat zu verschleiern. Diese Fallgruppe ist jetzt in § 73b I 1 Nr. 2a StGB ausdrücklich aufgenommen; in Nr. 2b sind Fälle erfasst, in denen der Täter erkannt hat
  oder hätte erkennen müssen, dass das Erlangte aus einer rechtswidrigen Tat herrührt.

Beachte: Überschneidungen zu § 73 I StGB sind möglich, wenn der bös-   37
gläubige Dritte durch die Entgegennahme selbst eine einziehungsfähige Tat
etwa nach §§ 259, 261 StGB begeht. Dennoch besteht ein praktisches Bedürfnis für die Regelung. Denn ohne sie würden Fälle außerhalb des Anwen-
dungsbereichs der Anschlussdelikte (Nichtvermögensdelikte außerhalb des
§ 261 StGB) nicht erfasst, und es ergäben sich Abschöpfungslücken, wenn
das für den Drittbegünstigten in Betracht kommende Delikt (zB Geldwäsche)
bereits verjährt ist, die Tat, durch die er bereichert wurde (zB schwerer Raub),
hingegen noch nicht.[50]

– Neu in § 73b I 1 Nr. 3 StGB aufgenommen sind die **Erbfälle**, in   38
  denen das Erlangte auf den Dritten als Erbe übergegangen oder
  als Pflichtteilsberechtigter bzw. Vermächtnisnehmer auf ihn übertragen worden ist.
– Schon nach der früheren Formulierung des § 73 III StGB aF („und
  hat *dadurch* dieser etwas erlangt") hat der BGH eine **Unmittelbarkeit** verlangt und diese dann verneint, wenn der Dritte den
  Vorteil „aufgrund eines mit dem Täter oder Teilnehmer geschlossenen entgeltlichen Geschäfts erlangt, das weder für sich noch im
  Zusammenhang mit einer rechtswidrigen Tat bemakelt ist".[51] Ließ
  etwa ein Täter oder Teilnehmer einem gutgläubigen Dritten Tatvorteile zukommen, um damit eine nicht bemakelte, entgeltliche
  Forderung zu begleichen, deren Entstehung und Inhalt in keinem

---

49 BGHSt 45, 235.
50 Vgl. BT-Drs. 18/9525, 66 f.
51 BGHSt 45, 235 (247).

Zusammenhang mit der Tat stehen (sog **Erfüllungsfall),** fehlte es an der Unmittelbarkeit. Der Dritte hatte den Vorteil gerade nicht „durch" die Tat erlangt.

39 **Beispiel:** Ein Bankräuber kauft sich mit einem Teil seiner Beute einen Wagen. Gegen den gutgläubigen Autoverkäufer kann die Einziehung des Kaufpreises nicht angeordnet werden.

40 Nach geltender Rechtslage gilt dies nicht nur fort, da in einem solchen Fall der Dritte das Erlangte weder unentgeltlich noch ohne rechtlichen Grund erhalten hat noch den deliktischen Bezug erkannt hat (§ 73b I 1 Nr. 2a und b StGB). Vielmehr erweitert § 73b I 2 StGB den Gedanken auch in Gestalt einer Sperre der Einziehung gegenüber späteren Besitzern.
   – Schließlich erstreckt § 73b II und III StGB die Einziehung beim Dritten (unter den in Abs. 1 S. 1 Nr. 2, und 3 genannten Voraussetzungen) auch auf Nutzungen und Surrogate.

6. Einziehung des Wertersatzes, § 73c StGB

41 Wenn die Einziehung des Erlangten aufgrund dessen Beschaffenheit nicht (mehr) möglich ist oder von der (im Ermessen stehenden) Einziehung von Surrogaten (§ 73 III StGB) oder Einziehung bei Dritten (§ 73b StGB → Rn. 34 f.) abgesehen wird, so richtet sich diese stattdessen auf einen Geldbetrag, der dem Wert des Erlangten entspricht, § 73c I 1 StGB. Die vorläufige Sicherung bis zum Urteil erfolgt hier nicht durch eine Beschlagnahme nach § 111b StPO, sondern durch einen Vermögensarrest nach § 111e StPO.

Beispiele für Einziehung des Wertersatzes:
42 – das Erlangte besteht im Ersparen sonst notwendiger Aufwendungen oder von Gebrauchsvorteilen
   – das Erlangte wurde mit einer anderen Sache vermischt, verbunden oder verarbeitet (§§ 946, 947, 950 BGB)
   – das Erlangte wurde verbraucht, verloren oder ist unauffindbar
   – das Erlangte wurde rechtswirksam übereignet oder abgetreten (ohne, dass § 73b I 1 Nr. 1 StGB vorliegt).

Neben der Einziehung ist Einziehung des Wertersatzes dann möglich (Satz 2), wenn der Wert des Gegenstandes zum Zeitpunkt der Entscheidung hinter dem Wert des zunächst Erlangten zurückbleibt.

7. Ausschluss der Einziehung, § 73e StGB

a) Regelungsgehalt. Die Einziehung ist nach § 73e I StGB ausge- 43
schlossen, soweit der Anspruch, der aus der Tat dem Verletzen auf
Rückgewähr des Erlangten erwachsen ist, insbesondere (auch wenn
nach dem Wortlaut nicht nur) durch Erfüllung erloschen ist. Ferner
erfolgt nach § 73e II StGB keine Einziehung bei gutgläubigen Dritt-
beteiligten, wenn sie entreichert sind; anders als noch nach der Vor-
läufervorschrift des § 73c I 2 StGB aF (der einen weitergehenden
Entreicherungseinwand zugelassen hatte) können sich dagegen Tatbeteiligte und bösgläubige Drittbeteiligte nicht auf Entreicherung be-
rufen. Dies ermöglicht ggf., auch Vermögenswerte des Täters oder
Teilnehmers, die bis zum Urteil unentdeckt geblieben sind, nachträglich im Strafvollstreckungsverfahren abzuschöpfen. Wird also nach
Rechtskraft der Anordnung bislang unentdecktes Vermögen des vermeintlich vermögenslosen Täters festgestellt, kann dieses aufgrund
der rechtskräftigen (vollstreckbaren) Einziehungsentscheidung (nachträglich) abgeschöpft werden.

b) Verhältnis zur alten Härtevorschrift nach § 73c StGB aF. Bis 44
Juli 2017 hatte das StGB eine noch weitergehende Härtevorschrift in
§ 73c StGB aF enthalten, wonach der Verfall nicht angeordnet wurde,
soweit er für den Betroffenen eine unbillige Härte darstellte. Im geltenden Recht wurde nicht nur der Entreicherungseinwand „zurück-
gestutzt" (→ Rn. 43), sondern die „allgemeine Härteklausel" wurde
ersatzlos gestrichen und ist nach Meinung des Gesetzgebers[52] nicht
mehr erforderlich, da insbesondere drohende Unbilligkeiten durch
das Bruttoprinzip und dessen Konkretisierungen (→ Rn. 21 ff.) im
neuen Recht nicht mehr existieren sollen. Zwar wird dieser Verlust
teilweise prozedural abgefedert, indem § 459g V 1 StPO auf der
Ebene der Vollstreckung anordnet, dass diese unterbleibt, „soweit
der Wert des Erlangten nicht mehr im Vermögen des Betroffenen
vorhanden ist oder sie sonst unverhältnismäßig wäre".[53] Allerdings
ist die Vollstreckung wiederaufzunehmen, „wenn nachträglich Umstände bekannt werden oder eintreten, die einer Anordnung nach
Satz 1 entgegenstehen". Auch hier zeigt sich also der Wunsch, auf
veränderte Erkenntnisse nach Rechtskraft der Einziehungsanordnung

---

52 Vgl. BT-Drs. 18/9525, 55 f.
53 Aus der alten Rspr. zur Härteklausel etwa: Wenn bei einem Tatbeteiligten die Durchsetzung seiner Zahlungsverpflichtung die Resozialisierung nach der Haftentlassung
wesentlich erschweren würde, vgl. BGH NStZ-RR 2003, 75; StV 2010, 304.

flexibel reagieren zu können. Allerdings wird die Zukunft erweisen müssen, ob in dem an sich eher formal angelegten Vollstreckungsverfahren Besonderheiten des Einzelfalles, die eine Härte begründen könnten, wirklich genauso effektiv berücksichtigt werden können wie durch ein Gericht, das sich im Rahmen einer längeren Hauptverhandlung mit Tat und Täter beschäftigt hat.

8. Erweiterte Einziehung von Taterträgen, § 73a StGB

45   a) **Zielsetzung.** § 73a StGB erweitert den Anwendungsbereich der Einziehung insofern erheblich, als nach dieser Vorschrift auch Gegenstände von einer Einziehungsanordnung erfasst werden können, die der Täter oder Teilnehmer nicht aus der abzuurteilenden Tat (**Anlass- oder Anknüpfungstat**) erlangt hat, sondern aus **einer anderen rechtswidrigen Tat,** die aber nicht Gegenstand des laufenden Verfahrens ist. Der Bezug des Einziehungsgegenstands zu einer rechtswidrigen Herkunftstat wird demnach deutlich gelockert. Im Gegenzug ist taugliches Einziehungsobjekt nicht mehr alles, was dem Täter oder Teilnehmer durch die Tat zugeflossen ist, sondern nur noch **Gegenstände (Sachen und Rechte)** und nicht zB auch ersparte Aufwendungen.

46   b) **Gesetzgebungsgeschichte und rechtspolitische Kritik.** Das vergleichbare frühere Rechtsinstitut des erweiterten Verfalls (§ 73d StGB aF) war 1992 im Zuge des Gesetzes zur Bekämpfung der **Organisierten Kriminalität** (OrgKG) in das StGB aufgenommen worden. Ziel war es, die Strukturen der Organisierten Kriminalität dadurch zu schwächen, dass auch Vermögenswerte des Täters oder Teilnehmers abgeschöpft werden können, die nicht aus der konkreten abgeurteilten Tat stammen, bei denen das Gericht aber überzeugt ist, dass sie ebenfalls von deliktischer Herkunft sind. Entsprechend war für einen Katalog von Delikten, die typischerweise dem Bereich der Organisierten Kriminalität zugerechnet werden, angeordnet worden, dass nicht nur Erträge aus diesen Taten abgeschöpft werden können, sondern auch sonstiges Vermögen, wenn die Umstände die Annahme rechtfertigen, dass die Gegenstände aus Straftaten herrühren. Dies führte zu einer erheblichen Beweiserleichterung, weil der Erweiterte Verfall als eine Art **Beweislastumkehr für den legalen Erwerb der Gegenstände** wirkte.[54] Entsprechend wird denn in der Literatur

---

54 *Kudlich/Oğlakcıoğlu* WirtschaftsStrafR Rn. 618.

auch die Verfassungsmäßigkeit des Instituts angezweifelt (Unschuldsvermutung, Schuldprinzip sowie Eigentumsgarantie), und auch die
obergerichtliche Rspr.[55] hat angemahnt, die Vorschrift **restriktiv auszulegen.**

Dies ist hinsichtlich der Beweissituation zwar auch erfolgt (vgl. so-   47
gleich → Rn. 49). Genau gegenläufig hat der Gesetzgeber aber – auch
angeregt durch Europäische Vorgaben,[56] aber noch deutlich über
diese hinausgehend[57] – den Anwendungsbereich der nunmehr so genannten erweiterten Einziehung deutlich vergrößert, indem dieser
nicht mehr auf bestimmte Anlasstaten beschränkt ist.[58]

c) Voraussetzungen. (1) Anlasstat (oder Anknüpfungstat). Die   48
abzuurteilende Tat (= Anlasstat oder teilweise auch Anknüpfungstat
genannt) muss rechtswidrig, aber nicht schuldhaft begangen worden
sein. Nach dem nun geltenden Recht kommt hier jede Straftat in Betracht, ohne dass – wie bislang – explizit auf die Vorschrift über den
erweiterten Verfall hingewiesen sein muss. Durch § 73a II StGB wird
die Zulässigkeit der selbstständigen Anordnung der Einziehung erweitert, so dass eine nachträgliche Vermögensabschöpfung ermöglicht wird.

(2) Einziehungsgegenstand. Einziehungsobjekte können – abwei-   49
chend von § 73 I StGB – grundsätzlich nur **Gegenstände** sein, dh
Sachen oder Rechte (§ 75 I StGB). Zudem müssen diese **für rechtswidrige Taten oder aus ihnen erlangt worden sein,** ohne dass aber
die **Herkunftstat** mit der im konkreten Strafverfahren abzuurteilenden **Anknüpfungs- oder Anlasstat** identisch sein müsste. Vielmehr
genügen beliebige andere Straftaten, die weder von der Anklage umfasst noch Gegenstand der Verurteilung sind. Gegenüber der früheren
Fassung beim erweiterten Verfall, die es genügen hatte lassen, dass
„Umstände die Annahme rechtfertigen, daß diese Gegenstände für
rechtswidrige Taten oder aus ihnen erlangt worden sind", gibt es in-

---

55 Namentlich auch das BVerfG(BVerfGE 110, 1 [14 ff.]). Ferner BGHSt 40, 371.
56 Vgl. Art. 5 I RL 2014/42/EU.
57 So fordert die Richtlinie zwar eine deutliche Erweiterung der Anlasstaten, bei denen
    die erweiterte Vermögensabschöpfung möglich ist – die vollständige Aufgabe eines
    Katalogs und damit die Einbeziehung sämtlicher Delikte als Anlasstaten ist eine auto-
    nome Entscheidung des deutschen Gesetzgebers (vgl. BT-Drs. 18/9525, 65).
58 Das Rückwirkungsverbot erfordert dabei nach BT-Drs. 18/9525, 65 für die bislang
    als Anknüpfungstat ausgeschlossenen Delikte, dass die erweiterte Einziehung von
    Taterträgen nur angeordnet werden darf, wenn sowohl die „neue" Anknüpfungstat
    als auch die Erwerbstat nach Inkrafttreten der vorgeschlagenen Neufassung begangen
    werden.

soweit freilich keine Beweislastumkehr mehr, sondern es ist bezüglich der illegalen Herkunft nunmehr „bei der Überzeugungsbildung der Maßstab anzulegen, der bei der Frage des Tatnachweises anzulegen ist". Dabei muss aber die Erwerbstat nicht im Einzelnen festgestellt werden, und es sind auch an die Überzeugung insoweit keine überspannten Anforderungen zu stellen.[59] Diese Ausgestaltung greift die Hinweise zur restriktiven Auslegung durch den BGH auf, mit denen dieser den Einwänden gegen die Verfassungsmäßigkeit der Norm begegnet ist.

50   **(3) Sonstiges.** Auch auf die erweiterte Einziehung anwendbar sind die Vorschriften der §§ 73b (Einziehung bei anderen)[60] und 73d StGB (Bestimmung des Wertes des Erlangten und Schätzung). Die Einziehung des Wertes von Taterträgen nach § 73c StGB ist dagegen nicht möglich, da dieser nur auf §§ 73 und 73b StGB verweist.

III. Einziehung von Tatprodukten, Tatmitteln und Tatobjekten, §§ 74 ff. StGB

1. Rechtsnatur und Zweck der Maßnahme

51   Der Regelungszweck ist teilweise vergleichbar mit dem der Einziehung von Taterträgen. Es sollen diejenigen Gegenstände, deren Entstehung oder Beschaffenheit auf die Straftat zurückzuführen sind, aus dem Machtbereich des Täters entfernt werden. Außerdem können aber auch die zur Begehung der Tat verwendeten Gegenstände eingezogen werden.

52   Die Einziehung von Tatprodukten, Tatmitteln und Tatobjekten ist kein einheitliches Rechtsinstitut.[61] Soweit sie einen schuldfähigen Täter oder Teilnehmer betrifft, handelt es sich in erster Linie um eine **Maßnahme mit Strafcharakter** (aber mit präventiven Elementen). Diese zusätzliche Strafe ist bei der Strafzumessung der eigentlichen Strafe zu berücksichtigen. In den Fällen des § 74b I Nr. 1 bzw. 2 StGB, wenn also Tatwerkzeuge bei einem schuldlosen Täter oder bei Dritten eingezogen werden, ist die Einziehung dagegen **reine Sicherungsmaßnahme,** da sie dann ausschließlich einen präventiven

---

59 Vgl. BT-Drs. 18/9525, 66.
60 Auch das ist eine Erweiterung gegenüber der früheren Rechtslage.
61 Vgl. auch *Streng* Sanktionen Rn. 377: „schillernde" Rechtsnatur.

Zweck verfolgt. Im Übrigen liegt die Einziehung nach § 74 StGB im **pflichtgemäßen Ermessen** des Tatrichters.

In diesem Zusammenhang sei auch auf die in der Praxis weit ver- 53 breitete Übung zu verweisen, Gegenstände außergerichtlich einzuziehen. Auf Vorschlag des Richters oder des Staatsanwalts verzichtet demnach der Angeklagte auf sein Eigentum an dem Gegenstand und erklärt sich mit der **außergerichtlichen Einziehung** einverstanden. Die Rechtsnatur dieser Einziehung ist ebenso umstritten wie die Frage nach der Rechtmäßigkeit dieses Vorgehens.[62]

2. Einziehungsfähige Gegenstände, § 74 I, II StGB

a) Sachen und Rechte. Einziehungsfähige Gegenstände gem. § 74 I 54 StGB sind **Sachen** (auch unbewegliche) **und Rechte.** Sie sind im Urteilstenor konkret zu bezeichnen. Es muss erkennbar sein, dass der Einziehungsgegenstand bei **Begehung der Anlasstat** (= abgeurteilte Tat) eine Rolle gespielt hat, die im Urteil festzustellen ist. Begehung meint das gesamte Stadium einer Straftat, also den Zeitraum bis zu deren Beendigung. Einziehungsfähig sind nach § 74 I StGB sowohl **Tatprodukte** als auch **Tatwerkzeuge. Tatobjekte** dagegen unterliegen nach § 74 II StGB nach Maßgabe besonderer Vorschriften der Einziehung; dies sind insbesondere § 74a Nr. 1 StGB und § 74b III Nr. 1a StGB, auf die im jeweiligen Zusammenhang (Einziehung bei Dritten und Entschädigung) eingegangen werden wird.

b) Tatprodukte: producta sceleris, § 74 I Var. 1 StGB. Nach § 74 I 55 Var. 1 StGB wird ein Gegenstand eingezogen, der **durch die Tat** hervorgebracht wurde. Er ist sozusagen „Produkt" des Verbrechens *(productum sceleris),* da er seine Entstehung der Tat zu verdanken hat. Es kommt aber auf die unmittelbare Hervorbringung durch die Tat an, und es genügt nicht, dass ein Gegenstand durch die Tat erlangt wurde.

Beispiele: Falschgeld, gefälschte Urkunde.[63] 56

Scelere quaesita, also die bloßen Früchte des Verbrechens, fallen 57 nicht in den Anwendungsbereich der Einziehung. Die Beute einer

---

62 *Thode* NStZ 2000, 62.
63 Schönke/Schröder/*Eser* StGB § 74 Rn. 8; SSW-StGB/*Burghart* stuft die genannten Gegenstände als Beziehungsgegenstände ein, da gerade das Erschaffen des fraglichen Gegenstandes in seiner neuen Eigenart strafbar wäre, § 74 Rn. 8. Ähnlich auch NK-StGB/*Herzog/Saliger* § 74 Rn. 13.

Tat kann – wie oben dargestellt – der Einziehung von Taterträgen unterliegen. Nicht durch die Tat hervorgebracht sind auch der Erlös beim Verkauf von Betäubungsmitteln oder das Entgelt für eine Tat. Dies wären ebenfalls Fälle für eine Einziehungsanordnung nach § 73 StGB. Ist dieses Entgelt aber für die Durchführung weiterer rechtswidriger Taten bestimmt, wäre es – sofern diese Gegenstand der Anklage sind – doch als **Tatmittel** (hierzu sogleich) wieder ein Fall für eine Einziehung.[64] Nicht durch die Tat hervorgebracht sind Surrogate hervorgebrachter Gegenstände.

58   **c) Tatmittel: instrumenta sceleris, § 74 I Var. 2 StGB.** Nach § 74 I Var. 2 StGB werden Gegenstände eingezogen, die zur Begehung oder Vorbereitung der Tat gebraucht worden oder bestimmt gewesen sind. Es handelt sich somit um die „Tatmittel" bzw. Tatwerkzeuge *(instrumenta sceleris).*

59   **Beispiele:** Mordwaffe; Mobiltelefon, soweit es den Verkauf von Betäubungsmitteln ermöglichte; Kfz, soweit es als Fluchtfahrzeug oder zur Auskundschaftung des Tatorts diente; Kfz, mit dem der Täter Unfallflucht begangen hat (aber nicht das Kfz beim Fahren ohne Fahrerlaubnis gem. § 21 StVG – dies ist ein Beziehungsgegenstand); Kfz, soweit es zum Transport von Drogen benutzt wurde;[65] Computer, auf dem Dateien kinderpornografischen Inhalts gespeichert sind (hierzu aber nochmals im Rahmen der Verhältnismäßigkeit).

60   Nicht eingezogen werden hingegen Gegenstände die **„nur"** in **Zusammenhang** mit der Tat stehen oder **gelegentlich** der Tatbegehung genutzt werden. Die Grenzen sind – insbesondere bei der Einziehung von Kraftfahrzeugen – aber nicht immer einfach zu ziehen.

61   **Beispiele:** Flugticket, das für die Einfuhr von Drogen auf dem Luftweg verwendet werden soll; ein für die Einreise nach Deutschland benutztes Kfz, wenn hier dann Straftaten begangen werden sollen; Computer mit dem beleidigender Brief geschrieben wurde; das Grundstück, auf dem Straftaten begangen wurden; Kfz beim Fahren ohne Fahrerlaubnis, da es dem Täter nur auf die Benutzung des Fahrzeugs, nicht auf die Gefährdung des Straßenverkehrs ankommt[66] (aber es verbleibt die Einziehungsmöglichkeit nach § 21 III StVG, hierzu sogleich). Diese Beispiele fallen teilweise auch unter den Begriff des Beziehungsgegenstandes; hierzu sogleich.

62   Sog „**Beziehungsgegenstände**" sind weder Werkzeug noch Produkt der Tat, sondern nur notwendige Gegenstände der Tat („passive

---

64 BGH NStZ-RR 2003, 57; BGH NStZ-RR 1997, 318.
65 Eine Übersicht über die Kasuistik bei NK-StGB/*Herzog/Saliger* § 74 Rn. 12.
66 BGHSt 10, 289.

Tatobjekte"),[67] da sich ihre Verwendung jeweils in dem Gebrauch erschöpft, auf dessen Verhinderung der betreffende Tatbestand abzielt. Sie sind nur dann einziehbar, wenn dies spezialgesetzlich bestimmt ist (vgl. § 74 III 2 StGB), so etwa in § 92b Nr. 2 StGB im Rahmen der Staatsschutzdelikte, § 21 III StVG für ein Kfz, das zum Fahren ohne Fahrerlaubnis verwendet wurde (hierzu nochmals bei der Verhältnismäßigkeitsprüfung gem. § 74f StGB), § 33 BtMG, § 54 WaffG oder § 19 TierschutzG.

Beispiele für bloße Beziehungsgegenstände, die also den Gegenstand einer Tat, aber nicht deren Mittel bilden: waffenscheinlos besessene Waffen oder unbefugt besessene Sprengstoffe; geschmuggelte Waren; das Tier, das gequält wurde; zum Zweck des Versicherungsbetruges versteckte Gegenstände; verschleierte Geldmittel bei der Geldwäsche; unerlaubt hergestellte Betäubungsmittel. 63

3. Arten der Einziehung

Es wird grundsätzlich zwischen der **Strafeinziehung,** § 74 III 1 StGB, der **Dritteinziehung,** § 74a StGB und der **Sicherungseinziehung,** § 74b StGB unterschieden. 64

a) **Strafeinziehung, § 74 III 1 StGB.** Die Einziehung gleichsam als Teil der Strafe setzt gem. § 74 I iVm III 1 StGB voraus, dass es sich um eine **vorsätzliche Straftat** gehandelt hat, bei der der Gegenstand eine Rolle gespielt hat. Täter oder Teilnehmer müssen zudem wenigstens vermindert schuldfähig gewesen sein (Umkehrschluss aus § 74b I Nr. 1 StGB), und der in Frage kommende Gegenstand muss ihnen zum Zeitpunkt der letzten tatrichterlichen Entscheidung gehören oder zustehen. Die Einziehung erfüllt in dieser Variante die Funktion einer weiteren Strafe; ist der Tatbeteiligte demnach gerechtfertigt oder entschuldigt, scheidet die Strafeinziehung aus. 65

b) **Dritteinziehung, § 74a StGB.** Wird im Gesetz auf § 74a StGB verwiesen (bspw. in § 33 II BtMG), so können gem. § 74a StGB auch Gegenstände eingezogen werden, die im Zeitpunkt der Entscheidung Dritten gehören. Hierfür ist gem. § 74a Nr. 1 StGB notwendig, dass der Dritte zumindest leichtfertig dazu beigetragen hat, dass sein Eigentum Mittel oder Gegenstand der Tat oder ihrer Vorbereitung geworden ist. Nach § 74a Nr. 2 StGB ist die Dritteinziehung darüber hinaus möglich, wenn der Dritte in Kenntnis der Umstände, 66

---

67 NK-StGB/*Herzog/Saliger* § 74 Rn. 11.

welche die Einziehung zugelassen hätten, die Gegenstände in verwerflicher Weise erworben hat. Dies ist der Fall, wenn ihm die Straftat und die Rolle des Gegenstandes bei dieser zumindest allgemein
bekannt sind. In verwerflicher Weise erwirbt er den Gegenstand,
wenn Ziel seines Erwerbs die Verhinderung der Einziehung ist.
Hinzu tritt die Sicherungseinziehung nach § 74b I Nr. 2 StGB bei
Dritten (vgl. sogleich im Anschluss → Rn. 67 ff.).

67   **c) Sicherungseinziehung, § 74b StGB. (1) Grundsätze und Wesen der Sicherungseinziehung.** Gem. § 74b I StGB werden Gegenstände eingezogen, wenn sie nach ihrer Art und den Umständen die
Allgemeinheit gefährden oder die Gefahr besteht, dass sie der Begehung rechtswidriger Taten dienen werden. Dies gilt auch dann (aber
natürlich nicht nur!),[68] wenn der Täter oder Teilnehmer schuldlos gehandelt hat (Nr. 1). Außerdem ist nach § 74b I Nr. 2 StGB auch die
Einziehung von Gegenständen möglich, die einem Dritten gehören.

68   **(2) Entschädigungspflicht.** Im Fall der Einziehung bei einem
Dritten nach § 74b II StGB hat dieser einen **Entschädigungsan-
spruch:** Stand zur Zeit der Rechtskraft des die Einziehung anordnen-
den Urteils das Eigentum an der Sache oder das eingezogene Recht
einem Dritten zu, so erhält dieser eine **angemessene Entschädigung
in Geld aus der Staatskasse.** Dies gilt ebenfalls, wenn der eingezogene Gegenstand mit dessen Recht belastet war und dieses Recht
durch die Entscheidung erloschen oder beeinträchtigt ist. Insbesondere findet dies bei der Sicherungseinziehung zur Gefahrenabwehr
Anwendung, die ein Dritter dulden muss. Die Entschädigung erfolgt
auch dann, wenn sich erst im Nachhinein herausstellt, dass ein Dritter und nicht der Tatbeteiligte Eigentümer des Gegenstandes war. Die
Entschädigungspflicht **entfällt** allerdings nach Abs. 3, soweit
- der Dritte wenigstens leichtfertig dazu beigetragen hat, dass die Sache oder das Recht Mittel oder Gegenstand der Tat oder ihrer Vorbereitung geworden ist.
- der Dritte den Gegenstand oder das Recht an ihm in Kenntnis der
  Umstände, die die Einziehung oder Unbrauchbarmachung zulassen, in verwerflicher Weise[69] erworben hat.

---

68 In den Fällen einer Sicherungseinziehung bei einem schuldhaft handelnden Täter hat
   die Anordnung auch Strafcharakter; bei der Anordnung gegenüber einem schuldlos
   handelnden Täter hat die Einziehung reinen Sicherungscharakter.
69 In diesen Fällen wäre ja nach § 74a StGB auch eine Strafeinziehung bei Dritten möglich.

– nach den Umständen, welche die Einziehung oder Unbrauchbarmachung begründet haben, aufgrund von Rechtsvorschriften außerhalb des Strafrechts zulässig wäre, den Gegenstand dem Dritten
ohne Entschädigung zu entziehen (zB eine polizeirechtliche Sicherstellung).

Abweichend von diesen Regeln kann nach § 74b III 2 StGB jedoch
gleichwohl eine Entschädigung gewährt werden, wenn es eine unbillige Härte wäre, diese zu versagen.

Bei der Beurteilung der für § 74b StGB erforderlichen Gefährlich- **69**
keit der einzuziehenden Gegenstände ist zwischen **genereller und in-
dividueller Gefährlichkeit** zu unterscheiden. **Generell gefährlich**
sind Gegenstände, die nach ihrer Art oder den Umständen die Allgemeinheit gefährden; das sind insbesondere Gegenstände, die beim
Hinzutreten besonderer Umstände in der Person des Verwahrers
und bei der Verwahrung schon allgemein gefährlich sind (zB Spreng-
stoff, Gift).[70] **Individuell gefährlich** sind Gegenstände, bei denen die
konkrete Gefahr besteht, dass sie der Begehung strafbarer Handlungen dienen werden (bspw. ein Schlagring, Diebeswerkzeug, Drogen).
Bleiben sie in der Hand eines Tatbeteiligten, bestünde demnach die
Gefahr, dass erneut Straftaten mit ihnen begangen werden würden.

4. Grundsatz der Verhältnismäßigkeit, § 74 f StGB

§ 74 f StGB konkretisiert den Grundsatz der Verhältnismäßigkeit.[71] **70**
Abs. 1 zielt auf die **fakultative Einziehung** ab (bei welcher der Richter also einen Ermessensspielraum hat), die strafähnlichen Charakter
hat. In diesem Fall ist die Einziehung ein Bestandteil der Strafzumessung und hat gem. § 74 f I 1 StGB in den Fällen der §§ 74 und 74a
StGB zu unterbleiben, wenn sie zur Bedeutung der begangenen Tat
und zum Vorwurf, der den von der Einziehung Betroffenen trifft, außer Verhältnis steht.

Beispiel: Die Einziehung des Tatfahrzeugs (hier: im Wert von 14.000 EUR) **71**
ist jedenfalls dann nicht unverhältnismäßig, wenn für zwei begangene Taten
(des vorsätzlichen Fahrens ohne Fahrerlaubnis gem. § 21 StVG) Freiheitsstrafen zu verhängen sind und festgestellt wird, dass die Einziehung sich nicht
existenzbedrohend für den Täter auswirken wird.[72] Die Einziehung erfolgt

---

70 *Fischer* StGB § 74 Rn. 15.
71 Entgegen SSW-StGB/*Burghart* § 74b Rn. 1 handelt es sich daher auch bei Abs. 1 nicht
   bloß um einen entbehrlichen Hinweis.
72 OLG Nürnberg NJW 2006, 3448.

hier im Übrigen nach § 21 III StVG als weitere Einziehungsmöglichkeit gem. § 74 III 2 StGB (problematisch ist dagegen die oft gebrachte Begründung, dass § 21 III StVG lex specialis zu § 74 I StGB sei).[73]

72   Nach dem Gesetzeswortlaut gilt diese Verhältnismäßigkeitsvorgabe, die den Ermessensspielraum konkretisiert, nur bei der Straf- und Dritteinziehung, da § 74b StGB gerade nicht mit erwähnt ist. Jedoch ist das Übermaßverbot auch bei der **Sicherungseinziehung** zu beachten, so dass auch diese bei sehr geringer Schuld oder in Bagatellfällen ausscheidet.

73   Zudem ist § 74 f I 2 StGB zwingend bei allen Einziehungsarten zu beachten. Demnach hat das Gericht immer dann die Verpflichtung **weniger einschneidende Maßnahmen** zu treffen, wenn der Zweck der Einziehung auch so erreicht werden kann (so ist die Löschung bestimmter Daten weniger einschneidend als die Einziehung eines Computers).[74] Die Einziehung bleibt in diesen Fällen jedoch zunächst vorbehalten. In § 74 f I 3 Nr. 1–3 StGB findet sich eine nicht abschließende Aufzählung von derartigen weniger einschneidenden Anweisungen (zB die nach Nr. 3 über den Gegenstand nur in bestimmter Weise zu verfügen). Der Vorbehalt der Einziehung wird bei Befolgung der Anweisung aufgehoben, andernfalls erfolgt die nachträgliche Anordnung der Einziehung, § 74 f I 4 StGB.

74   Gem. § 74 f I 5 StGB kann die Einziehung auf einen Teil der einziehungsfähigen Gegenstände beschränkt werden, wenn die Einziehung nicht zwingend vorgeschrieben ist.

5. Einziehung des Wertersatzes, § 74c StGB

75   Eine Einziehung des Wertersatzes wird angeordnet, wenn der Tatbeteiligte einen Einziehungsgegenstand vor der Entscheidung über die Einziehung verwertet, also veräußert oder verbraucht hat, oder wenn es ihm gelungen ist, die Einziehung auf andere Art und Weise zu vereiteln, § 74c I StGB.

76   Die Anordnung des Wertersatzes kann neben der Einziehung des Gegenstandes oder an deren Stelle nach § 74c II StGB angeordnet werden, wenn der Tatbeteiligte den Gegenstand vor der Entscheidung über die Anordnung so mit einem Recht des Dritten belastet hat, dass das Gericht die Einziehung nicht bzw. nicht ohne Entschädigung anordnen kann, vgl. § 74b II und III StGB und § 75 II StGB.

---

73 So zB BHHJJ/*Janker/Hühnermann* StVG § 21 Rn. 14–15.
74 Vgl. BGH NStZ-RR 2014, 274.

6. Einziehung von Schriften und Unbrauchbarmachung, § 74d StGB

§ 74d StGB enthält für Schriften, Ton- und Bildträger eine Sonder-	77
regelung, die über § 74 StGB hinausgeht, da sich die Einziehung auch
auf diejenigen Exemplare erstreckt, die weder Tatmittel, Taterzeugnis
noch Beziehungsgegenstand gewesen sind. Schriften iS des § 11 III
StGB, deren Inhalt und vorsätzliche Verbreitung gegen ein Strafgesetz verstoßen würde, können demnach eingezogen werden, wenn
mindestens ein Stück durch eine rechtswidrige Tat iSv § 11 I Nr. 5
StGB verbreitet oder zur Verbreitung bestimmt worden ist. Zugleich
erfolgt die Anordnung des Unbrauchbarmachens der Herstellungs-
vorrichtungen dieser Schriften. Auch noch nicht in Umlauf gebrachte
Stücke können eingezogen werden. § 74d V 1 StGB enthält eine Ent-
schädigungsregel, welche allerdings gemäß § 74d V 2 StGB nach den
Grundsätzen des § 74b III StGB eingeschränkt ist.

IV. Gemeinsame Vorschriften

1. Wirkung der Einziehung, § 75 StGB

Gem. § 75 I 1 Nr. 1 StGB (der insoweit für die Einziehung von	78
Taterträgen und die Einziehung von Tatprodukten, Tatmitteln und
Tatobjekten nunmehr in gleicher Weise gilt) geht das Eigentum an
der Sache oder das verfallene Recht mit Rechtskraft der gerichtlichen
Entscheidung auf den Staat über, wenn der Gegenstand dem von der
Anordnung Betroffenen gehört (Nr. 1). Das Gleiche gilt, wenn der
Gegenstand einem anderen gehört oder zusteht, der ihn für die Tat
oder andere Zwecke in Kenntnis der Tatumstände gewährt hat
(Nr. 2). Dies ist zB der Fall, wenn ein Dritter einem Tatbeteiligten ei-
nen Gegenstand zugewendet hat, der Tatbeteiligte aber aufgrund der
Nichtigkeit des Rechtsgeschäfts (§ 134 BGB) nicht Eigentümer ge-
worden ist (so etwa bei Betäubungsmittelgeschäften), so dass ihm
der Gegenstand gerade nicht „gehört" iS des § 75 I 1 Nr. 1 StGB.

Zum besseren Verständnis: Die jetzt in § 75 I 1 Nr. 2 StGB enthaltene Re-	79
gelung über Dritteigentum war im alten Recht in § 73 IV aF enthalten. Dieser
hatte gewissermaßen auf der Ebene, „was alles dem Verfall unterliegt", angeordnet, unter welchen Voraussetzungen auch Dritteigentum für verfallen erklärt werden kann, und die Rechtswirkungen des Verfalls (§ 73e StGB aF) tra-
ten dann ein. Nunmehr gilt die Möglichkeit der Einziehung in § 73 StGB

insoweit uneingeschränkt, aber die Wirkungen der Einziehung treten bei Dritteigentum nur unter insoweit identischen Voraussetzungen[75] ein. Im Gesamtzusammenhang von Einziehungsmöglichkeit und Einziehungswirkung sind die gleichen Kriterien nun also nur an anderer Stelle verankert, ohne dass sich inhaltlich etwas ändern würde.

80   Anderenfalls geht das Eigentum bzw. das Recht mit Ablauf von sechs Monaten nach der Mitteilung der Rechtskraft der Einziehungsanordnung auf den Staat über, wenn der Eigentümer sein Recht nicht bei der Vollstreckungsbehörde angemeldet hat. Diese inhaltlich neue Regelung in § 75 I 2 StGB betrifft etwa Diebstahlstaten zum Nachteil unbekannter Eigentümer. Die (rechtskräftige) Einziehung der Sache würde deshalb nach § 75 I 1 StGB keine Rechtswirkung entfalten, weshalb – angelehnt an die zivilrechtlichen Fundvorschriften – eine Einziehung mit aufschiebend bedingter Wirkung („kleiner" Auffangrechtserwerb) erfolgt.

81   Soweit keine der genannten Ausnahmen vorliegt, bleiben Rechte Dritter an einem Gegenstand bestehen, § 75 II 1 StGB. Die in § 75 II 2 StGB genannten Ausnahmen betreffen nicht die Einziehung von Taterträgen. Bis zur Rechtskraft gilt die Einziehungsanordnung als zivilrechtliches Veräußerungs- und Verfügungsverbot, § 75 III StGB.

82   Das recht komplizierte Verfahren bei Einziehungen regeln die §§ 421 ff. StPO. In Strafverfahren hat man diese Anforderungen jedenfalls nach der bisherigen Rechtslage in der Praxis oft dadurch umgangen, dass der Angeklagte am Ende einer Hauptverhandlung gefragt wurde, ob er mit einer **formlosen Einziehung** einverstanden sei. Die Einziehung erfolgte demnach durch Willenserklärung statt gerichtlicher Entscheidung. Die Zulässigkeit einer solchen Einziehung ist strittig,[76] aber wohl unbedenklich.[77]

2. Nachträgliche Anordnung der Einziehung des Wertersatzes, § 76 StGB

83   Gem. § 76 StGB kann das Gericht die Einziehung des Wertersatzes auch nachträglich anordnen, wenn erst nach der ursprünglichen Anordnung Umstände eintreten oder bekannt werden, die nach §§ 73c bzw. 74c StGB zur Einziehung des Wertersatzes geführt hätten (also etwa Veräußerung, Verbrauch etc des Gegenstandes).

---

75 Vgl. BT-Drs. 18/9525, 71.
76 *Thode* NStZ 2000, 62.
77 KMR-StPO/*Metzger* Vor § 430 Rn. 15.

3. Selbstständige Einziehung, § 76a StGB

Der „Normalfall" der Einziehung (gleichgültig ob derjenige von 84
Taterträgen oder von Tatmitteln bzw. Tatprodukten) knüpft an eine
strafrechtliche Verurteilung an. Für verschiedene Konstellationen
lässt § 76a StGB (der durch die Reform der Vermögensabschöpfung
2017 deutlich erweitert worden ist) auch eine „selbstständige" Einziehung, also eine Einziehung auch ohne strafrechtliche Verurteilung zu:
– So wird die Einziehung gem. Abs. 1 S. 1 auch dann angeordnet,
  wenn keine bestimmte Person verfolgt oder verurteilt werden
  kann, die übrigen Voraussetzungen aber vorliegen; eine rechtswidrige und schuldhafte Tatbestandsverwirklichung muss also festgestellt werden. In den Fällen nur fakultativer Einziehung (zB bei
  Surrogaten, § 73 III StGB), steht auch die nachträgliche Anordnung der Einziehung konsequenterweise im Ermessen des Gerichts, Abs. 1 S. 2. Die Einziehung oder Unbrauchbarmachung
  dürfen jedoch nicht angeordnet werden, wenn Antrag, Ermächtigung oder Strafverlangen fehlen oder wenn eine Einziehung bereits rechtskräftig abgelehnt worden ist, § 76a I 3 StGB.

Beispiele: Diese neue Fassung ermöglicht demgegenüber nunmehr auch die 85
Einziehung bei dauernder Verhandlungsunfähigkeit oder bei entgegenstehen-
dem Strafklageverbrauch.
– Dabei ist Abs. I auch anzuwenden, wenn von Strafe abgesehen 86
  oder das Verfahren aus Opportunitätsgründen eingestellt wird,
  § 76a III StGB.
– Die Einziehung von Taterträgen (einschließlich Dritteinziehung
  und Einziehung von Wertersatz, §§ 73, 73b und 73c StGB) sowie
  die Sicherungseinziehung (nach §§ 74b, 74d StGB) sind nach
  § 76a II StGB **auch möglich, wenn Verfolgungsverjährung eingetreten** ist.
– Abs. IV schließlich führt ein neues Abschöpfungsinstrument ein,
  das es – als Soll-Vorschrift gestaltet – ermöglicht, Vermögen unklarer Herkunft unabhängig vom Nachweis einer konkreten rechtswidrigen Tat (selbstständig) einzuziehen, wenn das Gericht davon
  überzeugt ist (vgl. dazu § 437 StPO), dass der sichergestellte Gegenstand aus (irgend-)einer rechtswidrigen Tat herrührt. Es ist mithin nicht erforderlich, dass die Tat im Einzelnen festgestellt wird.
  Verfahrensrechtlich flankiert wird die Vorschrift von § 437 StPO.
  Die Auslegung des Tatbestandsmerkmals „Herrühren" kann sich
  an der Rspr. zu § 261 StGB orientieren und ist danach weit auszu-

legen. Da es sich um ein eigenständiges Einziehungsinstrument
handelt, regelt S. 2 die Wirkung der Einziehung des Gegenstandes.
S. 3 enthält den Katalog der Delikte, die als Anknüpfung für die
selbstständige Einziehung nach § 76a IV StGB in Betracht kom-
men. Es handelt sich ausschließlich um schwere Straftaten aus
dem Bereich des Terrorismus oder der organisierten Kriminalität.
Bei der Ausübung des (gebundenen) Ermessens sind im konkreten
Einzelfall das Verhalten des Betroffenen und das Ausmaß seiner
Bösgläubigkeit zu berücksichtigen. Verfahrensrechtlich wird der
Schutz gutgläubiger Dritter zudem durch die Regelung des § 437
StPO verwirklicht.

4. Verjährung, § 76b StGB

87   Die erweiterte und die selbstständige Einziehung des Tatertrages
bzw. des Wertes des Tatertrages verjähren in 30 Jahren nach Beendigung derjenigen rechtswidrigen Tat, durch die etwas erlangt wurde
(soweit auch die Anlasstaten einer Verjährung unterliegen, vgl.
§ 76b II StGB iVm § 78 II StGB bzw. § 5 VStGB – keine Verjährung
von Mord und Verbrechen nach dem VStGB). Aufgrund der durch
§ 76a II StGB (gegenüber der früheren Rechtslage neu) geschaffenen
„Entkopplung" von der Verjährung der Erwerbstat sah der Gesetzgeber den Bedarf für eine eigenständige – wenn auch extrem lange –
Verjährungsfrist in diesen Fällen. Im Umkehrschluss gilt für die Sicherungseinziehung nach § 74b StGB ebenso keinerlei Verjährung
wie für die Einziehung und Unbrauchbarmachung von Schriften.[78]

5. Vorläufige Sicherstellung, §§ 111b ff. StPO

88   Gem. § 111b StPO können Gegenstände bis zur endgültigen gerichtlichen Entscheidung über die Einziehung sichergestellt werden,
wenn Gründe für die Annahme vorhanden sind, dass die jeweiligen
Voraussetzungen vorliegen. Dies ist insbesondere der Fall, wenn die
Gefahr besteht, dass ein Tatbeteiligter die Gegenstände verschwinden
lassen wird. Die Sicherstellung erfolgt über die Beschlagnahme nach
§ 111c StPO. Geht es um die Einziehung von Wertersatz (§ 73c
StGB), kommt statt der Beschlagnahme ein Vermögensarrest nach
§ 111e StPO in Betracht.

---

[78] Dies ist freilich deshalb nicht erstaunlich, weil in diesen Fällen eine Einziehung auch
schon nach früherem Recht unabhängig von der Verjährung möglich war.

Empfehlungen zur vertiefenden Lektüre:

Rechtsprechung (noch zur alten Rechtslage): BGHSt 47, 260 (Verfall bei Korruptionsdelikten – zum alten Recht); BGHSt 47, 369 (Bruttoprinzip und Drittbegünstigter – zum alten Recht); BGHSt 52, 248 (Verfall und strafbare Werbung – zum alten Recht); BVerfG NJW 2004, 2073 (Verfassungsmäßigkeit des erweiterten Verfalls).

Literatur: *Bittmann,* Vom Annex zur Säule: Vermögensabschöpfung als 3. Spur des Strafrechts, NZWiSt 2016, 131; *Köhler,* Die Reform der strafrechtlichen Vermögensabschöpfung, NStZ 2017, 497; *Kudlich/Lepper,* Überladene Verfallsanordnungen, ZWH 212, 441; *Kudlich/Noltensmeier,* Die Anordnung des Verfalls (§§ 73 ff. StGB) bei verbotenem Insiderhandel nach § 38 iVm § 14 WpHG, wistra 2007, 121; *Lindemann/Ordner,* Die Bestimmung des Verfallsgegenstandes bei Wirtschaftsdelikten, JURA 2014, 18; *Mayer,* Zur Abgrenzung von Verfall und erweitertem Verfall sowie zur Einzahlung sichergestellter Gelder, JR 2016, 112; *Meyer,* Reformiert die Rückgewinnungshilfe! – Denkanstöße für eine Generalüberholung der Vermögensabschöpfung, ZStW 127 (2015), 241; *T. Walter,* Sanktionen im Wirtschaftsstrafrecht, JA 2011, 481.

4. Teil. Maßregeln der Besserung und Sicherung, §§ 61 ff. StGB

§ 15. Allgemeine Fragen des Maßregelrechts

Fall (dem Fall „*Mollath*" nachempfunden):[1] Täter M hat eine Körperverletzung zulasten seiner Ehefrau begangen. Es kann nicht sicher festgestellt werden, ob er zum Zeitpunkt der Tat schuldfähig, schuldunfähig oder vermindert schuldfähig war. Man befürchtet aber, dass er die Tat wiederholen könnte. Wie wird das Urteil lauten? → Rn. 12 f.

I. Übersicht

1   Das StGB hält folgende Maßregeln der Besserung und Sicherung bereit:
– Unterbringung in einem psychiatrischen Krankenhaus, § 63 StGB
– Unterbringung in einer Entziehungsanstalt, § 64 StGB
– Unterbringung in der Sicherungsverwahrung, §§ 66 ff. StGB
– Führungsaufsicht, §§ 68 ff. StGB
– Entziehung der Fahrerlaubnis, §§ 69 ff. StGB
– Berufsverbot, §§ 70 ff. StGB.

Im **Nebenstrafrecht** finden sich noch weitere Maßregeln wie das Verbot der Tierhaltung (§ 20 TierschutzG) und die Entziehung des Jagdscheins (§ 41 BJagdG). Vorläufig, als Sicherungsmaßnahmen im Ermittlungsverfahren, können die einstweilige Unterbringung gem. § 126a StPO sowie die vorläufige Entziehung der Fahrerlaubnis, § 111a StPO angeordnet werden.

2   Man unterscheidet grundsätzlich in **stationäre,** dh freiheitsentziehende, und **ambulante Maßregeln** der Besserung und Sicherung. Stationäre Maßregeln der Besserung und Sicherung sind die verschiedenen Arten der Unterbringung, ambulante Maßnahmen die Füh-

---

1 Vgl. hierzu LG Regensburg, Urt. v. 14.8.2014 – 6 KLs 151 Js 4111/2013 WA, online verfügbar unter: https://www.justiz.bayern.de/imperia/md/content/stmj_internet/ge richte/landgerichte/regensburg/pressemitteilung2014-7/urteil_mollath.pdf.

rungsaufsicht, die Entziehung der Fahrerlaubnis und das Berufsverbot.

Keine Maßregel der Besserung und Sicherung ist die Unterbringung in einer sozialtherapeutischen Anstalt. Hierbei handelt es sich vielmehr um spezielle Strafvollzugsanstalten, bei denen ein besonderes Augenmerk auf die Therapie der Straftäter gelegt wird (vgl. Strafvollzugsgesetze der Länder, zB Art. 11 BayStVollzG).[2] Es war zwar einmal angedacht, diese Behandlung auf die zweite Sanktionenspur zu verlagern, man hat sich aber letztlich für eine Vollzugslösung entschieden. **3**

II. Regelungszweck und Anwendungsbereich

Die schuldunabhängigen Maßregeln der Besserung und Sicherung **4**
sind auf der zweiten Spur des Strafrechts angesiedelt (→ § 2 Rn. 2). Es geht nun nicht mehr um die Bestrafung des Täters für vergangenes Unrecht, sondern der Blick ist alleine nach vorne gerichtet. Maßregeln der Besserung und Sicherung sind **reine Präventionsmaßnahmen.** Ziel der Maßregeln ist der **Schutz der Allgemeinheit vor einem gefährlichen Täter und die Verhinderung von Straftaten durch Besserung des Täters.** Das geschehene Unrecht ist daher letztlich nur der Anlass zur Verhängung einer Maßregel (man spricht von der „Anlasstat") und nicht der Grund. Daher ist es auch nicht Voraussetzung, dass der Täter schuldfähig war. Die Eingriffsschwere einer Maßregel ist folglich auch nicht an der Schuldhöhe des Täters auszurichten, sondern an dem Maß seiner Gefährlichkeit. Doch es ist immer zu bedenken, dass dieser Täter ein Sonderopfer gegenüber der Gesellschaft erbringt. Bspw. hat ein in Sicherungsverwahrung untergebrachter Täter vorher seine Freiheitsstrafe im Strafvollzug in der Regel schon bis zum letzten Tag verbüßt. Seine Schuld hat er folglich gegenüber der Gesellschaft längst abgetragen. Dieser Umstand wird gelegentlich vergessen, wenn eine härtere Gangart gegenüber diesen Tätern gefordert wird. Die Betroffenen werden aufgrund einer Wahrscheinlichkeitsannahme verwahrt, und es bleibt ihnen damit naturgemäß auch verwehrt, den Gegenbeweis einer Ungefährlichkeit zu erbringen.

Die Maßregeln der Besserung und Sicherung wurden 1933 in das **5**
StGB eingeführt. Trotz dieses geschichtlichen Hintergrundes begeg-

---

2 Genaueres hierzu *Kett-Straub/Streng* StrafVollzR S. 95 ff.

nen die heutigen Vorschriften keinen rechtsstaatlichen Bedenken, da sie kein originär nationalsozialistisches Gedankengut enthalten, sondern auf deutlich älteren Entwürfen zu einer Reform des Strafrechts beruhen.[3] Ratsam wäre es indes, die in den Normen verwendeten Begrifflichkeiten wie die des „Hangs" behutsam zu aktualisieren.

6   Am 31.3.2014 befanden sich 6.540 Personen im Maßregelvollzug gem. § 63 StGB; 3.822 Personen befanden sich gem. § 64 StGB in einer Entziehungsanstalt (vgl. Maßregelvollzugsstatistik des Statistischen Bundesamtes 2013/14 – nur alte Bundesländer einschl. Berlin und Mecklenburg-Vorpommern). Im Übrigen steigt die Zahl der nach § 64 StGB Untergebrachten seit Jahren bundesweit an; die Abbruchzahlen sind ebenfalls hoch.[4]

III. Allgemeine Voraussetzungen einer Maßregel

7   Die Anordnung einer Maßregel der Besserung und Sicherung erfolgt
– im Urteil über eine vom Täter begangene **rechtswidrige Anlasstat**,
– wenn gegenüber dem Täter zwar kein Schuldvorwurf erhoben werden kann, aber die **Gefahr der Begehung zukünftiger Straftaten** besteht,
– oder wenn bei einem **schuldfähigen Täter** die ausgesprochene Strafe alleine nicht ausreicht, um diesen von der Begehung weiterer Straftaten abzuhalten.

Weitere allgemeine Voraussetzung ist eine **Gefährlichkeitsprognose** (= negative Legalbewährungsprognose oder kürzer nur Legalprognose). Zur Prognoseerstellung schreibt das Gesetz vielfach die Hinzuziehung eines Sachverständigen vor.

8   Für die Anordnung der Maßregeln gilt der **Verhältnismäßigkeitsgrundsatz** als Rechtsprinzip von Verfassungsrang, das sich aus dem Rechtsstaatsprinzip und dem Wesen der Grundrechte ableitet. Diese schlichte Selbstverständlichkeit wurde vom Gesetzgeber in § 62 StGB zur Verdeutlichung noch einmal niedergeschrieben. Demnach darf eine Maßregel der Besserung und Sicherung nicht angeordnet werden, wenn sie zur **Bedeutung der vom Täter begangenen** und **zu erwartenden Taten** sowie zu dem **Grad der von ihm ausgehenden**

---

3 *Meyer* JuS 2014, 408.
4 Zu Reformvorschlägen vgl. *Querengässer/Ross/Bulla/Hoffmann* NStZ 2016, 508.

Gefahr außer Verhältnis steht. Die beiden letztgenannten Punkte sind nicht klar zu unterscheiden. Grad der Gefahr meint in erster Linie die Wahrscheinlichkeit einer neuen Straftatbegehung.[5] Insbesondere bei den freiheitsentziehenden Maßregeln, die naturgemäß einen sehr schweren Eingriff in die Rechte eines Menschen bedeuten, ist ein besonderes Augenmerk auf die Verhältnismäßigkeit der Maßnahme zu legen. Darf von dem Täter tatsächlich dieses Sonderopfer zum Wohle der Gesellschaft abverlangt werden? Ginge es bspw. nur um die Verhinderung von Bagatelldelikten, käme von vornherein eine Unterbringung in einem psychiatrischen Krankenhaus nicht in Betracht.

Die Maßregel der **Entziehung der Fahrerlaubnis** gem. § 69 StGB   9
nimmt insofern eine kleine Sonderrolle ein: Ist nach § 69 I 2 StGB festgestellt, dass ein Fahrer ungeeignet zum Führen von Kraftfahrzeugen ist, bedarf es keiner weiteren Prüfung des § 62 StGB. Das heißt nicht, dass der Verhältnismäßigkeitsgrundsatz hier keine Anwendung findet, sondern es wird unterstellt, dass eine Entziehung einer Fahrerlaubnis unter diesen Bedingungen zum Wohl der Allgemeinheit **immer verhältnismäßig** ist. Die beruflichen oder wirtschaftlichen Folgen für den Täter durch diese Maßnahme bleiben folglich unberücksichtigt. Erst wenn es um die konkrete Länge der Sperrfrist gem. § 69a StGB geht, vor deren Ablauf ein Täter keine neue Fahrerlaubnis beantragen darf, sind diese Umstände in eine Abwägung miteinzubeziehen.

Der **In-dubio-pro-reo-Grundsatz** findet im Bereich der Maßre-   10
geln der Besserung und Sicherung nur begrenzt Anwendung. Falsch ist aber die gelegentlich zu lesende Aussage, der Zweifelssatz würde hier nicht gelten. Vielmehr muss genau unterschieden werden, ob Zweifel bezüglich einer **Tatsache** oder bezüglich einer **Prognose** bestehen. Zweifelt das Gericht an Tatsachen, so muss es ganz iS der In-dubio-pro-reo-Regel die Variante wählen, die für den Täter günstiger ist. Im Rahmen des § 63 StGB muss bspw. zweifelsfrei festgestellt sein, dass der Täter zum Zeitpunkt der Anlasstat wenigstens vermindert schuldfähig war. Bleiben diesbezüglich Zweifel, muss man zugunsten des Täters entscheiden, dass er voll schuldfähig war und in dieser Konsequenz eine Unterbringung ausscheidet.

Im Rahmen der Prognoseentscheidung gilt der Zweifelssatz dage-   11
gen von vornherein nicht. Prognosen sind immer mit Unwägbarkei-

---

5 *Fischer* StGB § 62 Rn. 5.

ten verbunden. Sofern die Prognose beinhaltet, dass die Wahrscheinlichkeit für ein erneutes straffälliges Verhalten besteht, ist demnach die Maßregel im Zweifel zulasten des Betroffenen anzuordnen. Man kann nicht etwa in dubio pro reo davon ausgehen, dass der Täter trotz dieser Wahrscheinlichkeitsannahme nicht mehr straffällig wird. Es genügt indes nicht die bloße Möglichkeit weiterer Straftaten. Hat das Gericht Zweifel zwischen nur möglicher und wahrscheinlicher Gefahr, die vom Täter ausgeht, muss es aus Gründen der Verhältnismäßigkeit die Anordnung einer Maßnahme regelmäßig ablehnen.

12   Im **Einstiegsfall** muss bezüglich der Verurteilung wegen § 223 StGB zugunsten des M unterstellt werden, dass er zum Tatzeitpunkt schuldunfähig war. M kann daher nicht bestraft werden und ist freizusprechen. Hinsichtlich der Anordnung einer Unterbringung in einem psychiatrischen Krankenhaus gem. § 63 StGB muss dagegen zu seinen Gunsten unterstellt werden, dass er zum Tatzeitpunkt voll schuldfähig war. Jedenfalls kann der Beweis nicht erbracht werden, dass sich M zum Zeitpunkt der Tat im Zustand der Schuldunfähigkeit oder verminderten Schuldfähigkeit befunden hat. Die Anordnung dieser Maßregel scheidet demzufolge aus.

13   Der Zweifelsgrundsatz führt in diesem Fall demnach gleichzeitig zur Bejahung und Verneinung von § 21 StGB bzw. § 20 StGB.[6]

14   Aber zur Klarstellung: Gegenüber einem Täter, der mangels Schuldfähigkeit freigesprochen wird, kommt selbstverständlich die selbstständige Anordnung der Unterbringung in einem psychiatrischen Krankenhaus gem. § 63 StGB in Betracht, sofern eben die einschlägigen Voraussetzungen vorliegen.

IV. Verbindung und Konkurrenz von Maßregeln, § 72 StGB

15   Maßregeln der Besserung und Sicherung dürfen nebeneinander angeordnet werden, sofern das Gesetz nichts anderes bestimmt (Abs. 2). Eine kumulative Anordnung von Maßregeln ist vom Zweck abhängig, der mit der jeweiligen Maßregel erreicht werden soll. Oft wird ein Nebeneinander verschiedener Maßregeln sogar vonnöten sein, um den Schutz der Allgemeinheit zu gewährleisten.

---

6 *Streng* Sanktionen Rn. 937.

Beispiel für ein Nebeneinander von Maßregeln: Zulasten eines Täters, der 16
im Zustand der Trunkenheit ein schweres Straßenverkehrsdelikt begeht und
bei dem von einer Wiederholung seiner Tat auszugehen ist, könnte kumulativ
die Unterbringung in einer Entziehungsanstalt gem. § 64 StGB und die Entziehung der Fahrerlaubnis gem. § 69 StGB angeordnet werden. Ferner könnte
auch ein Berufsverbot gem. § 70 StGB in Betracht kommen, etwa wenn es sich
bei dem Betroffenen um einen Berufskraftfahrer handelt.

Werden mehrere freiheitsentziehende Maßregeln nebeneinander 17
angeordnet, so hat das Gericht die **Reihenfolge der Vollstreckung**
festzulegen (Abs. 3 S. 1). Es richtet die Entscheidung danach aus, wie
der Maßregelzweck bestmöglich zu erreichen ist. Ferner ist zwingend
vor dem Ende des Vollzugs einer Maßnahme zu überprüfen, ob es
der nächsten Maßnahme überhaupt noch bedarf (Abs. 3 S. 2).

Sind aber die Voraussetzungen für mehrere Maßregeln erfüllt, ist 18
der erstrebte Zweck jedoch bereits durch eine einzelne dieser Maßnahmen zu erreichen, wird auch nur eine einzelne Maßnahme angeordnet (Abs. 1 S. 1). Unter mehreren geeigneten Maßregeln ist dann
diejenige zu wählen, die den Täter am wenigsten beschwert (Abs. 1
S. 2). Dieser **Grundsatz des mildesten Mittels** (Subsidiaritätsprinzip)
ist eine Ergänzung des Verhältnismäßigkeitsgrundsatzes, der in § 62
StGB klarstellend niedergeschrieben ist. Geht es um die Wahl zwischen stationären und ambulanten Maßnahmen, ist das Verhältnis
der Maßregelkonkurrenz relativ einfach zu bestimmen, schwieriger
wird die Entscheidung wenn mehrere ambulante oder stationäre
Maßnahmen in Betracht kommen.[7]

Merke: Sind sowohl die Voraussetzungen für § 63 StGB als auch für § 66 19
StGB gegeben, so kann nicht klar festgestellt werden, welche Maßnahme für
den Betroffenen einen größeren Eingriff bedeutet. Sowohl die Unterbringung
in einem psychiatrischen Krankenhaus als auch diejenige in der Sicherungsverwahrung sind grundsätzlich zeitlich unbefristet (§ 67d StGB). Die Auswahl
hat daher wertend im Hinblick auf die Vollzugsziele zu erfolgen und setzt
auch eine Gesamtwürdigung des Einzelfalls voraus.[8] Im Einzelfall ist aber sogar ein Nebeneinander dieser Maßregeln möglich.[9]

---

7 *Meier* Sanktionen S. 275.
8 *Meier* Sanktionen S. 276.
9 *Fischer* StGB § 72 Rn. 8.

§ 16. Stationäre (freiheitsentziehende) Maßregeln

Fall 1: Der psychisch kranke A ist mehrfach wegen exhibitionistischer Handlungen verurteilt worden. A war zur Tatzeit jeweils nicht in der Lage, das Unrecht seiner Taten einzusehen. Es ist zu erwarten, dass er solche Taten auch weiterhin begeht. Kommt für ihn eine Unterbringung nach § 63 StGB in Betracht? → Rn. 11

Fall 2: T ist alkoholkrank und hat schon eine Therapie abgebrochen. Immer wenn er betrunken ist, neigt T zu Begehung von Gewalttaten. Nun muss er sich erneut wegen schwerer Körperverletzung vor Gericht verantworten, weil er im betrunkenen Zustand O geschlagen hat. Sein Strafverteidiger schlägt eine Unterbringung in einer Entziehungsanstalt gem. § 64 StGB vor, die der Freiheitsstrafe vorangestellt werden soll. Der Staatsanwalt hält dagegen, dass die Maßregel bei T keine Aussicht auf Erfolg hat, wie er ja schon durch den Abbruch einer Therapie bewiesen hat. Wie wird das Gericht entscheiden? → Rn. 27

Fall 3: A hat eine schwere Gewalttat zu Lasten von O begangen. Der Gutachter stellt fest, dass A offenbar schizophren ist. Weil er bei Begehung der Tat nicht in der Lage war, das Unrecht seiner Tat einzusehen (§ 20 StGB), wird er vom Landgericht freigesprochen. Es wird aber eine Unterbringung nach § 63 StGB in einem psychiatrischen Krankenhaus angeordnet, da von ihm laut Sachverständigengutachten auch weiterhin erhebliche Gefahr für die Allgemeinheit droht. Das Urteil ist rechtskräftig. Im Maßregelvollzug stellt sich allerdings heraus, dass die Diagnose der Schizophrenie falsch war und A gesund ist. A stellt einen Antrag auf Erledigterklärung der Unterbringung, da die Anordnungsvoraussetzungen nicht vorliegen. Wird er entlassen werden? → Rn. 35

I. Unterbringung in einem psychiatrischen Krankenhaus, § 63 StGB

1. Allgemeines

1   Im sog **Maßregelvollzug** (auch „Forensische Psychiatrie" oder kurz „Forensik" genannt) werden nach § 63 StGB unter bestimmten Voraussetzungen psychisch kranke oder gestörte Straftäter untergebracht. **Vorrangiger Zweck der Unterbringung ist es, die Allgemeinheit vor diesen Tätern zu schützen.** Dies geschieht dann aber nicht durch bloße Verwahrung, sondern der Täter soll auch geheilt werden. Wenngleich eine fehlende Heilungsaussicht der Unterbrin-

gung auch nicht entgegensteht.[1] Vom Maßregelvollzug zu unterscheiden ist die Sicherungsverwahrung nach § 66 StGB für gefährliche (aber nicht psychisch kranke) Straftäter, die überwiegend dem Schutz der Öffentlichkeit dient und weit weniger Therapieangebote bereithält.[2] 2016 sind im Rahmen des Gesetzes zur Novellierung des Rechts der Unterbringung in einem psychiatrischen Krankenhaus zudem die **Anwendungsvoraussetzungen heraufgesetzt** worden.[3] So wurde ua der Schweregrad der künftig zu erwartenden Straftaten konkretisiert.[4] Ziel der Gesetzesänderung war es, der Tatsache zu begegnen, dass die Zahl der Untergebrachten laufend stieg, ohne dass Belege dafür vorlagen, dass dies durch deren Gefährlichkeit gerechtfertigt war.

Die **Krankheitsbilder** der im Maßregelvollzug untergebrachten Straftäter (man spricht in diesem Kontext in der Einrichtung von Patienten) sind vielfältig. Sie leiden zB unter schizophrenen Psychosen, schweren Persönlichkeitsstörungen oder sexuellen Abweichungen wie Pädophilie. Seltener sind affektive Psychosen (etwa chronische Manien), andere Wahnkrankheiten, organisch bedingte Psychosen oder Intelligenzminderungen, die oft mit einer Impulskontrollstörung einhergehen.[5] Häufig treffen mehrere Störungen zusammen.[6]   2

Maßregelvollzugseinrichtungen sollen auf der einen Seite ein Höchstmaß an Sicherheit für die Bevölkerung und andererseits eine wirksame Therapie für die Patienten gewährleisten. Dieser Zielkonflikt ist schwer zu lösen;[7] wenngleich der Sicherungsgedanke im Vordergrund steht.[8] Erst durch den Fall „*Mollath*" rückte der Maßregelvollzug in das Bewusstsein einer breiteren Öffentlichkeit. So stellte man eine ungewöhnlich hohe Anzahl von Fixierungen der Patienten (Fesselung an das Bett) mit zum Teil extrem langer Dauer als Behandlungsmaßnahme fest, wenn diese sich oder andere verletzen wollten. Dies ließ die Erkenntnis reifen, dass auch im Maßregelvollzug konkrete gesetzliche Vorgaben zum Schutze der Patienten überfällig   3

---

1 NK-StGB/*Pollähne* § 63 Rn. 42: „*Die Maßregel darf aber nicht als Instrument reiner Sicherung oder Verwahrung missbraucht werden: Besserung bleibt das entscheidende Mittel zur Erreichung des Sicherungszwecks.*"
2 Wenngleich der Besserungsgedanke auch bei der Sicherungsverwahrung immer mehr Bedeutung bekommt; hierzu später mehr.
3 BGBl. 2016 I 1610.
4 *Peglau* NJW 2016, 2298; *Kaspar/Schmidt* ZIS 2016, 756 ff.
5 Vgl. Übersicht bei *Fischer* StGB § 63 Rn. 7a.
6 *Streng* StV 2004, 614 (618).
7 *Kett-Straub/Streng* StrafVollzR S. 179 ff.
8 *Meier* Sanktionen S. 314.

sind. Landesgesetze wie das **Bayerische Maßregelvollzugsgesetz** (BayMRVG) wurden erlassen und schaffen inzwischen einheitliche Standards bspw. zu Fragen der Fixierung oder einer Zwangsbehandlung.[9]

4   Im Anbetracht einer **fehlenden zeitlichen Obergrenze für die Unterbringung** gem. § 63 StGB ist die Rechtslage für die Untergebrachten aber sehr belastend. Der Untergebrachte muss darauf hoffen, von der Anstalt so positiv begutachtet zu werden, dass die Strafvollstreckungskammer ihn freizulassen wagt. Diese extreme Abhängigkeit wird noch dadurch verstärkt, dass den Untergebrachten zumeist jegliche Kompetenz fehlt, ihre Rechte selbst zu wahren. Die durchschnittliche Verweildauer beträgt etwa 6 ½ Jahre.[10]

5   Aufgrund des schwerwiegenden und grundsätzlich unbefristeten Eingriffs in die persönliche Freiheit ist für Verfahren, in denen eine Unterbringung in einem psychiatrischen Krankenhaus in Betracht kommt, stets die **große Strafkammer des LG** gem. §§ 24 I Nr. 2, 74 I 2 Var. 2 GVG zuständig (unabhängig davon, ob die Anlasstat vor dem Amtsgericht abzuurteilen gewesen wäre).

2. Voraussetzungen

6   Die Unterbringung gemäß § 63 StGB ist **zwingend** anzuordnen, wenn die folgenden fünf Voraussetzungen erfüllt sind (wobei gerade Punkt 3 und 4 aber keineswegs klar voneinander zu trennen sind, so dass insoweit auch eine gemeinsame Prüfung möglich ist):[11]
(1) Anlasstat
(2) Zustand der Schuldunfähigkeit oder der verminderten Schuldfähigkeit
(3) Symptomatischer Zusammenhang zwischen (1.) und (2.)
(4) Gefährlichkeit infolge des Zustandes (Gefährlichkeitsprognose = negative Legalbewährungsprognose bezüglich erheblicher rechtswidriger Taten)
(5) Verhältnismäßigkeit gem. § 62 StGB (→ § 15 Rn. 8)

7   **zu (1):** Der Täter muss demnach eine **rechtswidrige Tat**, iS des § 11 I Nr. 5 StGB (sog Anlasstat) begangen haben. Eine Erheblichkeit

---

9 BayGVBl. Nr. 8/2015, 222.
10 Vgl. *Dessecker,* Lebenslange Freiheitsstrafe, Sicherungsverwahrung und Unterbringung in einem psychiatrischen Krankenhaus (KrimZ), 2008, S. 34.
11 LG Kleve Beschl. v. 4.12.2014 – 120 KLs-304 Js 146/13–46/14 = BeckRS 2015, 838; *Meyer* JuS 2014, 408.

bzw. Schwere der Anlasstat ist auch nach neuer Gesetzeslage nicht erforderlich. So kommt selbst bei der Begehung von Bagatelldelikten die Anordnung der Unterbringung in Betracht. Bei einer nicht erheblichen Anlasstat muss aber die Gefährlichkeitsprognose besonders sorgfältig dargelegt werden. § 63 S. 2 StGB stellt demnach klar, dass im Fall nicht erheblicher Anlasstaten „besondere Umstände" die künftige Begehung erheblicher rechtswidriger Taten erwarten lassen müssen. Solch ein Umstand könnte bspw. sein, dass der Betroffene früher schon erhebliche Gewalttaten begangen hat. Auch wenn die aktuelle Anlasstat dann nur eine Beleidigung war (und Schlimmeres bspw. durch das Eingreifen Dritter verhindert wurde), könnte die Tatkonstellation in Kombination mit der Rückschau eine entsprechende Gefährlichkeitsprognose ergeben.[12] Strittig ist, ob im Rahmen des § 323a StGB das Sich-Berauschen oder die Rauschtat als Anlasstat angesehen wird.[13]

zu (2): Zum Zeitpunkt der Tatbegehung muss der Täter sich im **8** Zustand der **Schuldunfähigkeit** (§ 20 StGB) oder der **verminderten Schuldfähigkeit** (§ 21 StGB) befunden haben. Wie schon dargestellt, muss das Vorliegen der Voraussetzungen des § 20 StGB oder § 21 StGB zweifelsfrei festgestellt worden sein (sonst wäre der Anwendungsbereich des Zweifelssatzes eröffnet). Dieser Zustand muss auf einem **länger dauernden, nicht nur vorübergehenden psychischen Defekt** beruhen. Nicht notwendig ist einerseits ein Dauerzustand der Schuldunfähigkeit oder der verminderten Schuldfähigkeit, nicht ausreichend ist aber andererseits auch nicht eine nur vorübergehende Störung wie bspw. das Begehen einer Tat im Vollrausch oder im Affekt. Gerade Alkohol-, Drogen- oder Medikamentenabhängigkeit, die nicht auf einer psychischen Störung beruhen, reichen daher nicht aus, um einen Straftäter nach § 63 StGB unterzubringen.

zu (3): Die Anlasstat muss symptomatisch für den pathologischen **9** Zustand sein. Grundsätzlich kann – wie bereits dargestellt – auch aus leichteren Taten unter Einbeziehung der Täterpersönlichkeit auf die Gefahr erheblicher Taten geschlossen werden.[14]

zu (4): Zusätzlich muss eine **negative Gesamtprognose** vorliegen. **10** Dies ist der Fall, wenn aufgrund einer **Gesamtwürdigung** des Täters und der Anlasstat als sog Symptomtat **eine Wahrscheinlichkeit hö-**

---

12 *Peglau* NJW 2016, 2298 (2299); zur Prognose bei nicht erheblichen Anlasstaten vgl. BGH NStZ-RR 2017, 171 ff.
13 Vgl. *Neumann* NStZ 2004, 198 ff.
14 *Streng* Sanktionen Rn. 404.

heren Grades vorliegt, dass der Täter infolge seines Zustandes in Zukunft **erhebliche rechtswidrige Taten** begehen wird. Hierfür muss ein Zusammenhang zwischen dem psychischen Zustand des Täters und seiner Gefährlichkeit für die Allgemeinheit festgestellt werden. Die zu erwartenden Taten müssen nach neuer Rechtslage erhebliche rechtswidrige Taten sein, **durch welche die Opfer seelisch oder körperlich erheblich geschädigt oder erheblich gefährdet werden oder schwerer wirtschaftlicher Schaden angerichtet wird** (§ 63 S. 1 StGB). Der Gesetzgeber hat damit aber letztlich nur das niedergeschrieben, was bisher in der Rspr. Usus war.

11   Die Gefahr vor Aggressions- und Gewaltdelikten ist jedenfalls ausreichend. Nicht ausreichend ist hingegen, wenn künftig lediglich Bagatelldelikte und gemeinlästige Taten vom Täter zu erwarten sind, auch wenn eine serienmäßige Begehung prognostiziert wird. So können begangene und drohende Leistungserschleichungen (§ 265a StGB; „Schwarzfahren") eine Unterbringung gemäß § 63 StGB nicht rechtfertigen.[15] Pauschal könnte man sagen, dass die zu erwartenden Straftaten wenigstens dem mittleren Kriminalitätsbereich zuordenbar sein müssen.

Im **Fall 1** scheidet eine Unterbringung nach § 63 StGB wohl aus, da die zu erwartenden Straftaten nur gemeinlästig, aber nicht erheblich sind. Dies hat ebenso für Beleidigungs- und Nachstellungsdelikte zu gelten, sofern diese nicht mit aggressiven Übergriffen einhergehen.[16]

12   Für den Bereich der Vermögensdelikte reichen nach neuem Recht nur noch Taten, die **schweren wirtschaftlichen Schaden** erwarten lassen. Als Richtwert für die Annahme eines solchen Schadens wird in der Gesetzesbegründung **5.000 EUR** genannt (dies entspricht in etwa einem dreifachen durchschnittlichen Netto-Monatseinkommen).[17] Zu erwartende kleinere „Betrügereien" scheiden somit aus dem Anwendungsbereich aus. Bei Wohnungseinbrüchen muss aber auch bei geringem finanziellem Schaden die erhebliche seelische Belastung der Opfer berücksichtigt werden.

13   **Beispiel 1:** Der schizophrene A ist mehrfach wegen exhibitionistischer Handlungen verurteilt worden. Es ist zu erwarten, dass er solche weiterhin begeht. Eine Unterbringung nach § 63 StGB scheidet aus, da die zu erwartenden Straftaten nur gemeinlästig, aber nicht erheblich sind. Dies hat ebenso für

---

15 LG Kleve Beschl. v. 4.12.2014 – 120 KLs-304 Js 146/13–46/14 = BeckRS 2015, 838.
16 BT-Drs. 18/7244 S 1 (18).
17 BT-Drs. 18/7244, 21.

Beleidigungs- und Nachstellungsdelikte zu gelten, sofern diese nicht mit aggressiven Übergriffen einhergehen.[18]

Beispiel 2: B leidet an akuten Wahnvorstellungen und tötet in seinem Wahn   14
seine Ehefrau. Die Wahrscheinlichkeit, dass er erneut einen Menschen im
Wahn tötet, ist hoch. Die Anordnungsvoraussetzungen für eine Unterbringung sind gegeben, da die hohe Wahrscheinlichkeit besteht, dass B ein weiteres Tötungsdelikt begehen wird.

Kommt eine Anordnung der Unterbringung in einem psychiatri-   15
schen Krankenhaus in Betracht, muss ein **ärztlicher Sachverständiger** in der Hauptverhandlung vernommen werden, vgl. § 246a I 1
StPO. Das bedeutet, dass dem Sachverständigen vor der Hauptverhandlung Gelegenheit gegeben werden muss, den Angeklagten zu
untersuchen, sofern er dies nicht schon früher getan hat (§ 246a III
StPO).

3. Rechtsfolge und Dauer der Unterbringung

Bei Vorliegen der Voraussetzungen besteht kein Ermessensspiel-   16
raum des Gerichts. Die Anordnung ist zwingend (obligatorische Anordnung), denn es geht wie dargestellt um den Schutz der Gesellschaft
vor gefährlichen Straftätern. Entbehrlich kann die Anordnung der
Maßregel nur dann werden, wenn ihr Zweck auch auf andere, weniger
eingreifende Weise, erreicht werden kann (§ 72 I 2 StGB). Für die
Dauer der Unterbringung gibt es keine Höchstfrist (→ Rn. 76 f.).

II. Unterbringung in einer Entziehungsanstalt, § 64 StGB

1. Allgemeines

Für den Vollzug der Unterbringung in einer **Entziehungsanstalt**   17
gem. § 64 StGB gelten die Rechtsgrundsätze wie für § 63 StGB (Unterbringung in einem psychiatrischen Krankenhaus). Allerdings steht
bei § 64 StGB der Therapiecharakter der Maßregel stärker im Vordergrund, wie sich schon aus § 64 II StGB ergibt. Die entsprechende
Zieldefinition des Vollzugs ist in § 137 StVollzG und Art. 2 I Nr. 2
BayMRVG zu finden.

Zweck der Unterbringung zur Suchtbehandlung ist es, auf diese   18
Weise den Schutz der Allgemeinheit durch eine Besserung des Täters

---

18 BT-Drs. 18/7244, 1 (18).

zu erreichen. Man hat demnach eine **doppelte Zielsetzung:** Vorrangig geht es um den **Heilungszweck,** aber auch um die **Sicherung der Allgemeinheit.**[19] Es wäre rechtswidrig, einen Täter wegen seiner Suchtmittelabhängigkeit unterzubringen, wenn er nicht gleichzeitig eine Gefahr für die Öffentlichkeit darstellen würde.

19   Der Täter soll dadurch gebessert werden, dass er seine Abhängigkeit überwindet. Dies hat zu Streit darüber geführt, ob eine abzusehende **Erfolglosigkeit** der Entziehungskur zur Folge haben soll, diese abzubrechen und den Untergebrachten zu entlassen. Die frühere Regelung des § 76d V StGB, die eine Ein-Jahres-Mindestunterbringung vorsah, wurde jedenfalls vom BVerfG für nichtig erklärt[20] und ist in § 67d V StGB nF nicht mehr enthalten.

20   Entsprechend der Dominanz des Heilungszwecks darf heute eine Unterbringung dann nicht erfolgen, wenn eine Entziehungskur aussichtslos erscheint, dh es muss gem. § 64 S. 2 StGB **„eine hinreichend konkrete Aussicht"** auf einen Behandlungserfolg bestehen.[21] Bis zur Entscheidung des BVerfG hatten die Gerichte (zu) großzügig auch bei nahezu aussichtslosen Fällen eine Unterbringung angeordnet, und die jeweilige Maßregelvollzugseinrichtung war dann angesichts dieser völlig unmotivierten Klientel letztlich überfordert. Satz 2 wurde zudem 2016 dahingehend konkretisiert, dass für die Prognose der Erfolgsaussicht nicht auf eine Unterbringungsdauer von höchstens zwei Jahren, sondern auch auf die verlängerte Behandlungsdauer nach § 67d I 3 StGB abgestellt werden kann (hierzu sogleich). Insofern hat sich ein früherer Streit unter den Strafsenaten des BGH erledigt.

21   Die **Dauer** der Unterbringung gem. § 64 StGB ist gem. § 67d I 1 StGB auf **maximal zwei Jahre** begrenzt. Eine Ausnahme erlaubt § 67d I 3 StGB: Danach verlängert sich die Höchstfrist um die Dauer der Freiheitsstrafe, wenn vor dieser Freiheitsstrafe die daneben angeordnete Maßregel vollzogen wird, soweit die Zeit des Vollzugs der Maßregel auf die Strafe angerechnet wird. Im Gegensatz hierzu ist die Unterbringung gem. § 63 StGB wie eben dargestellt nicht zeitlich beschränkt.

22   Im Vollzug gemäß § 64 StGB steht die Alkoholabhängigkeit im Vordergrund, danach Drogenabhängigkeit, häufig auch beides in

---

19 BVerfGE 91, 1.
20 Vgl. *Streng* Sanktionen Rn. 345.
21 Vgl. dazu BVerfGE 91, 1 (34); *Dannhorn* NStZ 2012, 414.

Kombination. Zusätzlich liegen zugleich oft schwere Persönlichkeitsstörungen beim Täter vor. Praxis und Wissenschaft beurteilen die Erfolgschancen einer solcher „Zwangstherapie" eher skeptisch. So wird in der Praxis mehr von § 35 BtMG Gebrauch gemacht, der es unter bestimmten Voraussetzungen erlaubt, eine Maßregelvollstreckung zurückzustellen, wenn eine – zumeist effektivere – Therapie in Freiheit durchgeführt wird. Wichtig wäre es außerdem, deutlich verbesserte Therapieangebote für Suchtkranke im Normalvollzug zu etablieren.

2. Voraussetzungen

Zunächst muss eine **rechtswidrige Tat iS des § 11 I Nr. 5 StGB als** 23
Anlasstat vorliegen. Diese Tat muss der Täter entweder **im Rausch** begangen haben oder die Begehung der Tat muss auf dessen Hang, berauschende Mittel zu sich zu nehmen, zurückzuführen sein. Dieser symptomatische Zusammenhang zwischen Tat und Hang des Täters liegt vor allem bei **Beschaffungskriminalität** sehr nahe.[22] Berauschende Mittel sind Substanzen, die eine berauschende Wirkung erzielen können, bspw. Alkohol, Drogen wie Kokain, Heroin oder Arzneimittel (wenn sie ohne therapeutische Zielsetzung eingenommen werden). Für den Symptomwert der Tat reicht weiterhin aus, dass der Hang zu berauschenden Mitteln neben weiteren Ursachen besteht.

Ferner muss generell ein **Hang** des Täters dazu vorliegen, **berau-** 24
schende Mittel im Übermaß zu konsumieren, dh dass der Täter eine treibende oder beherrschende Neigung hierzu hat. Im Übermaß konsumiert er, wenn durch den Konsumumfang Gesundheit sowie Arbeits- und Leistungsfähigkeit erheblich beeinträchtigt werden. Eine psychische Abhängigkeit des Täters ist ausreichend, da allein maßgeblich ist, dass die Neigung des Täters seine Handlungen und sein Verhalten leitet. Die Ursache des Hanges ist grundsätzlich unbeachtlich.[23]

Zumeist sind weitere psychische Störungen beim Täter feststellbar. 25
Dies ist aber nicht zwingend. Im Gegensatz zu § 63 StGB ist nicht erforderlich, dass es sich um einen schuldunfähigen oder nur vermindert schuldfähigen Täter handelt. Sofern allerdings der Schweregrad der in § 20 StGB genannten Störungen erreicht wird und diese für

---

22 *Fischer* StGB § 64 Rn. 13b.
23 *Kett-Straub/Streng* StrafVollzR S. 181.

den Hang ursächlich sind, ist auch an eine Unterbringung nach § 63 StGB in einem psychiatrischen Krankenhaus zu denken. Der Anwendungsbereich überschneidet sich demnach, und bei der Wahl der Maßnahme ist auf den Zweck und die Eingriffsschwere der Maßnahme abzustellen (§ 72 I StGB).

26   Auch für die Anordnung nach § 64 StGB ist eine **Gefährlichkeitsprognose** erforderlich. Das Gesetz spricht insoweit von „der Gefahr", dass infolge des Hanges wieder erhebliche rechtswidrige Taten begangen werden. Die Feststellung verlangt einen etwas geringeren Grad der Wahrscheinlichkeit als § 63 I 1 StGB. Diese Prognose ist einzelfallabhängig zu treffen; es gibt keine Erfahrungssätze, wonach bei einem Drogenabhängigen regelmäßig die Gefahr neuer erheblicher Straftaten bestünde.[24] Zu beachten ist hier außerdem ein weiterer Unterschied des Wortlautes zwischen den Vorschriften: Im Rahmen des § 64 StGB muss der Täter **nicht für die Allgemeinheit** gefährlich sein.[25] Nicht ausreichend ist aber eine bloße Selbstgefährdung.

27   Wenn das Gericht die Unterbringung nach § 64 StGB *erwägt* (beachte den Unterschied zu § 63 StGB: wenn eine Unterbringung *in Betracht kommt),* so ist auch hier ein Sachverständiger in der Hauptverhandlung zu vernehmen, § 246a StPO. Gem. § 64 S. 2 StGB ist ferner – wie eingangs schon erwähnt – erforderlich, dass die Unterbringung Aussicht auf Erfolg hat. Diese Aussicht auf Erfolg hält das BVerfG für gegeben, wenn die **konkret hinreichende Aussicht** besteht, dass die Heilung des süchtigen Täters oder zumindest die Bewahrung des Täters vor Rückfall in den suchtbedingten Rauschmittelkonsum über eine erhebliche Zeitspanne möglich erscheint.[26] Die Therapieunwilligkeit des Täters oder bereits erfolgte und/oder gescheiterte Therapieversuche stehen dem Vorliegen einer Erfolgsaussicht nicht per se entgegen. Dies ist der Erkenntnis geschuldet, dass ein Täter oft mehrere Therapieanläufe braucht, um seine Sucht tatsächlich zu besiegen.

Für den **Fall 2** bedeutet dies, dass T grundsätzlich wegen Körperverletzung bestraft werden kann (betrunken heißt nicht volltrunken). Für die Annahme von auch nur verminderter Schuldfähigkeit liegen im Sachverhalt keine Anhaltspunkte vor. Eine Unterbringung in einer Entziehungsanstalt gem. § 64 StGB soll vom Gericht dann angeordnet werden, wenn der betroffene Täter den Hang hat, Rauschmittel im Übermaß zu sich zu nehmen und zwischen

---

24 BGH StV 2013, 149.
25 BGH NStZ-RR 2010, 238; BGH NStZ-RR 2012, 108.
26 BVerfG Beschl. v. 25.7.2008 – 2 BvR 573/08 = BeckRS 2008, 42261.

diesem Hang und der Anlasstat (hier die Körperverletzung des O) ein symptomatischer Zusammenhang bestand. Laut Sachverhalt ist T alkoholkrank und neigt im Zustand der Betrunkenheit dazu, Gewalttaten auszuführen. Im Übrigen ist es keine Voraussetzung der Vorschrift, dass der Täter zum Zeitpunkt der Tat schuldunfähig oder wenigstens vermindert schuldfähig war. Es muss weiterhin die Gefahr bestehen, dass T infolge seines Hangs auch künftig erhebliche rechtswidrige Taten begehen wird. Auch diese Voraussetzung liegt vor, da T immer, wenn er Alkohol zu sich genommen hat, aggressiv wird. Allerdings erfolgt eine Anordnung der Unterbringung nur, wenn eine „hinreichend konkrete Aussicht" auf Erfolg der Maßregel besteht. Immerhin hat T schon eine Therapie abgebrochen. Dennoch bedeutet dies nicht zwangsläufig, dass eine erneute Therapie keine Aussicht auf Erfolg hat. Es ist daher davon auszugehen, dass das Gericht eine Maßregel nach § 64 StGB anordnet und diese dem Freiheitsentzug vorangestellt wird (vgl. § 67 I StGB). Diese Reihenfolge ist aber nicht zwingend (§ 67 II StGB), sondern variabel. Bei einer Freiheitsstrafe von über drei Jahren wird regelmäßig ein Teil der Strafe vorweg vollzogen (§ 67 II 2 StGB).

3. Rechtsfolge

Bei Vorliegen der Voraussetzungen *soll* das Gericht die Unterbringung anordnen, § 64 StGB. Insofern unterscheidet sich die Norm von der „Muss"-Unterbringung nach § 63 StGB. Trotz der Normierung als Soll-Vorschrift hat das Gericht kein Ermessen im engeren Sinne, ob es die Unterbringung anordnet oder nicht.[27] Vielmehr soll nur in eng begrenzten Ausnahmefällen davon abgesehen werden, bspw. bei einer bevorstehenden Ausweisung des Straftäters.[28]   **28**

III. Unterbringung in der Sicherungsverwahrung, §§ 66 ff. StGB

1. Allgemeines

Das Instrument der Sicherungsverwahrung gilt als das schärfste   **29** Schwert des Strafrechts. Ein **schuldfähiger Straftäter** wird im Anschluss an die Verbüßung seiner Freiheitsstrafe weiter verwahrt, um die Gesellschaft vor ihm zu schützen, weil man davon ausgeht, dass er nach wie vor gefährlich ist. Die Sicherungsverwahrung dient demnach keiner Tatvergeltung, seine Schuld hat der Straftäter schließlich bereits abgetragen, sondern der Betroffene bringt der Gesellschaft ge-

---

27 *Fischer* StGB § 64 Rn. 23.
28 *Fischer* StGB § 64 Rn. 22 ff.

genüber ein Sonderopfer. **Zweck** der Vorschriften ist **vorrangig die Sicherheit der Allgemeinheit,** die durch die Verwahrung des Täters erreicht wird. Eine Freiheitsstrafe – ausgenommen die lebenslängliche – vermag diesen Schutz nicht zu bewerkstelligen, denn nach ihrer Verbüßung muss ein Täter unabhängig davon, ob er noch rückfallgefährdet ist, entlassen werden.[29] Es wäre ein Verstoß gegen den Schuldgrundsatz, wenn im Hinblick auf zu erwartende weitere Taten von vornherein eine höhere Strafe für die abzuurteilende Tat verhängt werden würde. Diese Sicherheitslücke will die Sicherungsverwahrung schließen; gleichzeitig muss man sich bei dieser Maßregel immer vor Augen führen, um welch massiven Eingriff es sich handelt.

30   Damit man sich daher innerhalb der Grenzen bewegt, die die Verfassung vorgibt, müssen einem von der Gesellschaft separierten Täter im Vollzug Therapieangebote gemacht werden. Das heißt, inzwischen ist auch die Besserung des Täters ein zweiter anerkannter (aber nicht gleichrangiger) Zweck der Sicherungsverwahrung. Dies war früher nicht der Fall, wie der Blick auf die wechselhafte Geschichte der Vorschrift zeigt (hierzu sogleich).

31   Die Maßnahme ist umstritten,[30] aber letztlich notwendig, da nicht jeder Straftäter resozialisierbar ist. Man spricht daher auch von der Sicherungsverwahrung als der „letzten Notmaßnahme der Kriminalpolitik". Inzwischen besteht aber ein Konsens darüber, dass eine Anordnung nur erfolgen darf, wenn es **um die Verhinderung schwerer Gewalt- oder Sexualdelikte** geht. Die Vorschriften wurden entsprechend angepasst und der Anwendungsbereich deutlich eingegrenzt.[31] Gleichzeitig gilt es anzuerkennen, dass ein respektabler Grad an Sicherheit nicht nur mit dem ultima-ratio-Mittel einer Sicherungsverwahrung erreicht werden kann. Es gibt andere Möglichkeiten, um die Gefährlichkeit eines Straftäters zu reduzieren. Zu nennen wäre bspw. die Maßregel der Führungsaufsicht und die damit kombinierbare Weisung einer elektronischen Fußfessel (§ 68b I Nr. 12 StGB). Entgegen aller Skepsis hat man bislang hiermit recht ermutigende Erfahrungen machen können.

32   Die Sicherungsverwahrung ist im Übrigen die einzige stationäre Maßregel, die von den Justizverwaltungen in besonderen Abteilungen der Justizvollzugsanstalten oder in speziellen Einrichtungen für

---

29 *Mitsch* JuS 2011, 785 (786).
30 *Mitsch* JuS 2011, 785.
31 *Streng* StV 2013, 236.

Sicherungsverwahrung selbst vollzogen wird (vgl. zB Art. 1 des neuen Bayerischen Gesetzes über den Vollzug der Sicherungsverwahrung und der Therapieunterbringung [BaySvVollzG]). Nach neuer Gesetzeslage muss aber ein organisatorischer Abstand zum Strafvollzug gewahrt werden (§ 66c StGB). So ist etwa in Bayern eine entsprechende, für den gesamten Freistaat zuständige Einrichtung mit 84 Haftplätzen auf dem Gelände der JVA Straubing errichtet worden.[32]

2. Arten der Sicherungsverwahrung

Grundsätzlich gibt es heute die **primäre** und die **vorbehaltene Sicherungsverwahrung**.[33] Der Normalfall ist der der **primären Sicherungsverwahrung** (§ 66 StGB), dh die Maßregel wird schon mit dem Strafurteil angeordnet. Der Verurteilte weiß von vornherein, dass er nach der Verbüßung seiner Freiheitsstrafe nicht entlassen, sondern in eine andere Einrichtung verlegt wird. Es wird indes dann noch einmal geprüft, ob die Gefährlichkeitsprognose fortbesteht (§ 67c I StGB).   **33**

Die **vorbehaltene Sicherungsverwahrung** (§ 66a StGB) ermöglicht es bei unklaren Fällen, die Maßregel im Urteil zunächst nur anzudrohen. Das Tatgericht ist aber zu diesem Zeitpunkt nicht in der Lage, eine für eine Sicherungsverwahrung ausreichende Gefährlichkeitsprognose abzugeben. Vor dem Ende des Strafvollzuges wird dann unter Berücksichtigung der im Strafvollzug gewonnenen Erkenntnisse erneut geprüft, ob eine Gefährlichkeitsprognose nun zu stellen ist. Der Verurteilte wusste aber immer, dass er mit einer dem Strafvollzug nachfolgenden Sicherungsverwahrung rechnen muss.   **34**

Die Möglichkeit einer **nachträglichen Sicherungsverwahrung** gibt es im Regelfall nicht mehr (näher dazu im Rahmen des historischen Überblicks → Rn. 41). Hier wurde im Taturteil die Sicherungsverwahrung weder angeordnet noch vorbehalten, sondern ein Verurteilter wurde erst zu einem späteren Zeitpunkt vor Ende des Vollzugs damit konfrontiert, dass er demnächst nicht entlassen wird, sondern aufgrund seiner fortdauernden Gefährlichkeit weiter verwahrt wird. Diese Anordnung hatte dann in einem zweiten Urteil zu erfolgen, obwohl im Taturteil noch nicht einmal Anlass dazu bestand, die Sicherungsverwahrung wenigstens vorzubehalten. Zielgruppe waren speziell Straftäter deren Gefährlichkeit sich erst im Laufe des Voll-   **35**

---

32 *Kett-Straub/Streng* StrafVollzR S. 176 f.
33 *Esser* JA 2011, 727.

zugs herausgestellt hat. Der Hauptkritikpunkt gegen diese von Anfang an sehr umstrittene Variante der Sicherungsverwahrung war
demnach auch die Unterbrechung der Rechtskraft des ursprünglichen
Taturteils. § 66b StGB gilt heute nur noch für den Spezialfall, dass
**eine Unterbringung in einem psychiatrischen Krankenhaus nach
§ 67d VI StGB aus bestimmten Gründen für erledigt erklärt
wurde.** Dies meint insbesondere den Fall, dass ein Straftäter nach
§ 63 StGB untergebracht wurde, der Zustand, auf dem die Unterbringung beruhte, aber nicht mehr gegeben ist und gleichzeitig von dem
Betroffenen **mit hoher Wahrscheinlichkeit die Gefahr ausgeht, dass
er erhebliche Straftaten begehen wird,** die Opfer seelisch oder körperlich schwer schädigen werden (Satz 2). Ein solcher Täter soll nicht
entlassen werden müssen. Hierunter fallen auch Fälle einer **Fehleinweisung,** also Unterbringungen nach § 63 StGB, bei denen die Voraussetzungen hierzu von Anfang an nicht vorlagen. Der nur vermeintlich schuldunfähige Täter hätte demnach eigentlich zu einer
Kriminalstrafe verurteilt werden müssen.

Im **Fall 3** scheidet eine Wiederaufnahme zuungunsten des Angeklagten
gem. § 362 StPO aus, denn es liegt keiner der in der Vorschrift abschließend
genannten vier Gründe vor. Der Freispruch bleibt aufrechterhalten. Allerdings
liegt hier der Fall einer Fehleinweisung in das psychiatrische Krankenhaus vor,
denn eigentlich hätte der schuldfähige A zu einer Kriminalstrafe verurteilt
werden müssen. Da A aber weiterhin mit hoher Wahrscheinlichkeit schwere
Gewalttaten begehen wird, ist in seinem Fall ausnahmsweise die Möglichkeit
einer nachträglichen Anordnung der Sicherungsverwahrung gem. § 66b StGB
gestattet. Zwar regelt die Vorschrift dem Wortlaut nach vor allem den Fall,
dass die Unterbringung in einem psychiatrischen Krankenhaus für erledigt erklärt wird, weil der die Schuldfähigkeit ausschließende oder vermindernde
Zustand, auf dem die Unterbringung beruhte, zum Zeitpunkt der Erledigterklärung nicht (mehr) gegeben ist. Darunter fällt aber auch die Konstellation,
dass die Voraussetzungen für eine Unterbringung nach § 63 StGB von Anfang
an nicht vorgelegen haben.[34] Es sind nun die weiteren in § 66b StGB genannten Voraussetzungen zu prüfen (Nr. 1 und Nr. 2). A wird demnach aus dem
psychiatrischen Krankenhaus entlassen, aber vermutlich künftig im Vollzug
der Sicherungsverwahrung untergebracht werden.

36   Zudem hat die nachträgliche Sicherungsverwahrung gem. § 66b
StGB bei Verurteilungen im **Jugendstrafrecht** noch etwas längere
Zeit als im Erwachsenenstrafrecht „überlebt" (§ 7 II bzw. § 106 VII
JGG aF), doch inzwischen wurde auch im JGG diese Variante gestri-
chen. Sie wurde ersetzt durch die Möglichkeit, im Strafurteil vorzube-

---

34 BGH NStZ 2009, 323 (324).

halten, später die Sicherungsverwahrung anzuordnen. Allerdings sind die alten Vorschriften auf Fälle mit Anlasstaten vor dem Inkrafttreten der neuen Fassung über eine Übergangsregelung im Einführungsgesetz zum StGB (Art. 316 f EGStGB) ebenso wie im Erwachsenenstrafrecht unter bestimmten Voraussetzungen noch vorübergehend anwendbar.[35] Die Anordnung von primärer Sicherungsverwahrung auf Jugendliche war immer schon ausgeschlossen, da man an dessen Formbarkeit und Erziehungsfähigkeit durch den Jugendvollzug glaubt. Das heißt, man will den jungen Menschen nicht von vorneherein als gefährlich einstufen. In dieser Konsequenz bleibt für den Bereich des JGG in erster Linie die Möglichkeit der vorbehaltenen Sicherungsverwahrung (bzw. die der nachträglichen Sicherungsverwahrung nur für den Sonderfall der Erledigterklärung einer Unterbringung nach § 63 StGB [§ 7 IV JGG] → Rn. 35).

3. Zahlen zur Sicherungsverwahrung

So groß der Eingriff in die Rechte eines Sicherungsverwahrten 37 auch ist (immerhin kann schon die erste Anordnung theoretisch die lebenslange Unterbringung des Betroffenen zur Folge haben → Rn. 77), so gering ist die quantitative Bedeutung dieser Maßnahme. Auffallend sind aber die großen Schwankungen in den Fallzahlen über die Jahre. Aktuell (Stichtag 30.11.2016) befinden sich in Deutschland **524 Personen in Sicherungsverwahrung;**[36] darunter übrigens nur eine Frau. Diese Zahl stagniert in etwa seit mehreren Jahren. 1965 in der alten (und noch deutlich kleineren) Bundesrepublik waren es sogar 1.430 Untergebrachte. Erst in der Folge der Großen Strafrechtsreform von 1969 sanken die Zahlen dramatisch. 1980 waren es noch 208 Untergebrachte, und 1996 gar nur 176. Danach wurden die Regelungen der §§ 66 ff. StGB zur Anordnung und Fortdauer von Sicherungsverwahrung aber wesentlich offener (hierzu sogleich). Dementsprechend stieg die Zahl seit Ende der 1990er Jahre wieder an.

---

35 *Drenkhahn* ZJJ 2017, 176.
36 Vgl. Statistik des Statistischen Bundesamtes zum Bestand der Gefangenen und Verwahrten in den deutschen Justizvollzugsanstalten zum Stichtag 30.11.2016. online verfügbar unter: https://www.destatis.de/DE/Publikationen/Thematisch/Rechts pflege/StrafverfolgungVollzug/BestandGefangeneVerwahrtePDF_5243201.pdf?__ blob=publicationFile.

4. Historische Entwicklung

38   **1933** – Die Geschichte der Sicherungsverwahrung ist eine wechselhafte und hat viel mit sich wandelnden gesellschaftlichen Stimmungen zu tun.[37] Das Institut der Sicherungsverwahrung wurde durch das Gewohnheitsverbrechergesetz von 1933 in das StGB eingefügt. Dennoch handelt es sich um kein Gesetz mit „nationalsozialistischem Gedankengut", denn obwohl das Gesetz während der Terrorherrschaft des Faschismus erlassen wurde (und an einzelnen Stellen Einflüsse der damaligen herrschenden politischen Anschauung deutlich werden), so muss man doch berücksichtigen, dass die Beratungen dazu schon vor der Machtergreifung stattgefunden haben und die Wurzeln viel länger zurückliegen. Auch nach dem Zusammenbruch des Dritten Reiches hat man schließlich die Regelungen beibehalten. Erst 1969 wurden die Vorschriften im Zuge der Großen Strafrechtsreform deutlich restriktiver gefasst; ein jetzt liberaler Zeitgeist schlug sich nieder.

39   **Ab 1990er Jahre** – Ohne Not wurde aber der Anwendungsbereich der Maßregel ab 1998 kontinuierlich ausgeweitet. Die Kriminalitätslage gab hierzu keinen Anlass, sondern es ging letztlich eher um diffuse Ängste. Vor allem durch den Eindruck einiger weniger Sexualmorde an Kindern in den 1990er Jahren wurde die bislang geltende Höchstfrist der Sicherungsverwahrung von zehn Jahren aufgehoben. Der Ausspruch *„Wegsperren – und zwar für immer"* des früheren Bundeskanzlers *Schröder* war Ausdruck des damaligen Zeitgeistes (der vielleicht auch heute noch verbreitet ist). Dies war letztlich eine große Fehlentwicklung, die von den Gerichten mehr oder weniger unreflektiert umgesetzt wurde. Der Wegfall der Höchstfrist galt auch für Altfälle, also für bereits Untergebrachte, die somit quasi über Nacht die Perspektive einer baldigen Entlassung verloren. 2002 wurde § 66a StGB in das Gesetz aufgenommen, der die Möglichkeit einer vorbehaltenen Sicherungsverwahrung schuf.

40   Das BVerfG stellte 2004 ausdrücklich fest, dass der Wegfall der Höchstfrist keinen Verstoß gegen das Rückwirkungsverbot aus Art. 103 II GG bedeute.[38] Schließlich gehe es um eine Maßregel und nicht um eine Kriminalstrafe. Nur eine solche dürfte rückwirkend nicht zulasten des Betroffenen verändert werden. Die Änderung einer

---

37 Vgl. zur Historie auch *Steinberg* StV 2013, 227; *Zimmermann* HRRS 2013, 14 ff., online verfügbar unter: http://www.hrr-strafrecht.de/hrr/archiv/13-05/?sz=8; *Pösl* ZJS 2011, 132, online verfügbar unter: http://www.zjs-online.com/dat/artikel/2011_2_434.pdf; *Mitsch* JuS 2011, 785.
38 BVerfGE 109, 133 ff.

Maßregel zulasten des Betroffenen stünde aber nicht unter einem vergleichbar strengen Vertrauensschutz.

Außerdem wurde 2004 vom Gesetzgeber auch noch die Möglichkeit einer nachträglichen Sicherungsverwahrung geschaffen. Dies bedeutete, dass für einen Straftäter noch während der Zeit im Strafvollzug die Sicherungsverwahrung angeordnet werden konnte, wenn dies im Urteil seinerzeit nicht geschehen ist. Das Verhalten im Vollzug sollte hierfür den Ausschlag geben. Kritiker äußerten schon damals zu Recht, dass die künstliche Welt des Strafvollzugs nicht Anknüpfungspunkt für eine so wichtige Prognoseentscheidung sein dürfe. **41**

Es gab nun also die Sicherungsverwahrung in drei Varianten: Der Normalfall war der einer **primären** Anordnung im Taturteil. Es bestand außerdem die Möglichkeit – wenn man sich nicht ganz sicher war – die Anordnung der Sicherungsverwahrung im Taturteil **vorzubehalten**. Und es gab die besonders umstrittene **nachträgliche** Sicherungsverwahrung mit der Folge, dass das Damoklesschwert dieser Maßnahme über sehr vielen Strafgefangenen schwebte. **42**

2009 – Erst der EGMR brachte die Trendwende. Am 17.12.2009 entschied man in Straßburg, dass die rückwirkende Aufhebung der 10-Jahres-Grenze bei der ersten Unterbringung in der Sicherungsverwahrung wegen eines Verstoßes gegen das Rückwirkungsverbot gem. Art. 7 I EMRK konventionswidrig gewesen sei.[39] Anders als das BVerfG stufte das Europäische Gericht die Maßregel sehr wohl als Strafe ein. Zuvor hatte man sich die Bedingungen, unter denen in Deutschland die Sicherungsverwahrung vollzogen wird, genau angesehen. Nahezu gleich große Haftäume, Unterbringung in der gleichen Einrichtung, kaum Therapieangebote und keine größeren Freizügigkeiten prägten den Alltag in der Sicherungsverwahrung. Es gab kaum Unterschiede zum Strafvollzug: Sicherungsverwahrung war aus Sicht der Straßburger Richter Strafe. In der Folge mussten in einigen Bundesländern die konventionswidrig untergebrachten Sicherungsverwahrten aus dem Vollzug entlassen und die Betroffenen finanziell entschädigt werden. Die Bevölkerung war jedenfalls angesichts der plötzlichen Entlassung von vermeintlich hochgefährlichen Straftätern sehr verunsichert, zudem deren Entlassung auch ohne lange Vorbereitung erfolgen musste. Es gab kein schrittweises Vorbereiten auf die Freiheit, sondern den Sprung ins kalte Wasser, den man eigentlich vermeiden will. Interessanterweise stellte man aber außerdem fest, **43**

---

39 EGMR NJW 2010, 2495.

dass nicht nur Gewalttäter viele Jahre verwahrt wurden, sondern auch Seriendiebe oder -betrüger. Die damalige Gesetzeslage erlaubte dies. Vor allem für die Übergangszeit wurde aber ein **Therapieunterbringungsgesetz** (ThUG) geschaffen, das auf diejenigen Untergebrachten abzielte, die ansonsten nun hätten entlassen werden müssen, bei denen man aber aufgrund ihrer psychischen Störung eine hohe Wahrscheinlichkeit unterstellte, dass sie erneut rückfällig werden würden.[40]

44   **2011** – Am 13.1.2011 erklärte der EGMR dann auch noch § 66b StGB (nachträgliche Anordnung der Sicherungsverwahrung) für konventionswidrig. Das BVerfG zog nun (endlich) nach. Hatte das Gericht zunächst versucht, sich dadurch aus dem Dilemma zu retten, dass es im Gegensatz zum EGMR (NJW 2010, 2495 ff.) den nachträglichen Wegfall einer zeitlichen Höchstgrenze von zehn Jahren für die Dauer der Sicherungsverwahrung zuvor als verfassungsgemäß eingestuft hatte (BVerfGE 109, 133), vollzog man nun eine Kehrtwende und erklärte am 4.5.2011 gleich alle Regelungen zur Sicherungsverwahrung für verfassungswidrig.[41] Die obersten Verfassungshüter sahen in dem gesamten Recht der Sicherungsverwahrung einen Verstoß gegen Art. 2 II iVm Art. 20 III GG bzw. Art. 104 I GG.[42] Dazu wurde das sog „**Abstandsgebot**" stark gemacht, wonach in Deutschland der Abstand zwischen Strafvollzug und Sicherungsverwahrung nicht gewahrt sei, da der betroffene Gefangene nach dem Vollzug der Freiheitsstrafe nur die Abteilung wechseln würde und nicht wesentlich besser untergebracht werde. Sicherungsverwahrung habe sich daher bislang als „Zusatzstrafe" erwiesen und war nicht mit dem Schuldgrundsatz vereinbar.

45   Der Vollzug der Sicherungsverwahrung müsse nun zwingend **„freiheitsorientiert"** und **„therapiegerichtet"** erfolgen. Dies ist sicher richtig, betrifft aber nicht nur einen „Abstand", der zum Strafvollzug eingehalten werden muss. Vielmehr haben Strafvollzug und Sicherungsvollzug grundlegend andere Voraussetzungen (und müssen diese aufgrund der ganz verschiedenen Situation und Legitimation auch haben). Der Gesetzgeber reagierte auf die Rspr. des EGMR und des BVerfG in zwei Phasen. 2011 wurde mit einem **„Ge-**

---

40 ThUG vom 22.12.2010; BGBl 2010 I 2305. Das ThUG wurde vom BVerfG (NJW 2013, 3151) für verfassungsgemäß erklärt. Eine Übergangsvorschrift enthält auch Art. 316e EGStGB.
41 BVerfGE 128, 326; vgl. auch BGHSt 58, 292.
42 BVerfGE 128, 326 ff.

setz zur Neuordnung des Rechts der Sicherungsverwahrung" die
nachträgliche Sicherungsverwahrung weitgehend aufgegeben, die Anforderungen an die primäre Sicherungsverwahrung wurden erstmals
wieder verschärft und im Gegenzug die Möglichkeit des Vorbehalts
einer Anordnung ausgeweitet. Dieser erste Anlauf, Sicherungsverwahrung menschenrechts- und verfassungskonform zu gestalten,
hatte aber nicht lange Bestand.

2012 – Nach dem – eben dargestellten – überraschenden Pauken-   46
schlag des BVerfG, wonach gleich das ganze Recht der Sicherungsverwahrung für verfassungswidrig erklärt wurde, war dem Gesetz-
ber zwei Jahre Zeit gegeben worden, die Materie neu zu regeln. 2012
wurde ein „Gesetz zur bundesrechtlichen Umsetzung des Ab-
standsgebotes im Recht der Sicherungsverwahrung" verabschie-
det, das ein Jahr später in Kraft trat. Dieses beinhaltet vor allem
auch die Verpflichtung des Staates zu einer deutlich besseren Ausgestaltung des Vollzuges der Sicherungsverwahrung. § 66c StGB gibt
klare Vorgaben zu den Rahmenbedingungen einer Unterbringung. Die Länder mussten nun diese Vorgaben umsetzen und haben
endlich besser ausgestattete Einrichtungen geschaffen.

5. Umsetzung des Abstandsgebots

Das BVerfG hat dem Gesetzgeber fünf inhaltliche Vorgaben mit   47
auf den Weg gegeben, die erfüllt sein müssen, damit das Instrument
der Sicherungsverwahrung den Ansprüchen des Grundgesetzes genügen kann: Diese wären das Individualisierungs- und Intensivierungs-
gebot, das Motivierungsgebot, das Trennungsgebot, das Minimie-
rungsgebot und das Ultima-Ratio-Prinzip.[43] Diese Umsetzung des
Abstandsgebots manifestiert sich in den klaren Vorgaben des § 66c
StGB zur Ausgestaltung des Vollzugs. Dem Betroffenen sind demnach auf der Grundlage einer umfassenden Behandlungsuntersu-
chung individuell zugeschnittene, intensive Betreuungsangebote, vor
allem Therapieangebote, zu machen (Abs. 1 Nr. 1a). Diese Maßnahmen, an deren Mitwirkung er motiviert werden soll, haben zum
Ziel, dass seine Gefährlichkeit soweit gemindert werden kann, dass
seine Unterbringung baldmöglichst beendet werden kann (Abs. 1
Nr. 1b). Eine Unterbringung hat so zu erfolgen, dass sie den Untergebrachten so wenig wie möglich belastet (Abs. 1 Nr. 2a). Nur zwingende Gründe (Abs. 1 Nr. 3) dürfen zB Lockerungsmaßnahmen ent-

---

43 BVerfGE 128, 326; *Fischer* StGB § 66c Rn. 3.

gegenstehen. Die Unterbringung selbst hat in Einrichtungen zu erfolgen, bei denen der organisatorische Abstand zum Strafvollzug gewahrt ist. Eine klare räumliche Trennung zum Strafvollzug ist demnach unbedingt erforderlich (Abs. 2 Nr. 2b).

48   Der Sicherungsverwahrte hat zwar nach wie vor die gleichen **Rechtsbehelfe** zur Verfügung wie der Gefangene im allgemeinen Strafvollzug.[44] Doch neuerdings hat er **weitergehende Rechte** im Vergleich zu Strafgefangenen bezüglich Ausstattung der Räume, eigener Kleidung und Wäsche sowie Selbstbeschäftigung und Taschengeld. Dies regeln die neuen Landesvollzugsgesetze zur Sicherungsverwahrung. Ausgebaut wurde auch das Recht der Untergebrachten auf Außenkontakte (als Folge des Minimierungsgebots). So räumt etwa Art. 22 BaySvVollzG dem Verwahrten einen Besuchsanspruch mit mindestens 12 Stunden pro Monat ein (im Unterschied zu einer Stunde im Strafvollzug), und Art. 25 BaySvVollzG gewährt unter bestimmten Voraussetzungen private Telefonate (kein Mobilfunk). Die Verwahrten können sich tagsüber in der Anstalt frei bewegen (zB Art. 15 BaySvVollzG) und werden einzeln in einem mindestens 15 qm großen „Zimmer" untergebracht (der Terminus Haftraum wird vermieden, vgl. etwa Art. 16 BaySvVollzG). Ihnen werden verbesserte Einkaufsmöglichkeiten aus dem Eigengeld (vgl. etwa Art. 20 BaySvVollzG) und ein (etwas) großzügigeres Arbeitsentgelt eingeräumt. Es bleibt aber bei einer **Arbeitspflicht** (so zB Art. 36 BaySvVollzG), wenngleich wenigstens „behandlerische Gründe" für eine solche vorliegen müssen. Dennoch ist eine Arbeitspflicht im Vollzug der Sicherungsverwahrung verfassungsrechtlich bedenklich, da – wie dargestellt – von dem Betroffenen ein Sonderopfer abverlangt wird, das nicht noch mit weitergehenden Verpflichtungen verknüpft werden kann.

6. Voraussetzungen der Sicherungsverwahrung im Einzelnen

49   Die neuen Vorschriften sind unübersichtlich und auch für Praktiker schwierig zu handhaben.[45] Von einem Studierenden kann diesbezüglich kein Detailwissen verlangt werden. Die verschiedenen gesetzlich geregelten Fälle der Sicherungsverwahrung unterscheiden sich nach Anzahl der erforderlichen **Anlasstaten**, nach deren tatbestandsmäßiger Qualität und nach der Höhe der Strafe, die im Taturteil ver-

---

44 *Schäfersküpper/Grote* NStZ 2016, 197.
45 *Zimmermann* HRRS 2013, 14 ff., online verfügbar unter: http://www.hrr-strafrecht.de/hrr/archiv/13–05/?sz=8.

hängt wird. Ferner werden unterschiedlich viele **Vorverurteilungen** (also in früheren Verfahren gefällte Urteile) verlangt. Die Gesamtwürdigung des Täters und seiner Taten muss zudem ergeben, dass er **infolge eines Hanges zu erheblichen Straftaten für die Allgemeinheit gefährlich ist** (§ 66 I Nr. 4 bzw. § 66a III 2 StGB).

a) Primäre Sicherungsverwahrung, § 66 StGB. In § 66 I 1 Nr. 1–3   50
StGB sind unterschiedliche formelle Voraussetzungen für eine obligatorische Anordnung nach Abs. 1 und für Ermessensentscheidungen nach Abs. 2 und Abs. 3 formuliert.

Den „typische Kandidaten" für die Unterbringung in der Siche-   51
rungsverwahrung kann man wie folgt beschreiben:[46] Er ist der Rückfalltäter, der bereits vor der Anlasstat Straftaten begangen hatte, deswegen zu Freiheitsstrafe verurteilt wurde und daher schon Erfahrungen mit dem Strafvollzug gemacht hat. Die frühere Rechtslage aber, wonach selbst Seriendiebe quasi für immer weggesperrt werden konnten, ist beendet. Diese Möglichkeit einer solchen Rückfälligkeit ist der Gesellschaft zuzumuten. Eine Anordnung der Sicherungsverwahrung wegen der Gefahr, dass erneut ein Diebstahl begangen werden könnte, ist von vornherein unverhältnismäßig. Es kann nicht darum gehen, jede Rückfälligkeit zu verhindern, sondern nur diejenige, die die Gefahr von schweren körperlichen oder seelischen Schädigungen für das Opfer birgt. Diese Voraussetzungen wurden daher nun explizit in das Gesetz aufgenommen.

(1) Anlasstat. Der Unterzubringende muss mindestens eine vor-   52
sätzliche Straftat – es reicht der Versuch – begangen haben, wegen derer er nun zu Freiheitsstrafe verurteilt wird.[47] Die obligatorische Anordnung verlangt gem. Abs. 1 S. 1 Nr. 1 a–c die Verurteilung zu einer **Freiheitsstrafe von mindestens zwei Jahren** insbesondere wegen eines Deliktes, das sich gegen das Leben, die körperliche Unversehrtheit, die persönliche Freiheit oder die sexuelle Selbstbestimmung richtet (Buchstabe a). Buchstabe b ergänzt diesen Katalog der Anlasstaten um weitere Delikte und Buchstabe c stellt speziell auf die Tatbestände § 145a StGB (→ § 17 Rn. 16) und § 323a StGB ab.

Wird die Anlasstat mit einer **lebenslangen Freiheitsstrafe** geahn-   53
det, ist eine Anordnung der Sicherungsverwahrung überflüssig, da

---

46 *Mitsch* JuS 2011, 785 (787).
47 Nur § 66b StGB gewährt – wie schon dargestellt – auch die Möglichkeit, im Anschluss an eine Unterbringung nach § 63 StGB nachträglich Sicherungsverwahrung anzuordnen.

eine Strafrestaussetzung der Freiheitsstrafe von vornherein nur in Betracht kommt, wenn eine positive Legalbewährungsprognose gestellt werden kann (§ 57a I 1 Nr. 3 iVm § 57 I 1 Nr. 2 StGB). Ist dies nicht der Fall, kann eine lebenslange Freiheitsstrafe auch buchstäblich bis zum Lebensende des Verurteilten vollstreckt werden. Das Gesetz erlaubt indes die Anordnung der Sicherungsverwahrung auch neben der Verurteilung zu einer lebenslangen Freiheitstrafe, und Richter machen von dieser Möglichkeit auch Gebrauch, obwohl das Nebeneinander beider Sanktionen letztlich unverhältnismäßig ist.[48] In der Praxis kann aber – wie dargestellt – niemals der Fall eintreten, dass nach einer lebenslangen Freiheitsstrafe die Sicherungsverwahrung vollzogen wird.[49] Neuerdings wird indes die kumulative Verhängung der beiden Sanktionen auch damit begründet, dass der Gefangene, der eine lebenslange Freiheitsstrafe verbüßt, nur dann in den Genuss besonderer Betreuung käme.[50] In der Tat greift § 66c II 1 Nr. 1 StGB, der schon bessere Therapieangebote im Strafvollzug vorschreibt, nur, wenn auch Sicherungsverwahrung angeordnet wurde. Zweck der Vorschrift ist, dass schon im Strafvollzug die Weichen dafür gelegt werden, dass es zu einer nachfolgenden Unterbringung in der Sicherungsverwahrung erst gar nicht kommt. Richtig wäre es aber, verbesserte Angebote jedem Strafgefangenen machen zu müssen, der eine lebenslange Freiheitsstrafe verbüßt, damit er die Chance hat, nach der Mindestverbüßungszeit entlassen zu werden.

54   **(2) Vortaten und Vorverurteilungen.** Von der Anlasstat ist die Vorverurteilung zu unterscheiden. Die **obligatorische Anordnung nach Abs. 1 S. 1 Nr. 2** setzt **zwei rechtskräftige Vorverurteilungen** von jeweils mindestens einem Jahr Freiheitsstrafe wegen Straftaten voraus, die die Voraussetzungen der in Abs. 1 S. 1 Nr. 1a-c genannten Anlasstaten erfüllen. Nur dann sind diese Vorverurteilungen auch **Symptomtaten,** also solche die einen Rückschluss auf die spezifische Gefährlichkeit des Täters zulassen. Zudem muss der Täter wegen einer solcher Tat auch bereits einen Freiheitsentzug (Freiheits- oder Maßregelvollzug) von mindestens zwei Jahren erlitten haben **(Vorverbüßung** gem. Abs. 1 S. 1 Nr. 3).

---

48 BeckOKStGB/*Eschelbach* § 211 Rn. 112–115; aA BGH NStZ-RR 2013, 256; BGHSt 59, 56.
49 *Kett-Straub* Lebenslange Freiheitsstrafe S. 312.
50 BGH Urt. v. 28.6.2017 – 5 StR 8/17. Eine weitere neuerdings gebrachte Begründung für die kumulative Anordnung der beiden Vorschriften ist der Umstand, dass nur die Anordnung der Maßregel zwingend Führungsaufsicht im Falle einer Entlassung auslöst, vgl. BGH Urt. v. 28.6.2017 – 2 StR 178/16.

Die **Ermessensanordnung des Abs. 2** verzichtet auf das Erforder- 55
nis einer Vorverurteilung (und folglich auch auf eine Vorverbüßung).
Sie ist in erster Linie für **unentdeckt gebliebene Serientäter** gedacht.
Ein solcher Täter muss mindestens schon **drei Straftaten** der genannten Qualität begangen haben und dafür jeweils eine Freiheitsstrafe von mindestens einem Jahr verwirkt iS von verdient haben.
Wird er nun wegen einer oder mehrerer Taten (= Anlasstat) zu einer
Freiheitsstrafe von mindestens drei Jahren verurteilt, so kann ebenfalls Sicherungsverwahrung angeordnet werden.

Abs. 3 enthält einen weiteren Fall einer Ermessensanordnung. 56
Voraussetzung ist, dass wegen eines Verbrechens nach Abs. 1 S. 1
Nr. 1a–b oder wegen einer **besonderen Anlasstat** aus dem Bereich
der **Sexualdelikte** zu einer Freiheitsstrafe von mindestens zwei Jahren
verurteilt wurde. Die konkret betroffenen Sexualdelikte sind in Satz 1
abschließend aufgezählt. Über § 323a StGB, der hier ebenfalls aufgenommen wurde, kommt man zu dem (allerdings strittigen) Ergebnis,
dass erstmals auch die Verurteilung wegen eines Fahrlässigkeitsdelikts
Sicherungsverwahrung nach sich ziehen kann.[51] Verlangt wird zudem
eine einschlägige Vorverurteilung zu einer Freiheitsstrafe von mindestens drei Jahren.

Im Unterschied zu Abs. 1 erlaubt aber Abs. 3 erneut die Anord- 57
nung der Sicherungsverwahrung *auch* bei erstmaliger Verurteilung.
Im Unterschied zu Abs. 2 ist jetzt außerdem nur notwendig, dass
zwei (und nicht drei) selbstständige Taten (nicht Vorverurteilungen!)
vorliegen (Abs. 3 Satz 2). Wegen dieser Katalogtaten muss der Täter
aber mindestens eine Strafe von zwei Jahren verwirkt haben und im
aktuellen Verfahren wegen einer oder mehrerer Taten (= Anlasstat) zu
einer Freiheitsstrafe von mindestens drei Jahren verurteilt worden
sein.

Abs. 4 der Vorschrift enthält besondere Verjährungsregelungen für 58
die Berücksichtigung der früheren Taten.

(3) Hang zu erheblichen Straftaten (= Gefährlichkeitsdiagnose)[52]. 59
Gemeinsam ist den Vorschriften, dass bei dem Täter ein „**Hang zu er-
heblichen Straftaten**" festgestellt werden muss (§ 66 I 1 Nr. 4 StGB).
Dieser schwierig zu fassende Begriff wird von der Rspr. als eine „auf

---

51 *Fischer* StGB § 66 Rn. 34: „*Im Fall des zweimaligen Vollrausches mit jeweils mit 'na-
türlichem' Vorsatz begangenen Rauschtaten*". Vgl. hierzu auch *Milde* StraFo 2006,
217 (220).
52 Begriff nach *Mitsch* JuS 2011, 785 (787).

charakterliche Anlage beruhende oder durch Übung erworbene intensive Neigung zu Rechtsbrüchen" definiert.[53] Letztlich geht es um ein eingeschliffenes Verhaltensmuster, das den Täter immer wieder neue Straftaten begehen lässt. Kein solcher Hang ist typischerweise bei Konflikts-, Gelegenheits- oder Augenblickstaten anzunehmen. Die Ursache eines solchen Hanges ist unerheblich. Zur Diagnose ist die Anhörung eines Sachverständigen gem. §§ 80a, 246a StPO vorgeschrieben. Aber es gilt hier streng zu trennen: Der Begriff des Hangs ist ein **Rechtsbegriff,** dh die Entscheidung, ob dieses Merkmal einschlägig ist, kann der Richter nicht auf den Sachverständigen delegieren.

60   Die Feststellung des Hangs setzt **eine Gesamtwürdigung des Täters und seiner Taten** voraus. Dies bedeutet eine „umfassende Vergangenheitsbetrachtung",[54] in die insbesondere die Vortaten, die Anlasstat, aber auch nicht strafbare Verhaltensweisen sowie Herkunft, Persönlichkeitsstruktur und Sozialverhalten des Täters einzubeziehen sind.[55] Schwierig wird die Entscheidung insbesondere in den Fällen des Abs. 2 und 3, wenn Vortaten und Vorverbüßungen fehlen.

61   Der Hang muss sich zudem auf solche Straftaten beziehen, **die Opfer körperlich oder seelisch schwer schädigen.** Dies kommt regelmäßig bei **schweren Sexual- und Gewalttaten** in Betracht. Es ist jeweils eine einzelfallbezogene Bewertung vorzunehmen und nicht rein formal vorzugehen (etwa in der Art, dass eine Qualifikation regelmäßig eine Schwere beinhalte oder dass die Grenze des § 226 StGB erreicht sein müsste).

62   **(4) Gefährlichkeitsprognose.** Zudem muss der Täter für die **Allgemeinheit gefährlich** sein. Die exakte Abgrenzung von Hang und Gefährlichkeit ist sowohl umstritten als auch schwer zu bewerkstelligen.[56] Der Hang als eingeschliffenes Verhaltensmuster bezeichnet einen, aufgrund umfassender Vergangenheitsbetrachtung festgestellten, gegenwärtigen Zustand. Die Gefährlichkeitsprognose schätzt die Wahrscheinlichkeit dafür ein, ob sich der Täter in Zukunft trotz seines Hangs erheblicher Straftaten enthalten kann oder nicht.[57] Der Hang ist somit ein wesentliches Kriterium für die Gefährlichkeitsprognose, doch mit dieser nicht vollständig gleichzusetzen. Grob ge-

53 ZB BGH NStZ 2000, 578.
54 BGHSt 50, 188 (196).
55 *Fischer* StGB § 66 Rn. 50.
56 *Fischer* StGB § 66 Rn. 52 f.
57 BGHSt 50, 188.

sagt, geht es bei dem Hang um den Zustand einer Person und bei der Gefährlichkeit um eine darauf aufbauende prognostische Bewertung (etwa iS einer Ursache-Wirkung-Beziehung).

Aus dem Hang muss sich die ungünstige Prognose ergeben, dass **63** der Täter **mit Wahrscheinlichkeit schwere Gewalt- oder Sexualdelikte begehen wird.** Es ist hierbei ein strenger Maßstab anzulegen. Und auch diese Prognose-Verantwortung kann der Richter nicht gänzlich auf den Sachverständigen abwälzen. Eine solche Gefährlichkeitsprognose erfordert die **rechtliche Gesamtwürdigung des Täters und seiner Symptom- und Anlasstaten.** Hierfür sind **alle Umstände erneut zu berücksichtigen,** die bereits zur Begründung des Hangs und der Erheblichkeit der Straftaten herangezogen wurden. Diese Beurteilung darf auf statistische Wahrscheinlichkeiten (sog Checklisten wie etwa die „Psychopathy Checklist" von *Robert D. Hare)* gestützt werden. Allerdings reichen diese Instrumente alleine für eine Einschätzung nicht aus.[58]

Eine für eine Anordnung ausreichende Wahrscheinlichkeit ist dann **64** gegeben, wenn die Taten ernsthaft zu besorgen sind; eine „höchste Wahrscheinlichkeit" oder „extrem hohe Wiederholungsgefahr" ist nicht erforderlich. Für die Annahme, dass ein Täter für die **Allgemeinheit** gefährlich ist, reicht aus, dass einer Person als Mitglied der Allgemeinheit ein schwerer Schaden droht, zB einem Familienangehörigen des Täters.[59] Es ist also nicht erforderlich, dass eine unbestimmte Vielzahl noch nicht näher individualisierter Personen betroffen ist. Lässt sich dieser Gefahr aber dadurch begegnen, dass die Beziehungen zwischen Täter und Opfer geändert werden, so ist nicht von einer Gefahr für die Allgemeinheit auszugehen.

Maßgeblicher Zeitpunkt für die Gefährlichkeitsprognose ist der- **65** jenige der **Aburteilung.**

b) Vorbehaltene Sicherungsverwahrung, § 66a StGB. In den Fäl- **66** len des § 66a StGB hat das Gericht im Zeitpunkt der Entscheidung nicht die erforderliche Überzeugung gewonnen, dass der Verurteilte einen Hang zur Begehung erheblicher Straftaten hat und deshalb für die Allgemeinheit gefährlich ist. Die Anordnung von primärer Sicherungsverwahrung gem. § 66 StGB – die Vorschrift ist vorrangig zu prüfen – scheidet daher aus. Wenn es aber **wahrscheinlich ist, dass der Verurteilte für die Allgemeinheit gefährlich ist** (§ 66a I Nr. 3

---

58 BGH NStZ 2009, 75; StV 2010, 484 f. vgl. auch *Fischer* StGB § 66 Rn. 63.
59 BGH NStZ 2007, 464; NJW 2010, 1545.

StGB), kann das Gericht im Urteil den Vorbehalt der Sicherungsverwahrung anordnen, sofern die weiteren Voraussetzungen bezüglich
Anlasstat und Vorverurteilungen erfüllt sind. Es gelten für den Vorbehalt einer Sicherungsverwahrung gem. § 66a I Nr. 2 StGB die übrigen Voraussetzungen des § 66 III StGB.

67   Damit ist der Angeklagte dazu verurteilt, zu einem späteren Zeitpunkt eine Entscheidung über die Anordnung der Sicherungsverwahrung hinzunehmen, obwohl zu diesem Zeitpunkt die erste Entscheidung – in der Sicherungsverwahrung nicht angeordnet wurde –
längst rechtskräftig geworden ist. Art. 103 III GG schützt den Verurteilten also nicht vor dieser nachträglichen Entscheidung. Während
die Aufnahme des Vorbehalts in das Urteil im Ermessen des Gerichts
steht („kann"), ist die spätere Anordnung der vorbehaltenen Sicherungsverwahrung obligatorisch, wenn die Voraussetzungen vorliegen
(§ 66a III 2 StGB).

68   Über die spätere endgültige Anordnung der Sicherungsverwahrung
entscheidet das Gericht des ersten Rechtszugs spätestens bis zur voll-
ständigen Vollstreckung der Freiheitsstrafe. Die Gesamtwürdigung
des Verurteilten, seiner Tat oder seiner Taten und ergänzend seiner
Entwicklung (gemeint ist sein Verhalten im Vollzug) muss zum Zeitpunkt der Entscheidung ergeben, dass von dem Täter erhebliche
Straftaten zu erwarten sind, durch welche die Opfer seelisch oder
körperlich schwer geschädigt werden (Abs. 3). Diese Erwartensklau-
sel ist nach ihrem Wortlaut nicht auf Taten iSv § 66 III StGB beschränkt.

69   Die Entscheidung ergeht durch Urteil; ein Sachverständiger ist regelmäßig hinzuziehen (vgl. § 275a StPO).

IV. Vollstreckung und Dauer der freiheitsentziehenden Maßregeln, §§ 67 ff. StGB

1. Reihenfolge der Vollstreckung

70   a) Grundsätze. Der wichtigste die Vollstreckung von Maßregeln
betreffende Leitgedanke ist der Grundsatz der Subsidiarität. Dieses
Prinzip ergibt sich vor allem aus dem verfassungsrechtlichen Übermaßverbot und dem Verhältnismäßigkeitsgrundsatz, § 62 StGB. Die
Anordnung einer Maßnahme darf – wie dargestellt – nur dann erfolgen, wenn andere Maßnahmen den Zweck, nämlich den Schutz der

Allgemeinheit und die Besserung des Zustandes des Täters, nicht auf eine die Freiheitsrechte des Täters weniger einschränkende Weise erreichen können.[60] Ferner spielt der **Grundsatz der Flexibilität** eine Rolle. Aufgrund der überwiegend spezialpräventiven Zielsetzung des Maßregelvollzugs haben, anders als im Strafvollzug, Zweckmäßigkeitserwägungen einen größeren Spielraum, weshalb viel stärker nach „funktionalen Äquivalenten" zu fragen ist.[61] Das Flexibilitätsprinzip findet seine Ausprägung in § 67 III StGB, der die nachträgliche Anordnung nach § 67 II 1 oder 2 StGB ermöglicht. Das heißt, die Reihenfolge der Vollstreckung (Maßregel- vor Strafvollzug bzw. umgekehrt) kann nachträglich geändert werden. Ebenso steht der Flexibilitätsgedanke hinter § 67a StGB, mit dem ein nachträglicher Maßregeltausch zwischen den §§ 63 und 64 StGB möglich ist, sofern dies der Resozialisierung zuträglich ist.

b) Prinzip des Vikariierens. § 67 StGB legt die Reihenfolge der   71
Vollstreckung fest, wenn eine Maßregel mit einer vollstreckbaren Freiheitsstrafe zusammentrifft. So ist gem. § 67 I StGB eine Unterbringung nach den §§ 63, 64 StGB vor der Freiheitsstrafe zu vollstrecken. Durch den **Vorwegvollzug der therapeutisch ausgestalteten Maßnahme** soll für den Betroffenen **die bestmögliche Chance auf Resozialisierung** geschaffen werden. Seine Ausgangsvoraussetzungen sind im Strafvollzug besser, wenn vorher mit dem Täter schon therapeutisch gearbeitet wurde.

Das **Prinzip des Vikariierens** (lat. vicarius = Stellvertreter, Statthal-   72
ter) gem. § 67 IV StGB besagt nun, dass die Strafe durch die Maßregel ersetzt wird. Die Zeit im Vollzug der Maßregel wird auf die Freiheitsstrafe solange angerechnet, bis zwei Drittel der Strafe erledigt sind. Die Vollstreckung des Strafrestes kann zur Bewährung ausgesetzt werden, wenn infolge der **Anrechnung** mindestens die Hälfte der Strafe als erledigt anzusehen ist, § 67 V 1 StGB. So wird im Fall einer Kumulation von Strafe und Maßregel eine Doppelbelastung für den Täter vermieden.[62] § 67 VI StGB setzt nunmehr eine Entscheidung des BVerfG um, wonach eine **Anrechnung auch bei verfahrensfremder Strafe** zu erfolgen hat, wenn deren Vollzug eine unbillige Härte für den Betroffenen darstellen würde.[63]

---

60 Vgl. hierzu *Meier* Sanktionen S. 373.
61 *Meier* Sanktionen S. 373.
62 Vgl. zum Ganzen auch *Meier* Sanktionen S. 374 mwN.
63 BVerfGE 130, 372 = NJW 2012, 1784.

73   Eine **Ausnahme vom Vorwegvollzug der Maßregel** regelt § 67 II 1 StGB. Wenn der Zweck der Maßregel dadurch erleichtert wird, soll die Strafe vor der Maßregel vollzogen werden. Dies ist insbesondere dann der Fall, wenn man zum Ergebnis kommt, dass ein Täter besser nach einer Behandlung gem. §§ 63, 64 StGB in Freiheit entlassen wird, als dann erst noch in den Strafvollzug wechseln zu müssen. Durch die Änderung der üblichen Reihenfolge vermeidet man, dass die im Maßregelvollzug erzielten Erfolge im nachfolgenden Strafvollzug wieder zunichte gemacht werden könnten. In der Praxis jedenfalls wird Strafvollzug nahezu immer vor einer Unterbringung in einer Entziehungsanstalt gem. § 64 StGB vollzogen. Kritisch könnte man anmerken, dass diese Änderung der Reihenfolge aber natürlich auch bewirkt, dass suchtabhängige Strafgefangene vorab im darauf nicht eingestellten Strafvollzug landen.

74   Bei **längeren Freiheitsstrafen** von über drei Jahren schreibt § 67 II 2, 3 StGB explizit vor, dass ein Teil der Strafe vor der Maßregel vollzogen werden *soll* (Satz 2), soweit daneben eine Anordnung der Unterbringung in einer Entziehungsanstalt gem. § 64 StGB erfolgt ist. Die Länge der vorweg vollzogenen Strafe ist so zu bemessen, dass nach der Maßregel eine Strafrestaussetzung gem. Abs. 5 Satz 1 möglich ist (Satz 3). Hintergrund dieser Regelung ist, dass eine Anrechnung nach Abs. 4 auch bei längeren Freiheitsstrafen dazu führen soll, dass nach erfolgter Maßregel die Bewährungsvoraussetzungen gegeben sind, so dass der Täter nicht nach erfolgreich durchgeführter Therapie (zurück) in den Strafvollzug muss. Das Gebot des Teilvorwegvollzugs der Strafe gilt jedoch nicht bei der Verhängung einer lebenslangen Strafe. Es bleibt vielmehr bei der Grundregel des § 67 I StGB, wonach die Unterbringung in einem solchen Fall prinzipiell vor der Strafe zu vollziehen ist, denn nach erfolgreich abgeschlossener Therapie kann man weit besser auf die Erreichung des Vollzugsziels der Resozialisierung hinarbeiten.[64]

75   Der Grundsatz des Vorwegvollzugs der Maßregel findet aber keine Anwendung auf die Unterbringung in der Sicherungsverwahrung.

2. Dauer der freiheitsentziehenden Maßregeln, § 67d StGB

76   Die Unterbringung in einer Entziehungsanstalt darf nicht länger als zwei Jahre dauern (§ 67d I StGB). Eine Ausnahme hiervon bilden Fälle des § 67d I 3 iVm § 67 IV StGB. Wird vor einer Freiheitsstrafe

---

64 *Kreiker* NStZ 2010, 239.

eine daneben angeordnete Unterbringung in einer Entziehungsanstalt angeordnet, so kann sich die Höchstfrist um die Dauer der Freiheitsstrafe verlängern, soweit die Zeit im Maßregelvollzug auf die Strafe angerechnet wird.

Die Unterbringung in einem psychiatrischen Krankenhaus und in der Sicherungsverwahrung unterliegt keiner gesetzlichen Höchstfrist. Sie wird im Urteil unbefristet angeordnet, unterliegt aber einer turnusmäßigen, obligatorischen Prüfpflicht gem. § 67e StGB. Die Überprüfungsfristen betragen bei der Unterbringung in einer Entziehungsanstalt sechs Monate, in einem psychiatrischen Krankenhaus ein Jahr und in der Sicherungsverwahrung ebenfalls ein Jahr. Nach dem Vollzug von zehn Jahren verkürzt sich diese Frist auf neun Monate. **77**

Die frühere Höchstfrist bei der erstmaligen Anordnung der Sicherungsverwahrung ist – wie dargestellt – 1998 vom Gesetzgeber gestrichen worden. Im Hinblick auf das Übermaßverbot stellt aber Abs. 3 iS eines **Regel-Ausnahme-Verhältnisses** fest, dass nach zehn Jahren die Maßregel für erledigt zu erklären ist, wenn nicht die Gefahr weiterer erheblicher Straftaten besteht, die ein Opfer seelisch oder körperlich schwer schädigen (Begriff des § 66 I Nr. 4 StGB). Die Fortdauer der Sicherungsverwahrung über zehn Jahre hinaus soll demnach auf Ausnahmefälle beschränkt werden. Dies erreicht man mit einer obligatorischen Prüfungs- und Entscheidungspflicht nach diesem Zeitraum. Die weitere Vollstreckung der Maßnahme wird immer dann zur Bewährung ausgesetzt, wenn zu erwarten ist, dass der Untergebrachte außerhalb des Maßregelvollzugs keine rechtswidrigen Taten mehr begehen wird (§ 67d III 1 StGB). **78**

Die **Legalbewährungsprognose** hat unter Hinzuziehung eines (zumeist externen) Sachverständigen zu erfolgen (§ 463 StPO); der Turnus der Pflicht einer Gutachteneinholung wurde aktuell verkürzt. **79**

§ 67d VI 2 StGB regelt nunmehr auch erhöhte Anforderungen an die Fortdauer einer Maßregel nach § 63 StGB ab einer Vollzugsdauer von mehr als sechs Jahren. Es besteht nunmehr die **Regelvermutung der Unverhältnismäßigkeit** der Vollstreckung über sechs Jahre hinaus. Zudem gilt nun wie bei der Sicherungsverwahrung eine Regelerledigung nach zehn Jahren der Maßregelvollstreckung (Verweis in § 67d VI 2 StGB auf § 67 III 1 StGB). **80**

Merke: Der Grundsatz der Verhältnismäßigkeit gebietet es, Unterbringungen nur solange zu vollstrecken, wie der Zweck der Maßnahme es erfor- **81**

dert und weniger belastende Maßnahmen nicht genügen. Je länger eine Unterbringung dauert, desto strenger müssen die Anforderungen für ihre Fortdauer sein.

82   Das Überprüfungsverfahren regelt § 67e StGB. Mit Entlassung aus dem Vollzug der Unterbringung tritt kraft Gesetzes Führungsaufsicht ein (§ 67d III 2, IV 3, V 2, VI 4 StGB).

83   Ein **Widerruf der Aussetzung gem.** § 67g StGB erfolgt insbesondere dann, wenn der ehemals Untergebrachte während der Dauer der Führungsaufsicht eine rechtswidrige Tat begeht (Abs. 1 Nr. 1) oder gegen Weisungen nach § 68b StGB gröblich oder beharrlich verstößt (Abs. 1 Nr. 2). Neuerdings gibt es zudem die Möglichkeit einer befristeten **Krisenintervention.** § 67h StGB regelt, dass während der Dauer der Führungsaufsicht ein Betroffener wieder für höchstens drei Monate untergebracht werden kann, wenn eine akute Verschlechterung seines Zustandes eingetreten ist. So soll vermieden werden, dass die Aussetzung gänzlich widerrufen werden muss, etwa weil der Betroffene einen **Rückfall in sein Suchtverhalten** erlitten hat.

Empfehlungen zur vertiefenden Lektüre:
Rechtsprechung: EGMR, NJW 2010, 2495 = JuS 2010, 1121 (Rückwirkende Verlängerung der Sicherungsverwahrung); BVerfG, NJW 2011, 1931 = JuS 2011, 854 (Verfassungswidrigkeit der Regelungen zur Sicherungsverwahrung).
Literatur: *Dannhorn*, Zur Unterbringung in einer Entziehungsanstalt (§ 64 StGB), NStZ 2012, 414 ff.; *Esser*, Sicherungsverwahrung, JA 2011, 727 ff.; *Grote/Schäfersküper*, Neues aus der Sicherungsverwahrung – Eine aktuelle Bestandsaufnahme, NStZ 2016, 197 ff.; *Kaspar/Schmidt*, Engere Grenzen nur in engen Grenzen – zur Novellierung des Rechts der Unterbringung gem. § 63 StGB, ZIS 2016, 756; *Meyer*, Die Unterbringung in einem psychiatrischen Krankenhaus gem. § 63 StGB, JuS 2014, 408 ff.; *Peglau*, Das neue Recht der strafrechtlichen Unterbringung in einem psychiatrischen Krankenhaus, NJW 2016, 2298 ff.; *Pösl*, Die Sicherungsverwahrung im Fokus von BVerfG, EGMR und BGH, ZJS 2011, 132 ff.; *Walter*, Die Maßregel der Unterbringung in einem psychiatrischen Krankenhaus, JA 2015, 87 ff.

§ 17. Ambulante Maßregeln

Fall 1: A war auf erfolgreicher Diebestour durch mehrere Kaufhäuser. Jetzt bringt er zufrieden die Beute mit seinem Kfz nach Hause und gerät in eine Polizeikontrolle, bei der die gestohlenen Elektroartikel entdeckt werden. Der Staatsanwalt meint in der Hauptverhandlung, dass sich A ungeeignet erwiesen hat, ein Kfz im Straßenverkehr zu führen. Er beantragt neben einer Geldstrafe wegen der Diebstähle die Entziehung der Fahrerlaubnis gem. § 69 StGB. Wie wird das Gericht entscheiden? → Rn. 28

Fall 2: Täter T betreibt ein Nachhilfeunternehmen für Schüler. Während der Nachhilfestunden hat er minderjährige Mädchen sexuell missbraucht. Für diese Taten muss er sich nun vor Gericht verantworten. Eine Gesamtwürdigung des Täters und der Taten ergibt, dass die große Gefahr besteht, dass T sich als Nachhilfelehrer weiterhin an Mädchen vergreifen wird. Der Staatsanwalt beantragt daher in seinem Plädoyer ein Berufsverbot für den pädophilen Täter für die Dauer von drei Jahren. Wie wird das Gericht entscheiden? → Rn. 59

I. Führungsaufsicht, §§ 68 ff. StGB

1. Allgemeines

Die Führungsaufsicht ist eine **ambulante Maßregel** der Besserung **1** und Sicherung. Sie dient als **Start- und Lebenshilfe** für Täter nach verbüßter Freiheitsstrafe bzw. im Zusammenhang mit einer freiheitsentziehenden Maßregel. Sie wird angeordnet, wenn die Sozialprognose des Täters ungünstig ist, da die Gefahr der Begehung weiterer Straftaten und Gefährlichkeit für die Allgemeinheit besteht.[1]

Im Gegensatz zur Bewährungshilfe zielt man mit der Führungsauf- **2** sicht also nicht auf Straftäter mit einer positiven Sozialprognose ab, sondern hat von vornherein eine besonders schwierige Klientel vor Augen: Zielgruppe sind **Straftäter** – vielfach solche von Schwerkriminalität – **mit schlechter Sozialprognose,** deren weiterer Lebensentwurf mit hoher Wahrscheinlichkeit von Rückfällen in die Strafbarkeit geprägt sein wird. Oft handelt es sich um Täter, die ihre unbedingte Freiheitsstrafe bis zum letzten Tag verbüßen mussten (sog **Vollverbüßer**), da sogar eine vorzeitige Aussetzung des Strafrestes zu Bewährung aufgrund der schlechten Prognose nicht verant-

---

1 Allgemein zur Führungsaufsicht *Kett-Straub* FS Streng, 2017, 309 ff.

wortet werden konnte. Nur zum Verständnis: Für diese Tätergruppe scheiden daher die Vorschriften zur Bewährung (und somit auch die Möglichkeit entsprechender Weisungen) von vornherein aus, da sie nie in den Genuss dieses Instituts gekommen sind.

3   Doch die Maßregel wendet sich nicht nur an Straftäter, die aus dem Strafvollzug entlassen wurden. Die Nachsorge kann auch anderen Tätergruppen zuteilwerden, wie aus der Psychiatrie entlassenen vermindert schuldfähigen, gänzlich schuldunfähigen Straftätern oder **ehemaligen Sicherungsverwahrten.** Insbesondere letztgenannte Gruppe bereitete in jüngerer Zeit großes Kopfzerbrechen, denn nach der Entscheidung des EGMR handelte der Gesetzgeber konventionswidrig, als er die zeitliche Höchstgrenze von zehn Jahren für die Sicherungsverwahrung auch für Altfälle rückwirkend strich.[2] Infolge dieses Straßburger Beschlusses musste bekanntlich eine ganze Reihe Sicherungsverwahrter quasi ohne Vorbereitung in die Freiheit entlassen werden. Man behalf sich mit engmaschiger Führungsaufsicht der Betroffenen, um eventuellen Gefährdungslagen für die Bevölkerung vorzubeugen.

4   Betroffene mögen die Führungsaufsicht als „strafenden Nachschlag" empfinden,[3] da im Rahmen dieser **justiziellen Nachsorge** umfassend in viele Lebensbereiche eines Straftäters eingegriffen wird.[4] Insbesondere diese massiven Einwirkungsmöglichkeiten, aber auch die schlechte Erfolgsbilanz machten dieses Rechtsinstitut schon immer angreifbar.[5] So betrug die Rückfallquote in der Studie von Jehle/Albrecht/Hohmann-Fricke/Tetal bei der – allerdings kleinen – Gruppe der nach § 68 I StGB der Führungsaufsicht Unterstellten nahezu 80 %.[6]

---

2 EGMR NJW 2010, 2495.
3 NK-StGB/*Ostendorf* Vor §§ 68 bis 68g Rn. 1.
4 *Meier* Sanktionen S. 292.
5 Zur (schlechten) Effizienz des Instrumentes vgl. auch *Dessecker,* Stellungnahme im Rechtsausschuss, 7.3.2007, S. 6 ff. (online verfügbar unter: http://webarchiv.bundestag.de/archive/2010/0304/bundestag/ausschuesse/a06/anhoerungen/Archiv/13_Fuehrungsaufsicht/04_Stellungnahmen/Stellungnahme_Dessecker.pdf); *Neubacher* BewHi 2004, 73 (80 ff.); *Weigelt/Hohmann-Fricke* BewH 2006, 216 (226 f., 238): „Klare Erfolge im Sinne einer Rückfallverhinderung kann die Führungsaufsicht ... nicht vorweisen".
6 *Jehle/Albrecht/Hohmann-Fricke/Tetal,* Legalbewährung nach strafrechtlichen Sanktionen, 2010, S. 85 (Bezugsjahr war 2004; der Beobachtungszeitraum betrug drei Jahre nach Haftentlassung oder Sanktionierung), online verfügbar unter: http://www.bmjv.de/SharedDocs/Archiv/Downloads/Legalbewaehrung_nach_strafrechtlichen_sanktionen_2004_2007.pdf?__blob=publicationFile&v=3. Etwas besser war die Bilanz der Studie drei Jahre später bei gleichem Design: Legalbewährung nach strafrechtlichen Sanktionen, 2013, S. 80, online verfügbar unter: http://www.bmjv.de/SharedDocs/Ar

2. Doppelfunktion und beteiligte Stellen

Die Führungsaufsicht hat eine **Doppelfunktion,** denn sie baut auf 5
ein **Konzept von Hilfe und Betreuung** (§ 68a II StGB) sowie auf der
Überwachung und Kontrolle (§ 68a III StGB) der Betroffenen auf.[7]
Doppelfunktion heißt aber nach wie vor nicht, dass beide Zwecke
gleich stark zu gewichten wären. Vielmehr geht wenigstens die hM
(noch) von einem grundsätzlichen Vorrang von Hilfe und Betreuung
aus; allerdings verschieben sich die Akzente auch angesichts der jün-
geren Gesetzesreformen deutlich in Richtung Sicherheit. Teilweise ist
nun von einem Pari-Verhältnis die Rede.[8]

Organisatorisch sind für die Durchführung der Maßregel drei Stel- 6
len maßgeblich zuständig: **Bewährungshilfe, Aufsichtsstelle** (beide
verpflichtende „Hauptakteure") und seit 2007 zudem die **forensische
Ambulanz,** sofern bestimmte Weisungen erteilt wurden (Vorstel-
lungsweisung gem. § 68b I 1 Nr. 11 StGB bzw. Therapieweisung
gem. § 68b II 2 und 3 StGB).[9] Diese Stellen unterliegen einem **Koope-
rationsgebot** *(„im Einvernehmen",* vgl. § 68a II, III, VII StGB).
Kann ein Einvernehmen nicht hergestellt werden, entscheidet das Gericht (§ 68 IV StGB), dem im Übrigen auch weitere Überwachungs-
aufgaben zukommen (§ 68a III StGB).

Gemäß § 68a I StGB untersteht der Verurteilte einer Aufsichtsstelle 7
(eine beim Landgericht eingerichtete Stelle), und das Gericht bestellt
für ihn für die Dauer der Führungsaufsicht außerdem einen Bewährungshelfer (§ 68a II StGB). Diese Aufgabenteilung soll insbesondere
dazu dienen, dem Bewährungshelfer den Rücken freizuhalten und
das Verhältnis zwischen Betroffenen und Betreuenden nicht unnötig
zu belasten. Der Bewährungshelfer soll nicht kontrollieren müssen,
sondern sich auf seine unterstützende Funktion konzentrieren können. Die Überwachung bleibt zu großen Teilen der Aufsichtsstelle
vorbehalten (§ 68a III StGB); dennoch verbleibt ein Spannungsver-
hältnis, in dem der Bewährungshelfer zu arbeiten hat.

---

chiv/Downloads/Legalbwaehrung_nach_strafrechtlichen_Sanktionen_2007_2010_u_
2004_2010.pdf?__blob=publicationFile&v=3EA1B0976C.1_cid334?__blob=publica
tionFile.

7 *Meier* Sanktionen S. 292.
8 *Kinzig* NK 2015, 230 (233) mwN.
9 Zur Wirksamkeit der forensischen Ambulanz vgl. *Sauter/Seewald/Jehle* BewHi 2017,
146 ff.

3. Entwicklung

8   Gerade die Kombination von Hilfe und Kontrolle impliziert von vornherein massive Zielkonflikte, die Zweifel an der grundsätzlichen Wirksamkeit der Führungsaufsicht nähren.[10] Die Führungsaufsicht führte lange Zeit ein Schattendasein im Strafgesetzbuch. War man Anfang der 1990er Jahre noch so desillusioniert von den Möglichkeiten der Führungsaufsicht, dass man mit guten Argumenten ihre Abschaffung diskutierte,[11] so entwickelt sich das Rechtsinstrument derzeit zur „Allzweckwaffe" im Bestreben, die Rückfälligkeit von Straftätern zu verhindern. So hat der Gesetzgeber die mit der Führungsaufsicht verbundenen Eingriffsmöglichkeiten in den letzten Jahren stark ausgebaut. 2007 ist das „Gesetz zur Reform der Führungsaufsicht und zur Änderung der Vorschriften der nachträglichen Sicherungsverwahrung" in Kraft getreten. Es beinhaltet insbesondere eine deutliche Erweiterung des strafbewehrten Weisungskatalogs. Gegenwärtig sind 37.018 Führungsaufsichtsfälle zu verzeichnen.[12] Zum Vergleich: 2008 waren es 24.818 Fälle; dies bedeutet einen Anstieg in nur sieben Jahren um fast 50 %.[13] Insbesondere wird auch von der Ermächtigung, Weisungen im Rahmen einer Führungsaufsicht zu verhängen, in jüngerer Zeit auffallend häufig Gebrauch gemacht.

4. Anwendungsbereich

9   a) Systematik. Der Anwendungsbereich der Führungsaufsicht ist vielschichtig und unübersichtlich. Grob kann man den Anwendungsbereich der Führungsaufsicht bezüglich zweier Fallgruppen unterscheiden:[14] Führungsaufsicht im Zusammenhang mit einer Freiheitsstrafe und eine solche im Zusammenhang mit der Anordnung

---

10 Diese Zweifel sind älter als das Instrument selbst, vgl. zB *Baumann*, Kleine Streitschriften zur Strafrechtsreform, 1965, S. 220. Vgl. zu den Bedenken Schönke/Schröder/*Stree/Kinzig* § 68 Rn. 2.
11 Vgl. zB hierzu *Peglau* NJW 2007, 1558.
12 Vgl. Erhebung von *Reckling* aus dem Jahr 2015 für den Fachverband Soziale Arbeit, Strafrecht und Kriminalpolitik (DBH), online verfügbar unter http://www.dbh-online.de/fa/FA-Zahlen-Bundeslaender-2015.pdf; *Schneider* NStZ 2007, 441. Es existiert allerdings – unverständlicherweise – keine bundeseinheitliche Statistik zu den Fallzahlen der Führungsaufsicht (kritisch hierzu *Rohrbach* Die Entwicklung der Führungsaufsicht unter besonderer Berücksichtigung der Praxis in Mecklenburg-Vorpommern, 2014, S. 10 f.).
13 Vgl. http://www.dbh-online.de/fa/FA-Zahlen-Bundeslaender-2015.pdf.
14 *Kinzig* spricht in diesem Zusammenhang von einem „buntscheckigen Bild" der Voraussetzungen im Einzelnen, vgl. NK 2015, 230 (235).

freiheitsentziehender Maßregeln. Weiter kann dann danach unterteilt werden, ob die Maßregel kraft richterlicher Anordnung oder kraft Gesetzes – insbesondere nach Vollverbüßung einer Freiheitsstrafe gem. § 68 f StGB als dem in der Praxis mit Abstand häufigstem Fall – zur Anwendung kommt.[15] Sie ist demnach die einzige Maßregel der Besserung und Sicherung, die nicht nur vom Gericht gem. § 68 I StGB angeordnet werden kann, sondern auch kraft Gesetzes gem. § 68 II StGB eintritt.

b) Richterlich angeordnete Führungsaufsicht, § 68 I StGB. Zunächst muss der Täter wegen einer Straftat verurteilt werden, bei der das **Gesetz die Führungsaufsicht explizit vorsieht.** Dies ist bspw. in §§ 129a VII, 181b, 239c, 245, 256 I, 262, 263 VI, 263a II, 321 StGB und § 34 BtMG der Fall. Eine genaue Systematik, nach der der Gesetzgeber diese Delikte ausgewählt hat, erschließt sich aber nicht: Weder an dem Leitfaden „Rückfallgefahr" noch an dem einer Deliktsschwere wurde durchgängig festgehalten. **10**

Ferner muss der Täter eine zeitige **Freiheitsstrafe von mindestens sechs Monaten** verwirkt haben. Bei Verhängung einer Gesamtstrafe muss zumindest eine der Einzelstrafen die Grenze von sechs Monaten übersteigen. Diese Strafe muss auch verhängt worden sein, da eine isolierte Führungsaufsicht nicht möglich ist. **11**

Da Ziel der Maßregel ist, die resozialisierende Wirkung der Freiheitsstrafe zu unterstützen, verlangt die **richterliche Ermessensentscheidung** („kann") die Prognose, dass vom Täter in Zukunft wahrscheinlich Straftaten von einiger Erheblichkeit zu erwarten sind **(ungünstige Sozialprognose).**[16] Zwischen Anlasstat und den weiter zu erwartenden Taten bedarf es demnach einer „kriminellen Kontinuität";[17] dh, die zu erwartenden Taten müssen auch ihrem Gewicht nach der Anlasstat entsprechen. Es muss sich demnach nicht um einschlägige Delikte handeln, aber Bagatelldelikte reichen auch im Hinblick auf den Verhältnismäßigkeitsgrundsatz nicht aus. Weniger einschneidenden Maßnahmen ist zudem der Vorzug zu geben. **12**

c) Führungsaufsicht kraft Gesetzes, § 68 II StGB. Hauptanwendungsfall der Führungsaufsicht kraft Gesetzes ist die **Führungsaufsicht bei Nichtaussetzung des Strafrestes, §§ 68 II iVm 68 f StGB.** Nach der Vollverbüßung einer längeren Freiheitsstrafe, bei der eine **13**

---

15 Hilfreich ist die grafische Übersicht von NK-StGB/*Ostendorf* § 68 Rn. 1.
16 *Streng* Sanktionen Rn. 388.
17 SK-StGB/*Sinn* § 68 Rn. 8.

Aussetzung des Strafrestes zur Bewährung wegen einer negativen Sozialprognose nicht in Betracht kommt, erfolgt der Eintritt der Führungsaufsicht automatisch. Voraussetzung ist, dass eine (Gesamt-)**Freiheitsstrafe von mindestens zwei Jahren** wegen vorsätzlicher Straftaten oder eine (Gesamt-)Freiheitsstrafe von mindestens einem Jahr wegen in § 181b StGB genannter Delikte (Sexualstraftaten) vom Täter verbüßt worden ist. Dies gilt nur dann gem. § 68 f I 2 StGB nicht, wenn im Anschluss an die Strafverbüßung eine stationäre Maßregel der Besserung und Sicherung – wie zB Sicherungsverwahrung – vollzogen wird. Ist zu erwarten, dass der Täter auch ohne Führungsaufsicht künftig keine Straftaten begehen wird (**günstige Sozialprognose**), so ordnet das Gericht gem. § 68 f II StGB an, dass die Maßregel entfällt.

14   Ferner tritt Führungsaufsicht kraft Gesetzes bei Aussetzung bzw. Erledigterklärung freiheitsentziehender Maßregeln ein (§ 68 II iVm §§ 67b, 67c, 67d I–VI StGB). In der Praxis kommen die der Führungsaufsicht Unterstellten etwa je zur Hälfte aus dem Straf- und aus dem Maßregelvollzug.[18]

5. Weisungen, § 68b StGB

15   **a) Zweck und Durchsetzbarkeit.** Das Potential der Führungsaufsicht liegt insbesondere in der Möglichkeit von Weisungen an den Verurteilten, die das Gericht anordnen und so maßgeblich Einfluss auf dessen künftige Lebensgestaltung nehmen kann. Die Weisungen dienen nicht Genugtuungszwecken, auch wenn sie teilweise massiv in verschiedene Lebensbereiche des Betroffenen eingreifen. Vielmehr sollen sie den Weg zurück in die Straffälligkeit verhindern, indem durch die Führungsaufsicht flankierend ein klarer Rahmen geschaffen wird. Grundsätzlich dürfen Weisungen aber keine unzumutbaren Anforderungen an die Lebensführung des Verurteilten stellen, § 68b III StGB.

16   **Die Katalogweisungen des § 68b I StGB sind im Zusammenspiel mit § 145a StGB strafbewehrt.** Der Strafrahmen für Weisungsverstöße ist jüngst von einem auf drei Jahre erhöht worden. Man setzt demnach klar auf Abschreckung.[19] Die **freien Weisungen nach § 68b II StGB** lassen sich individuell auf den Betroffenen anpassen und zielen vornehmlich auf den Wohn- und Arbeitsbereich ab. Han-

---

18 *Streng* Sanktionen Rn. 389 mwN.
19 *Weigelt* ZRP 2006, 253 (255).

delt es sich um eine nicht strafbewehrte Weisung nach Abs. 2, so kann
die Aussetzung einer Unterbringung gem. § 67g I Nr. 2 StGB widerrufen werden, wenn der Verurteilte „gröblich und beharrlich" gegen
Weisungen verstößt. Handelt es sich aber bei dem Betroffenen um einen Straftäter, der eine Freiheitsstrafe vollständig verbüßt hat, entfällt
auch diese „Drohkulisse". In einem solchen Fall ist eine Weisung
letztlich nicht zwangsweise durchsetzbar.

Mit dem bereits erwähnten „*Gesetz zur Reform der Führungsauf-*   17
sicht und zur Änderung der Vorschriften der nachträglichen Siche-
rungsverwahrung" wurde indes eine deutliche Erweiterung des strafbewehrten Weisungskatalogs geschaffen.[20] Zudem wurde zB bei
Therapieverweigerung die Möglichkeit der Anordnung einer sogar
unbefristeten Führungsaufsicht (§ 68c II StGB) sowie bei bestimmten
Konstellationen (zB Gefahr der Begehung von Straftaten im Zustand
des § 20 oder § 21 StGB) die Möglichkeit einer unbefristeten Verlängerung geschaffen (§ 68c III Nr. 1 StGB).

b) Einzelne Weisungen. Gem. § 68b I 1 Nr. 1 StGB kann der ver-   18
urteilten Person die Weisung erteilt werden, ihren **Wohn- oder Auf-**
enthaltsort nicht ohne Erlaubnis der Aufsichtsstelle zu verlassen.
Neuerdings ist es zudem möglich, nicht nur ein **Aufenthaltsverbot**
(§ 68b I 1 Nr. 2 StGB), sondern ein umfassendes **Kontakt- und Ver-**
kehrsverbot (§ 68b I 1 Nr. 3 StGB) auszusprechen. Ein solches zielt
insbesondere auf Sexualstraftäter ab, denen nun etwa vorgegeben
werden kann, nicht mit dem früheren Opfer Kontakt aufzunehmen.
Neu in den Katalog aufgenommen wurde ua auch die **Weisung, keine**
alkoholischen Getränke oder andere berauschende Mittel zu sich
zu nehmen (§ 68b I 1 Nr. 10 StGB). Diese Weisung trägt der Erkenntnis Rechnung, dass Alkohol- und Drogenmissbrauch in vielen
Fällen ein maßgeblicher kriminogener Faktor ist.[21] Die Vorgabe an
den Täter kann zudem in die Verpflichtung eingebettet werden, sich
regelmäßigen Urinproben, einem Drogenscreening oder Atemalko-
holmessungen zu unterziehen.

§ 68b I 1 Nr. 11 StGB enthält nunmehr die nach § 463a III StPO   19
auch durchsetzbare Weisung, **sich in bestimmten Abständen bei ei-**
nem Arzt, Psychotherapeuten oder einer forensischen Ambulanz
vorzustellen. So soll es ermöglicht werden, bei gefährlichen Ent-

---

20 BGBl. 2007 I 531.
21 Vgl. Begründung des Gesetzentwurfes der Bundesregierung, BT-Drs. 16/1993, 19
   unter Berufung auf *Seifert/Bolten/Möller-Mussavi* MSchrKrim 2003, 127 ff. (132).

wicklungen rechtzeitig einzugreifen (auch in Kombination mit der neu eingefügten Vorschrift zur Krisenintervention des § 67h StGB) und gleichzeitig aber auch die Therapiebereitschaft des Betroffenen – in der Gesetzesbegründung heißt es „Herstellung einer hinreichenden Motivation" – zu wecken.[22] Eine Pflicht zur Behandlung beinhaltet dies schon in Hinblick auf den Menschenwürdegrundsatz nicht.[23]

20   Insbesondere die Umwälzungen auf dem Gebiet der Sicherungsverwahrung führten – wie dargestellt – dazu, dass nunmehr vermehrt auf die Führungsaufsicht gesetzt wurde.[24] Speziell hierfür wurde durch das *„Gesetz zur Neuordnung des Rechts der Sicherungsverwahrung und zu begleitenden Regelungen"* die jüngste Weisung in den Katalog aufgenommen, während der Dauer der Führungsaufsicht die für eine Überwachung des Aufenthaltsortes erforderlichen technischen Mittel ständig in betriebsbereitem Zustand bei sich zu führen (§ 68b I 1 Nr. 12 StGB).[25] Im Hinblick auf die Schwere dieses Eingriffs insbesondere wegen seiner permanenten Kontrollmöglichkeit, regelt § 68b I 3 Nrn. 1–4 StGB weitere **Voraussetzungen einer Elektronischen Aufenthaltsüberwachung (EAÜ).** Demnach muss die Führungsaufsicht wegen vollständiger Vollstreckung eine (Gesamt-)**Freiheitsstrafe von mindestens drei Jahren** oder aufgrund einer Erledigung einer Maßregel eingetreten sein, die wegen einer **Tat iSv § 66 III 1 StGB** verhängt oder angeordnet wurde. Darüber hinaus muss die **Gefahr** bestehen, dass die verurteilte Person weiterhin Straftaten der in § 66 III 1 StGB genannten Art begehen wird. Konkret sind dies schwere Straftaten, insbesondere Gewalt- und Sexualstraftaten. Schließlich muss die Weisung auch erforderlich sein, um durch Datenverwendung (§ 463a IV 2 StPO) die Begehung solcher Taten zu verhindern. Neuerdings kann zudem für Straftäter, die wegen schwerer Staatsschutzdelikte verurteilt waren, nach der Haft die elektronische Fußfessel angeordnet werden (extremistische „**Gefährder**"). Es genügt in diesen Fällen bereits eine Freiheitsstrafe von zwei Jahren, um eine elektronische Aufenthaltsüberwachung anzuordnen (§ 68b I 5 StGB).

---

22 Begründung des Gesetzentwurfes der Bundesregierung, BT-Drs. 16/1993, 19 unter Berufung auf *Rosenau* StV 1999, 397 f. mwN.
23 Eine solche könnte auch ohne Zustimmung des Betroffenen nach § 68 II 2 StGB erteilt werden; ein Verstoß wäre aber nicht strafbewehrt.
24 EGMR NJW 2010, 2495; im Anschluss dann BVerfGE 128, 326.
25 BGBl. 2010 I 2300.

Elektronische Fußfesseln haben seit der weitgehenden Aufgabe der nach- **21** träglichen Sicherungsverwahrung Konjunktur. 2016 wurden in Deutschland 88 Menschen mit elektronischer Fußfessel von der Gemeinsamen Überwachungsstelle (GÜL) der Bundesländer im hessischen Bad Vilbel überwacht.[26] Zur Wirksamkeit und den Möglichkeiten der Elektronischen Aufenthaltsüberwachung (EAÜ) gibt es deutschlandweit bislang nur ältere Modellprojekte.[27] Die Praxis begleitende Evaluationsprojekte laufen oder sind in Planung; wirklich belastbare Ergebnisse gibt es derzeit noch keine.[28]

Die **Elektronische Aufenthaltsüberwachung (EAÜ)** funktioniert wie **22** folgt: Die Fußfessel – ein etwa 180 Gramm schweres Kunststoffgehäuse, in dem sich ein GPS-Ortungssender und ein Mobilfunkmodul befinden – übermittelt Geodaten vom jeweiligen Aufenthalt ihres Trägers. Das Gehäuse wird oberhalb des Fußknöchels mit einem Band befestigt, ohne dessen Zerstörung die Fußfessel nicht wieder gelöst werden kann (bei Beschädigung wird Alarm ausgelöst). Das System schlägt außerdem Alarm, sobald der automatisierte Abgleich der Daten ergibt, dass sich der Verurteilte außerhalb oder innerhalb einer Zone bewegt, die im Führungsaufsichtsbeschluss als Gebots- oder Verbotszone festgelegt worden ist. Die Wohnung des Betroffenen ist als erhebungsfreier Raum von einer Überwachung ausgenommen; es darf nur festgestellt werden, dass der Träger der Fußfessel gerade anwesend ist (§ 463a IV 1 Hs. 2 StPO). Nicht verwechselt werden darf diese Art der elektronischen Aufenthaltskontrolle mit dem elektronisch überwachten Hausarrest, den es hierzulande bislang nur als Modellprojekt etwa im Rahmen kurzer Freiheitsstrafen mit dem Ziel einer Haftvermeidung gibt. Mangels geeigneter Klientel (fester Wohnsitz, stabile familiäre Umgebung etc) ist man bezüglich der Möglichkeiten des Hausarrests derzeit eher desillusioniert.[29] Erste Untersuchungen zeigen, dass die Anordnungszahlen von Bundesland zu Bundesland erheblich variieren, dass die Anordnung zumeist Gewalt- oder Sexualstraftäter betrifft und dass es nach wie vor viele technische Probleme mit der Fußfessel gibt (etwa zu schwache Batterieladung).[30]

---

26 Vgl. https://justizministerium.hessen.de/presse/pressemitteilung/positive-bilanz-fuer-gemeinsame-elektronische-ueberwachungsstelle-der.
27 ZB *Mayer*, Modellprojekt elektronische Fußfessel – Studien zur Erprobung einer umstrittenen Maßnahme, 2004, online verfügbar unter: https://www.mpicc.de/files/pdf1/gesamt212.pdf.
28 Vgl. Bericht der Wissenschaftlichen Dienste des Bundestages, online verfügbar unter: https://www.bundestag.de/blob/493684/d5e1a22dbbb465256a7ad577bc1adc88/die-elektronische-fussfessel-data.pdf; s. auch Kurzbericht von *Bräuchle/Kinzig* zur Anwendung elektronischer Aufenthaltsüberwachung im Rahmen der Führungsaufsicht (Studie im Auftrag des Bundesamtes für Justiz und des Bundesministeriums der Justiz und für Verbraucherschutz), 2016, online verfügbar unter: http://www.dbh-online.de/fa/Kurzbericht-EA_uni-tuebingen-2016.pdf.
29 Genauer zur Funktionsweise der Fußfessel zB *Brauneisen* StV 2011, 311 ff.
30 *Bräuchle*, Die elektronische Aufenthaltsüberwachung gefährlicher Straftäter im Rahmen der Führungsaufsicht, 2016, online verfügbar unter: https://publikationen.uni-tuebingen.de/xmlui/bitstream/handle/10900/73947/T%c3%bckrim%2037_Br%c3%a4uchle.pdf?sequence=1&isAllowed=y.

6. Dauer

23   Die Dauer der Führungsaufsicht beträgt gem. § 68c I StGB mindestens zwei und höchstens fünf Jahre. In ganz bestimmten Konstellationen gibt es neuerdings auch die Möglichkeit einer unbefristeten Führungsaufsicht (§ 68c III StGB); die Notwendigkeit derselben ist dann regelmäßig zu überprüfen. Führungsaufsicht endet kraft Gesetzes (§ 68e I StGB) mit Ablauf der Höchstfrist oder kraft gerichtlicher Entscheidung, wenn „zu erwarten ist, dass die verurteilte Person auch ohne sie keine Straftaten mehr begehen wird" (§ 68e II StGB). In der Praxis stellt dies eine eher seltene Ausnahme dar.

II. Entziehung der Fahrerlaubnis, §§ 69 ff. StGB

1. Allgemeines

24   Die Entziehung der Fahrerlaubnis nach den §§ 69 ff. StGB ist eine ambulante Maßregel der Besserung und Sicherung mit einer rein präventiven Ausrichtung. Sie ist streng von der Verhängung eines Fahrverbots als Nebenstrafe nach § 44 StGB zu unterscheiden. Wie dargestellt, richtet sich das Fahrverbot an einen Täter, der wegen einer verkehrsbezogenen Straftat verurteilt wird, aber grundsätzlich geeignet ist, ein Kraftfahrzeug zu führen. Mit dem Fahrverbot wird ihm eine weitere Strafe als eine Art „Denkzettel" mit auf dem Weg gegeben. Die – schuldunabhängige – Entziehung der Fahrerlaubnis zielt dagegen auf den Täter ab, **der sich durch die Tat als ungeeignet erwiesen hat, ein Kraftfahrzeug zu führen.** Zum Wohle der Allgemeinheit (Sicherheit des Straßenverkehrs) wird diesem Fahrer die Fahrerlaubnis gänzlich genommen. Das Fahrverbot gilt längstens drei Monate und lässt die grundsätzliche Fahrerlaubnis („Führerschein") unberührt (zum Fahrverbot → § 13 Rn. 3 ff.). Im Fall der Entziehung der Fahrerlaubnis muss der Führerschein dagegen nach Ablauf der Sperrfrist neu beantragt werden.

2. Voraussetzungen, § 69 I StGB

25   **a) Anlasstat.** Der Täter muss eine **rechtswidrige Anlasstat** (§ 11 I Nr. 5 StGB) als Symptomtat begangen haben, für die er auch verurteilt oder nur deshalb nicht verurteilt wurde, weil er bei Begehung der Tat schuldunfähig (§ 20 StGB) oder dies wenigstens nicht auszuschließen war. Ist ein Täter bspw. strafbefreiend von der Tat zurückgetreten oder befand sich in einem entschuldigenden Notstand, kommt eine Entziehung der Fahrerlaubnis nicht in Betracht. Symptomtat bedeutet, dass sich aus dieser Tat ergibt, dass der Täter zum Führen von Kraftfahrzeugen ungeeignet ist.

Der **Begriff des Fahrzeugs** ist in § 1 II StVG normiert. Er umfasst 26 alle Landfahrzeuge, die durch Maschinenkraft bewegt werden und nicht an Bahngleise gebunden sind. Fahrzeuge nach dieser Norm sind ausschließlich Fahrzeuge, für deren Führen der Täter eine Fahrerlaubnis benötigt.

Diese Tat muss er zudem beim Führen eines Kraftfahrzeuges, im 27 Zusammenhang mit dem Führen eines Kraftfahrzeuges oder unter Verletzung der Pflichten eines Fahrzeugführers begangen haben. **Die Voraussetzungen entsprechen weitgehend denen des § 44 StGB** (→ § 13 Rn. 9) und werden deshalb hier nur noch einmal kurz wiederholt. **Führen eines Kraftfahrzeuges (1. Var.)** meint das tatsächliche Führen, indem ein Fahrzeug in Bewegung gesetzt wird oder unter Handhabung der technischen Vorrichtungen während der Fahrbewegung gelenkt wird. **Im Zusammenhang mit dem Führen eines Kraftfahrzeuges (2. Var.)** verlangt, dass das Fahrzeug zum Vorbereiten, Durchführen oder Beenden einer Straftat verwendet wird. **Nach der Rspr. des BGH sind für die Annahme eines solchen Zusammenhangs aber höhere Anforderungen zu stellen als bei § 44 StGB**[31]. Verlangt wird demnach das Vorliegen eines wirklich **verkehrsspezifischen Zusammenhangs**. Die Tat muss erkennen lassen, dass der Täter zur Erreichung seiner kriminellen Ziele bereit ist, sich über die im Straßenverkehr erforderliche Rücksichtnahme und Sorgfalt hinwegzusetzen. Ziel des § 69 StGB ist die Gewährleistung der Verkehrssicherheit und nicht ein allgemeiner Schutz der Bevölkerung vor Straftaten, die einen Zusammenhang mit einem Kfz haben.[32]

Wird ein Kfz für die waghalsige Flucht nach einem Raub verwen- 28 det, ist ein verkehrsspezifischer Zusammenhang unproblematisch anzunehmen. Ein solcher Zusammenhang fehlt dagegen, wenn mit dem Pkw die Beute eines Diebstahls nach Hause gebracht wird, ohne dass es auf diesem Weg zu Auffälligkeiten im Straßenverkehr gekommen ist. Regelmäßig fehlt dieser Zusammenhang daher auch, wenn ein Kfz für Drogentransporte verwendet wird oder ein Opfer mit dem

---

31 BGHSt 50, 93 ff.
32 *Meier* Sanktionen S. 282.

Wagen verschleppt wird, denn Belange der Verkehrssicherheit sind jeweils nicht berührt.

Im **Fall 1** fehlt es an einem Zusammenhang zwischen der Anlasstat und dem Führen eines Kfz, denn dieser muss der Rspr. zufolge ein explizit verkehrsspezifischer sein. Die Anlasstat gibt hier aber gerade nicht zu erkennen, dass der Täter zur Erreichung seiner kriminellen Ziele bereit ist, sich über die im Straßenverkehr erforderliche Rücksichtnahme und Sorgfalt hinwegzusetzen. Hier wollte A lediglich die Diebesbeute nach Hause bringen und es ist nicht zu Auffälligkeiten im Straßenverkehr gekommen. Im Ergebnis scheidet daher eine Entziehung der Fahrerlaubnis aus. Anders hätte entscheiden werden müssen, wenn A bspw. versucht hätte, mit dem Kfz zu flüchten. Da A schuldfähig ist, käme allerdings die Verhängung eines Fahrverbots gem. § 44 StGB als Nebenstrafe neben einer Hauptstrafe in Betracht (→ § 13 Rn. 3 ff.).

29   Unter **Verletzung der Pflichten eines** Fahrzeugführers (**3. Var.**) bedeutet in erster Linie nicht, dass der Täter gegen Fahrvorschriften, sondern gegen sonstige gesetzliche Pflichten eines Kfz-Führers verstoßen hat. Dies ist bspw. der Fall, wenn er das Fahrzeug einem Betrunkenen überlassen hat. Im Falle des Verstoßes gegen Fahrvorschriften würde die 1. Variante greifen. Gewisse Überschneidungen zwischen den Varianten sind möglich.

30   **b) Ungeeignetheit.** Aus der Anlasstat als Symptomtat muss sich außerdem ergeben, dass der Täter **ungeeignet ist, ein Kraftfahrzeug zu führen** („aus der Tat ergeben"). Die Auslegung des unbestimmten Rechtsbegriffs ist im Hinblick auf den Charakter des Fahrverbots als Maßregel der Besserung und Sicherung vorzunehmen. Die Katalogtatbestände des Abs. 2 („Regelbeispiele") geben einen zusätzlichen Auslegungshinweis.[33] Zum Zeitpunkt des Urteils (nicht der Tat) muss sich die künftige Ungeeignetheit aus der abgeurteilten Tat ergeben (individuelle Gefährlichkeitsprognose). Diese Beurteilung erfordert eine **Gesamtwürdigung von Täterpersönlichkeit und Tat.** Hat der Täter seit der Tat eine positive Veränderung durchlaufen, wird dies berücksichtigt.

31   Die Ungeeignetheit darf nicht nur eine vorübergehende Eigenschaft des Täters sein, sondern sie ist anzunehmen, wenn die weitere Teilnahme des Täters am Straßenverkehr zu einer **nicht hinnehmba-**

---

33 *Fischer* StGB § 69 Rn. 14.

ren **Gefährdung der Verkehrssicherheit** führen würde.[34] Für diese
Eignungsdiagnose kommt es auf **körperliche, geistige und charakterliche Mängel** des betroffenen Verkehrsteilnehmers an.[35] Körperliche oder geistige Mängel der Leistungsfähigkeit begründen dann die
Ungeeignetheit, wenn der Täter nicht mehr in der Lage ist, ein Kraftfahrzeug technisch sicher zu führen.

Körperliche Mängel können bei Lähmungen, schweren Sehfehlern, Epilep-   32
sie oder Parkinson vorliegen. Geistige Mängel können zB bei Drogenabhängigkeit, hirnorganischen oder psychotischen Erkrankungen, schweren Depressionen oder Altersdemenz angenommen werden.

In der Praxis wesentlich relevanter, aber auch schwieriger zu beur-   33
teilen, ist die Ungeeignetheit zum Führen von Kraftfahrzeugen, die
auf **charakterlichen Mängeln** beruht. Diese können dann die Entziehung der Fahrerlaubnis zur Folge haben, wenn sich aus ihnen
eine Unzuverlässigkeit im Hinblick auf die Sicherheit des öffentlichen Kraftfahrzeugverkehrs und verkehrsspezifischen Gefahren für
Rechtsgüter Dritter ergeben.[36] Der Täter muss durch die Anlasstat
gezeigt haben, dass er die Sicherheit des Straßenverkehrs seinen kriminellen Interessen unterordnet. Hierbei ist auf den individuellen
Täter abzustellen; generalpräventive Erwägungen sind der Maßregel
fremd.[37]

Persönlichkeitsmängel, die zu einer Ungeeignetheit führen, sind insbeson-   34
dere Rücksichtslosigkeit oder Gleichgültigkeit gegenüber den Interessen und
Rechtsgütern anderer Verkehrsteilnehmer. Dies kann auch dadurch geschehen,
dass ein Täter die Wirkungen von Alkohol- oder Drogenkonsum bagatelli-
siert.

c) Regelbeispiele gem. § 69 II StGB. Der Gesetzgeber führt in   35
Abs. 2 der Vorschrift vier Tatbestände auf, bei denen regelmäßig von
einer Ungeeignetheit zum Führen eines Kraftfahrzeuges auszugehen
ist. Begeht ein Täter eine der in Nr. 1 bis 4 genannten Taten, wird
die **Regelvermutung** aufgestellt, dass ein – zumeist charakterlicher –
Mangel in seiner Person wirksam geworden ist, der eine Ungeeignetheit begründet. Der Zusammenhang zwischen Symptomtat und Eignungsmangel (individuelle Gefährlichkeitsprognose) muss nur dann
genauer untersucht werden, wenn eine Ausnahme von dieser Regelvermutung gemacht werden soll (hierzu sogleich).

---

34 BGH StV 2004, 132.
35 *Streng* Sanktionen Rn. 354.
36 BGHSt 50, 93.
37 *Fischer* StGB § 69 Rn. 18.

36   Nr. 1 begründet die Vermutung der Ungeeignetheit bei Taten nach § 315c StGB (Gefährdung des Straßenverkehrs), unabhängig davon, ob es sich um bloße Versuchs- oder Fahrlässigkeitstaten handelt. Nr. 2 stellt ebendiese Vermutung bei Taten nach § 316 StGB (Trunkenheit im Verkehr) auf, sofern die Tat mit einem Kraftfahrzeug begangen wurde. Nr. 3 geht hiervon bei Taten nach § 142 StGB (Unerlaubtes Entfernen vom Unfallort) aus, sofern der Täter weiß oder wissen konnte, dass bei dem Unfall ein Mensch getötet oder nicht unerheblich verletzt worden oder an fremden Sachen bedeutender Schaden (derzeit ca. 1300 EUR)[38] entstanden ist. Ferner bezieht noch Nr. 4 Vergehen nach § 323a StGB (Vollrausch) in die Regelvermutung mit ein, sofern die Rauschtat eine Tat nach §§ 315c, 316 oder 142 StGB ist.

37   Diese Regelvermutung kann widerlegt werden, wenn besondere Umstände in der Tat oder in der Persönlichkeit des Täters (Gesamtwürdigung) die Annahme rechtfertigen, dass er doch zum Führen von Kraftfahrzeugen geeignet ist. Hier darf jedoch nicht großzügig verfahren werden; insbesondere kann eine Teilnahme an einem Nachschulungskurs nicht den gesetzlich vermuteten Eignungsmangel pauschal ausräumen.[39]

38   Die Rspr. hat einen solchen Ausnahmefall dann angenommen, wenn nach vielen Jahren unbeanstandeter Fahrpraxis die Anlasstat eine Ersttat war.[40] Gleiches gilt bei einer notstandsähnlichen Situation,[41] bei einer Trunkenheitsfahrt über nur 300 Meter zu einer verkehrsarmen Zeit[42] und bei glaubhaften und erfolgreichen Abstinenzbemühungen eines Täters, dessen Tat sieben Monate nach ihrer Begehung abgeurteilt wurde.[43]

39   **d) Keine Verhältnismäßigkeitsprüfung.** Gem. § 69 I 2 StGB findet keine weitere Verhältnismäßigkeitsprüfung anhand von § 62 StGB statt. Vielmehr hat der Gesetzgeber eine entsprechende Güterabwägung bereits vorweggenommen, denn die Gefahren, die von einem ungeeigneten Kraftfahrer für die Allgemeinheit ausgehen, sind ungleich größer als die Einbuße, die dieser dadurch erleidet, dass er seine Fahrerlaubnis verliert (→ § 15 Rn. 9). Das bedeutet, dass auch individuell besonders gravierende Folgen, die durch die Entziehung der Fahrerlaubnis eintreten, wie der Verlust des Arbeitsplatzes für ei-

---

38 *Fischer* StGB § 69 Rn. 29.
39 *Meier* Sanktionen S. 284.
40 ZB OLG Zweibrücken StV 1989, 250.
41 LG Heilbronn DAR 1989, 29.
42 OLG Karlsruhe DAR 2001, 469.
43 AG München StraFo 2012, 24.

nen Berufskraftfahrer nicht berücksichtigt werden können. Hierauf
kann nur bei Festsetzung der Sperrfrist Rücksicht genommen werden. Doch dass die Entziehung der Fahrerlaubnis im Einzelfall eine
besondere Härte für den Täter mit sich bringt, kann nichts an dem
Umstand ändern, dass auch in diesem Fall der Sicherheit des Straßenverkehrs der Vorrang einzuräumen ist:[44] *„Wer körperlich, geistig oder
charakterlich ungeeignet zum Führen von Kraftfahrzeugen ist, kann
hiergegen nicht einwenden, man müsse ihm dies aus wirtschaftlichen
Gründen gleichwohl erlauben."*[45] Gesichtspunkte der wirtschaftlichen Existenz können sich aber bei der individuellen Gefährlichkeitsprognose durchaus zugunsten des Täters auswirken. Zudem gibt es
gem. § 69a II StGB die Möglichkeit, von der Sperre bestimmte Arten
von Kraftfahrzeugen auszunehmen (dh die Fahrerlaubnis erlischt
zwar, der Betroffene hat aber die Möglichkeit, diese gleich wieder
neu zu beantragen). Eine solche Ausnahme setzt voraus, dass besondere Umstände die Annahme rechtfertigen, dass der Zweck der Maßregel auch durch eine nur eigeschränkte Teilnahme des Täters am
Straßenverkehr erreicht wird.[46] In der Praxis werden im Übrigen im
Bereich des § 69 StGB vergleichsweise viele Gnadenanträge gestellt.[47]

3. Rechtsfolge

Wenn die formellen und materiellen Voraussetzungen vorliegen, ist **40**
die Entziehung der Fahrerlaubnis obligatorisch. Das Gericht hat **keinen Ermessensspielraum, da Zweck der Maßnahme die Sicherheit
des Straßenverkehrs ist.** Im Urteil werden die Entziehung der Fah-
erlaubnis sowie die Einziehung des Führerscheins angeordnet. Mit
Rechtskraft des Urteils erlischt die Fahrerlaubnis (§ 69 III 1 StGB).
Der Führerschein wird vernichtet und nicht nur vorübergehend in
Verwahrung genommen wie bei § 44 StGB. Im Urteil erfolgt eine Anweisung an die Fahrerlaubnisbehörde, vor Ablauf der Sperrfrist dem
Angeklagten keine neue Fahrerlaubnis zu erteilen. Sofern der Angeklagte keinen Führerschein hat, erfolgt eine isolierte Sperre.

Die **Dauer der Sperrfrist** beträgt grundsätzlich zwischen sechs **41**
Monaten und fünf Jahren (§ 69a I 1 StGB). Eine unbefristete – also le-

---

44 AA *Meier* Sanktionen S. 285.
45 BGH NJW 2004, 3497 (3505).
46 AG Lüdinghausen NJW 2010, 310: Ausschlaggebend für das Ausnehmen einer Fahr-
zeugart von der Sperre nach § 69a StGB ist das Vorliegen einer Gefahrenabschirmung.
Dies wurde im konkreten Fall indes abgelehnt.
47 *Fromm* NZV 2011, 329; *Krumm* DAR 2015, 741.

benslange – Anordnung der Sperre ist dann möglich, wenn zu erwarten ist, dass die gesetzliche Höchstfrist nicht ausreicht, um die vom Täter drohenden Gefahren abzuwehren (vgl. § 69a I 2 StGB). Ergibt sich während der Sperre die Annahme, dass der Täter zum Führen von Kraftfahrzeugen nun nicht mehr ungeeignet ist, so kann das Gericht die **Sperre vorzeitig aufheben** (§ 69a VII StGB). Hierzu genügt nicht ein bloßer Zeitablauf, sondern es müssen neue Tatsachen vorliegen, die den Verurteilten als nicht mehr ungeeignet erscheinen lassen. Hier kann nun auch der Besuch von Aufbauseminaren (Nachschulung) oder Therapien berücksichtigt werden, wenn sie bei dem Täter erkennbar eine neue Einstellung zu Verkehrsfragen bewirkt haben.[48]

42   Nach Ablauf der Sperrfrist muss der Täter eine gänzlich neue Fahrerlaubnis beantragen. Hierüber entscheidet die Verwaltungsbehörde in eigener Kompetenz. Oft wird dem Täter aufgegeben, eine Medizinisch-Psychologische-Untersuchung (MPU) zu absolvieren, um einen Nachweis für seine künftige Eignung zu erbringen. Hieran scheitern nicht wenige Betroffene.

43   Wird der Führerschein vor der Hauptverhandlung sichergestellt, so wird diese Zeit gem. § 69a IV StGB auf die Sperrfrist angerechnet, wobei die Mindestsperrfrist von drei Monaten auch dann nicht unterschritten werden darf. Wenn gegen den Täter in den letzten drei Jahren vor der Tat bereits eine Sperre angeordnet worden war, erhöht sich das Mindestmaß der Sperrfrist auf ein Jahr (§ 69a III StGB).

44   § 69b StGB enthält außerdem Sonderregelungen für die Wirkung einer Entziehung bei einer ausländischen Fahrerlaubnis. Demnach kann der deutsche Staat zwar nicht die **ausländische Fahrerlaubnis** (oder den internationalen Führerschein) entziehen, aber er kann dem Betroffenen das Recht aberkennen, von seiner ausländischen Fahrerlaubnis im Inland Gebrauch zu machen. Diese Vorschrift erfasst auch Deutsche, die im Ausland ihre Fahrerlaubnis erworben haben.

III. Berufsverbot, §§ 70 ff. StGB

1. Allgemeines

45   Bei dem Berufsverbot nach § 70 StGB handelt es sich um eine ambulante Maßregel der Besserung und Sicherung mit dem Zweck, **die Allgemeinheit vor Gefahren zu schützen, die sich aus der Berufs-**

---

48 Übersicht zur Rspr. bei *Fischer* StGB § 69a Rn. 44.

und Gewerbeausübung des Täters ergeben. Diese Maßregel verfolgt ausschließlich einen Sicherungszweck: Dem Täter wird ein bestimmter Beruf untersagt. Eine Besserung des Täters ist dabei nicht beabsichtigt. Da mit der Maßregel erhebliche stigmatisierende Folgen verbunden sind und auch weit in das Grundrecht aus Art. 12 GG eingegriffen wird, wird in der Praxis von der Anordnung dieser Maßregel nur sehr zurückhaltend Gebrauch gemacht. Das BVerfG hat der Vorschrift aber selbst bei der Anordnung eines Berufsverbots für einen Journalisten ihre grundsätzliche Verfassungsmäßigkeit attestiert.[49] Ist der Täter Beamter, wird § 70 StGB von § 45 StGB verdrängt.

2. Voraussetzungen

Zunächst muss erneut eine rechtswidrige Anlasstat gem. § 11 I **46** Nr. 5 StGB vorliegen, die der Täter unter Missbrauch seines Berufs oder Gewerbes (§ 70 I 1 Var. 1 StGB) oder unter grober Verletzung der mit ihnen verbundenen Pflichten begangen hat (§ 70 I 1 Var. 2 StGB). Der Täter muss wegen der Anlasstat verurteilt oder nur deshalb nicht verurteilt worden sein, weil seine Schuldunfähigkeit (§ 20 StGB) erwiesen oder nicht auszuschließen war.

Die Begriffe Beruf und Gewerbe lassen sich nicht trennscharf un- **47** terscheiden. Mit **Beruf** ist eine auf Dauer gerichtete, gewisse Sachkenntnis und Aufmerksamkeit verlangende Lebenstätigkeit gemeint. **Gewerbe** meint das in der Absicht der Gewinnerzielung erfolgende Unterhalten eines auf Herstellung, Verarbeitung oder den Umsatz von Waren, Gütern oder sonstigen Leistungen gerichteten Betriebs.[50]

Variante 1 (Missbrauch des Berufs oder Gewerbes) setzt voraus, dass der **48** Täter die ihm durch seinen Beruf oder sein Gewerbe gegebene Möglichkeit bewusst oder planmäßig zu der Tat ausgenutzt hat. Es muss hierbei ein **berufstypischer Zusammenhang zwischen der Anlasstat und der ausgeübten Tätigkeit** bestehen, ein Handeln bei Gelegenheit der Berufsausübung ist nicht ausreichend.

Beispiel 1: Verteidiger V schmuggelt Waffen an seinen in Untersuchungshaft **49** sitzenden Mandaten M.[51]
Ergebnis: berufstypischer Zusammenhang (+)

---

49 BVerfGE 25, 88 ff.
50 Vgl. *Meier* Sanktionen S. 310.
51 Vgl. BGHSt 28, 84.

50   **Beispiel 2:** Anästhesist A entwendet Opiate aus der Krankenhausapotheke und konsumiert sie in der Kaffeeküche während der Dienstzeit.[52]
Ergebnis: berufstypischer Zusammenhang (+)

51   **Beispiel 3:** Arzt A behandelt den wohlhabenden P. Um seinen neuen Sportwagen bezahlen zu können, erlangt er auf betrügerische Weise ein Darlehen von P.
Ergebnis: berufstypischer Zusammenhang (–), vielmehr bloßes Ausnutzen der sich aus der Berufsausübung ergebenden Gelegenheit

52   **Variante 2** verlangt, dass der Täter die Anlasstat unter grober Verletzung der mit seinem Beruf oder Gewerbe verbundenen Pflichten begeht. Hiervon sind sowohl berufstypische Pflichten als auch allgemeine Pflichten erfasst, die aus der Berufs- oder Gewerbstätigkeit erwachsen. Berufsytpische Pflichten sind solche, die ihm für die Ausübung seines Berufes durch Gesetz, Vertrag oder öffentliche Anstellungsverfügung auferlegt sind.[53]

53   **Beispiel 1:** Verletzung der Schweigepflicht durch einen Arzt oder Rechtsanwalt; ärztliche Tätigkeit unter Drogeneinfluss.[54]

54   **Beispiel 2:** Die Pflicht, Steuern zu zahlen trifft jedermann und ist keine berufstypische Pflicht. Anders ist dies aber bei einem Steuerberater zu beurteilen, wenn mit der Steuerhinterziehung schwerwiegende Verletzungen der Buch- und Aufzeichnungspflichten verbunden sind.[55]

55   Vergleichbares gilt für das Abführen von Sozialversicherungsbeiträgen. Strenggenommen handelt sich hierbei um eine Pflicht, die alle Arbeitgeber gleichermaßen trifft und keine Sonderpflicht eines bestimmten Berufs oder Gewerbes. Dennoch geht die hM hier wohl eher davon aus, eine im Rahmen des § 70 StGB beachtliche Pflicht anzunehmen.[56]

56   Ferner ist eine **positive Gefährlichkeitsprognose** des Täters erforderlich, dh es muss die Gefahr bestehen, dass bei Ausübung des Berufs oder Gewerbes weitere, erhebliche Straftaten begangen werden. Die Anlasstat muss als Symptomtat von solcher Art und Gewicht sein, dass sie die Gefährlichkeitsprognose zu tragen vermag. Angesichts der Schwere des mit einem Berufsverbot verbundenen Eingriffs reicht keine entfernte Gefahr, sondern man wird eine entsprechende Wahrscheinlichkeit verlangen müssen.[57] Davon kann nicht mehr ausgegangen werden, wenn seit der Tat schon eine lange Zeit verstrichen ist.

---

52 Vgl. OLG Frankfurt a. M. NStZ-RR 2001, 16 f.
53 Schönke/Schröder/*Stree/Kinzig* StGB § 70 Rn. 7.
54 OLG Frankfurt a. M. NStZ-RR 2001, 16 f.
55 BGH NStZ 1995, 124.
56 *Meier* Sanktionen S. 311 mwN.
57 *Streng* Sanktionen Rn. 361.

3. Rechtsfolgen

Die Anordnung des Berufsverbots steht im **Ermessen** des Gerichts   57
und wird im Urteil ausgesprochen. Aus dem Verhältnismäßigkeitsgrundsatz, dessen Bedeutung im Maßregelrecht durch § 62 StGB
nochmals gesondert herausgestellt wird, folgt, dass weniger einschneidenden Maßnahmen der Vorrang einzuräumen ist. So könnte
ein Berufsverbot dann verzichtbar sein, wenn der Zweck auch mit einer Weisung erreicht werden würde (§§ 56c, 68b StGB). Die Anordnung ist für jeden Beruf möglich. Im Urteil wird die genaue Bezeich-
nung des Berufes oder des Berufszweigs genannt.

Der Umfang der Anordnung ist immer auf das Notwendige zu be-   58
grenzen. Soweit die Untersagung eines Teilbereichs des Berufs zur
Verhinderung der Gefahr ausreicht, wird das Berufsverbot auf diesen
begrenzt.

Beispiel: Allgemeinmediziner A wird wegen Straftaten gegen die sexuelle   59
Selbstbestimmung verurteilt, und im Zuge dessen wird ein Verbot zur Ausübung medizinischer Behandlungen von Frauen angeordnet.[58] Dies ist ausreichend, da A, obwohl er bislang Männer und Frauen behandelte, nur wegen
Straftaten zulasten weiblicher Patienten verurteilt wurde und kein Anhalts-
punkt besteht, dass er künftig Straftaten zum Nachteil männlicher Patienten
begehen könnte.[59] Wie ein solches Verbot im Berufsalltag umgesetzt werden
soll, ist indes eine andere Sache.

Für den **Fall 2** bedeutet dies, dass das Berufsverbot als besonders grund-
rechtsrelevante Maßregel einer strengen Prüfung des Verhältnismäßigkeitsgrundsatzes bedarf. Im vorliegenden Fall liegen zwar grundsätzlich die Voraussetzungen vor, die ein Berufsverbot rechtfertigen, allerdings muss ein
besonderes Augenmerk auf den Umfang der Anordnung gelegt werden.
Nachhilfelehrer T hat ausschließlich Mädchen sexuell missbraucht; er stellt
keine Gefahr im Umgang mit Kindern und Jugendlichen männlichen Geschlechts dar. Das Berufsverbot für einen pädophilen Täter kann der Rspr. zufolge etwa auf den Umgang mit Mädchen beschränkt werden, „wenn für die
Annahme, dass von dem Angeklagten die Gefahr sexueller Verfehlungen auch
gegenüber Kindern und Jugendlichen männlichen Geschlechts ausgehe, die
Feststellungen keinen Anhalt bieten."[60] Daher muss das Berufsverbot auf den
Umgang mit Mädchen beschränkt werden. Es bleibt T überlassen, wie er diese
Vorgaben in der Praxis umsetzt.

---

58 BGH StV 2004, 653.
59 Vgl. *Kangarani/Hampe* MedR 2014, 797 zum Zusammenspiel zwischen dem Berufs-
     verbot des § 70 I StGB und dem Entzug der Approbation nach § 5 Bundesärzteord-
     nung (BÄO).
60 BGH NStZ-RR 2014, 177.

60   Im Urteil wird festgelegt, wie lange das Verbot dauert. **In der Regel ist es auf einen Zeitraum zwischen einem und fünf Jahren befristet, § 70 I 1 StGB.** Sollte eine Dauer von fünf Jahren zur Abwehr der durch den Täter drohenden Gefahr nicht ausreichen, so besteht die Möglichkeit der Anordnung eines lebenslangen Berufsverbotes (§ 70 I 2 StGB). Dies bedarf aber einer sehr gründlichen Begründung. Die Wirksamkeit des Berufsverbots tritt mit Rechtskraft des Urteils ein. Um Umgehungen zu vermeiden, verbietet § 70 III StGB darüber hinaus, dass der Täter die untersagte Tätigkeit für einen anderen ausübt oder durch eine weisungsabhängige Person ausüben lässt („Strohmann"). Nicht verboten ist aber, dass der Täter bspw. seinen Gewerbetrieb von einem unabhängigen Dritten weiterführen lässt. Nimmt der Täter während der Verbotsfrist gleichwohl eine ihm verbotene Tätigkeit auf, so macht er sich gem. **§ 145c StGB (Verstoß gegen das Berufsverbot) strafbar.**

61   Das Gericht kann das **Verbot zur Bewährung** aussetzen (§ 70a StGB), wenn sich nach seiner Anordnung ergibt, dass die spezifische Gefahr durch den Täter nicht mehr fortbesteht. § 70b StGB regelt schließlich noch den Widerruf dieser Aussetzung und Erledigung des Berufsverbots.

Empfehlungen zur vertiefenden Lektüre:
Rechtsprechung: BGH NStZ-RR 2014, 172 (Spezialpräventive Funktion der elektronischen Fußfessel); OLG Nürnberg NStZ 2015, 167 ff. (Elektronische Aufenthaltsüberwachung); BGH NStZ-RR 2014, 177 (Beschränkung des Berufsverbots auf den gefährdeten Personenkreis); BGH NStZ 2015, 579 (Ungeeignetheit zum Führen eines Kfz in Drogenkurierfällen); BGH Beschl. v. 26.8.2004 – 4 StR 85/03, BeckRS 2004, 9531 (Voraussetzungen einer Fahrerlaubnisentziehung – Zusammenhang Anlasstat/Verkehrssicherheit).
Literatur: *Baur/Groß,* Die Führungsaufsicht, JuS 2010, 404 ff.; *Ebner,* Grundfragen zum Fahrverbot und zur Entziehung der Fahrerlaubnis nach Steuerstraftaten, NZV 2014, 391; *Kaiser,* Auf Schritt und Tritt – die elektronische Aufenthaltsüberwachung: Entwicklung, Grundlagen, Verfassungsmäßigkeit, Wiesbaden 2016; *Kett-Straub,* „Totgeglaubte leben länger". Eine kritische Bilanz der Führungsaufsicht (§ 68 ff. StGB) und der Strafbarkeit von Weisungsverstößen (§ 145a StGB), FS Streng, 2017, S. 309 ff.; *Kretschmer,* Die Reichweite des strafrechtlichen Berufsverbotes für Rechtsanwälte, NStZ 2002, 576.

Lernkontrollfragen

Die Antworten finden sich unter der angegebenen Randnummer im jeweiligen Paragrafen des Buches (§ 1–§ 17).

1. Teil. Grundlagen

§ 1. Einführung

□ Was sind die Aufgaben des Strafrechts? (→ § 1 Rn. 1)

□ Was versteht man unter dem „fragmentarischen Charakter" des Strafrechts? (→ § 1 Rn. 6)

§ 2. Die strafrechtlichen Rechtsfolgen im Überblick

□ Was versteht man unter der „Zweispurigkeit des Sanktionensystems"? (→ § 2 Rn. 2)

□ Nennen Sie mögliche Nebenfolgen als Sanktion! (→ § 2 Rn. 6)

□ Nennen und charakterisieren Sie die formellen jugendstrafrechtlichen Rechtsfolgen! (→ § 2 Rn. 9)

□ Was versteht man unter Diversion im Jugendstrafrecht? (→ § 2 Rn. 8)

§ 3. Sinn und Zweck von Strafe

□ Welche Arten von Straftheorien gibt es und was sind jeweils deren Grundaussagen? (→ § 3 Rn. 2)

□ Warum sehen sich vor allem die absoluten Straftheorien dem Vorwurf ausgesetzt, einen Verstoß gegen die Menschenwürde darzustellen? (→ § 3 Rn. 7)

□ Warum sollte die Vergeltungs- von der Sühnetheorie begrifflich trennscharf unterschieden werden? (→ § 3 Rn. 5)

□ Welche Arten von Prävention unterscheidet man und wie charakterisieren sich diese? (→ § 3 Rn. 11 ff.)

□ Warum sehen sich die Präventionsansätze dem Vorwurf ausgesetzt, den Grundsatz des schuldangemessenen Strafens zu gefährden? (→ § 3 Rn. 19)

□ Wer gilt als Begründer einer spezialpräventiven Strafzwecklehre? (→ § 3 Rn. 18)

□ Welche Strafzwecklehre lässt sich im StGB an jeweils welcher Stelle wiederfinden? (→ § 3 Rn. 22)

§ 4. Empirische Befunde zur präventiven Wirksamkeit des Strafrechts

- ☐ Lässt sich ein Täter durch die Aussicht auf eine schwere Strafe gemeinhin von der Begehung der Tat abschrecken? (→ § 4 Rn. 2 f.)
- ☐ Welche Probleme ergeben sich bei der Beurteilung von Rückfallstatistiken? (→ § 4 Rn. 4)
- ☐ Darf man von der Rückfallquote Rückschlüsse auf die Effizienz einer Sanktion ziehen? (→ § 4 Rn. 4)

§ 5. Die Kriminalprognose und ihre Methoden

- ☐ Benennen Sie die drei klassischen Arten von Kriminalprognose! (→ § 5 Rn. 5)
- ☐ Welche ist die am häufigsten eingesetzte Methode? (→ § 5 Rn. 5)
- ☐ Was versteht man im Zusammenhang der Kriminalprognose unter „false negative" und „false positive"? (→ § 5 Rn. 3)

§ 6. Kriminalstrafen

- ☐ Aus welchen Merkmalen setzt sich der Begriff der Strafe zusammen? (→ § 6 Rn. 2)
- ☐ Wodurch unterscheiden sich Geldstrafe und Geldbuße? (→ § 6 Rn. 3)
- ☐ Was besagt das „Trichtermodell" in der Sanktionenlehre? (→ § 6 Rn. 6)

2. Teil. Die Strafen und ihre Bemessung
§ 7. Die Freiheitsstrafe, §§ 38 ff. StGB

- ☐ Welche Formen der Freiheitsstrafe gibt es? (→ § 7 Rn. 1)
- ☐ Unter welchen Voraussetzungen ist eine Kombination von Freiheits- und Geldstrafe ausnahmsweise möglich? (→ § 7 Rn. 3)
- ☐ In welcher Konstellation wird der Strafverteidiger gezielt auf eine solche Kombination aus Freiheits- und Geldstrafe hinwirken? (→ § 7 Rn. 4)
- ☐ Welche Zwecke verfolgt die Freiheitsstrafe? (→ § 7 Rn. 5)
- ☐ Was versteht man unter der ambivalenten Wirkung der Freiheitsstrafe? (→ § 7 Rn. 6)
- ☐ Wie unterscheidet sich die primäre von der sekundären Freiheitsstrafe? (→ § 7 Rn. 10)
- ☐ Darf das Mindestmaß von einem Monat Freiheitsstrafe unterschritten werden? (→ § 7 Rn. 12)

☐ Darf das gesetzliche Höchstmaß der Freiheitsstrafe überschritten werden? (→ § 7 Rn. 15)

☐ Fall: Nachdem A als dringend Tatverdächtiger eines Tötungsdelikts verhaftet wird, wird er, nachdem er sechs Monate in U-Haft verbracht hat, zu einer Freiheitsstrafe von acht Jahren verurteilt. Wie lange muss er längstens seine Freiheitsstrafe im Strafvollzug verbüßen? (→ § 7 Rn. 17)

☐ Kann eine Freiheitsstrafe von einem Jahr und zwei Wochen verhängt werden? (→ § 7 Rn. 20 ff.)

☐ Was ist eine „kurze Freiheitsstrafe" und warum unterliegt ihre Anordnung besonderen Voraussetzungen? (→ § 7 Rn. 23 f.)

☐ Welche Vorschrift regelt die Strafrestaussetzung einer lebenslangen Freiheitsstrafe? Welche Voraussetzungen müssen im Einzelnen erfüllt sein? (→ § 7 Rn. 86)

☐ Was bewirkt die Feststellung einer „besonderen Schwere der Schuld" im Fall der lebenslangen Freiheitsstrafe? Was wollte der Gesetzgeber damit erreichen? (→ § 7 Rn. 86)

☐ Was versteht man unter der Schwurgerichtslösung? (→ § 7 Rn. 87)

☐ Benennen Sie den Unterschied zwischen „Strafvollstreckung" und „Strafvollzug"! (→ § 7 Rn. 38)

☐ Wer ist für die Vollstreckung der Strafe zuständig? (→ § 7 Rn. 39)

☐ Wer entscheidet über mögliche Strafrestaussetzungen? (→ § 7 Rn. 39)

☐ Welches Ziel verfolgt die Aussetzung der Vollstreckung der Strafe zur Bewährung (kurz: „Strafaussetzung")? (→ § 7 Rn. 44)

☐ Kann nur ein Teil der Strafe zur Bewährung ausgesetzt werden? (→ § 7 Rn. 45)

☐ Unter welchen Voraussetzungen wird eine Freiheitsstrafe von fünf Monaten zur Bewährung ausgesetzt? (→ § 7 Rn. 51)

☐ Unter welchen Voraussetzungen wird eine Strafe von einem Jahr und sechs Monaten zur Bewährung ausgesetzt? (→ § 7 Rn. 53 ff.)

☐ Welchen Zweck haben Bewährungsauflagen und welche Auflagen gibt es? (→ § 7 Rn. 58 f.)

☐ Wie unterscheiden sich Bewährungsweisungen von den Bewährungsauflagen? (→ § 7 Rn. 60)

☐ Ist für die Erteilung von Weisungen die Einwilligung des Verurteilten nötig? (→ § 7 Rn. 63)

☐ Wann greift die Regelvermutung für die Bestellung eines Bewährungshelfers? (→ § 7 Rn. 65)

- ☐ Was sind Zweck und Funktion des Bewährungshelfers? (→ § 7 Rn. 65 f.)
- ☐ Wie erfolgt die Beendigung der Bewährung? (→ § 7 Rn. 69)
- ☐ Unter welchen Bedingungen kann die Strafaussetzung widerrufen werden? (→ § 7 Rn. 70)
- ☐ Unter welchen Bedingungen kann der Straferlass widerrufen werden? (→ § 7 Rn. 74)
- ☐ Warum ist mit Blick auf die Strafrestaussetzung einem Täter zu raten, das Versteck der Beute preiszugeben? (→ § 7 Rn. 84)
- ☐ Wann kommt eine Halbstrafenaussetzung in Betracht? (→ § 7 Rn. 82)

§ 8. Die Geldstrafe, §§ 40 ff. StGB

- ☐ Worin besteht das Strafübel der Geldstrafe? (→ § 8 Rn. 1)
- ☐ An welchem Merkmal der Geldstrafe ist der Unrechts- und Schuldgehalt der Tat abzulesen? (→ § 8 Rn. 1)
- ☐ Welcher Strafzweck bleibt bei der Geldstrafe weitgehend außen vor? (→ § 8 Rn. 2)
- ☐ Welche Vorteile hat die Geldstrafe und welcher Kritik sieht sie sich ausgesetzt? (→ § 8 Rn. 3)
- ☐ Wie ist das Verhältnis von Geld- zu Freiheitsstrafe? (→ § 8 Rn. 13)
- ☐ Kann eine Geldstrafe verhängt werden, ohne dass sie im verwirklichten Straftatbestand angedroht wurde? (→ § 8 Rn. 7)
- ☐ Nach welchem Prinzip wird die Höhe der Tagessätze bestimmt? (→ § 8 Rn. 16)
- ☐ Was sind für die Berechnung der Tagessatzhöhe zu berücksichtigende Einnahmen? (→ § 8 Rn. 28)
- ☐ Darf das Vermögen bei der Tagessatzberechnung berücksichtigt werden? (→ § 8 Rn. 34)
- ☐ Wie wird die Höhe eines Tagessatzes bei Personen ohne eigenes Einkommen berechnet? (→ § 8 Rn. 35)
- ☐ Inwiefern fließt ein Akt der Strafvollstreckung in die Strafzumessung der Geldstrafe hinein? (→ § 8 Rn. 37)
- ☐ Nach welchen Kriterien wird geprüft, ob Zahlungserleichterungen gewährt werden? (→ § 8 Rn. 37)
- ☐ Welche Zahlungserleichterungen gibt es? (→ § 8 Rn. 40)
- ☐ Wie wird verfahren, wenn die Geldstrafe nicht beglichen wird? (→ § 8 Rn. 50 ff.)
- ☐ Welche Möglichkeit eröffnet Art. 291 EGStGB? (→ § 8 Rn. 55)

☐ Welche Zielsetzung verfolgt eine Verwarnung mit Strafvorbehalt? (→ § 8 Rn. 61 f.)

§ 9. Der Strafzumessungsvorgang (bei einer Tat)

☐ Was versteht man unter Strafzumessung im weiteren Sinne bzw. im engeren Sinne? (→ § 9 Rn. 1)

☐ Was spricht dafür, Strafrahmen weit zu belassen und sie nicht enger zu gestalten? (→ § 9 Rn. 4)

☐ Was versteht man unter der „Antinomie der Strafzwecke"? (→ § 9 Rn. 6)

☐ Benennen Sie verschiedene Strafzumessungstheorien! (→ § 9 Rn. 10 ff.)

☐ Was versteht man unter „Prävention innerhalb der Repression"? (→ § 9 Rn. 10)

☐ Nach welcher Straftheorie gibt es für eine bestimmte Tat nur eine richtige Strafe? (→ § 9 Rn. 16)

☐ Was spricht für und was gegen die Anwendung der Lehre der Tatproportionalität? (→ § 9 Rn. 18)

☐ Welche Straftheorie entspricht als einzige den Vorgaben des § 46 StGB? (→ § 9 Rn. 19)

☐ In welchen drei Schritten erfolgt die Strafzumessung nach der Spielraumtheorie? (→ § 9 Rn. 20)

☐ In welchen Fällen wird vom Regelstrafrahmen auf einen Sonderstrafrahmen abgewichen? (→ § 9 Rn. 25)

☐ Stellt die Strafandrohung in § 216 I StGB einen Regel- oder einen Sonderstrafrahmen dar? (→ § 9 Rn. 26)

☐ Was versteht man unter der Indizwirkung der Regelbeispiele? (→ § 9 Rn. 29)

☐ Wie kommt es zu einer Strafrahmenverschiebung nach § 49 I, II StGB? (→ § 9 Rn. 32)

☐ Ist bei Vorliegen mehrerer Milderungsgründe eine mehrfache Milderung möglich? (→ § 9 Rn. 33)

☐ Unter welchen Gesichtspunkten erfolgt die Ermessensentscheidung bei der fakultativen Strafmilderung? (→ § 9 Rn. 33)

☐ Was besagt die sog Grundlagenformel und wo ist sie zu finden? (→ § 9 Rn. 46)

☐ Was versteht man unter der „Strafbegründungsschuld" und was unter der „Strafzumessungsschuld"? (→ § 9 Rn. 47)

☐ Was besagt die sog „Sozialklausel"? (→ § 9 Rn. 49)

- In welche Kategorien können die im Katalog des § 46 II 2 StGB genannten strafzumessungsrelevanten Umstände eingeordnet werden? (→ § 9 Rn. 51 ff.)
- Nennen Sie Beweggründe und Ziele des Täters, die, neben den in der Norm genannten, strafschärfend oder strafmildernd wirken können! (→ § 9 Rn. 51)
- Was ist unter „Gesinnung" isv § 46 II 2 StGB zu verstehen? (→ § 9 Rn. 52)
- Wie unterscheidet sich der Wille zur Tat vom Vorsatz zur Begehung der Tat? (→ § 9 Rn. 53)
- Insbesondere bei welchen Delikten spielt das Maß der Pflichtwidrigkeit eine Rolle für die Strafzumessung? (→ § 9 Rn. 54)
- Können außertatbestandliche Folgen in die Strafzumessung einfließen? (→ § 9 Rn. 55)
- Welche Vorstrafen dürfen in der Strafzumessung berücksichtigt werden? (→ § 9 Rn. 56)
- Welche unbenannten strafzumessungsrelevanten Umstände gibt es? (→ § 9 Rn. 59 ff.)
- Was ist ein sog Lockspitzel? (→ § 9 Rn. 60)
- Welche Grenzen setzt der BGH dem Einsatz von Lockspitzeln? (→ § 9 Rn. 60)
- Was besagt der Beschleunigungsgrundsatz und woraus ergibt er sich? (→ § 9 Rn. 64)
- Auf welche Weise kann eine rechtsstaatswidrige Verfahrensverzögerung in der Strafzumessung Berücksichtigung finden? (→ § 9 Rn. 64)
- Welche Konsequenzen hat eine Kompensation einer Verfahrensverzögerung mittels der Vollstreckungslösung auf den Rechtsfolgenausspruch? (→ § 9 Rn. 69)
- Auf welche Merkmale erstreckt sich das Doppelverwertungsverbot des § 46 III StGB? (→ § 9 Rn. 72)
- Welche Gesichtspunkte sind bei der Festsetzung der konkreten Strafe maßgeblich? (→ § 9 Rn. 81)

§ 10. Die Strafzumessung bei Tateinheit und Tatmehrheit

- Erklären Sie das Absorptions- und Asperationsprinzip! (→ § 10 Rn. 3)
- Warum privilegiert der Gesetzgeber Mehrfachtäter im Rahmen der Strafzumessung? (→ § 10 Rn. 3 f.)

□ Wie ist vorzugehen, um festzustellen, ob Tateinheit oder Tatmehrheit gegeben ist? (→ § 10 Rn. 6 ff.)

□ Wann ist von Handlungseinheit auszugehen? (→ § 10 Rn. 10)

□ Unter welchen Voraussetzungen kann natürliche Handlungseinheit bejaht werden? (→ § 10 Rn. 13)

□ In welchen Fällen nimmt die Rspr., obwohl ein einheitliches Geschehen vorliegt, typischerweise eine Zäsur vor und verneint das
Vorliegen von natürlicher Handlungseinheit? (→ § 10 Rn. 18 ff.)

□ Bei welchen Delikten liegt typischerweise tatbestandliche Handlungseinheit vor? (→ § 10 Rn. 21)

□ Unter welchen Voraussetzungen werden selbstständige Straftaten
zu einer rechtlichen Handlungseinheit verklammert? (→ § 10
Rn. 27)

□ Was bewirkte die inzwischen von der Rspr. weitgehend aufgege-
bene Rechtsfigur der fortgesetzten Handlung? (→ § 10 Rn. 29)

□ Grenzen Sie Spezialität, Subsidiarität und Konsumtion voneinander ab! (→ § 10 Rn. 31 ff.)

□ Wann spricht man von mitbestrafter Vor- bzw. Nachtat? (→ § 10
Rn. 34)

□ Wie erfolgt die Strafzumessung bei Tateinheit? (→ § 10 Rn. 37 ff.)

□ Wie wird eine Gesamtstrafe gebildet? (→ § 10 Rn. 43)

□ Welchen Zweck verfolgt § 55 StGB? (→ § 10 Rn. 46)

□ Warum ist in bestimmten Fällen ein Härteausgleich erforderlich?
(→ § 10 Rn. 54)

§ 11. Das Strafzumessungsrecht im Rechtsmittelverfahren

□ Unter welchen Voraussetzungen ist eine Beschränkung der
Rechtsmittel auf den Rechtsfolgenausspruch möglich? (→ § 11
Rn. 1)

□ Was versteht man in diesem Zusammenhang unter doppelrelevanten Tatsachen? (→ § 11 Rn. 1)

□ Wann gilt das Verschlechterungsverbot? (→ § 11 Rn. 2)

□ Benennen Sie typische revisionsrechtlich relevante Strafzumessungsfehler! (→ § 11 Rn. 8 ff.)

□ Wie sieht der Prüfungsmaßstab des Revisionsgerichts aus?
(→ § 11 Rn. 12)

□ Was versteht man in diesem Zusammenhang unter der Vertretbarkeitskontrolle? (→ § 11 Rn. 13)

□ Welches Ziel verfolgt § 354 Ia StPO? (→ § 11 Rn. 19)

☐ Welche Möglichkeiten hat das Revisionsgericht, eine eigene Rechtsfolgenentscheidung zu treffen? (→ § 11 Rn. 24)

☐ Wann ist eine Berichtigung des Rechtsfolgenausspruchs durch das Revisionsgericht möglich? (→ § 11 Rn. 25, 26)

§ 12. Sonderfragen der Strafzumessung

☐ Welchen Zweck hat der Täter-Opfer-Ausgleich? (→ § 12 Rn. 1)

☐ Worin liegt der Anreiz für den Täter an einem Täter-Opfer-Ausgleich mitzuwirken? (→ § 12 Rn. 1)

☐ Wo ist die Schadenswiedergutmachung normiert und wie unterscheidet sich diese vom Täter-Opfer-Ausgleich? (→ § 12 Rn. 3 f.)

☐ Welcher Kritik sieht sich der Täter-Opfer-Ausgleich ausgesetzt? (→ § 12 Rn. 9 f.)

☐ Wann ist ein Teilschadensausgleich im Rahmen der Schadenswiedergutmachung ausreichend? (→ § 12 Rn. 12)

☐ Kann ein Täter-Opfer-Ausgleich auch ohne Zustimmung des Opfers stattfinden? (→ § 12 Rn. 11)

☐ Benennen Sie Vorschriften zu Kronzeugenregelungen! Was soll mit ihnen bewirkt werden? (→ § 12 Rn. 15)

☐ Welcher Kritik sind Kronzeugenregelungen ausgesetzt? (→ § 12 Rn. 19)

☐ Wie soll dem Risiko entgegengewirkt werden, dass ein Täter Unschuldige einer Straftat bezichtigt, um in den Genuss der Kronzeugenregelung zu kommen? (→ § 12 Rn. 20)

☐ Wann ist eine Straftat eine taugliche Anlasstat im Sinne der Kronzeugenregelung? (→ § 12 Rn. 21)

☐ Wann besteht ausreichende Konnexität zwischen Anlass- und Katalogtat? Was soll mit diesem Erfordernis bezweckt werden? (→ § 12 Rn. 24 ff.)

☐ Welche Anforderungen werden an das Offenbaren des Wissens bei der Aufklärungshilfe gestellt? (→ § 12 Rn. 31 f.)

☐ Welche Anforderungen werden an das Offenbaren des Wissens bei der Präventionshilfe gestellt? (→ § 12 Rn. 36 f.)

☐ Wann ist im Rahmen der Präventionshilfe das Wissen rechtzeitig offenbart? (→ § 12 Rn. 36)

☐ Wann sind die Tatfolgen, die den Täter getroffen haben „schwer" iSv § 60 StGB? (→ § 12 Rn. 46)

☐ Welche Tatfolgen sind bei der Beurteilung im Rahmen v. § 60 StGB außer Acht zu lassen? (→ § 12 Rn. 48)

□ Welche Beurteilungsperspektive gilt für die Feststellung der Schwere der Tatfolgen beim Absehen von Strafe und welche Probleme ergeben sich daraus? (→ § 12 Rn. 49)

□ Worin unterscheidet sich das Absehen von Strafe von einem Freispruch? (→ § 12 Rn. 53)

□ Was kann zulässiger Bestandteil einer Verständigung im Strafverfahren sein? (→ § 12 Rn. 55)

□ Warum ist die Anordnung von Maßregeln der Besserung und Sicherung von einer Verständigung ausgenommen? (→ § 12 Rn. 57)

3. Teil. Nebenentscheidungen

§ 13. Nebenstrafen und Nebenfolgen

□ Welche ist die derzeit einzige sich in Kraft befindliche Nebenstrafe? (→ § 13 Rn. 1)

□ Welche im StGB verorteten Nebenfolgen kennen Sie? (→ § 13 Rn. 2)

□ Wie unterscheiden sich Fahrverbot und Entziehung der Fahrerlaubnis? (→ § 13 Rn. 5)

□ Skizzieren Sie die Diskussion um das Fahrverbot als Hauptstrafe! (→ § 13 Rn. 6 f.)

□ Bei welchen Anlasstaten kann ein Fahrverbot verhängt werden? (→ § 13 Rn. 9)

□ Was versteht man unter „Statusfolgen"? (→ § 13 Rn. 18)

□ Bei welchen Taten kann die Bekanntgabe der Verurteilung angeordnet werden? (→ § 13 Rn. 24)

□ Was wird ins Bundeszentralregister aufgenommen? Findet sich all dies auch im polizeilichen Führungszeugnis? (→ § 13 Rn. 29)

□ Benennen Sie Beispiele für außerstrafrechtliche Nebenfolgen von strafgerichtlichen Verurteilungen! (→ § 13 Rn. 34)

§ 14. Die Einziehung (früher: Verfall und Einziehung)

□ Welcher Zweck wird durch die „Abschöpfung des Erlangten" verfolgt? (→ § 14 Rn. 5 f.)

□ Wie ist die Einziehung von Taterträgen im System der Rechtsfolgen zu klassifizieren? (→ § 14 Rn. 6 f.)

□ Was sind die Voraussetzungen der Einziehung von Taterträgen? (→ § 14 Rn. 8 ff.)

□ Muss der Tatbeteiligte schuldhaft gehandelt haben? (→ § 14 Rn. 8)

☐ Was wird vom Begriff des „Einziehungsgegenstandes" umfasst? Was nicht? (→ § 14 Rn. 9)

☐ Was ist der Unterschied zwischen „durch die Tat erlangt" und „für die Tat erlangt"? Inwiefern könnte die Formulierung „durch die Tat" weiterreichen als das früher im Gesetz verwendete „aus der Tat"? (→ § 14 Rn. 15 ff.)

☐ Wie wirken sich Ersatzansprüche des Opfers im geltenden Einziehungsrecht aus? (→ § 14 Rn. 20)

☐ Was versteht man unter „Bruttoprinzip"? (→ § 14 Rn. 21)

☐ In welchen Fallgruppen ist die Rspr. bislang vom Bruttoprinzip abgewichen? (→ § 14 Rn. 27)

☐ Steht dem Tatrichter bei der Anordnung der Einziehung von Nutzungen und Surrogaten ein Ermessen zu? (→ § 14 Rn. 32 f.)

☐ Was sind typische Nutzungen von durch die Tat erlangtem Geld? (→ § 14 Rn. 32)

☐ Benennen Sie die beiden Fallgruppen bei der Einziehungsanordnung gegen unbeteiligte Dritte? (→ § 14 Rn. 36)

☐ Wann kommt eine Einziehung des Wertersatzes in Betracht? (→ § 14 Rn. 41 f.)

☐ Führt eine Entreicherung des Einziehungsbetroffenen zum Ausschluss der Einziehung? (→ § 14 Rn. 43)

☐ Bleiben Rechte Dritter an einem Einziehungsgegenstand bestehen? (→ § 14 Rn. 43)

☐ Was kann Verfallsobjekt bei der erweiterten Einziehung sein? (→ § 14 Rn. 49)

☐ Welche Gegenstände können gem. §§ 74 ff. StGB eingezogen werden? (→ § 14 Rn. 54 ff.)

☐ Was versteht man unter sog Beziehungsgegenständen und sind diese einziehbar? (→ § 14 Rn. 62)

☐ Was ist zwingende Voraussetzung für die Strafeinziehung? (→ § 14 Rn. 65)

☐ Kann die Sicherungseinziehung bei Gegenständen, die sich im Eigentum Dritter befinden, angeordnet werden? Was ist hierbei zu beachten? (→ § 14 Rn. 68)

☐ Auf welche Arten der Einziehung zielt die Konkretisierung des Verhältnismäßigkeitsgrundsatzes durch § 74f StGB ab? (→ § 14 Rn. 70)

☐ Welche Besonderheit ist bei der Einziehung von Schriften nach § 74d StGB zu beachten? (→ § 14 Rn. 77)

☐ Welche Wirkung entfaltet die Einziehung? (→ § 14 Rn. 78)

☐ Unter welchen Voraussetzungen ist eine selbstständige Einziehung möglich? (→ § 14 Rn. 84 ff.)

☐ Welche Verjährung regelt § 76b StGB? (→ § 14 Rn. 87)

4. Teil. Maßregeln der Besserung und Sicherung, §§ 61 ff. StGB

§ 15. Allgemeine Fragen des Maßregelrechts

☐ Benennen Sie die ambulanten und die stationären Maßregeln der Besserung und Sicherung des StGB! (→ § 15 Rn. 1)

☐ Gibt es solche Maßregeln auch noch außerhalb des StGB? (→ § 15 Rn. 1)

☐ Welchen Zweck verfolgen die Maßregeln der Besserung und Sicherung? (→ § 15 Rn. 4)

☐ Welche Rolle spielt die Schuld des Täters für die Anordnung einer Maßregel? (→ § 15 Rn. 4)

☐ Wonach richtet sich die Eingriffsschwere einer Maßregel? (→ § 15 Rn. 4)

☐ Welche allgemeinen Voraussetzungen müssen für die Anordnung einer Maßregel erfüllt sein? (→ § 15 Rn. 7)

☐ Was besagt der Verhältnismäßigkeitsgrundsatz im Zusammenhang mit dem Maßregelrecht und wo ist er im StGB festgesetzt? (→ § 15 Rn. 8)

☐ Wie erfolgt die Verhältnismäßigkeitsprüfung bei der Anordnung der Entziehung der Fahrerlaubnis nach § 69 StGB? (→ § 15 Rn. 9)

☐ Gilt im Maßregelrecht der In-dubio-pro-reo-Grundsatz? (→ § 15 Rn. 10)

☐ Ist eine kumulative Anordnung verschiedener Maßregeln zulässig? (→ § 15 Rn. 15)

☐ Was besagt das Subsidiaritätsprinzip im Zusammenhang mit dem Maßregelrecht? (→ § 15 Rn. 18)

§ 16. Stationäre (freiheitsentziehende) Maßregeln

☐ Welche Maßregel wurde angeordnet, wenn sich der Untergebrachte in der „Forensischen Psychiatrie" befindet? (→ § 16 Rn. 1)

☐ Welchem Zielkonflikt sehen sich sog Maßregelvollzugseinrichtungen typischerweise ausgesetzt? (→ § 16 Rn. 3)

☐ Welche zeitliche Obergrenze besteht für die Unterbringung im Maßregelvollzug nach § 63 StGB? (→ § 16 Rn. 4)

▢ Welches Gericht ist für Verfahren, in denen eine Unterbringung in einem psychiatrischen Krankenhaus in Frage kommt, zuständig und wo ist die Zuständigkeit geregelt? (→ § 16 Rn. 5)

▢ Welche Voraussetzungen müssen für die Anordnung einer Unterbringung nach § 63 StGB zwingend vorliegen? (→ § 16 Rn. 6)

▢ Kann ein Bagatelldelikt als Anlasstat für eine Anordnung nach § 63 StGB ausreichen? (→ § 16 Rn. 7)

▢ Kann ein Täter, der aufgrund eines Vollrausches im Zeitpunkt der Begehung der Anlasstat schuldunfähig war, nach § 63 StGB untergebracht werden? (→ § 16 Rn. 8)

▢ Wann liegt eine negative Gefährlichkeitsprognose vor? (→ § 16 Rn. 10)

▢ Besteht bei Vorliegen der Voraussetzungen für die Unterbringung nach § 63 StGB ein Ermessensspielraum des Gerichts? (→ § 16 Rn. 16)

▢ Welche Zielsetzung hat eine Unterbringung nach § 64 StGB und welche Anforderungen ergeben sich dadurch an die Anordnung? (→ § 16 Rn. 18)

▢ Welche Vorschrift aus dem BtMG kann dem Angeklagten helfen, einer Unterbringung nach § 64 StGB zu entgehen? (→ § 16 Rn. 22)

▢ Muss der Täter die für § 64 StGB nötige Anlasstat im Rausch begangen haben? (→ § 16 Rn. 23)

▢ Wie unterscheiden sich die Anforderungen an die Gefährlichkeitsprognose im Rahmen v. § 64 StGB zu denen im Rahmen v. § 63 StGB? (→ § 16 Rn. 26)

▢ Kann ein therapieunwilliger Täter nach § 64 StGB untergebracht werden? (→ § 16 Rn. 27)

▢ Wann wird die primäre, wann die vorbehaltene Sicherungsverwahrung angeordnet? (→ § 16 Rn. 33 ff.)

▢ Gibt es nach wie vor die Möglichkeit einer nachträglichen, dh im Taturteil noch nicht angeordneten oder angedrohten, Sicherungsverwahrung? (→ § 16 Rn. 35)

▢ Warum erlaubt das Jugendstrafrecht keine primäre Sicherungsverwahrung? (→ § 16 Rn. 36)

▢ Was besagt das sog Abstandsgebot des BVerfG und unter Einhaltung welcher Maximen ist es gewahrt? (→ § 16 Rn. 44 f)

▢ Ist die Anordnung der Sicherungsverwahrung auch bei Ahndung der Anlasstat mit lebenslanger Freiheitsstrafe möglich? Was spräche dagegen? (→ § 16 Rn. 53)

☐ Was versteht man unter dem „Hang zu erheblichen Straftaten"? (→ § 16 Rn. 59 ff.)

☐ Warum sind Hang und Gefährlichkeitsprognose sowohl begrifflich als auch in der Praxis schwer zu trennen? (→ § 16 Rn. 62)

☐ Wann ist davon auszugehen, dass ein Täter für die Allgemeinheit gefährlich ist? (→ § 16 Rn. 62)

☐ Welcher Zeitpunkt ist maßgeblich für die Gefährlichkeitsprognose? (→ § 16 Rn. 65)

☐ Was besagt der Grundsatz der Flexibilität im Maßregelrecht und wo findet er seine Ausprägung im Gesetz? (→ § 16 Rn. 70)

☐ Welcher Grundsatz gilt bei der Reihenfolge der Vollstreckung von Strafe und Maßnahme und wann kann davon abgewichen werden? (→ § 16 Rn. 71 ff.)

§ 17. Ambulante Maßregeln

☐ Auf welche Täter zielt die Maßregel der Führungsaufsicht insbesondere ab? (→ § 17 Rn. 2)

☐ Welche Funktionen hat die Führungsaufsicht? (→ § 17 Rn. 5)

☐ Wie erfolgt die Ermessensentscheidung des Richters bzgl. einer Anordnung nach § 68 I StGB? (→ § 17 Rn. 12)

☐ Wann erfolgt der Eintritt der Führungsaufsicht automatisch? (→ § 17 Rn. 13 f.)

☐ Welchen Zweck verfolgen die Weisungen nach § 68b StGB? (→ § 17 Rn. 15)

☐ Unter welchen Voraussetzungen kann ein solcher Weisungsverstoß strafrechtlich geahndet werden? (→ § 17 Rn. 16 f.)

☐ Wo findet man Regelungen zur Elektronischen Aufenthaltsüberwachung und unter welchen Voraussetzungen darf diese angeordnet werden? (→ § 17 Rn. 20 ff.)

☐ Auf welchen Täter zielt die Entziehung der Fahrerlaubnis nach §§ 69 ff. StGB ab? Benennen Sie die Unterschiede zu § 44 StGB! (→ § 17 Rn. 24)

☐ Wie kann die Regelvermutung aus § 69 II Nr. 1–4 StGB widerlegt werden? (→ § 17 Rn. 37)

☐ Wie erfolgt bei der Entziehung der Fahrerlaubnis die Verhältnismäßigkeitsprüfung nach § 62 StGB? (→ § 17 Rn. 39)

☐ Besteht für die Entziehung der Fahrerlaubnis ein Ermessensspielraum des Richters bei Vorliegen der Voraussetzungen für die Anordnung? (→ § 17 Rn. 40)

□ Welchen Zweck verfolgt das Berufsverbot nach § 70 StGB? (→ § 17 Rn. 45)
□ Was ist unter „Beruf" und „Gewerbe" iSv § 70 StGB zu verstehen? (→ § 17 Rn. 47)

Stichwortverzeichnis

Die **fett** gesetzten Zahlen verweisen auf die Paragrafen des Buches,
die mageren auf deren Randnummern.